浙江省温州大学教育学重点学科经费资助

现代教育学论丛

丛书主编⊙郑信军 彭小明

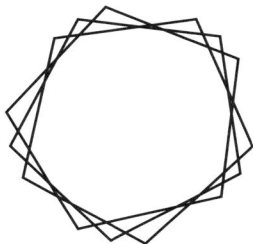

科技与人文耦合背景下的当代德育转型研究

The Transformation of Contemporary Moral
Education in the Coupling Context of Science
and Technology and Humanities

段新明 著

ZHEJIANG UNIVERSITY PRESS
浙江大学出版社

目　　录

第一章　导　论 …………………………………………………… （1）

　　第一节　选题缘由 ……………………………………………… （1）

　　第二节　研究意义 ……………………………………………… （9）

　　第三节　文献综述 …………………………………………… （12）

　　第四节　研究思路、视角、内容和方法 …………………… （21）

　　第五节　概念界定 …………………………………………… （24）

　　第六节　研究的创新与不足 ………………………………… （34）

第二章　科技与德育关系的历史考察及其理论分析 ………… （35）

　　第一节　科技与道德关系的历史考察 ……………………… （36）

　　第二节　科技与德育关系的历史考察 ……………………… （60）

　　第三节　本章小结 …………………………………………… （88）

第三章　基于科技理性的德育主体发展 ……………………… （90）

　　第一节　科技对德育主体观念的影响表现 ………………… （91）

　　第二节　科技对德育主体行为的影响表现 ……………… （122）

　　第三节　本章小结 ………………………………………… （156）

第四章　基于科技价值的德育内容拓展 ……………………… （159）

　　第一节　科技对德育课程观的影响 ……………………… （161）

　　第二节　德育内容中对于科技价值的反思与重构 ……… （193）

第三节　本章小结 ……………………………………………………（225）

第五章　基于科技功能的德育环境变革 ………………………………（228）

第一节　走向学习型系统的德育环境 ………………………………（229）

第二节　迈向文化选择的德育环境 …………………………………（253）

第三节　本章小结 ……………………………………………………（273）

第六章　结　语 ………………………………………………………（275）

第一节　科学技术是推动当代中国德育发展的动力和源泉 ……（276）

第二节　科技与人文的分裂是当代中国德育发展过程中面临的
　　　　主要矛盾 …………………………………………………（280）

第三节　走向交往理性的当代中国德育 ……………………………（283）

第四节　科技时代召唤终身德育 ……………………………………（285）

参考文献 ………………………………………………………………（289）

索　引 …………………………………………………………………（315）

后　记 …………………………………………………………………（317）

表 目 录

表 1-1　文化诸现象分类 ……………………………………………（30）

表 2-1　科学的中西语境构成成分比较 ……………………………（41）

表 3-1　目标、价值观和态度 ………………………………………（112）

表 3-2　教学论中的主导概念 ………………………………………（139）

表 4-1　个人成功的主要因素 ………………………………………（173）

表 4-2　哪种看法较适合你的心意？ ………………………………（174）

表 4-3　中学生可以课余挣钱吗？ …………………………………（174）

表 4-4　你从事过哪种经济活动(多项选择)？ ……………………（174）

表 4-5　我国进行社会改革的主要原因 ……………………………（174）

表 4-6　改革开放中你最关心的事 …………………………………（175）

表 4-7　除了功课以外，你最关心的事 ……………………………（175）

表 4-8　你同意哪一种看法？ ………………………………………（175）

表 4-9　农村的生活、道德和教育关系之变化 ……………………（213）

表 4-10　积极人生不同学习层次涵盖的价值信念 ………………（224）

表 4-11　生命教育教案举隅 ………………………………………（224）

表 4-12　可能的道德教育资源及其表达方式列举 ………………（227）

表 5-1　电视的社会用途 ……………………………………………（234）

表 5-2　电视传媒立场的不同对青少年造成的不同影响(％) ……（236）

表 5-3　两种单一媒体观的比较 ……………………………………（246）

表 5-4　单一媒体观与环境资源观的比较 …………………………（247）

表 5-5　实体社会和网络社会的不同特点比较 ……………………（250）

图 目 录

图 1-1　主要内容的结构示意 ……………………………………（22）

图 2-1　对于科学的社会文化语境分析框架 …………………（41）

图 2-2　普遍的秩序科学 ………………………………………（53）

图 2-3　顺向示意 ………………………………………………（55）

图 4-1　数字文化与课程关系 …………………………………（179）

图 4-2　数字化之道建构课程的过程图示 ……………………（180）

图 4-3　现代德育课程组织结构 ………………………………（190）

图 4-4　STS 教育理论模式 ……………………………………（199）

第一章　导　　论

第一节　选题缘由

综观我国改革开放 30 多年来的巨大变化,从邓小平同志提出"科学技术是第一生产力",到现如今的"世界工厂",经济总量排名世界前茅,大规模的社会变迁无不在科技的推动下而显现。通常我们在认识和分析道德教育中存在的问题时,更多地将注意的焦点放在社会经济、政治和文化等方面,而很少深入触及科技发展对德育活动带来的潜在效应及社会要求。因此,当代中国教育理论和实践中出现的许多亟待解决的问题都与科学技术有着紧密的联系。

一、科技对教育的深刻影响

(一)科技时代我国学校德育面临着诸多问题和困惑

鲁洁认为:"科技革命的浪潮将要冲击到社会的各个方面,它将使劳动性质、生活方式、闲暇时间、居住分布、家庭生活等一切人的生活条件和人际关系发生迅速而巨大的变化。在此基础上也必然会不断产生出新的道德准则和新的价值观念。"① "以往我国曾长期通过闭关自守的'保护性'措施来'净化'意识形态,这种方针显然已经无法继续贯彻,它既不符合由科学技术

---

① 鲁洁:《道德教育的当代论域》,人民出版社 2005 年版,第 222 页。

发展所形成的空间状况和交往状况,同样也违反我国按照发展科技的需要而要长期实行的对外开放政策。学校德育面对新的历史状况,复杂性和困难度必然增加,并将出现新的规律,其中很重要的一点,就是德育工作要实现'重点'的转移。德育工作要从简单灌输某些信条和养成某些行为的工作'重点',转移到着重培养学生的道德思维和判断上来。"①伴随着科学技术的发展,道德教育本身被遮蔽,这种遮蔽主要表现在以下几个方面:一是道德教育的"无主体化";二是道德教育的"科学化";三是道德教育的"抽象化"。②改革开放以来,我国学校德育成绩斐然,但是也存在着许多问题。这主要是因为整个社会处于转型期,科技的发展在推动我国社会走向工业化、城市化和现代化的过程中,许多深层次的矛盾和问题在短时期内难以得到有效的解决,进而对学校德育产生巨大的冲击,导致学校德育的现代化工作也显得步履维艰。近年来我国学校德育出现了一些可喜的变化,但是在实践层面上还是拘泥于德育的"科技化范式",学校德育的信度受到质疑,甚至遭到指责。因此,面对科技变革带来的巨大社会效应,我们的学校德育只有不断做出新的调整和尝试,才可能走出被动的局面,使学校德育的实效性增强,焕发出新的活力。

从西方社会在现代化过程中科学技术对整个社会影响的历史来看,许多具有经验性的共性问题值得我们借鉴,这其中一个重要的方面就是科技对人的发展、社会道德伦理和学校教育的现实作用,学校德育总是随着社会的科技发展做出相应的调整和改革。科学技术之所以能够对学校德育产生影响,主要是由科学技术自身的属性和特点所决定的。一方面科学技术可以像资本、土地等生产要素一样来促进社会经济的发展,对学校教育的外部生存环境产生极大的影响。另一方面科学技术又可以像文化一样对人的观念和精神世界产生深刻的作用,对学校内部的各个微观环节进行整合,调节学校教育与社会其他系统之间的关系和作用方式。在当今这个时代,科技成为我们思考问题的出发点和落脚点,它也演变为一个对象化的社会"场域",这个场域既包含着许多问题的答案,同时又衍生出一些新的问题。从当前我国学校德育的现实处境来看,虽然说引起学校德育困惑的原因是多方面的,但就德育问题的现实基础来看,科学技术已经成为其中的主要原因

---

① 鲁洁:《道德教育的当代论域》,人民出版社 2005 年版,第 223 页。

② 潘建红:《科技时代道德教育的遮蔽与回归》,《自然辩证法通讯》2007 年第 1 期,第 102—104 页。

之一,而且科技对学校德育的影响也正在日益加强。因此,探讨科技对我国学校德育产生了哪些影响,正在产生哪些影响,将要产生哪些影响,可能产生哪些影响,如何产生影响,我们该如何来应对这一系列问题就成为教育研究的重要课题。只有这样,我们才有可能使科技对学校德育的负面效应尽量减少,做到防微杜渐,使学校德育少走弯路,促进德育的发展。

(二)科技文化对教育的影响

"所谓教育,就是在一个特定的文明里,有那么一整套知识与信念,当时被视为那个文明的基本内容,在代与代之间薪火相传。"[①]中国传统教育是以道德教育为中心的,科技的发展推动了现代学校教育的兴起,并且使以知识传授为核心的智育获得甚至超越了德育的地位。当今科技发展对于社会的作用主要是通过学校这个枢纽来推动的。现代学校教育不光扮演着人类知识和文化传承的角色,它更承担着如何培养适应社会发展需要的合格人才的使命。现代教育是一个综合化的系统,内容涉及德、智、体、美、劳等许多方面,它比传统教育要复杂得多。现代科技对教育产生的影响一方面体现在教育环境的变迁中,另一方面体现在教育内容的分化与整合上,后者突出地表现为以科技知识为中心的智育和德育之间的分裂与失衡。正如杜威所言:"物理科学及其技术应用有了高度的发展,而关于人的科学、道德科学则大为滞后。我认为,由此导致的不对称和不平衡在多大程度上造成了目前世界的困境,是很难加以估计的。"[②]造成科技发展与德育之间矛盾的原因是多方面的,但其中一个最为重要的原因就是纯粹的科学理性和技术化的工具理性对教育的侵蚀和全面统治。表现在德育领域,就是德育方法的唯科学主义取向,德育教学和课程的技术化,德育内容的知性化,德育评价的功利化。当然,科学方法的运用和技术手段的引进对于德育现代化是非常重要的,而且也是德育发展的趋势之一。但是当科技化的思维和措施在德育中使用得过多过滥时,就会使德育失去它应有的生命力和存在的生活基础。

如果我们从人类文明的发展历史来看,道德不但是文明的核心构成要素,而且它始终是和知识紧密联系在一起的。因此,千百年来,道德教育就成为教育活动的重要组成部分。苏格拉底曾说"美德就是知识",也即善出于知,恶出于无知。到了中世纪,道德及其教育是和各种有关神的知识密切

---

① 涂尔干:《教育思想的演进》,李康译,上海人民出版社 2003 年版,第 214 页。
② 约翰·杜威:《新旧个人主义——杜威文选》,孙有中等译,上海社会科学院出版社 1997 年版,第 103 页。

相连的。中国传统德育也是以伦常知识教育为基础的。近代之前的科技就其知识表现形态而言,大多是一种经验知识和默会知识,它们基本上是和德育融合统一的。文艺复兴以来,科技知识的发展速度及其增长规模都达到了前所未有的高度,科技对德育的渗透和影响也与日俱增。现代科技的发展对德育的影响经历了一个由外到内、由显性到隐性的过程,这个过程和科技对社会的影响,科技对教育的塑造是一体的。19世纪末斯宾塞提出了科学知识最有价值的口号。在此之前,科技对教育的影响主要是一种量上的呈现和表征,人文主义的德育价值取向在教育中始终占据着核心地位。在此之后,科技对教育的作用已经产生了质的飞跃,科技主义的知性教育理念取代了传统教育中的人文主义教育观,科技发展与德育之间产生了第一次真正意义的对立和分裂。

20世纪50年代,斯诺注意到了科学文化与人文文化之间的分裂,提出了著名的"两种文化"概念,"两种文化"在教育里面最明显的表现就是普通教育和专业教育、人文教育与科技教育之间的对立问题。德育在传统的普通教育里占据着重要的位置,但是科技文化的流行,专业教育的兴盛,却对德育构成了巨大的冲击和威胁。正是在此意义上说,科技发展与德育产生了第二次更加深刻的分裂。最近几十年,在新的科技革命的推动下,科技发展与德育之间的冲突更加激烈。因此,如何来填补科技发展与德育之间的巨大鸿沟,沟通和整合科技发展与德育工作,促进二者的协调发展,已经成为教育实践中最为紧迫的问题之一。"教育与文化机构的宗旨必须从选择理想转回于构造理想。学校的任务不是为了课程选择的可能性而提供一个大杂烩,而是要提供明晰、丰富的各种基本知识。基本知识有其丰富性,而又包含着简单东西的应用能力。它们使得个人可能自由地、从基础上开始自己的道路。应当放弃那种无论教师还是学生都无法完成的、浮夸的所谓'科学的'课程。在中学,有些自然科学的枝节性课程很快就过时,应消减它们,相应地增设一些有利于文化、精神科学、艺术及法制建设的课程。这种文化科学与自然科学、文化导向与技术导向的教育目标之间的新平衡,符合从职业社会向文化社会的发展趋势。"①

---

① 彼得·科斯洛夫斯基:《后现代文化——技术发展的社会文化后果》,毛怡红译,中央编译出版社1999年版,第99页。

二、科技对人类社会的巨大影响

(一)科技实践与当代全球性的道德伦理危机关系密切

毫无疑问的是,科技实践已经成为当今人类社会生产实践的核心内容之一,并且构成了我们社会生活的焦点。科技实践不光与物质生产密切相关,而且与社会的精神风貌休戚与共,它深刻影响着现实生活中的道德实践。就科技实践本身所涉及的对象范围来看,它包含内在型、外在型和混合型三种模式。简单来说,所谓内在型的科技实践主要是以研究为导向的,外在型的则是以应用为导向,混合型是指研究和应用两者兼而有之。如果就当今世界性的两大主题和平与发展而言,科技实践与其关系异常密切,其中牵涉到的道德伦理问题不容分说。科技实践与全球性的道德伦理危机这种外在性的联系已为许多人认可。另一方面,在功利主义的影响下,内在型科技实践中的道德伦理问题也日益突出。因此我们应该看到,科技实践的过程并非价值无涉或者价值中立,更不是盲目的科技乐观主义者所宣称的那样,即科技可以完全充当人类"救世主"的角色。当年爱因斯坦得知原子弹爆炸的消息之后,对那些无辜的死难者,他是何等的痛惜。如果科技研究的目的和价值取向发生了质的变化,那么这对社会整体的道德危害将是无法估量的。当代知识社会学和科学社会学的研究已经表明包括科学知识在内的所有知识在其产生的过程中都有建构的因素存在,都与信念和"权力"相关。韩国科学家黄禹锡因为在《科学》杂志上发表的论文弄虚作假而名声扫地,上海交通大学微电子学院院长陈进因为在负责研制"汉芯"系列芯片的过程中存在严重的造假和欺骗行为而被革职查办。这两起典型案例很好地说明了在当今这个知识时代,知识本身的"人为"因素在增强,知识产权、知识安全和学术正义也在不断地受到威胁,知识信念更应通过个人的自觉和良心得到维护。① 科技共同体的道德责任和伦理关怀不仅需要科学的精神气质和荣誉感来维系,更需要科技工作者自身的诚实、守信和自律来达成。因此,在全球性道德伦理问题日益突出的情况下,我们的科技实践更应该秉持和坚守一定的道德原则和底线,维护和传递人类千百年来流传下来的优秀道德传统。同时,这也对我们的教育,特别是道德教育提出了更高的要求。

---

① 段新明:《工程哲学视野下的工程教育》,《高等工程教育研究》2007 年第 1 期,第 28—32 页。

最近二三十年,科技发展的速度更加惊人,它的景象表现也更为壮观,诸如半导体技术、计算机科学与技术、生物科学与技术、克隆技术、纳米技术、网络通信技术等等。这些全新的科技领域正在使我们的社会生产和生活环境发生着彻底的改变,人类已经真正进入了科技时代。与此相应的是,科技也在纵深层面上推动着全球化的发展和人类社会各个方面的整体演进,它所引起的道德、伦理和价值问题也日益突出。"由于我们不可分割地包容在世界中,物质和意识之间不存在着根本的分歧,因而意义和价值不仅是世界的组成部分,也是我们的组成部分。如果人们采取了一种非道德的态度运用科学,世界最终将以一种毁灭的方式报复科学。"①"技术意味着将生活打碎成一系列的问题,将自我打碎成一个产生问题的多面体。每一个问题都要求单独的技术和单独的大量专门知识。""道德自我是在技术牺牲品当中最明显、最突出的一个。道德自我在碎片中不能并且没有生存下来。"②

(二)科技文明对人类道德伦理的影响

"事实上,从新石器时代到近代的开端,农业一直是人类的经济基础,而且这种农业基础有着一种道德含义:饲养动物和培育植物总是包括一种相互的服务,因为它们为人类而存在,所以人类也为它们而存在。把人类的文化和动植物的繁殖这两者客观、稳定和重叠的特征结合起来,把维持并养育生命的自然任务当作是自己的任务——这些都是重要的发展。我们相信它们不是通过试错法、实验和反思而产生的,倒不如说是由崇拜行为的次要结果而产生的,反过来这又是出自狩猎文化所传下来的异常之古老的动物仪式。"③"我们已经表明,向工业主义的过渡动摇了几千年来已经确立的秩序和道德的某些基础。从心理—道德的观点看,决定性的事实乃是我们不能对无机的自然界(煤、电和原子能)采取一种伦理的姿态。因此,可允许的手段乃是有限的——这一概念并不是生产过程本身的一种内在的数据,从而生产过程也就不再把它自己强加于日常生活。我们已经看到,被生产和交

---

① 大卫·雷·格里芬:《后现代科学——科学魅力的再现》,马季方译,中央编译出版社 1998 年版,第 95 页。

② 齐格蒙特·鲍曼:《后现代伦理学》,张成岗译,江苏人民出版社 2003 年版,第232 页。

③ 阿诺德·盖伦:《技术时代的人类心灵》,何兆武、何冰译,上海科技教育出版社 2003 年版,第 86—87 页。

换的工业体系客观化了的世界并不直接通向伦理需要,这些需要在它那格局之内丧失了意义。"①人类社会在从农业文明走向工业文明的过程中,科技的发展起到了决定性的作用。较早觉知科技文明与道德伦理之间潜存着尖锐矛盾并为其摇旗呐喊的则是卢梭。卢梭的一些观点和主张不免有些偏颇和过激,但是也道出了许多鲜为人知的真知灼见,作为时代的最强音,不但在当时起到了振聋发聩的作用,而且也为后来的社会历史发展所佐证。

工业革命爆发以后,伴随着科技的快速发展,摆在现实层面上一个不争的事实便是:科技的进步与发展,在给人类社会带来财富与繁荣的同时,也将人类自身置入了一个危机四伏的境地。在与科技文明及其实践有关的诸多问题中,表现在人们社会生活中的道德伦理危机也许是最为突出和紧迫的,并且其他问题都以此为中心,或多或少地与其有着千丝万缕的联系。在现代思想史上,马克思和恩格斯全面而深刻地论述了科技与人类社会政治、经济以及文化的关系。这其中,又以科技文明对人类的道德伦理、自由与发展的影响为重要的线索。马克思曾说:"在我们这个时代,每一种事物好象都包含有自己的反面。我们看到,机器具有减少人类劳动和使劳动更有成效的神奇力量,然而却引起了饥饿和过度的疲劳。新发现的财富的源泉,由于某种奇怪的、不可思议的魔力而变成贫困的根源。技术的胜利,似乎是以道德的败坏为代价换来的。随着人类愈益控制自然,个人却似乎愈益成为别人的奴隶或自身的卑劣行为的奴隶。甚至科学的纯洁光辉仿佛也只能在愚昧无知的黑暗背景上闪耀。我们的一切发现和进步,似乎结果是使物质力量具有理智生命,而人的生命则化为愚钝的物质力量。现代工业、科学与现代贫困、衰颓之间的这种对抗,我们时代的生产力与社会关系之间的这种对抗,是显而易见的、不可避免的和毋庸争辩的事实。"②因此在马克思看来,科技的进步促进了人类社会生产力的巨大发展,使我们的物质生活水平得到极大的提高。然而与此同时,人类在道德和精神方面却陷入了很大的危机,其主要的表现形式就是人类主体性的丧失和自我本质的异化。

20世纪以来,科技的发展速度非常迅猛,人类在享受科技进步带来福祉的同时,自身所经历的精神危机也更加频繁和深刻,两次世界大战的爆发导致了空前的人道主义灾难就是最好的证明。冷战的爆发以及六七十年代全

---

①　阿诺德·盖伦:《技术时代的人类心灵》,何兆武、何冰译,上海科技教育出版社2003年版,第91页。

②　《马克思恩格斯选集》(第2卷),人民出版社1972年版,第78—79页。

球性的石油和经济危机,表明以科技为主导的现代文明及其发展模式存在着许多风险和危机。正如法兰克福学派所描述和批判的那样,现代科技已经作为一种意识形态,全面侵入社会生活的方方面面。"反映在技术统治意识中的,不是道德联系的颠倒和解体(Diremption),而是作为生活联系的范畴——全部'道德'的排除。"①因此,不管是在理论方面还是在实践方面,人们更加注重对于科技发展及其应用过程中可能出现的或实际产生的道德伦理风险与危机的评估、批判、反思与总结,以期防范和减少科技实践给社会生活带来的负面效应。在这一过程中,人们越来越认识到科技是一把"双刃剑",它既可以造福人类,也可以毁灭人类。"技术对社会和道德生活的影响是双重性的。一方面,技术标志着人的生活的物质化和机械化,精神的弱化。另一方面,技术拥有完全另外一种意义,它是非物质化和精神的现实化的体现,它为精神解放提供了巨大的可能性。技术的伦理学问题的全部复杂性就在这里。体现了的美是以前的时代所固有的,但那些时代还不知道技术的如此巨大的成就和机械对生活的如此统治,今天,这个体现了的美正在遭到破坏。技术给美带来的是死亡,这个美曾经被认为是永恒的。"②著名的全球性未来研究团体罗马俱乐部指出:"任何进步,不论是科学方面的进步,还是其他方面的进步,如果仅限于物理、化学、医药方面的进步,而不是也带来道德的、社会的和政治上的进步,带来我们习惯和行为中的改进,那就是不合算的……我们的科学进步,必须首先是文化进步。"③因此,如何在使科技发挥巨大物质生产力的同时,促使其在精神和道德领域发挥更加建设性的作用,就成为科技发展过程当中人们希望解决的首要问题,也是学校德育需要面对的艰巨任务。

---

① 哈贝马斯:《作为"意识形态"的技术与科学》,李黎、郭官义译,学林出版社 1999 年版,第 70 页。

② 别尔嘉耶夫:《论人的使命》,张百春译,学林出版社 2000 年版,第 297 页。

③ 奥雷里欧·佩西:《世界的未来——关于未来问题一百页》,王肖萍、蔡荣生译,中国对外翻译出版公司 1985 年版,第 65 页。

第二节 研 究 意 义

一、理论意义

"从根本上来说,我们的这个时代是一个技术的时代。在我们这个技术的时代,技术以及在此基础上形成的技术主义,规定了我们这个时代的教育理念与思想,从而导致了教育的技术化,并产生了一系列的不良后果。因此,揭示技术本性何以规定与影响教育,以及教育思想的技术化及其危害究竟是什么,并在此基础上探求对教育技术化的有效克服,并让教育回到自身的本性,这无疑是我们这个技术时代教育亟待解决的重要问题。"[①]人类社会的现代化,一方面表现在物质文明上;另一方面表现在精神文明上。科技文明具有物质文化和精神文化的属性和特质。因此,就现代性的内在规定性及外在表现而言,科技文化具有不可替代的重要作用和地位。在很大程度上可以这样说,现代文明的发展是以科技文化为核心而不断成熟壮大起来的。教育的现代化是人类社会走向现代文明的重要基础和前提,现代教育深受科技文化的影响,人类社会的现代文化主要是由教育来传递和发扬光大的。在现代社会发展的过程中,科技文化功利性的生产作用被无限扩大,它的道德性的认知作用则处于从属地位。这就导致现代教育在价值取向上始终是以社会的需要为中心,从而使得教育的道德追求岌岌可危。"教育活动不是一种价值无涉的活动,而是一种广受价值左右的活动。""教育实践与道德实践有着天然的联系,教育实践本质上是一种道德实践。"[②]因此,在教育研究的过程中,我们不光要看到科技文化对教育内容的革新和影响,还要看到与之相适应的教育活动自身的变化,而最能反映这一变化的就是科技对道德教育的影响。所以本研究有助于教育理论在这方面的拓展和深化。

改革开放以来,我国德育理论的发展大致经历了这样三个阶段,1981—1988 年以"德育的科学化"为中心课题,1989—1998 年以"德育的现代化"为

---

① 张贤根:《教育思想的技术化及其危害》,《自然辩证法通讯》2007 年第 2 期,第 106—107 页。

② 黄向阳:《德育原理》,华东师范大学出版社 2000 年版,第 30 页。

中心课题,1999—2005 年以"德育的人性化"为中心课题。[1] 德育理论研究是在德育实践的基础上,进行经验性的总结和理论上的提升,德育理论中心课题是在现实的社会变迁过程中不断调整的。以往的研究将这种调整的动力因素主要落实到经济、政治和文化层面,而未能深入到社会大系统的其他子系统中去寻求更为有效的答案。改革开放以来我国社会虽然一直都以经济建设为中心,但是在每个阶段的重点又有所不同。改革初期以解放思想为核心,科学的启蒙精神在社会经济发展中作用巨大;改革中期以建设社会主义市场经济为核心,技术的创新和规范精神在推动社会前进中起着重要的作用;当前在社会发展层面注重"以人为本",提倡"科学发展观",科技文化对社会精神文明具有强大的感召力。"在 20 世纪 80 年代以前,道德目标服从于政治目标,政治标准成为道德目标合理与否的终极权威标准;80 年代以后,我国社会重心由政治斗争转向经济建设,于是主流观点认为道德建设应该是为发展经济服务,经济价值代替了道德价值,道德目标由于迫切的经济目标的遮挡而显得前景黯淡。"[2]因此,透过经济和政治的幕障,探讨科技发展对于我国德育的影响,不仅对于德育理论的发展具有重要意义,而且对于德育理论如何为现实的学校教育和社会发展服务意义重大。

二、实践意义

科技对现代教育的影响,不但表现在教育的内在理念和精神层面,而且还表现在外在的实践当中。现代学校教育制度,如学科化的教学方式、班级化的管理模式等,都与科技文化有着千丝万缕的联系。更为重要的是,科技文化的内在效率追求,也就是它的物质生产特性,引领和支配着现实的教育活动。教育实践在科技文化的作用下,不但道德教育不断式微,而且教育自身所承载和承诺的道德要求也一而再再而三地被压缩,甚至被遗忘。因此,这样的教育本身已经沦为一种工具,它的道德目的已经消失殆尽。科技文化使现代教育面临着深刻的矛盾,这就是教育目的和功能的相互对立。在现代教育史上,赫尔巴特是较早注意到这一问题的学者。他的教育性教学思想,即"没有无教育的教学","也没有无教学的教育",实质上就隐含着教育的道德性和教学的功能性是一个相互统一的过程,教育的外在工具价值和教学的内在目的追求是相得益彰的。所以在现实的教育过程中,如何最

---

① 杨炎轩:《中国当代德育理论发展研究》,2006 年华中师范大学博士学位论文,第 28—53 页。

② 魏则胜:《道德建设的文化机制研究》,广东人民出版社 2005 年版,第 37 页。

大限度地发挥科技文化的精神作用、道德教化功能,也是本研究试图回答的
问题之一。"自 20 世纪 90 年代以来,如何看待现代性教育的种种弊端,换
句话说,如何看待教育是生活还是高于生活,如何看待教育的功用性和诗意
性,如何看待教育研究的人文性和科学性,如何看待教育过程中知识的确定
性、客观性,如何看待教育过程中的间接经验与直接经验等诸如此类的问
题,归根到底,就是如何看待教育中的理性精神、科学精神、主题精神,如何
看待教育的现实性和乌托邦。"①科技文化赋予现代教育以理性精神和诸多
现实性的诉求,使得传统教育自身所具有的人文性、道德性、情感性和生活
性不断受到冲击和解构。这就要求在教育实践中,必须尽可能地规避科技
文化所潜存的各种道德和伦理风险,应该采取有效的措施来改善现代教育
的道德困境,本研究也尝试来初步回答这样的问题。

　　现代社会在演进的过程中,就其实践方式而言,主要有生产实践、文化
实践和精神实践。当前,文化实践和精神实践已经在社会生活中发挥着日
益重要的作用。作为现代文化核心的科技文化,它的实践效应也越发地凸
显。"'科学和技术作为解决人类问题的一种实践,也转而重构了运用科学
和技术的人的生活样态、思考和行为的方式、支配性的价值和机制。'也就是
说,技术在一定程度直接构造人本身,使人的身心都技术化。作为技术化典
型代表的麦当劳化也同样具有一种不屈不挠的不断增值和扩大自己的品
性,其影响直达人精神的最深层。人的麦当劳化有两个层面,一是人的自然
生长过程的技术化、麦当劳化,一是关涉人的精神生活的文化过程的麦当劳
化。"②科技实践对人的道德、情感和价值等方面都产生了很大的影响。教育
作为一种与人的发展密切相关的实践领域,已经成为科技文明与人的发展
之间的重要桥梁。现代教育实践发展和改革的原动力在很大程度上得益于
科技文化的推动。道德教育集中体现了现代教育的实践品性,它在科技文
化各种可能的发展方向的引导下正在朝着一个更加开放的前景迈进。本书
对于道德教育在科技文化的作用和影响下的实践状况和实践趋势做了较为
全面的探索,有助于在教育实践中促使科技文化与道德教育更好地结合。

---

① 　于伟:《现代性与教育》,北京师范大学出版社 2006 年版,第 3 页。
② 　高德胜:《知性德育及其超越——现代德育困境研究》,教育科学出版社 2003 年版,
第 72—73 页。

第三节 文献综述

"80 年代以后,德育理论研究有了很大发展,人们对科学技术与道德教育的关系也开始进行研究,人们注意到科学技术对人的道德品质、科学技术对学校的德育内容和德育的方法及手段的影响,也初步认识到道德教育对科学技术发展的动力作用和方向引导作用。"[①]目前,国内关于科技对我国德育影响的系统研究可谓凤毛麟角,直接相关的研究文献也不是很多,并且多散见于不同的学科门类之中,比如教育学、伦理学、哲学、心理学、社会学、传播学、美学等,间接相关的研究和著作则比较多。这是因为已有的研究主要将科技作为影响德育的外部因素,科技通过作用于社会的经济、政治和文化等来对德育产生影响。其实科技发展对德育的影响,不仅表现在外部的关联性,二者之间内在的直接关联性也非常突出。随着我国现代化进程的日益加快,科技对德育的影响也会更加全面而深入。如果从社会文化的视角来看,科技文化是与现代社会发展相适应的一种高级文化形态,就国内目前教育领域的研究而言,科技文化对道德教育影响的研究还停留在初步探索的阶段。这主要是因为在关于德育的传统研究中,科技文化通常被作为德育的背景参照,或者被看成是影响德育的外在因素,它只具有德育的"形式身份",而没有德育的"内容规范",因此科技文化对德育的影响表现出来的是非常有限的外推性联系。当代科学技术对人类社会生活各个领域的影响达到前所未有的高度,有关科技文化的各种研究文献和素材也不断增多,其中有些就涉及科技与教育、伦理、道德以及道德教育的关系。所以无论从实践的现实效果来看,还是从理论研究的需要出发,科技文化已经和德育发生了全面的实质性的内在联系,它们构成了一种紧密互动和相互作用关系。在这种互动和相互关联中,又以科技文化对德育的影响构成现实德育的一个重要方面。本书在对已有的相关研究和文献资料进行深入阅读和分门别类的基础上,力图有新的发现和收获,取得新的研究视角和思路。

改革开放以来,顺应现实教育改革和社会发展的需要,我国德育的研究主题日趋多样化,研究方法和视角也不断增多。近年来兴起的生活德育、网络德育、主体性德育、发展德育、情感德育等的众多研究主题,都是本研究可

---

① 李太平:《科技教育和道德教育》,1998 年南京师范大学博士学位论文,第 3 页。

资借鉴的有益素材。另外，就大的方面来看，教育领域里的许多其他研究也对于本研究具有较大的启发意义。在具体资料的搜集和整理过程中，本研究涉及的文献总体来说可以分为三大类：一是学位论文类；二是出版著作类；三是期刊论文类。在进行研究文献的梳理时，我们的着力点以展示当前主要的相关研究现状为导向，以博士学位论文类文献为主（很多博士论文已经出版成书），再辅之以一些与本研究关系比较密切的著作类和期刊类文献。

一、有关科技与德育的研究

有关科技与德育的研究，目前主要是实践取向或实践归因的问题研究。檀传宝教授主编的《大众传媒的价值影响与青少年德育》①一书探讨了大众传媒对我国青少年德育影响的热点问题，其研究特点表现在通过大量的问卷调查，借助于实证分析的方法来对有关问题进行较为深入的阐释。鲁洁教授在《道德教育的当代论域》②一书中，就科技与道德教育的关系问题也从理论上进行了专门的论述。王玲宁的博士论文《媒介暴力对青少年影响的实证研究》③，该文采用实证性的研究方法，探讨了媒介暴力对于青少年的攻击性行为和个性心理认知方面的较大影响。许敏博士的论文《道德教育的人文本性》中有专门一章"道德教育的文化过程"，其中直接涉及了科技文化对道德教育的影响问题。④ 郭凤志博士的论文《德育文化论》以文化思维的方式研究了德育现代化的问题。作者在"传统德育困境分析"一节中指出"科技文化对德育文化的挤压"⑤是造成德育困境的主要原因之一。甘剑梅博士的论文《德育现代性的哲学论辩》，从教育哲学的角度对德育现代性问题进行了系统的剖析，其中"技术现代性中的德育"一节⑥，作者探讨了技术对于当代德育的影响。刘济良博士的论文《论我国青少年的价值观教育》，作者在对青少年价值观危机进行归因分析时，指出"科学技术的文化霸权"⑦

---

① 檀传宝：《大众传媒的价值影响与青少年德育》，福建教育出版社 2005 年版。
② 鲁洁：《道德教育的当代论域》，人民出版社 2005 年版。
③ 王玲宁：《媒介暴力对青少年影响的实证研究》，2004 年复旦大学博士学位论文。
④ 许敏：《道德教育的人文本性》，2005 年东南大学博士学位论文，第 114—121 页。
⑤ 郭凤志：《德育文化论》，2005 年东北师范大学博士学位论文，第 121—125 页。
⑥ 甘剑梅：《德育现代性的哲学论辩》，2004 年南京师范大学博士学位论文，第 78—88 页。
⑦ 刘济良：《论我国青少年的价值观教育》，2001 年华东师范大学博士学位论文，第 62—68 页。

是重要的原因之一。唐汉卫博士的论文《生活：道德教育的基础》，作者着力论证了当前道德教育存在诸多困难的根源是对于现实生活的偏离，德育的科学化是造成这一偏离的重要原因。[1] 杨炎轩博士的论文《中国当代德育理论发展研究》指出，科学是我国德育理论研究的基础之一，[2]1981—1988 年，我国德育理论的研究主要是以"德育的科学化"为中心的。[3] 在有关科技与德育的期刊文章中，直接论及科技对我国德育影响的非常有限，其研究重点大都以探讨科学技术与道德、价值、伦理的关系为主，并且数量不多。比较有代表性的例如《论科技与道德协调发展的原则》[4]、《科技与道德走向合理的张力》[5]，等等。

科技的发展已经使当代社会成为一个信息化的网络和媒介社会，德育的方式也在经历着深刻的变革，网络时代的德育也成为当前德育研究的一个热点课题。檀传宝教授的《网络环境与青少年德育》[6]一书在大量实证调查的基础上，全面论述了网络环境下当前德育中的许多现实问题。唐智松博士的论文《网络文化中学生主体性的迷失与重塑》[7]从网络文化的视角，探讨了在现代科技文明下，现实教育实践中在学生主体性教育方面存在的诸多问题以及应对策略。张琰焱的博士论文《网络影响下的高校德育变革》[8]，文章重点论述了网络对于当代高校德育的挑战，以及高校德育在应对这些挑战时所应采取的一些有力措施和方法。胡钦太博士的论文《网络教育中道德自主学习体系研究》[9]，对网络教育中学生道德学习存在的诸多现实问

---

[1] 唐汉卫：《生活：道德教育的基础》，2003 年山东师范大学博士学位论文，第 16—20 页。

[2] 杨炎轩：《中国当代德育理论发展研究》，2006 年华中师范大学博士学位论文，第 54—60 页。

[3] 杨炎轩：《中国当代德育理论发展研究》，2006 年华中师范大学博士学位论文，第 28—37 页。

[4] 潘建红：《论科技与道德协调发展的原则》，《自然辩证法研究》2005 年第 7 期，第 86—89 页。

[5] 邬晓燕：《科技与道德走向合理的张力》，《北京青年政治学院学报》2003 年第 4 期，第 64—70 页。

[6] 檀传宝：《网络环境与青少年德育》，福建教育出版社 2005 年版。

[7] 唐智松：《网络文化中学生主体性的迷失与重塑》，2004 年西南师范大学博士学位论文。

[8] 张琰焱：《网络影响下的高校德育变革》，2002 年华东师范大学博士学位论文。

[9] 胡钦太：《网络教育中道德自主学习体系研究》，2005 年华南师范大学博士学位论文。

题进行了比较深入的研究。蔡丽华博士的论文《网络德育研究》①，对当前的网络德育进行了理论上的系统梳理。在媒介道德问题方面的研究比较有代表性的著作，例如查斯·克里彻的《道德恐慌与媒介》②，谢拉·布朗的《媒介文化中的罪与法》③等。这里需要强调的一点是，网络德育研究已经成为近年来研究生学位论文和期刊文章特别关注的焦点问题，数量可谓汗牛充栋，这里就不再列举了。

在科技高度发达的今天，新的科技方法对于道德教育的理论研究也起到了相当大的促进作用。魏贤超教授从系统的整体性和全息性的特点出发，在《德育课程论》④一书中详细阐述了"主体参与式全息整体德育理论"。武汉理工大学则将工程学的方法和理论运用到德育理论的研究中，较为全面系统地构建了"工程德育学"的理论。刘国永博士的论文《德性涌现与道德教育》，作者依托于复杂性研究的相关理论，将德性视为复杂系统，从复杂系统的角度对德性和学校道德教育进行了深入的研究。该论文首次提出"德性的本质是一种负熵存在"⑤等重要结论，深化了我们对于道德教育的认识。刘慧博士撰写的《生命道德教育——基于新生物学范式的建构》⑥，该文在新生物学范式的视野下，借鉴和吸收了多学科的研究成果，用哲学的方法尝试建构一种道德教育理论。朱炜博士的论文《文化视域中的高校德育研究》，通过对高校德育进行文化认知和文化解读，提出了解决高校德育问题的文化之道，即"文化全息"德育模式。⑦

这里需要特别指出的是，潘建红博士所著的《现代科技发展与道德教育重建》⑧从宏观角度较为系统地分析了当今全球化背景下科技发展与道德教育的相互关系问题，这对于本研究具有一定的启发和借鉴意义。与其不同

① 蔡丽华：《网络德育研究》，2006年吉林大学博士学位论文。

② 查斯·克里彻：《道德恐慌与媒介》（英文影印本），北京大学出版社2006年版。

③ 谢拉·布朗：《媒介文化中的罪与法》（英文影印本），北京大学出版社2007年版。

④ 魏贤超：《德育课程论》，黑龙江教育出版社2004年版。

⑤ 刘国永：《德性涌现与道德教育》，2002年南京师范大学博士学位论文，第32—57页。

⑥ 刘慧：《生命道德教育——基于新生物学范式的建构》，2002年南京师范大学博士学位论文。

⑦ 朱炜：《文化视域中的高校德育研究》，2006年华东师范大学博士学位论文，第112—133页。

⑧ 潘建红：《现代科技发展与道德教育重建》，2006年华中科技大学博士学位论文。

的是,本书主要是从中观和微观层面切入,结合历史分析与当代中国社会和教育发展相关的现实背景,着重从社会文化的层面来展示和剖析科学技术对于德育发展的影响。

　　教育实践是一种"求真"与"求善"紧密结合的社会活动,科学技术不仅关乎"求真",同样关乎"求善"。因此,在有关教育和德育的一般研究中,科学技术也是经常作为重要因素而被考量的。陆有铨教授在其撰写的《躁动的百年——20世纪的教育历程》[①]一书中认为,科学技术不但是推动20世纪教育变革和发展的重要原动力,而且科技与人文之间的分裂与整合是认识和理解20世纪教育演进的重要线索之一。叶澜教授在《"新基础教育"论——关于当代中国学校变革的探究与认识》[②]一书中指出信息化是当代中国教育变革最深刻的社会基础之一。戚万学教授在谈及19世纪末到20世纪初西方道德教育的发展时曾说:"19世纪后30年,随着科学技术的飞速发展、经济的急剧增长,世界范围的人口流动以及由此所引起的社会生活习惯、价值观念的多元化,传统的道德和道德教育愈来愈失去了其赖以维系的社会历史基础。"[③]当代中国社会和道德教育的发展情况又何尝不是这样的呢?因此,戚万学教授进一步指出:"诸如个人利益和社会利益、权利和义务、合作与竞争、自由与责任、民主与纪律、价值多元与价值中立、生态伦理与教育、大众传媒与儿童成长等都是现代道德教育必须回答的理论问题。"[④]冯增俊先生在《论教育的现代演进》[⑤]一文中认为,科学技术的进步是推动教育发展的至关重要的力量。"有创新精神的民族具有高度的民族理性,自觉客观地审视民族的发展历史和科学走向,有强烈的振兴科技意识。全民族尊重科学,学科学、用科学,发展科技蔚然成风,并且已内化为民族的基本性格和价值取向。"[⑥]高德胜博士在《道德教育的时代遭遇》[⑦]一书中对于当代

---

①　陆有铨:《躁动的百年——20世纪的教育历程》,山东教育出版社1997年版。

②　叶澜:《"新基础教育"论——关于当代中国学校变革的探究与认识》,教育科学出版社2006年版。

③　戚万学:《20世纪西方道德教育主题的嬗变》,《教育研究》2003年第5期,第28—34页。

④　戚万学:《关于建构中国现代道德教育理论的几点设想》,《教育研究》1997年第12期,第27—31页。

⑤　冯增俊:《论教育的现代演进》,《教育研究》2002年第12期,第22—27页。

⑥　冯增俊:《论教育创新与民族创新精神》,《教育研究》2001年第11期,第24—29页。

⑦　高德胜:《道德教育的时代遭遇》,教育科学出版社2008年版。

科学技术的高度发展给道德教育带来的许多新问题进行了全面的探讨和理论分析。

二、有关科学技术教育作用的研究

现代科技的进步一直促进着现代教育的发展,这主要表现在科技知识和科技手段对于教育的推动作用上。现代教育借助于科技知识和科技手段,整合了教育系统内部和外部的各种资源,提高了教育的效率,从而使教育质量得到全面的提升。科技之所以表现出如此强大的教育力量,主要是因为科技知识不但是人类正确认识自然和社会的成果,同时它也是人类改造自然和社会最为重要的手段。科技的教育作用表现在其促进了人类理性的发展和完善,健全了人类的心智,使受教育者在德、智、体、美、劳各个方面获得了综合发展的可能。目前有关科技教育作用的研究文献相对较多,比较有代表性的研究有如下一些。

李太平的博士论文《科技教育和道德教育》[①],作者初次将科技教育与道德教育进行对接,展现了科技教育中蕴含的德育功能以及道德教育对于科技教育和科技发展的引领作用。周川的《科学的教育价值》[②]、孟建伟的《论科学的人文价值》[③]、秦元海的博士论文《论科学精神》[④]、张敏的博士论文《科学教育:人性迷失与理性遍寻》[⑤],这些著作和博士论文的着眼点在于凸显科学的教育功能和人文价值,将科学活动放置在整个人类社会的精神生活层面进行观照,体现了现代科学的启蒙和教化作用,摆脱了一味从物质生产或社会经济方面来考察科技及其社会功能的局限性。刘德华的《"点击"学校课程——走在十字路口的科学教育》[⑥]、杜时忠的《科学教育与人文教育》[⑦]、蒋家琼的《大学科学教育中实施美育的研究》[⑧]、王前的《理科教育中

---

① 李太平:《科技教育和道德教育》,1998 年南京师范大学博士学位论文。
② 周川:《科学的教育价值》,江苏教育出版社 1993 年版。
③ 孟建伟:《论科学的人文价值》,中国社会科学出版社 2000 年版。
④ 秦元海:《论科学精神》,2006 年复旦大学博士学位论文。
⑤ 张敏:《科学教育:人性迷失与理性遍寻》,2004 年东北师范大学博士学位论文。
⑥ 刘德华:《"点击"学校课程——走在十字路口的科学教育》,福建教育出版社 2001 年版。
⑦ 杜时忠:《科学教育与人文教育》,华中师范大学出版社 1998 年版。
⑧ 蒋家琼:《大学科学教育中实施美育的研究》,湖南大学出版社 2007 年版。

的德育》①、张金福的《大学人文教育与科学教育结合研究》②、于海波的《科学课程发展的文化学研究》③,这些著作重点论述了在进行科学教育的同时,如何实现科学教育与人文教育的沟通与融合,进而拓展、延伸和开掘出科学技术更为广泛和深刻的教育价值。孙可平所著的《STS 教育论》④初步系统地介绍了国外在科技教育中如何实施科学、技术与社会协调发展的教育理念与实践。STS 教育的课程开发和建设方面牵涉到许多科技发展与社会道德、伦理等方面的现实问题。颜士刚博士在其论文《技术的教育价值的实现与创造研究》中认为,技术在现实教育活动中是负载价值的,教育理论和实践中的技术中性论是站不住脚的。技术教育价值本质的两条理论依据是"教育技术化"和"技术教育化"。"具体来说,教育技术化是指,在教育活动过程中,技术的属性、结构、功能和规律等技术因素通过某种方式作用于教育,使教育发生变化并进而转化为教育的本质力量。技术教育化是指,在教育活动过程中,教育主体运用其智慧通过外部力量作用于技术并使教育主体的本质力量对象化于技术之中,技术因之而发生变化。并且认为,教育技术化即是技术教育价值的本质表现,是技术教育价值的彰显;技术教育化是技术教育价值的创造,是技术教育价值的累积。"⑤

19 世纪末斯宾塞提出了"什么知识最有价值"的问题,他给出的答案是科学知识最有价值。从某种意义上说,这是科技对教育产生作用具有标志性和转折意义的事件,它吹响了科技向教育领域全面进军的号角,从而深刻地改变了现代教育的演进历程和路径。杜威在《民主主义与教育》一书的序言中说:"本书所阐明的哲学,把民主主义的发展和科学上的实验方法、生物科学上的进化论思想以及工业的改造联系起来,旨在指出这些发展所表明的教材和教育方法方面的变革。"⑥由此可见,《民主主义与教育》也是一部研究科学技术教育作用的重要著作。在《科学与教育》⑦一书中,英国著名学者赫胥黎全面系统地论述了现代科学的教育价值。20 世纪 50 年代末,英国著

---

① 王前:《理科教育中的德育》,河南教育出版社 1991 年版。

② 张金福:《大学人文教育与科学教育结合研究》,浙江大学出版社 2006 年版。

③ 于海波:《科学课程发展的文化学研究》,东北师范大学出版社 2007 年版。

④ 孙可平:《STS 教育论》,上海教育出版社 2001 年版。

⑤ 颜士刚:《技术的教育价值的实现与创造研究》,2007 年南京师范大学博士学位论文,摘要。

⑥ 约翰·杜威:《民主主义与教育》,王承绪译,人民教育出版社 2001 年版,第 5 页。

⑦ 赫胥黎:《科学与教育》,单中惠、平波译,人民教育出版社 1990 年版。

名学者斯诺在《两种文化》一书中提出了"两种文化"的概念,其指的是"文学知识分子"的文化和自然科学家的文化。科学教育使我们的文字才能枯萎——符号语言得以辉煌地应用,而词汇语言则相反。① 埃里克·阿什比在《科技发达时代的大学教育》一书中指出,现代科技的发展使人文教育在大学里的地位岌岌可危,大学日益倾向于科技性的学术专才的生产,而漠视了学生完整人格品质的培养。他认为正确的做法应该是"在科学教育中增设人文学科。而且着重阐明科技成就在伦理道德上和社会生活上所产生的后果,使人看清即使是筑一条公路、修一个飞机场或设一所广播台,都不能不引起人们生活上的深刻变化"②。雅斯贝尔斯在《什么是教育》③一书中的许多地方也谈到了现代科技对于教育活动的影响。当代科学技术的新发展带给教育活动的影响与挑战也是 1972 年出版的《学会生存——教育世界的今天和明天》一书的重要内容和主题之一。"科学技术的时代意味着:知识正在不断地变革,革新正在不断地日新月异。所以大家一致同意:教育应该较少地致力于传递和储存知识(尽管我们要留心,不要过于夸大这一点),而应该更努力寻求获得知识的方法(学会如何学习)。"④

三、有关科学技术的道德、伦理和价值等方面的研究

1749 年,卢梭以题为《论科学与艺术的进步是否有助于敦风化俗》的文章,参加了法国第戎科学院的有奖征文活动,最后荣登榜首。他一反启蒙思想家们相信的科学发展必然会带来人类社会进步的信条,认为现代文明和科学知识的增长正在导致腐化和罪恶,被权力所主宰的科学、文学与艺术是道德的罪恶的敌人。因此可以说卢梭是近代有关科学技术的道德、伦理和价值等方面研究的真正开拓者。第二次世界大战以来,这方面的研究主要集中在科技伦理学、科技社会学和教育学领域。这些研究重点针对科学技术的社会应用情况和实践活动效果,从道德、伦理、价值和目的等方面对科技活动的过程、结果及其所衍生的社会文化后果进行评价、审视和反思,批

---

① C. P. 斯诺:《两种文化》,陈克艰、秦小虎译,上海科学技术出版社 2003 年版,第 52—53 页。

② 埃里克·阿什比:《科技发达时代的大学教育》,滕大春、滕大生译,人民教育出版社 1983 年版,第 51 页。

③ 雅斯贝尔斯:《什么是教育》,邹进译,生活·读书·新知三联书店 1991 年版。

④ 联合国教科文组织国际教育发展委员会编:《学会生存——教育世界的今天和明天》,华东师范大学比较教育研究所译,教育科学出版社 1996 年版,第 12 页。

判和纠正极端的科技主义取向。有关科学技术的道德、伦理和价值等方面的研究一直是国内外学术界最近数十年来的学术热点,所以相应的文献资料很多。就这些研究的动机和态势来看,主要以人文主义的价值取向和目的观为核心,兼有科技主义内部在哲学、伦理学、文化学、社会学和教育学方面的警醒、反思、批判和重建。下面选取一些比较有代表性的重要研究成果和文献。

郝凤霞的博士论文《技术的社会选择》[①]、杨庆丰的博士论文《技术作为目的》[②]、薛勇民的《环境伦理的后现代诠释》[③]、张慧敏的《技术的民主控制》[④]、郑晓松的《技术与合理化》[⑤]、钱振华的《科学:人性、信念与价值》[⑥]、王桂山的《技术理性的认识论研究》[⑦]、李正风的《科学知识生产方式及其演变》[⑧]、闫宏秀的《技术进步与价值选择》[⑨]、袁建新的《科学理性与价值理性的结构关系研究》[⑩]、刘丹鹤的《赛博空间与网际互动——从网络技术到人的生活世界》[⑪]等等,这些博士论文大都从道德、伦理、价值和目的等方面对科学和技术进行了较为深入的研究和探讨,深化了我们对于科技的认识和理解,有助于我们思考和评价科技对德育的各种影响。张俐蓉博士撰写的《信息技术与学校教育关系的反思与重建》[⑫],作者重点论述了在将信息技术运用到学校教育的过程中产生的一些问题,学校教育如何进行重新的调整、布局和应对。刘英杰博士所著的《科技意识形态研究》中论述了"科学技术成为意识形态的中国语境",[⑬]指出科技在促进中国走向现代化的过程中,科技

---

① 郝凤霞:《技术的社会选择》,2003 年复旦大学博士学位论文。
② 杨庆丰:《技术作为目的》,2003 年复旦大学博士学位论文。
③ 薛勇民:《环境伦理的后现代诠释》,2004 年山西大学博士学位论文。
④ 张慧敏:《技术的民主控制》,2005 年东北大学博士学位论文。
⑤ 郑晓松:《技术与合理化》,2005 年复旦大学博士学位论文。
⑥ 钱振华:《科学:人性、信念与价值》,2005 年复旦大学博士学位论文。
⑦ 王桂山:《技术理性的认识论研究》,2006 年东北大学博士学位论文。
⑧ 李正风:《科学知识生产方式及其演变》,2005 年清华大学博士学位论文。
⑨ 闫宏秀:《技术进步与价值选择》,2003 年复旦大学博士学位论文。
⑩ 袁建新:《科学理性与价值理性的结构关系研究》,2004 年复旦大学博士学位论文。
⑪ 刘丹鹤:《赛博空间与网际互动——从网络技术到人的生活世界》,2004 年复旦大学博士学位论文。
⑫ 张俐蓉:《信息技术与学校教育关系的反思与重建》,2004 年华东师范大学博士学位论文。
⑬ 刘英杰:《科技意识形态研究》,2006 年吉林大学博士学位论文,第 113—134 页。

意识形态对于中国传统社会意识形态造成的冲击和挑战。舒红跃在《技术与生活世界》①一书中,从技术哲学的视角深入研究了技术和生活世界的关系问题。孙秀云博士在其《论科技时代人的发展困境》②中指出科技的异化是导致当代人发展困境的直接原因,科技的异化实质上是人的异化。哈贝马斯在《作为"意识形态"的技术与科学》③一书中,从哲学认识论的角度对科学技术进行了深刻的探讨,从而在学理上深化了人们对于科学技术社会功能的认识。魏贤超教授在《欧美应用伦理学课程述评》④一文中从德育课程史的角度对欧美高校中涉及科学技术的应用伦理学课程进行了简要的回顾与评价。

第四节 研究思路、视角、内容和方法

一、研究思路和视角

本研究的思路,从文章大的结构方面来看,分别由横向和纵向两个方面展开,横向为主,纵向为辅。横向以科技对道德教育影响的实践内容为依托,这是一条明的线索;纵向以科技对整个教育活动的历史和现实影响为背景铺垫,尤其是改革开放以来科技对我国学校教育的影响,这是一条暗的线索。从文章研究视角的选择来讲,文化学和文化社会学的视角贯穿本书的始终。之所以从文化学和文化社会学的角度来切入,主要是考虑到本研究所涉及的两个主要对象,即科技和道德教育的文化性特质和社会性禀赋。"长期以来,人们很少自觉地在文化层面上来考虑道德教育问题,这实际上限制了我们对道德教育的全面认识与理解。近期,教育理论界已经开始把包括德育在内的整个教育作为一种文化现象来研究,把它放入文化学的视野加以审视和剖析。这在一定程度上深化、拓宽了我们对于教育包括德育现象的理论认识,使我们得以更为充分地把握其内在规律,更加自觉地全面

---

① 舒红跃:《技术与生活世界》,中国社会科学出版社 2006 年版。

② 孙秀云:《论科技时代人的发展困境》,2007 年吉林大学博士学位论文。

③ 哈贝马斯:《作为"意识形态"的技术与科学》,李黎、郭官义译,学林出版社 1999 年版。

④ 魏贤超:《欧美应用伦理学课程述评》,《比较教育研究》1995 年第 5 期,第 7—9 页。

发挥它的功能。"①总的来说,论文力求突出研究思路的综合性和研究视角的独特性,进而取得较为客观、准确的研究结论,彰显本研究的新颖性和时代性,达到能够为教育理论和实践提供借鉴意义的研究主旨。

二、研究内容

从本研究所囊括的内容特点来说,文章以中观层面的研究为主,辅以微观层面的实践探索和宏观层面的背景解读。叶澜教授认为:"构成教育活动的基本要素是:教育者与受教育者;教育内容与教育物资。"②本书以此作为整个研究内容框架的主要依据。全文共分为六章:第一章导论部分集中介绍了本论文的选题缘由,对有关概念进行了辨析和界定,较为详细地归类和整理了相关的研究文献和资料,具体说明了研究的思路、视角、内容、方法和意义,指出了论文的创新和不足之处。第二章从历史的角度对科技与道德、科技与德育的关系进行了考察,得出了科技与道德之间具有内在的同源性、同构性、同质性和同一性关系,这种关系是科技与德育之间相互影响的前提和基础等结论。第三章分析了科技理性通过社会意识的变革和中介,使德育主体的观念和行为获得较大的发展。第四章论述了科技价值通过知识观念的变革和中介,使德育内容在观念形态和价值目标的选择与定位上得到很大的拓展。第五章探讨了科技功能通过文化氛围的变革和中介,使德育环境走向了学习型系统和文化选择之路。第六章总结了科技影响下的当代中国德育走向的总体特征和趋势。下面我们给出论文主要内容的结构示意(见图1-1)。

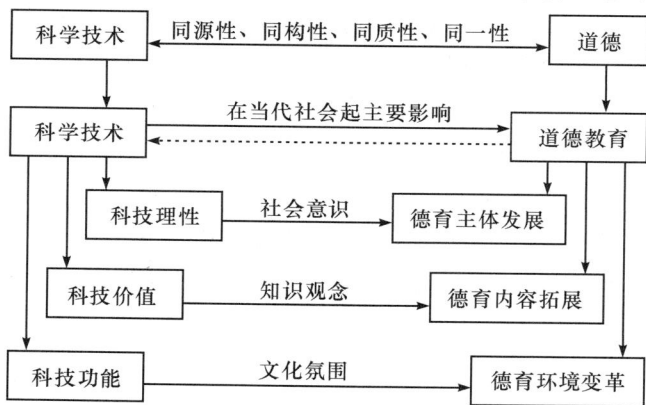

图 1-1   主要内容的结构示意

① 鲁洁、王逢贤主编:《德育新论》,江苏教育出版社2000年版,第34页。
② 叶澜:《教育概论》,人民教育出版社2006年版,第13页。

三、研究方法

本研究以改革开放以来我国德育的实践活动和理论探索为基础,在文章内容和有关结论的呈现方面以定性分析见长。就具体的研究方法而言,本书在历史唯物主义和辩证唯物主义方法论的指导下,分别采用了文献法、历史法、个案分析法等多种研究方法。科学技术作为生产要素,是人类社会实践的重要组成部分,具有明显的物质属性和意识形态功能。不同历史时期的科技发展水平及其作用的发挥是有一定差异的。这就要求我们在探究科技对德育活动各种影响的过程中,只有遵循唯物辩证法的原则,用一分为二的观点来分析问题,才可能得出较为客观准确的结论。除此之外,文献法是另一个贯穿全文始终的研究方法。本书在查阅、分析和整理大量文献资料的基础上,注意从不同的角度对这些材料进行归类,又在文化社会学的视角下将这些文献串联和贯通。历史法是研究问题的基本方法之一,科技与德育之间的关系有着悠久的历史渊源,本研究对其进行了简要的回顾与分析,总结和提炼出几点规律性的认识,这些认识可以说构成了本书的理论前提和基础。个案分析法能够具体地阐明事物的本质特征和内在属性。科技影响下的当代德育活动不但包含着许多一般性的教育问题,同时也蕴含着一些特殊性的教育问题。这就要求结合案例分析来对其加以充分说明,比如本书以技术对大学生道德认知的影响为例论述了技术文化对人生观的作用,以"李阳事件"为例解读了网络发展对德育环境的影响。

朱小蔓教授从德育研究的范式出发,将德育研究划分为哲学型、科学型和工程学型三种类型。同一研究方法,在不同的研究纲领和研究范式下所处的地位和所起的作用是有所差别的。从大的方面来看,本书属于哲学型的研究。"对德育做哲学型研究的基本任务在于:全方位考察世界性德育发展的历史、现状及趋势,把握德育时代精神与时代特色,借鉴西方现代化进程中对传统德育改造的经验和教训,以中华民族博大精深的教育学说为思想母体,为当代中国的德育提供价值目标,确立价值定格。也就是说,用哲学的总体性思维、辩证发展性思维、具体历史性思维在中西古今纵横交错的时空坐标上寻求和把握当代中国德育建设的价值取向、方法论取向,从而努力实现我们孜孜以求的中国德育现代化、现代德育中国化的伟大目标。"①

---

① 　朱小蔓:《理论德育学的建构》,《上海教育科研》1995年第4期,第21—24页。

第五节　概念界定

一、科学

在我国古代汉语中没有"科学"这个词,在希腊文中也没有,在英文中"科学"一词为 science,来源于拉丁文动词 scire,意为"知道""认识",其拉丁文的名词形式 scientia,意为"知识"。1830 年左右法国实证主义哲学家孔德(A. Comte,1798—1857)在对学科分类时才用这个词(science)来代表将研究对象分为众多学科(如物理学、化学)进行研究的学问,与众学科统辖的学问(philosophy)相对应。日本学者西周(1829—1897,曾在荷兰留学)于 1874 年(明治七年)将这两个词译成"科学"和"哲学",然后"科学"一词迅速在日本流传开来。1897 年康有为编的《日本书目志》中有两本书,一本为《科学入门》,另一本为《科学之原理》。1898 年他在给光绪皇帝的《请废八股试贴楷法,试士改用策论折》中,又三次用了"科学"一词。可以说康有为是将"科学"一词引入我国的第一人。"科学"一词在中国得以广泛采用,严复也起了很大的作用。1898—1902 年严复在翻译英国古典政治经济学家亚当·斯密(Adam Smith,1723—1790)的名著《国富论》时,也频繁使用"科学"一词。① 在"科学"一词未引入中国以前,中国传统文化中与其大致类似的一个词语为"格物"。

关于科学是什么,古今中外,没有一个统一的标准和答案,我们也很难给科学下一个比较确切的定义。这主要是因为科学处于不断的变化和发展之中,它的内涵、外延、特征和表现形态在不同的时代有很大的区别。英国著名科学家、科学学创始人之一贝尔纳很早就指出,"科学"或"科学的",在不同场合有不同的意义,必须在科学发展的一般图景中把它们联系起来。科学可以采取若干主要形相,每一个形相都反映科学在某一方面所具有的本质,只有把它们全体综合起来才能抽取科学的完整意义。贝尔纳指出,现代科学的主要形相是:"一种建制","一种方法","一种积累的知识传统","一种维持或发展生产的主要因素",一种重要观念来源,即"构成我们诸信仰和对宇宙和人类的诸态度的最强大的势力之一"。② 当代科学的发展速度

---

① 席泽宗:《关于"科学"一词的来历》,《历史教学》2005 年第 11 期,第 60 页。

② 刘大椿:《科学技术哲学导论》,中国人民大学出版社 2000 年版,第 18 页。

和规模是以前任何时代都不能比拟的,已经从小科学时代发展到大科学时代。因此,虽然我们不能对科学做出准确的界定,但是关于现代科学的整体形相和性质,人们已经有了一个相对比较完整的把握和共识。这主要表现在如下三个方面:一为科学是不断深化的关于客观世界的正确反映的知识体系;二为科学不只是一种知识体系,它还是生产知识体系的活动体系;三为科学还是一种社会建制。总之,科学就其存在方式来看,它是一种知识体系;就其发现过程来讲,它是一种活动体系;就其社会存在方式来说,它是一种社会建制。[1]

正如著名科学社会学家默顿(Merton)所言:"对现代科学的精神特质的考察只是在一定限度内引入了一个更大的问题,即对科学的制度结构的比较研究。"[2]他还认为普遍主义(Universalism)、公有性(Communalism)、无私利性(Disinterestedness)以及有组织的怀疑(Organized Scepticism)构成了现代科学的精神特质。[3] 科学的这种精神特质对现代社会的文化、道德伦理、民主精神和意识形态产生了深刻的影响。正是因为"科学"内涵本身的复杂性,所以本书对于"科学"一词的界定采用规范型定义(the stipulative definition)和描述型定义(the descriptive definition)[4]相结合的方法。在本书中,科学不仅是一种知识体系、活动体系和社会建制,它还代表了一种理性精神,具有鲜明的文化特质、教育功能和社会影响力,它与现实的社会生活是融为一体的。

二、技术

著名技术哲学家埃吕尔说:"现代技术已经构成了人类生存的整体环境

---

[1] 申仲英、萧子健主编:《自然辩证法新论》(修订版),陕西人民出版社 2000 年版,第 32—33 页。

[2] R. K. 默顿:《科学社会学》,鲁旭东、林聚任译,商务印书馆 2003 年版,第 364 页。

[3] R. K. 默顿:《科学社会学》,鲁旭东、林聚任译,商务印书馆 2003 年版,第 365—376 页。

[4] 在《教育的语言》一书中,谢弗勒探讨了三种类型的定义:规范型定义(the stipulative definition)、描述型定义(the descriptive definition)和纲领型定义(the programmatic definition)。规范型定义是指对某个概念或词语下定义时,将它规定在特定的讨论领域或特定的讨论形式中,并以特定的方式对它做出特定的解释。描述型定义的实质是,用已有的含义和既定的用法适当地描述被界说的对象或使用该术语的方法。纲领型定义是它的提出者为了使某一概念发挥特定的功能而制定的一种实践纲领或实践计划。参见魏贤超:《德育课程论》,黑龙江教育出版社 2004 年版,第 10—16 页。

背景,因此,无论经济的、社会的、政治的或思想的研究,都必然会涉及技术,这是不以任何个人的主观意志为转移的。"①因此,技术在现代社会扮演着越来越重要的角色。"技术这个词来自希腊语。Technikon(技术的)意思是属于 technē(技艺)的所有事物。关于这个词的含意,最可注意两点。首先,希腊人拿 technē 命名的,不仅是工匠的活动与技巧,还有心灵的艺术和美的艺术的活动与技巧。technē 属于'产生'(poiēsis/bring-forth);它是某种产生性的东西。"②"技术"一词最早来自希腊文"téchnē",由古希腊语"technē"(艺术、技巧)和"logos"(言词、说话)结合而成,意指技术是用语言、文字对艺术或技术的表达。1615 年英国开始使用"technology"一词,他们按希腊文组合的意愿,将"技术"解释为"完美而实用的技艺"。③ 因此,从词源学上来讲,技术从古代开始就是与艺术、技艺、语言和对话联系在一起的。技术在其发展演化的过程中,在不同的历史时期表现出了不同的内在属性和外部特征。例如在古代,人们主要是从技艺、技能、技巧等方面来描述技术;近代以来伴随着人类认识和改造自然能力的增强,技术更多的是被解释为人类亲近世界和改造自然的物质手段;现代社会中科学和技术日益走向融合,技术经常被人们理解为科学理论的应用,或者说是科学的物化;当代技术系统逐渐成熟,技术的"自主性"不断显现,所以技术成为人们的一种生活方式,它使社会和人类的"异化"现象更加突出。从技术结构上看,技术经历了从以手工性经验技能为主导要素的经验型技术结构到以机器为主导要素的实体型技术结构,然后再到以技术知识为主导要素的知识型技术结构的发展,即经历了从古代的单相技术结构到近代双相技术结构再到现代三相技术结构的发展。④ "技术是一种历史现象,只有在特定的历史背景下,才能使其概念化。"⑤因此,要对技术做出一个确切的,或者有说服力的界定是相当困难的,这已为当代有关技术的各种各样的定义所证实。

大致说来,当前人们对于技术的理解和界说主要是从以下三个角度出发的:一是工具主义的角度,侧重于技术的实物形态和自然属性;二是目的

---

① 乔瑞金主编:《技术哲学教程》,科学出版社 2006 年版,第 1—2 页。

② 海德格尔:《人,诗意的安居》,郜元宝译,上海远东出版社 2004 年版,第 126 页。

③ 禹智潭、陈文化:《技术:实践性的知识体系》,《科学技术与辩证法》1998 年第 6 期,第 33—35 页。

④ 陈凡、张明国:《解析技术》,福建人民出版社 2002 年版,第 23—26 页。

⑤ F.拉普:《技术哲学导论》,刘武等译,辽宁科学技术出版社 1986 年版,第 21 页。

主义的视野,聚焦于技术的社会属性和实践应用后果的价值评价;三是功能主义的维度,强调技术活动的主客统一性,技术属性的结构性、系统性和关系性,实质上它是对第一个和第二个角度的综合。功能主义的技术界说例如布雷诺宣称:"当我使用技术一词时,我指的是工具、机器和应用知识,以及使用这些工具、机器,应用这些知识时的社会政治关系。"①保罗·古德曼提出:"技术是道德哲学的一个分支,而绝不是科学的一个分支。它的目的在于为公众求得廉价的产品,同时又为实现这些产品而提供有效的手段。"②还有一种对技术比较独特的理解就是社会建构主义的观点,这种观点不同于前面三个角度的界说,它是这三种视角的进一步延伸和扩展,具有更强的解释力和现实意义。"承袭社会学的研究视角,社会建构论形成了对技术的特定认识:技术是在社会行动中形成的;从技术构思设计到产品应用扩散的整个过程中,在关于技术的多种观点之间,多种价值观之间,经济的、社会的、文化的、技术的等多方因素之间,存在着复杂的冲突和调和,也即是说,技术是在不断的社会选择中得以形成和发展的;技术创新应被理解为一个社会过程。在技术发展过程中,社会因素全面渗入技术内部,从而打破了技术与社会的边界,形成了技术与社会的'无缝之网'(seamless web);技术本身由此成为社会的,即成为'社会技术集合'(sociotechnical ensembles)。因此,技术是社会的技术,是人类创造出来的文化形式,技术可以被界定为社会行动,是一种特定的社会文化实践。"③本书对于技术的理解主要是从第三个视角出发,借鉴社会建构主义对技术的定义策略,将技术描述为工具、机器、器具、技术性的知识、认知、思维、政策和措施在实践过程中的运用及其所衍生的各种社会文化行为,所引发的社会的、文化的、观念的、价值的、道德的和伦理的后果。

---

① 邹珊刚主编:《技术与技术哲学》,知识出版社 1987 年版,第 236 页。

② 邹珊刚主编:《技术与技术哲学》,知识出版社 1987 年版,第 236 页。

③ 邢怀滨:《社会建构论的技术界定与政策含义》,《科学技术与辩证法》2004 年第 4 期,第 46—49 页。

三、科技①

前面我们对"科学"和"技术"两个词分别做了简要的说明和界定,在此基础上再对"科技"一词加以界说。"科技"一词直接来自于对英文"science & technology"的翻译,它的流行和普遍使用主要是 20 世纪以来的事情,特别是第二次世界大战以后,新的科技革命的兴起和科技影响的巨大社会效应的显现,更加激发了人们对于科技活动及其作用的关注。在近代之前,科学和技术有着明显的区别,它们的发展轨迹也完全不同,科学遵循研究自然世界的理性传统,技术沿革契合经验世界的工匠传统。亚里士多德曾明确指出,科学是研究自然实体和类的普遍性质与原因的知识,是为了自身的目的而存在,技术是关于生产的知识,其目的在自身之外。但是近代以来,伴随着几次大的科技革命的爆发,科学与技术之间的联系日益密切,出现了科学技术化和技术科学化的趋势。

从古至今,科学与技术就与人类的日常观念、世俗礼仪、生活世界是融为一体的。现代科学与技术不但构成和创造了人类丰富的生存背景,而且已经成为人类最为根本的生活实践方式之一。科学技术不仅已是我们考量一切经验现象的外在依据,它更是我们思考和分析现实生活世界的内在根据。就科学和技术与教育的关系史来看,科学与教育呈现一种明显的密切联系,技术与教育则表现为一种隐蔽且深邃的关系。在当代社会中,科技已经与教育发生了更为全面、深刻而持久的关联,并且这一趋势还在不断得到加强和巩固。正是基于这些考虑,"科技"一词在本书中不仅是科学与技术

① 在中国现代学术史上,将"科学"与"技术"合称为"科学技术"或简称为"科技"是一个比较晚近的现象,大约出现于 20 世纪 50 年代中期。在此之前的清末和民国时期的文献中,几乎看不到"科学技术"这一术语。新中国成立后的最初一些年,学术界和国家领导人在谈到科学或技术问题时,也很少有"科学技术"的用法。1956 年我国制定了《1956—1967 年科学技术发展远景规划》,1958 年成立国家科学技术委员会。自此以后,"科学技术"一词开始逐渐见诸文献和国家领导人的讲话中。参见吴海江:《"科技"一词的创用及其对中国科学与技术发展的影响》,《科学技术与辩证法》2006 年第 10 期,第 88—93 页。

的简称①,它还指生活世界中与科学和技术有关的物质性的有形实体,以科学和技术为导向和潜在依据的行为、组织和认识活动、知识和观念形态、存在和思维方式等。

这里需要进一步指出的是,随着科学技术的不断发展与进步,科技对教育的影响日益表现为一种观念性的文化形态。因此在本研究中,除了"科技"一词外,科技文化、科学文化、技术文化都是经常出现的词汇,它们在含义上是紧密相关的。这种相关性一方面源于科学技术在当今社会时空中的广泛影响,包括有形的和无形的,能够说出的和暂时不能说出的。另一方面源于本书的研究视角的选择,即从文化社会学的角度来探究科学技术对教育、学校德育的影响。"必须指出,科学从来就不仅仅是一种工具,更是一种精神的文化。科学是精神文化的最重要也是最活跃的因素,是人类文明的最高表现之一。科技文化不仅仅是德育的知识基础和研究方法,它的深层价值更体现在对人文精神的增益和更新上。科学技术是社会主义精神文明建设的重要基石,科学知识、科学思想、科学方法和科学精神的普及,能够深刻影响学生的世界观、价值观和人生观,对提升学生的精神境界、破除蒙昧和迷信,起着先导和核心的作用。"②因此,下面再对"科技文化"一词加以说明和界定。

司马云杰先生根据人类发展史的自然史与社会史的区别,将文化诸现象划分为两大类:第一类是人类认识、改造、适应和控制自然界的过程中所取得的成果;第二类是人类认识、改造、适应和控制社会环境所取得的成果。这种对于文化的分类属于文化社会学的划分方式,具体见表1-1所示。③ 从表中我们可以发现,科学技术知识不但直接属于文化范畴,而且科技本身又

---

① 由于汉语文化本身博大精深,"科技"一词在汉语中就衍生出了两种基本的意义构成:一是代表科学与技术的并称;二是将科学这个名词形容化成为技术的定语,因此在有些语境下科技一词仅指涉表示现代文明的技术。中国文化几千年来对于"术"的偏好,即技术化的实用精神,造成了科技一词在中国文化语境下经常被无形中理解为前述第二种意思,而"学"的精神,即科学的精神则日渐淡漠。因此,科技一词暗合了中国文化中的"学术"一词,并且对当代中国的社会精神和现代化进程产生了深刻的影响。在西方文化中,科学和技术则是有着明显区别的两个领域,当二者合用时,也不会轻易造成像汉语中这种理解上的出入。参见吴海江:《"科技"一词的创用及其对中国科学与技术发展的影响》,《科学技术与辩证法》2006 年第 10 期,第 88—93 页。

② 王仕民:《德育文化论》,中山大学出版社 2007 年版,第 59 页。

③ 魏则胜:《道德建设的文化机制研究》,广东人民出版社 2005 年版,第 44 页。

对物质文化、规范文化和精神文化产生着巨大的辐射和带动作用。

表 1-1　文化诸现象分类

文化形态类型		文化范畴
第一类文化	智能文化	科学与技术知识等
	物质文化	房屋、器皿、机械等
第二类文化	规范文化	社会组织制度、政治法律形式、伦理、道德、风俗习惯、语言、教育等
	精神文化	宗教、信仰、审美意识、文学、艺术等

德国哲学家卡西尔曾经指出,就科学技术与文化形态的关系来看,人类的文化发展大致经历了三个阶段,即神话的信仰阶段、哲学反思的形而上学阶段和经验科学的实证阶段。在第一阶段,以神学为主,哲学属于神学,文化表现为一种神话形式;在第二阶段,以哲学为主,科学属于哲学,文化以一种哲学形式出现;在第三阶段,以科学技术为主,科学技术成为文化的主导形式,其他文化都以科学技术为范型。[①] 由此可见,无论从人类哲学思想史的角度审视,还是从文化史的角度出发,科学技术与人类文化始终是交织在一起的,只不过在不同的历史阶段科技文化的表现形式、内容和特征有所不同罢了。在当代社会,科技文化已经成为人类文化的主导形式,它对其他文化价值体系产生着深刻而持久的影响。如果站在系统论的立场上,科技文化又是作为一个独特的社会子文化系统而存在的,它有自己的特点、结构和功能。本书对科技文化界定的着眼点立足于从历史发展的纵向和社会文化的横向出发,力图勾勒出科技文化的整体脉络。因此,在本书中,"科技文化包括科技知识、科技思想、科技教育与传播、科技体制、科技法规和科技道德等。从结构层次来看,现代科技文化已形成了由器物层次、制度层次、精神层次组成的相对独立的亚文化体系。科技文化的静态特质主要包括普适性、基础性与整体性等方面,科技文化的动态特质主要包括创新性、发展性与开放性等"[②]。科技文化在当代社会主要是以活动功能的方式呈现的,它具有多种实践价值。"科技是人的智力发展中的最后一步,并且可以被看成

---

① 杨怀中:《科技文化的历史地位及当代价值》,《自然辩证法研究》2007 年第 5 期,第 93—96 页。

② 潘建红:《科技文化:内涵、层次与特质》,《理论月刊》2007 年第 3 期,第 93—95 页。

是人类文化最高最独特的成就。"①"科技文化就是一切以科学和技术为'基石'的文化,它包括自然科学、社会科学、工程技术等。它们都是德育的知识基础,是德育的文化构成部分。德育把科技文化作为自己的知识基础,作为自己的文化铺垫,这就极大地提高了德育的文化层次,拓展了德育的文化空间。德育文化吸收了科技文化的精髓,通过文化介体,培育学生的科学精神,这是德育文化的应有内涵,也是德育文化的当务之急。"②

四、道德

因为"道德"和"伦理"是经常一起共同使用的词汇,它们之间的联系也非常紧密,所以要对"道德"一词做一个比较准确的界定,必须先看看二者的区别与联系。"从词源涵义来看,伦理与道德在英文中都是指人际行为应该如何的社会规范,而在中文中二者则是整体与部分的关系。在中文中伦理是指人际行为事实如何的规律以及人际行为应该如何的规范,而道德则仅仅是指人际行为应该如何的规范。总之,道德只是探求人际关系应该如何的'应然状态',而伦理则既关注人际关系应该如何的'应然状态',又注重人际关系事实如何的'实然状态'。"③"伦理与道德二者的基本区别:伦理是典型意义上的人们之间的社会交往关系,既体现于实际关系方面,也体现于价值规范方面,即伦理既是对人们之间实际关系的评价要求,又是存在于相互关系中的规范准则;道德则主要是指作为独立个体的人在体悟、实行、发展和完善其精神生活价值的努力,只是诸个体个别的特殊体验,并不涉及个别之间的相互关系,也就是说道德的发展及其实现方式不能在相互的意义上去理解,而应将其视为一个个体化、个性化了的过程或事件。"④

道德是社会意识形态的重要组成部分,它是一定社会调节人与人、个人与社会、人与自然之间的行为规范和行为准则的总和;是通过社会舆论、风俗习惯、榜样感化和思想教育等手段而形成的是非、善恶、荣辱的标准。在中国古籍中,"道"指道路、规律或万物本体,"德"指对"道"的认识,或经修养而有得于己的成果。"道"与"德"两字连用,始见于《荀子·劝学篇》:"故学至乎礼而止矣,夫是之谓道德之极。"在外国,morality 一词起源于拉丁语的mores,意为风俗和习惯,引申义也有规则、规范、行为、品质和善恶评价之

---

① 恩斯特·卡西尔:《人论》,甘阳译,上海译文出版社 1985 年版,第 263 页。

② 王仕民:《德育文化论》,中山大学出版社 2007 年版,第 58 页。

③ 韩升:《伦理与道德之辨证》,《伦理学研究》2006 年第 1 期,第 90—92 页。

④ 韩升:《伦理与道德之辨证》,《伦理学研究》2006 年第 1 期,第 90—92 页。

意。道德具有历史性,在阶级社会中带有阶级性,同时道德具有继承性。①

在本书中,"道德"一词指的是人与人、个人与社会、人与自然之间的行为规范和行为准则的总和;它既有自我个体特征,也具有社会公共属性;它在内涵上既包括"应然状态",也包括"实然状态"。

五、德育

"德"字在古代产生得比较早。德又称德性,在古希腊文中的原意是"Arete",是指任何事物的优点、品性、功能,其伦理学意义为"美德"。英国当代著名道德哲学家、德性伦理学的主要代表人物麦金太尔认为一切德性都是"人所获得的品性",是"人内在于实践的善"。在中国古代,"德"字最早是指"道德"之意,如《周易·乾·文言》所说的"君子进德修业"中的"德"即为此意。《大戴礼记解诂》中对"德"的解释是"外得于人,内得于己"。从词源上分析,无论是西方还是中国古代,"德"在内涵上都被理解为人内心的"善",一个人的德性品质就是其"善性"品质。怎样才能得到"善性"品质,这就需要"育"。《说文解字》释"育"为"养子使作善也",即熏陶涵育子弟,使其为善。②

古代并无"德育"一词,它是近代以来出现的新概念和新名词,究竟是谁最早提出来的,至今是个谜。在 18 世纪七八十年代,德国哲学家康德把遵从道德法则培养自由人的教育称为"道德教育"或"实践教育"。英国学者斯宾塞在他的《教育论》(1860)一书中,把教育明确划分为"智育""德育"和"体育"。此后,"德育"一词就逐渐成为教育世界中的一个基本概念和常用术语。③

现代国际通用的"德育",作为"道德教育"的简称,是"德育"一词的狭义;我国现行的"德育",其中除"道德教育"以外,还涵盖政治、思想等方面的教育,为"德育"一词的广义,或称之为"大德育"。④ 道德教育作为特定的教育领域,除了具有一般教育的共性之外,还有其自身的特性。这其中,地域性、民族性和文化性也许是最突出的,道德教育受特定国家和民族的政治、

---

① 顾明远主编:《教育大辞典》(第 6 卷),上海教育出版社 1992 年版,第 133 页。

② 高岩:《关于德育概念的规范性认识》,《扬州大学学报》(高教研究版)2006 年第 2 期,第 40—43 页。

③ 黄向阳:《德育原理》,华东师范大学出版社 2000 年版,第 2 页。

④ 陈桂生:《广义"德育"与狭义"德育"》,《上海教育科研》2003 年第 2 期,第 17—20 页。

经济、文化、历史等因素的影响非常明显,这些也是中外道德教育有所区别的重要原因。现代学校教育兴起之后,伴随着科学技术的迅猛发展,以学科教育为基础的智育在整个教育中占据着越来越重要的位置,而道德教育的地位则不断下降。从道德教育的发展历史来看,它经历了"教育的唯一目的→教育的最高目的→教育的普通目的→教育工作"①这样一个发展轨迹。当前,人类面临一系列的道德伦理危机,道德教育日益受到人们的普遍重视,道德教育的发展趋势又重新向传统回归,走向综合性和生活化。因此,世界范围内各国的道德教育,无论从理论和实践来讲,都趋向于相互借鉴和学习。

"政治教育、思想教育包容在德育之中,从内容上看,并无大碍;一旦涉及实施的途径和方法,就会发生问题。品德的发展、世界观人生观的形成、政治觉悟的提高,各属于不同层面的问题,其过程与机制相差甚大,不能以一样的手段、方法,通过一样的途径,遵循一样的原则,实施政治教育、思想教育、道德教育。苏联的教育理论在内容上采用广义的'德育'概念,在手段和方法上采用狭义的'德育'概念,是有一定道理的。"②檀传宝教授在论及学校德育的界定时说,对于德育外延的界定应当遵循"守一而望多"的原则。所谓"守一"意即严格意义上的德育只能指道德教育。"望多"的意思有两条:一是思想、政治信仰确立等等本身是重要的,所以要"望多";二是思想、政治教育等与道德教育即狭义的德育有千丝万缕的联系,需要"望多"。③ 考虑到我国的历史文化传统、现实的国情、教育的特点以及学校德育的现状,因此在本研究中,德育不仅是道德教育的简称,它在内容上采用广义德育的概念,即大德育,在手段和方法上采用狭义德育的概念。因此,本书中的"德育"一词从内涵上讲具有"大德育"的倾向。这主要是因为改革开放以来,我国学校德育的实践和理论主要是在广义德育的框架下发展而来的。虽然近年来理论界对于学校德育泛化趋势的批判声不绝于耳,但是考虑到学校德育的历史传统,特别是我国教育长期受苏联教育的影响,道德的政治化传统等,再加上现实社会发展的总体环境就决定了我国学校德育至少在未来数年内还会以"大德育"为主。本书中"德育"一词倾向于"大德育"还有一个原因就是课题研究的需要。改革开放以来,科学技术对我国社会和学校教育

---

① 黄向阳:《德育原理》,华东师范大学出版社 2000 年版,第 31—36 页。

② 黄向阳:《德育原理》,华东师范大学出版社 2000 年版,第 9 页。

③ 檀传宝:《学校道德教育原理》,教育科学出版社 2000 年版,第 4 页。

诸方面的影响是全方位和多角度的,所以在探讨科技对德育的影响时必须要有大背景、整体性和系统化的视野,研究由始至终应该贯穿有机性和一体化的思路。只有这样才可能全面而深入地把握本研究的核心问题,避免犯"只见树木,不见森林"的错误。

第六节　研究的创新与不足

一、研究的创新

本论文主要探讨和分析了科学技术影响下的当代中国德育的变化和发展情况,在参考和借鉴学者们已有研究成果的基础上,本研究进行了以下几点创新:

第一,新的研究思路。以往关于科技与德育关系的研究或者科技对于德育的影响研究大多侧重于外在的背景关联性阐释,本研究从科技实践与德育活动各自的内在构成方面来具体地呈现了二者的有机联系以及科技对于德育的影响机理和作用方式。

第二,新的研究视角。以往关于科技对于德育的影响研究较为宏观和零散,研究视角的选择和把握经常依附于政治与经济,本论文将文化社会学的视角贯穿在整个研究的过程中,使研究具有一定的精细性、缜密性和系统性,进而增强了研究结论的解释力。

第三,新的研究观点和结论。本论文通过历史考察,得出了科技与道德之间具有内在的同源性、同构性、同质性和同一性关系;较为全面而系统地分析了科学技术影响下的当代德育走向;揭示了这些德育走向的总体特征和趋势。

二、研究的不足

从中观和微观的内在关联性与发生机理上来系统考察科学技术带给当代德育活动的诸多影响及其作用方式尚属于一项全新的课题,这就使得本研究具有很大的挑战性。因此可以说,本论文在该领域的研究工作只是一次初步的尝试和有益的探索,在事实把握、理论分析和观点呈现方面难免会存在一些漏洞和值得商榷的地方,与此相关的问题需要在本论文的后续研究中不断深化和完善。就本研究的总体方法特征和内容属性而言,其以定性分析为主,理论解读见长,属于广义的"哲学型"研究,因此在定量和实证研究方面还显不足。

第二章　科技与德育关系的历史考察
及其理论分析

从古至今,在人类社会的发展过程中,科学技术与人类社会的精神生活和文明的演进有着密切的联系,而科技与人类的道德、伦理、价值观念及其教育情况之间的关系就是其中重要的一环。为什么会出现这种情况呢?这是因为在不同的历史时期,科学技术都是社会生产实践的重要参与要素和组成部分。科技不光影响一定社会里人们的物质生产和生活方式,同样它对人们的思维和内在心灵世界也会产生深刻的影响。1876 年,恩格斯发表了《劳动在从猿到人转变过程中的作用》一文。他指出,从猿转变到人的决定因素是劳动,人与动物的本质区别也是劳动,因此他提出了"劳动创造了人本身"的名言。人的劳动是以使用和制造工具为标志的。可以设想一下,当一个古猿偶然间灵机一动,拾起一块石头向猎物投去,或者它用木棍去追赶猎物,这时古猿就从猿向人迈出了最关键、最有意义的第一步。因为这时的石头或者木棍已不是自在的了,它们已经被赋予了"工具"的含义。后来当古猿有意识地去制造简单的工具时,人类的对象性思维也就慢慢产生了。火的利用也是从古猿进化到人类的重要事件。从偶然利用天然的雷击引起的火,到有意识地保留火种烧烤食物,再到后来能动地钻木取火,这体现了人类认识自然能力的增强。因此可以说,技术性的生产和制造活动以及认识事物的"科学"思维活动,从远古时期就与人类的社会生活有着紧密的联系。正是在这种科技文化与社会生活息息相关的大背景下,才使我们认识和考察科技与道德、伦理及其教育的历史成为可能,并为呈现它们之间的相互关系提供了内在的根据。

第一节 科技与道德关系的历史考察

在人类文明数千年的历程中，以科学文化为代表的求知探索活动和以技术文化为代表的生产实践活动，与人类社会的整体道德发展水平以及个体的道德心理和道德实践，有着不可分割的联系。从社会发展的历史来看，科技文明促进了人类道德意识、道德情感、道德认知、道德判断和道德行为的不断发展，有利于人类道德身心的成熟和整个社会的道德进步。与此同时，道德水平的提高也推动着科技文明不断迈向更高的层次和追求。

一、中国历史上科技与道德的关系

（一）李约瑟难题（Needham Puzzle）的启示

李约瑟（Joseph Needham，1900—1995）①是英国著名的生物化学和科学史学家，他在对中国科技史、历史和文化进行长期的研究过程中，提出了著名的"李约瑟难题"②，即"古代中国人在创造精神上，在哲学思辨能力上，在科学技术的发现和发明上，以及在把它们应用于实际需要的能力上都表现出惊人的水平，但是在科学理论方面比较落后，那么，为什么以近代科学理论为其基本特征的理论科学没有在中国文明中产生？"③几十年来，学术界对于李约瑟难题从经济、政治、文化、教育、社会历史和道德传统等各个角度进行了深入的研究，但是学者们发现要想得出一个令人满意的、具有完全解释力的答案是不太可能的。求解李约瑟难题涉及东西方社会发展过程中的一系列问题，因此，它本身就是一个"问题域"。"仔细考量李约瑟对这个问题反复而多角度的表述可知，李约瑟难题的价值在于同时叩问了东西方文明，或者说，李约瑟站在东西方文明的历史交汇点上，回首世界文明史，比较东

---

① 李约瑟是 Joseph Needham 的汉名，字丹耀，号十宿道人、胜冗子。

② 关于李约瑟难题，李约瑟本人在不同的时期和场合下给出了不同的说法，中国学术界在解读和探讨李约瑟难题的过程中，因其解决问题的侧重点不同，出现了许多不同的版本。本书在分析问题的过程中，采用了桂质亮先生的说法。原因是他对李约瑟不同时期的说法结合原文进行了语境分析，并对比了国内关于李约瑟难题的流行译法和说法，给出了自己的解释。

③ 桂质亮：《李约瑟难题究竟问什么？》，《自然辩证法通讯》1997 年第 6 期，第 55—64 页。

西方文明的发展,才产生了自己的疑问。"①虽然关于李约瑟难题的解答已经有许多成果产生,但是它们的解题思路或者研究策略主要集中在将中国的古代科学和技术看作是某种"实体性"的东西,以这种实体性的存在为核心,探讨影响它的各种外部社会条件和因素。就科学和技术各自的内在本质属性而言,它们代表了人类认识活动和实践活动的典型方式,具有地域性、情境性和世俗性。从表现形态上来看,科技不光有"硬性"的外表,它还有"柔性"的内在特性。因此如果我们能从社会文化和思维方式等方面,不但站在中国古代科技的外围来探讨李约瑟难题,而且将这种视角延伸至对象的内部本身,潘多拉的盒子也许就会打开,看到的将是另外一番景象。

从文化的角度来探讨科技与道德的关系,牟宗三先生在这方面有自己独到的见解。"牟先生十分反对中国文化中科学精神应从西方引进这一观点。他一再强调,儒家精神虽与科学精神不一致,但也并不冲突,所以,提供了从儒家文化自身中开出科学的可能性。且儒家文化在对西方文化的挑战与应战的过程中,也会内在地要求于科学。"②中国古代的实用技术文化非常发达,但是却没有诞生近代以来的理论科学,这也是李约瑟难题的核心问题之一。这里我们撇开科学和技术的差异不谈,主要是因为近代之前的科学和技术大都是以日常生活经验为基础的,因此对科技发生影响最大的只能是民族性、地域性的文化特性。牟宗三继承了传统儒家的一个基本观点,即"德性之知优于闻见之知"。他强调,中国文化开出道德理性却未开出科学非不及的不能,而是超过的不能。他将科学归于"知性主体"。他甚至说"若某不识一字,仍须还我堂堂做个人","隐说一个人乃至一个社会没有科学不要紧,但必须挺立起……"。③牟宗三的观点尽管有些偏激,但他的观点从社会文化史的角度来看还是很有道理的,至少他给我们开辟了一个看待和分析科学技术与道德伦理的重要视角。从文化有机生长的观点来看待文化历史,"古代人文学科处于强势地位,就把科学视为奇技淫巧;近代科学处于强

①　王鸿生:《李约瑟难题的意义和解答》,《自然辩证法研究》2004 年第 6 期,第 44—47 页。

②　卢周来、曹树枚:《解开"李约瑟难题"的一种努力——牟宗三论儒家文化与科学精神》,《南昌大学学报》(社科版)1996 年第 4 期,第 41—44 页。

③　卢周来、曹树枚:《解开"李约瑟难题"的一种努力——牟宗三论儒家文化与科学精神》,《南昌大学学报》(社科版)1996 年第 4 期,第 41—44 页。

势地位,就把科学不发达视为落后,两种看法都有偏颇之处"①。"也许有人会争辩说,正是李约瑟注意到了与西方文化不同的文化的存在和价值,才为非西方文化争得了一席之地。我们承认这一点,但是要真正解决不同文化之间的冲突,就不能仅从形式上认识到存在多种文化,更要从本质上认识到不同文化其实是历史发展的不同阶段,它们或者是以科学为中心,或者是以人文为中心,而它们之间并没有高下之分,只有这样,才能有真正的文化上的宽容,而不是居高临下的怜悯。"②因此,李约瑟难题解答的核心问题其实是如何看待和评价东西方文化的特质。从现实的视角出发,中国传统文化的伦理道德本位思想对于中国近代以来的理性科技文化的发展也许起到了某种阻碍作用;但是如果从历史的连续性,科技文化与道德伦理传统的统一性来看的话,李约瑟难题就会被消解,或者说它转化成我们观照自己民族的过去、现在和未来的一面镜子。不管是科学技术还是道德伦理观念,它们都是基于人类自身的社会实践而形成的认识活动,只不过各自认识的侧重点有所不同罢了。

（二）中国古代科技文化与儒家伦理

马克斯·韦伯在论述儒教③的本质以及它对中国古代科技的影响时这样说道:"儒教同佛教一样,仅仅是伦理('道',相当于印度的'法')。但是,与佛教截然不同的是,儒教仅仅是人间的俗人伦理。与佛教更加深刻的对立是:儒教适应世界及其秩序和习俗,归根结底不过是一部对受过教育的世俗人的政治准则与社会礼仪规则的大法典。"④"结果是,官僚阶层对于生活采取的囿于经验的立场可以在这个阶层固有的实际理性主义中大显身手,并造就了一种与它本身完全一致的伦理。这种立场所顾忌的,只有宗族和鬼神信仰中的传统势力,它在中国没有任何对手,没有一种理性的科学、理性的艺术活动、理性的神学。司法、医学、自然科学和技术,没有任何神圣的

---

① 林振武:《人文哲学视野中的李约瑟难题与连续性问题》,《哲学研究》2005 年第 10 期,第 81—84 页。

② 林振武:《人文哲学视野中的李约瑟难题与连续性问题》,《哲学研究》2005 年第 10 期,第 81—84 页。

③ 儒教、儒家和儒学是有一些区别的,大概说来,儒教是不但研究经典,取其学理,而且尊孔认教,而儒家和儒学大体来说只是研究典籍,以治学为目的,无需尊孔。

④ 马克斯·韦伯:《儒教与道教》,王容芬译,商务印书馆 1995 年版,第 203 页。

或与其同格的人间的权威，能够同这种立场较量。"①因此在韦伯看来，以儒家文化为核心的中国传统文化，特别是儒家的伦理、道德、礼仪和法制观念根深蒂固的存在，阻碍了中国科技由古代经验技能型向近代理性实验型科技的发展。研究李约瑟难题的许多学者持有同韦伯相同或相似的观点。这里需要指出的是，儒家文化中经世致用的思想对于中国古代科技产生了重要的影响。正是因为这种思想的存在，中国古代基于世俗生活和经验基础上的技术应用和发明才长期处于世界的领先水平，并且在很早的时候就形成了朴素的"天人合一"的自然哲学观。从董仲舒推行"罢黜百家，独尊儒术"开始，在长达将近两千年的封建社会中，儒家文化成为中国古代社会的主流意识形态。总体而言，儒家的伦理道德本位思想，对于中国古代科学的发展既有积极性的一面，也产生了一些消极的影响。

儒家文化博大精深，而其中最为丰富的当属它的道德伦理思想。"克己复礼"，"三纲五常"，"仁、义、礼、智、信"，等等，这些都是我们能够耳熟能详的儒家伦理道德信条。那么它们对于中国古代的科学和技术产生了哪些影响，作用的方式又如何？这里先举一个例子来说明我们的问题。《论语·子路》中记载："樊迟请学稼。子曰：'吾不如老农。'请学为圃。子曰：'吾不如老圃。'樊迟出。子曰：'小人哉，樊须也！上好礼，则民莫敢不敬；上好义，则民莫敢不服；上好信，则民莫敢不用情。夫如是，则四方之民襁负其子而至矣，焉用稼？'"这段经典的话经常被用来证明孔子反对技能性、技艺性知识的学习，他只是出于维护社会稳定的需要，推行伦理纲常知识。薄树人先生认为这段话说明孔子对于自己礼、义、信的治国之道充满信心，如果孔子对农业技术全然不知，他的弟子是不会向他请教"稼"与"圃"的，樊迟本来就是孔子的高徒之一。这个故事恰恰证明孔子是懂"稼"懂"圃"的，要不然他也不会讲"吾不如老农""吾不如老圃"了。黄世瑞更进一步指出，此条虽不能证明孔子反对农业，反对农业技术，却能证明孔子反对樊迟学习农业技术。孔子认为应有社会分工，像樊迟这样的人，志向应该大些，应有领导民众治理天下的雄心。②乐爱国更是对这则故事的历代的相关注释进行了深入的分析，③得出了这样的结论："孔子反对樊迟学稼，是因为在孔子看来，义的价值要高于利，道德价值要高于实际技能。但是，这只是就义和利、道德与实

---

①　马克斯·韦伯：《儒教与道教》，王容芬译，商务印书馆1995年版，第202页。

②　黄世瑞：《儒家文化与科学技术》，《孔子研究》2000年第6期，第17—26页。

③　乐爱国：《儒家文化与中国古代科技》，中华书局2002年版，第29—30页。

际技能相比较而言的,并不是不要利,不要实际技能,而是不要只讲利,只讲技能。所以,孔子反对樊迟学稼并不存在反对科技、鄙视科技的问题。"①由此可见,我们在对儒家的伦理价值观是否促进或者阻碍了科学技术的发展进行判断时,不能脱离社会背景和相关文献的具体语境。

当我们要对古代科技与儒家文化进行总体的诠释和把握时,就必须注意自己所处的立场和所采用的标准。如果我们透过中国传统历史文化的视角,在中西比较中所依据的尺度依旧是中国式的话,那么所谓李约瑟难题也许就不会特别难以理解了。"中国古代科技与儒家文化紧密地联系在一起,对儒家文化具有很强的依附性,因而是一种儒学化的科学。这样的科学与儒家文化具有一荣俱荣、一损俱损的关系。这也许就是中国古代科技与儒家文化同步发展的原因之所在。"②因此,正是因为儒家的伦理道德观深刻地影响了中国的传统文化,那么对于身处这种文化环境中的古代科学和技术,必将带着鲜明的儒家文化的烙印。科学的发展是一种文化累积的过程,这点许多人都表示认同。那么技术是否也是一种文化累积的过程呢?答案是肯定的。"我不把技术和艺术区别开来,而是人为技术和艺术都具有相同的性质。"③在技术转移的过程中,"当地民族的好恶习惯对其技术的发生与发展起到了选择作用,并且,该民族赋予本地区技术的民族性和国民性特征"④。"技术活动总是与意识形态上的假设,如一定的世界观和相应的技术知识状况相联系,除了这些理论前提以外,还有信仰(动机)因素,这是将技术潜力引导到一定方向所需要的。"⑤无论是古代的东方还是西方,科学和技术都表现出很强的经验性,经验以日常生活为基础,此时的科技体现的是主体性文化。近代以来的科技同样以经验为基础,只不过这里的经验以自然为基础,表现的是客体性文化。所以从文化的视角来看,科学和技术从古至今就是一体的,它们和伦理道德的关系是非常密切的。基于这样的考虑,我们对科学(这里主要指古代的经验科学和技术)进行一种社会文化语境下的考察,科技与伦理道德的关系也就更容易表现出来。下面我们先给出对于科学的社会文化语境分析框架(见图 2-1)。由图 2-1 可以看出,对于科技的

---

① 乐爱国:《儒家文化与中国古代科技》,中华书局 2002 年版,第 288 页。

② 乐爱国:《儒家文化与中国古代科技》,中华书局 2002 年版,第 25 页。

③ 富田彻男:《技术转移与社会文化》,张明国译,商务印书馆 2003 年版,第 13—14 页。

④ 富田彻男:《技术转移与社会文化》,张明国译,商务印书馆 2003 年版,第 10 页。

⑤ F.拉普:《技术哲学导论》,刘武等译,辽宁科学技术出版社 1986 年版,第 22 页。

分析,不但要求我们注意到它的外部社会文化语境,还要探究其内部的科学语境。内语境并非是不证自明和价值无涉的,它是科学共同体在共同的文化背景下关于科技知识如何产生和运作的共识和判断,比如东西方不同的文化传统下,中医和西医表现出截然不同的治病机理。在这个分析框架的基础上,中西方科学的构成成分也表现出很大的差异性,见表 2-1。

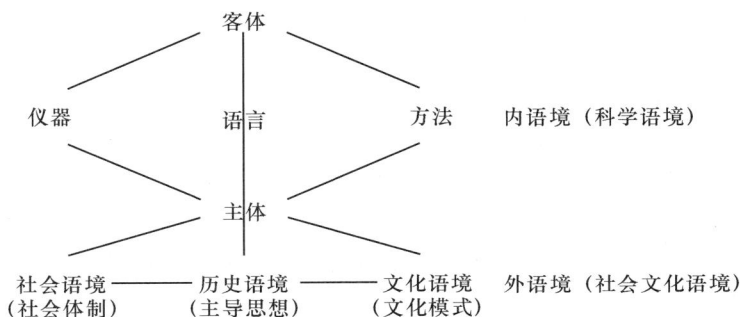

图 2-1　对于科学的社会文化语境分析框架①

表 2-1　科学的中西语境构成成分比较②

成分	中国科学的语境	西方科学的语境
主体	哲学家、工匠、官员、医生	自然哲学家、工匠、大学教师
仪器	没有自己制作的仪器	自己制作的仪器
语言	日常语言	日常语言、形式语言
方法	观察、类比、直觉、整体综合	观察、逻辑分析、实验、分解还原
客体	天、地、人	自然界、宇宙
社会语境	中央集权的官僚体制、小农经济	贵族式体制、工商经济
历史语境	天人合一的有机自然观	心智运作的概念——逻辑观和二分观
文化语境	儒家文化、科举取士、经世致用	古希腊文化和基督教文化、大学教育、求知求真

　　"中国古代的科学技术体系,其突出特点是它极强的应用性,在封建社

---

①　魏屹东:《李约瑟难题与社会文化语境》,《自然辩证法通讯》2002 年第 3 期,第 15—20 页。

②　魏屹东:《李约瑟难题与社会文化语境》,《自然辩证法通讯》2002 年第 3 期,第 15—20 页。

会中表现为直接满足封建王朝各方面的需要。由于它的极端实用性,一旦现实不提出直接的要求,它就没有了发展的动力。这一点与希腊人所开创的科学体系完全不同。希腊人不讲实用,为理论而理论,这就为科学的发展开辟了无限的空间。"①总之,就儒家的伦理价值观与古代科技的关系而言,儒家文化最大的作用就是奠定了中国古代科技的实用主义立场,中国古代科技这种极强的实用性正是由儒家文化所塑造。需要强调的是,儒家注重现实功效的科技价值论,对于中国古代以"四大发明"为代表的技术辉煌起了很大的推动作用。儒家的伦理和价值取向,在宏观上营造了科技发展的外部社会文化环境,它以实用性为特征;在中观层面上影响了科技发展的制度文化环境,它以服务性为特征;在微观领域它决定了科技发展的个人目的选择,它以世俗性为特征。古代的科技人员长期处在儒家的文化氛围中,他们的价值观念、人格品质、学识素养也必然会受到儒家伦理道德观的极大影响。儒家的"内圣外王""经世致用""仁知合一"等思想,对于中国古代的医学、农学、地学、天文学、算学等影响巨大。儒家的许多典籍中也都涉及科技知识和科技思想,比如《诗》《周》《春秋》等。古代许多大儒士也都是科学家或者技术发明家,比如张衡、沈括、朱熹等。

(三)中国古代科技文化与道家②伦理

在中国古代的社会思想领域,可以说是儒、释、道三分天下。从社会历史发展的角度来看,这三家对于中国社会的经济、政治和文化都产生了深远的影响。但是如果从科技史着眼,中国古代的科技发展与儒、道两家的关系更为密切,也更为直接,而与佛教的关系要相对疏远一些。李约瑟本人在研究中国古代思想文化与科技发展的关系时曾说:"我们将从儒家开始,以示尊崇,因为它在后来一直支配着整个中国的思想,虽然它对于科学的贡献几乎全是消极的。从儒家很容易转向它的劲敌道家。道家对自然界的推究和洞察完全可与亚里士多德以前的希腊思想相媲美,而且成为整个中国科学的基础。其所以有必要强调常被人们所忽视的这两家的政治对立方面,是因为儒家思想是承认封建社会的,而道家则强烈予以反对。"③因此,在李约瑟看来,正是儒家的入世精神和道家的出世精神决定了二者在中国科技发

---

① 吴国盛:《科学的历程》,北京大学出版社 2002 年版,第 161 页。

② 大致说来,道家是由老子开创,并在魏晋被重新发掘的哲学思想流派。道教在两汉逐渐形成,后又有若干发展分化的宗教,道教在发展的过程中吸取了大量道家的思想学说。

③ 李约瑟:《中国科学技术史》(第二卷),何兆武等译,科学出版社 1990 年版,第 1 页。

展过程中的不同作用,儒家主张积极作为的社会伦理定位与道家无为而治的自然主义价值观形成鲜明的对比,道家有机主义的自然观是推动中国古代科技发展的核心力量之一。在李约瑟心中,"古代中国的道家哲学家相信,研究自然比起研究人类社会的组织对人来说重要得多,而后者正是儒家所津津乐道的。所以道家的道德完善立足于人与宇宙的契合,而不是人与人之间的关系"①。正是由于儒、道两家对于人在天地之间所处的地位和所能发挥的作用在认识上存在根本的分歧,所以二者形成了完全不同的伦理道德观。通常人们认为儒道两家在传统文化中形成一种互补,即"外儒内道"的文化气质,这种特质在中国古代科技的精神面貌、目的观、效用论等方面都有比较生动的体现和表达。

　　道家在其发展的过程中,经常依托鬼神方术,宗教神秘主义色彩比较浓重,因此才有了后来道教的产生。"许多沟通天地人神,为世人解决具体困厄,获取现世幸福,甚至乞求永恒生命的知识与技术,从相当古老的时代开始一直绵延到秦汉,如后来道教所擅长的炼金、厌劾、祈请、占卜、养生、择日等等,就有着十分古老的渊源。"②道教是土生土长的中国宗教,它与科技发展的关系也极为密切,例如它的炼丹术就促进了古代化学和制药学的发展。那么如何来看待和解释道家、道教在古代科技发展过程中的作用机理呢?如果从认识论的角度来看,道家的天道自然观无疑起了决定性的作用。《庄子》中"庖丁解牛"的故事为我们所熟知,其中就生动地说明了道家的技术价值观。"中国古代从一般意义上对技术与道德关系的讨论,可以概括为'以道驭术'。"③"与儒家的'以道驭术'观念相比,道家对技术与道德关系的理解更为深刻,更有普遍性。儒家的'以道驭术'观念只是强调技术活动的社会后果,用道德教化协调技术活动中的人际关系,而道家的'以道驭术'观念还涉及如何协调技术活动中操作者与工具的关系、人的身心关系、人与自然的关系,涉及所有技术活动要素的和谐。"④与儒家所提倡的天人感应观不同,道家的天道自然观具有分析思维的倾向,它的无为价值取向也一定程度上应和了古代的科学精神,所以道家、道教在许多科技领域做了开创性的工作。我们知道,西方科学早在古希腊的原初阶段,其自然哲学就表现出心、

①　祝亚平:《道家文化与科学》,中国科学技术大学出版社1995年版,第443页。
②　葛兆光:《中国思想史》(第一卷),复旦大学出版社2001年版,第344页。
③　王前:《中国科技伦理史纲》,人民出版社2006年版,第7页。
④　王前:《中国科技伦理史纲》,人民出版社2006年版,第16页。

物二分的思维特质,而这正是西方古代科学精髓在近代得以复兴的关键所在。其实中西方的思维差别早在各自的古代神话中就有着明显的体现,从一定意义上说,这种差别对于中西方的科学发展方向产生了直接的影响。"希腊神话这两大特征,人神相异同构和完备的诸神谱系,反映了希腊思想的对象性和逻辑性,这正是自然科学赖以产生的基本前提。"①道家、道教中的宗教神话色彩生动地体现了中国神话的特点,人神同一和非系统的神仙谱系,这正好说明了道家在促进科技发展中的局限性。"宗教的母体孕育了科学,科学在宗教的母体里生长、发育。而科学的成长又腐蚀和损坏着宗教的母体。……由此出发,孔、墨发展了他们的社会的、伦理的、政治的学说,老子则从一般哲学原则上做出了天道自然的结论。"②因此,如果要深究道家的价值观为什么能够客观上较大程度地促进科技的发展,原因就在于它的宗教神话倾向,这种倾向使其关注的焦点集中在了外部的宇宙世界。当然了,道家也关注现实世界,但是如果与儒家注重人事伦常,"不语怪力乱神"③相比,社会生活在道家的视界里只居从属地位。

前面我们大概论述了在中国古代科技的发展过程中,相比于儒家、儒教,道家和道教的伦理价值观对于中国古代科技的影响要更直观、更确切。中国古代科技的发展,在一定意义上说是实用技术的发展来带动经验科学的发展的。就科技与道家伦理价值观的联系程度来看,庄子的技术伦理思想是最有代表性的。庄子说:"技兼于事,事兼于义,义兼于德,德兼于道,道兼于天。"④"兼于"在这里是顺应、符合的意思。从这句话中我们可以深切地感受到庄子的天道观。人类技术、技艺的发展,一定要合乎自然的要求。道家这种"法自然"的伦理道德思想,对于中国传统技术的发展既起了极大的推动作用,同时又有一定的"负面"影响。庄子这种"由技入道"的思想代表了道家在技术与伦理道德上的愿景,它有利于技术活动各要素关系的有机结合,有助于发挥人的生理和智力潜能,便于充分吸收传统文化的思想营养。同时这种技术哲学观也存在一定的缺陷,比如它过于强调体验,不利于技术以理性知识的形态传授,同时道家这种"道法自然"的观念也往往忽视

---

① 吴国盛:《科学的历程》,北京大学出版社2002年版,第61页。
② 李申:《中国古代哲学和自然科学》,上海人民出版社2002年版,第92页。
③ 《论语·述而篇》。
④ 《庄子·天地》。

了技术发展的相对独立性等。① 从人类社会的实践历史来看,技术与人的关系大概经历了手工技术、机械技术与高技术这样三个阶段,其中在每一个阶段技术和伦理道德的关系又有所不同。总体而言道家"由技入道"的思想具有超越性,正是因为这样,在科学技术高度发达的今天,道家的技术伦理思想依然具有很强的现实意义。

（四）中国古代科技文化与佛教和其他各家学派的伦理主张

"佛教和自然科学处于这样的矛盾之中:一面由于它的教义主要是让人通过某种道德、精神的修炼,脱出这污浊的尘世,所以对于自然科学可说是毫无兴趣;另一面,佛教僧侣们又都是现实的人,和一般人具有大同小异的需要——吃饭、穿衣、住房,以至生病看病等等,因此就和科学技术无法脱离关系。"②佛教教义着力宣扬人生的苦难和虚幻、诸法无常、四大皆空、因果报应、生死轮回等,佛教对世俗生活基本持一种悲观和否定的态度,它将人生的希望和幸福寄托在彼岸世界。这些价值观念决定了佛教对于科技的认识和利用是在一种被动的情况下发生的,并且主要集中在医学和天文学领域。历史上有不少佛教僧人懂得医术,并且知晓天文历法,这主要是因为医学能够减少今生的苦难,天文历法则可以证明来世的幸福和命运。因此佛教与科技的关系就表现为"佛教利用科学技术作为其传法、弘道的工具,科学技术是佛教徒修道、利乐有情、自利利他的方便法门,是用来说明佛教义理、证明佛法伟大的例证。另一方面,佛教教义本身对科学技术的学习、研究与应用,也有许多限制性的规定和要求"③。要给佛教是促进还是阻止了古代科技的发展下一个定性的结论是困难的和不可取的,原因是宗教与科技的关系也表现出很强的地域文化性,我们不能用宗教与科技在西方文化中的表现方式来作为评价二者在中国的标准。但是,总的说来,"中国的佛教与道教,大体上没有干涉过科学"④。

在先秦的"百家争鸣"时期,与科技发展关系密切的还有墨家、法家和管子学派等。他们的学说和主张各具特色,因此对于古代科技的发展产生了不同的影响。

---

① 王前:《"由技入道"——中国传统的技术哲学理念》,《哲学研究》2005 年第 12 期,第 84—89 页。

② 李申:《中国古代哲学和自然科学》,上海人民出版社 2002 年版,第 618 页。

③ 马忠庚:《佛教科技观初探》,《山东社会科学》2005 年第 12 期,第 152—154 页。

④ 李申:《中国古代哲学和自然科学》,上海人民出版社 2002 年版,第 596 页。

"墨家是反映先秦时代工匠和平民观念的典型代表。墨子本人就是一个精通器具制造的工师和思想家。墨家的技术伦理规范的特色在于比较注重技术活动的微观社会效果,即工匠个人的道德修养。"[①]"墨家在对自然事物上既可讲求客观、经验,在人文上自必有类似的反应,我们可以说墨家的倡兼爱,一视同仁的态度是较趋于客观性的。"[②]在先秦的各家学派中,墨家可以说是真正第一个直接从正面积极主动地推动了中国古代科技的发展,并且将科技文化与伦理道德结合得最好的学派。墨家不但在逻辑学、光学、力学、几何学、机械制造等方面建树颇多,在现实社会层面上他们也提倡"兼爱""非攻""尚俭""非乐"等整治时弊的良方。墨子一系曾经是和儒者并起的学派,他们对儒者的许多观点进行了批判。墨者和儒者的社会信念有着很大的差异,与儒者的理想主义不同,墨者信奉的是现实主义的社会改革路线,这主要是由二者所代表的不同社会利益阶层所决定的。

法家也是先秦诸子学派中的一个重要代表,它的思想对后世的影响也非常大。法家注重"法、术、势"的有机结合,并且将这些思想有机地贯彻在有关社会制度的设计上。先秦时期由于战争迭起,社会动荡,各类思想家们都希望通过自己的努力来达到平息战乱和改造社会的目的。虽然他们的思想主张各异,但有一点是共通的,那就是为了维护社会的秩序稳定,他们大都反对"奇技淫巧"之类的技艺活动,因为此类活动会腐蚀社会风气,威胁统治者的利益。所以他们大多赞同对于一些华而不实、冠冕堂皇的技艺活动进行严格的限制和管理,法家就是比较彻底的一派。为了推动社会生产力的发展,法家积极提倡农业技术的推广和应用,限制过多的商业和技术活动,认为这样可以使民风淳朴,而不致出现骄奢淫逸的生活风气和习惯。

同墨家一样,管子学派也是一个主张发展科学技术的门派,《管子》一书中记载了许多与科学技术有关的思想。"《墨经》所开创的理论科学的道路并没有在后来的中国古代科技的发展中得到延续;中国古代科技主要朝着实用科技的方向发展,而《管子》科技思想所涉及的正是这样一种实用的科技。"[③]管子学派的科技思想和经验是在社会生产实践的基础上产生的,其与经济、政治和文化的关系非常密切,基本上反映的是社稷、民生和民情的需

---

① 王前:《中国科技伦理史纲》,人民出版社 2006 年版,第 21—22 页。

② 洪万生:《格物与成器》,联经出版事业公司 1981 年版,第 18 页。

③ 乐爱国:《〈管子〉的科技思想及其现代意义》,《管子学刊》1995 年第 3 期,第 21—24 页。

要。管子学派认为为了国家的稳定和富强，必须大力发展农业科技，增加社会财富，提高民众的生活水平，这样他们的德性就会提高和完善，社会的风气就能好转。因此在管子学派看来，评价科技的标准应该是看它是否有助于增强国家的实力，是否有助于净化民风，是否能够提高民德。

（五）以伦理道德意蕴为核心的中国古代科技文化

牟宗三认为，儒家建立了"仁智合一"的"文化模型"。孔子奠定了儒学仁智合一即伦理学与认识论相统一的传统。在这一传统下，牟宗三指出，"以仁为笼罩，以智为隶属"，这充分表明了中国古代科技知识伦理化的倾向，即科学知识的获得是为了从中领悟或践履伦理道德。① "儒学仁智合一的传统与中国古代科技的关系，表明传统儒学的'内圣'具有开出和阻抑中国古代科技的双重性。明清之际的实学蕴涵着与近代科技相通的因素，但实学偏重的是外王而非内圣；明清实学流变为以内圣为体、实证为用的乾嘉朴学（经学），中国科技由实学引导的近代转向遭到夭折。"②在中国悠久的历史文化传统中，古代科技文化是重要的组成部分之一。中国文化自古就注重人伦礼仪的传承，讲究"天下兴亡，匹夫有责"的价值理想。因此，千百年来，无论是微观的个人生活、中观的社会活动、宏观的国家运行，贯穿其中的都是以伦理道德的选择为根本追求。中国古代科技文化同样是以"人"为中心来构建它的重要命题的，在关系上体现的是一种"天、地、君、亲、师"的道德架构，在内容上表达为"君君、臣臣、父父、子子"的伦理定位，在表现方式上是"义、利、善、恶"的价值判断。所以说中国古代科技文化在实践中叙说的是某种道德服务意识，它的功利实用性非常强。正是从这个意义上讲，中国古代科技文化实质上是以技术文化为主导的，它崇奉的是经验归纳的思维方式。那么中国古代的技术文化又是如何彰显的呢？"在中国古代出现的一个普遍情况，是诗说技术，而非技术说诗。政治、道德和诗在古代是立法者，技术则被规定为是守法者，诗与技术在这样的以人文为本的价值铁则之下相安无事，因而能保证古人在诗意与技术生活之间生活时，始终泰然处之，甘之如饴。"③这样看来，中国古代的科技文化在以"德"为本的过程中实

---

① 陈卫平：《"李约瑟难题"与内圣开出科学》，《浙江社会科学》2006 年第 4 期，第 140—147 页。

② 陈卫平：《"李约瑟难题"与内圣开出科学》，《浙江社会科学》2006 年第 4 期，第 140—147 页。

③ 刘朝谦：《技术与诗》，中国社会科学出版社 2004 年版，第 4 页。

现了天、地、人的有机融合,理想与现实的相互统一。

二、西方历史上科技与道德的关系

(一)"默顿命题"的启示

罗伯特·默顿(Robert King Merton,1910—2003)是美国当代著名的科学社会学家,科学社会学的奠基者。默顿 20 世纪 30 年代在自己的博士论文《十七世纪英格兰的科学、技术与社会》中研究发现,17 世纪英国的社会文化和价值观念,特别是清教主义文化和价值观对于当时科技的发展起了巨大的推动作用,使英国近代科技的发展最早得以实现制度化。默顿的论述引起了后来人们的广泛关注和长久的论战,他的这种开创性研究被学者们称之为"默顿命题"。

下面我们稍微梳理一下默顿的思路,看看他是如何论证自己的观点的。"清教的不加掩饰的功利主义、对世俗的兴趣、有条不紊坚持不懈的行动、彻底的经验论、自由研究的权利乃至责任以及反传统主义——所有这一切的综合都是与科学中同样的价值观念相一致的。"[①]默顿认为,清教主义的价值取向其实主要是通过教育的渠道来传递并且向科技与社会文化领域渗透的。"波希米亚的宗教改革家夸美纽斯是十七世纪最有影响的教育家之一。他所传播的教育体制的基础就是功利主义和经验论的规范;这些价值只会导致对科学技术研究的强调,对现实的强调。"[②]"也许只有通过对清教学院与大学进行比较,才能正确评价清教徒对科学和技术的重视程度。"[③]他在自己的论述中列举了大量与当时英国科技和社会发展密切相关的清教主义活动及教育实践观念的变革情况。默顿命题所引起的最大争议集中在对于科技与宗教关系的看法上面。传统的观点认为宗教阻碍了科技的发展,但是默顿的研究打破了人们这一习惯性的认识,提醒人们必须重新认识宗教与科技文化之间的相互关系。默顿在阐述自己的观点时一再强调,必须将清教主义价值观与科技的发展放在整个大的社会文化背景中去考察,而不能单独将它们从社会语境中剥离出来,企图寻找一种普遍性的论断。

---

① 罗伯特·默顿:《十七世纪英格兰的科学、技术与社会》,范岱年等译,商务印书馆 2000 年版,第 183 页。

② 罗伯特·默顿:《十七世纪英格兰的科学、技术与社会》,范岱年等译,商务印书馆 2000 年版,第 161 页。

③ 罗伯特·默顿:《十七世纪英格兰的科学、技术与社会》,范岱年等译,商务印书馆 2000 年版,第 163 页。

默顿命题引起的争论主要是科学与宗教的关系问题。因为在启蒙以来的主流观念中,人们普遍认为科技与宗教之间是冲突和矛盾的。默顿命题的提出,使人们又重新开始认识科技与宗教在历史上的关系。不管是持冲突论,或者主张协调论,科技与宗教之间的核心问题就是我们该如何看待科技的价值取向与宗教的价值取向之间的关系问题,现代科技的实证主义研究范式与宗教的主观目的论之间似乎构成了一种不可调和的矛盾。历史的发展果真如此吗?牛顿将"第一推动力"留给了上帝,康德理性的光芒中依然有上帝的身影,爱因斯坦说:"科学没有宗教就像瘸子,宗教没有科学就像瞎子。"[①]科学与宗教之间不光有对立的一面,而且有统一的一面,这表现在"宗教可以为科学提供形而上学前提","宗教可以为科学提供价值目标","宗教可以为科学提供认识方法上的补充"。[②] 宗教对科技的发展能够产生影响,其中最重要的一点就是宗教的价值目的观。因为科技活动都是由人来完成的,身处其中的人,不可能不受到自己的宗教价值观或世界观的影响。如果我们放眼人类发展史,在西方社会,宗教在世俗生活中占据着重要的位置,人们的道德伦理观念与宗教信仰有着十分密切的联系,科技与宗教的关系又贯穿其发展始终。"我们所说的'哲学的'人生观与世界观是两种因素的产物:一种是传统的宗教与伦理观念,另一种是可以称之为'科学的'那种研究,这是就科学这个词的最广泛的意义而言的。"[③]西方的人生道德价值观与宗教伦理和科学传统从古至今是如影随形的。因此,我们要探讨西方科技文化与道德的关系,必然也包括科技与神话、宗教之间的关系,在一定意义上说,这种关系主导了西方科技文化与道德伦理之间的相互作用。

(二)西方科技文化与道德伦理关系的演进史

宗教在西方社会生活中一直处于重要的地位,并且贯通于社会经济、政治和文化的整体发展之中。从前述默顿命题可以看出,宗教和科技之间有着千丝万缕的联系,特别是宗教的认知方式和伦理价值体系对科技产生着复杂的影响。如果从历史发生学的角度来分析,宗教与科技文化可以说是同时产生的,而且拥有共同的起源。"有些人类学家以为,巫术一方面直接

---

① 《爱因斯坦文集》(第三卷),许良英、赵中立、张宣三编译,商务印书馆 1979 年版,第182—183 页。

② 马来平:《默顿命题的理论贡献》,《自然辩证法研究》2004 年第 11 期,第 105—108 页。

③ 罗素:《西方哲学史》(上卷),何兆武、李约瑟译,商务印书馆 1963 年版,第 11 页。

导致宗教,另一方面又直接导致科学。"①"马林诺夫斯基(Malinowski)认为,原始人把可以用经验科学的观察或传说加以处理的简单现象和他们所无法理解或控制的神秘的、不可估计的变化,明确地区别开来。前者引向科学,后者导致巫术、神话和祭祀。马林诺夫斯基认为,原始宗教的起源应该到人对死亡的态度、人对复活的希望及人对伦理上的神道的信仰中去寻找。"②"与此同时,简单工艺的发展,火的发现和取得,工具的改进,却通过一条不那么富于浪漫意味,然而却更加可靠的道路,奠定了科学的另一基础——或许是唯一的基础。"③由此可见,在原始社会,巫术、神话、宗教、科学、技术是交织在一起的,它们有一个共通的地方就是各自代表了早期人类不同的思维方式。道德思维是一种比较高级的思维方式,它此时尚未以完全独立的形式表现出来,而是隐含在人类的其他认知方式之中。道德反映的是人类社会生活中的规范要求,它表现为一种内在的信念,在原始社会主要是和巫术、宗教、神话等纠缠在一起。原始道德指向的内容不仅关乎人,也涉及天,而原始科技文化在内容上也具有天和人的特征与旨趣,二者在内容上的共同点主要汇聚在原始的广义宗教文化和仪式当中。"'原始人'的思维就是以受互渗律支配的集体表象为基础的、神秘的、原逻辑的思维。"④原始人的思维具有整体性和原初性的特点,他们的各种经验、意识、情感、思维和认知都集中统合在以神话、宗教为代表的信仰文化之中,这种情形在人类社会早期都是普遍存在的。但是这里有一点需要指出的是,就东西方的科技文化传统而言,又是有很大差别的。西方科技文化以科学理性为主导,是科学导引技术;东方科技文化以技术理性为主导,是技术来领衔科学;这种差异直接影响了东西方文化乃至社会发展的路径选择。许多学者都在探寻是什么原因导致了在原始文化向早期人类文化过渡的进程中,东西方文化会表现出如此大的不同。在众多的解释当中,其中东西方文化在早期宗教神话上的差异,是促使东西方科技文化发生区别的重要原因。前面我们已经提到,希腊神话具有人神相异同构和完备的诸神谱系这样的特征,它反映了希腊

---

① W.C.丹皮尔:《科学史及其与哲学和宗教的关系》,李珩译,商务印书馆1975年版,第27—28页。

② W.C.丹皮尔:《科学史及其与哲学和宗教的关系》,李珩译,商务印书馆1975年版,第28页。

③ W.C.丹皮尔:《科学史及其与哲学和宗教的关系》,李珩译,商务印书馆1975年版,第28—29页。

④ 列维-布留尔:《原始思维》,丁由译,商务印书馆1985年版,第496页。

思想的对象性和逻辑性。在宗教传统和科学理性文化长期处于对峙和融合的过程中，宗教信仰成为西方社会道德伦理的重要组成部分，从而使宗教成为连接科技文化与社会道德的纽带。

"古代希腊人除了创造了哲学、史学、戏剧以外，还创造了教育，至少是在西方世界中的教育。"①古希腊至近代之前，西方教育的主要内容是"七艺"，即逻辑、语法、修辞、数学、几何、天文和音乐。这些学科的设置旨在塑造完整的人性，培养人的综合能力，体现了科学文化与人文目的的有机结合。技术文化则主要是在民间的世俗生活中起着教化作用。"对希腊人来说，'技术'是指达到目的的'有效的方法、手段和方式'，在希腊文明时期，说话的技术和讲演的技术是至高无上的技术。但今天，在我们的技术文化中，在技术等级中占首要地位的是生产的技术。"②"一般来说，西方思想分三种不同模式看待人和宇宙。第一种模式是超越自然的，即超越宇宙的模式，集焦点于上帝，把人看成是神的创造的一部分。第二种模式是自然的，即科学的模式，集焦点于自然，把人看成是自然秩序的一部分，像其他有机体一样。第三种模式是人文主义的模式，集焦点于人，以人的经验作为人对自己，对上帝，对自然了解的出发点。"③很显然，第一种模式在古希腊和整个中世纪占支配地位。在西方中世纪，宗教文化与科技理性的冲突达到了前所未有的程度。这期间，世俗性的道德伦理完全由宗教所统辖，人类自身及其社会存在的目的性和价值性根据只有在上帝那里找寻。那么我们该如何来看待和解释这一阶段科技文化、宗教信仰和道德伦理之间的复杂关系呢？心理学家荣格对于人类集体无意识的研究表明了符号在先天世界中的可能，德国著名新康德主义者卡西尔在其《人论》一书中就将人明确定义为一种符号性的动物。符号在某种意义上是一种美学价值上的存在，就其本质而言却是关于自我和世界关系的判断，这种判断的先天条件是由生命直觉提供的，生命直觉体现了先验世界和经验世界的统一。近代科学中的观察、实验和数学传统，是符号美学意义上的延续，科学中的这种美学因素在古希腊文化

---

① 阿伦·布洛克：《西方人文主义传统》，董乐山译，生活·读书·新知三联书店 1997 年版，第 3 页。

② F.贝尔、D.布尔格等：《技术帝国》，刘莉译，生活·读书·新知三联书店 1999 年版，第 84 页。

③ 阿伦·布洛克：《西方人文主义传统》，董乐山译，生活·读书·新知三联书店 1997 年版，第 12 页。

中早已孕育。虽然在古罗马和中世纪符号美学中的科学精神似乎断裂,但是在古罗马,人们是在以世俗生活的方式实践着科技的美学传统,具体体现在大型公共设施的建筑上和对公共法律程序正义的追求上,中世纪人们则是在对于上帝创造的世界秩序的信仰中来实践着科技文化的美学追求。科技从古至今昭示的是一种连续性的符号美学精神——世界在我们的视线里,我们在世界的航程上;科学展现内在的符号美,技术揭示外在的符号美。科技是人类特殊的生产实践活动,科技的历史在一定意义上是某种深度观察体验的历史,这种历史承载着人类千百年来对于存在符号价值美的寻觅。虽然在现代科学中理论的形成和创新在科学发展中占据着主导地位,但所有理论最终都以符号的形式内化为我们该如何去观察和理解这个世界以及我们自身。

通过对西方近代以前的科技文化、宗教与道德伦理之间的关系进行简单的历史考察,我们发现,其实科技文化、宗教与道德伦理分别代表了三种人类的生活和思维方式,它们的起源都发端于人类早期的生产实践活动,都是人类试图通过一种对象化的思维和认知实践来确证自身存在的价值和目的。从一定意义上可以这样说,科技文化代表了人类理性化的思维方式,它是对象性思维的客观化表现形式;道德伦理表现了人类感性化的判断推理方式,它是对象性思维的主观化表现样式;宗教式的认识则是对二者的一种融合,它既有情感性的因素,又有理性的构成,宗教的世界观和价值论体现了科技理性和道德情感的有机统一。因此,近代之前科技文化与道德的关系属于超越自然的模式,它们合法化的条件均由上帝来提供。

法国当代著名思想家福柯从知识考古学的角度将 16 世纪以来西方的思想文化史划分成三种认识型,即文艺复兴认识型、古典认识型和现代认识型。每一种认识型都有其内在的认知方式和特征,文艺复兴认识型以相似性为原则,古典认识型坚持表象原则,现代认识型信奉"结构—功能"原则。福柯说在 18 世纪撰写生物学史是不可能的,因为那时生命本身并不存在,存在的只有生物,生物只有通过由自然史构建的知识网络才能显现出来。[①]因为在福柯看来,18 世纪人还没有诞生,人的出现是 19 世纪的事情,只有伴随着人的产生,生命的观念才可能显现,生物才可能被人描述。如果从认知方式的角度来看,16 世纪之前西方文化也主要是以相似性为模本的,大体仍属于文艺复兴认识型。人在以相似性认识型为中介的过程中,被整个外部

---

① 福柯:《词与物》,莫伟民译,上海三联书店 1996 年版,第 168—169 页。

世界所深深遮掩；动物、植物和人在相似性的符号中是融为一体的。"符号与相似物之间的作用在任何地方都是一样的，这就是为什么大自然和言语能够无限地相互缠绕，并为那些解读者提供巨大的唯一的文本。"①此时符号的深度与在相似性关联下的所指和能指都是由自然主导的，人在此间只是一个活跃的"元素"，它的唯一的与众不同只是体现在行动的日趋多样性，而非行动的目的性。进入 17、18 世纪的古典时期，表象认识型取代了相似性认识型，自然史得以产生。福柯指出，自从斯多葛主义以来，西方世界中的符号体系一直是三元的，即能指、所指和关联；但是从 17 世纪起，符号和排列成为二元的，即能指和所指。这种转变的原因就是人作为活动的客体承担者在目的和目标上的自觉，符号的内容也随之变得更加丰富，自然和符号也开始在局部地区平行起来，所指和能指不再需要关联。最能体现这一转变的就是分类学思想的出现。这种分类学在同一性和差异性的原则基础上来构筑新的知识图谱，如图 2-2 所示。

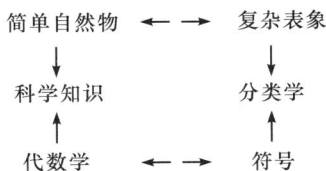

简单自然物 ← → 复杂表象
↓ ↓
科学知识 分类学
↑ ↑
代数学 ← → 符号

图 2-2 普遍的秩序科学②

从前面的分析中我们可以看出，17、18 世纪是科技文化与道德关系发展的转折点，最主要的原因就是人类的认识方式的整体性转型。"当科学在 17 世纪开始摆脱它的目的论诉求时，一条鸿沟便在科学的世界和目的的世界展开，这是一条关于'实然'和'应然'，实事和价值，目的和纯粹手段的鸿沟。"③"电话机在合理性文化的式微与工作感知的减少方面起到了一定的作用，同时它也促使文化和感知迈向理性结构和认知过程的中心，并且将文化和感知从内在的东西转换成外在的事物。"④17 世纪之前科技文化与道德围

---

① 福柯：《词与物》，莫伟民译，上海三联书店 1996 年版，第 47 页。

② 福柯：《词与物》，莫伟民译，上海三联书店 1996 年版，第 97 页。

③ Cam P，Tamthai M（eds.）. Science and Human Values in Asia Today. Seoul：The Korean National Commission for UNESCO，2001：50.

④ Luckhurst R，Mcdonagh J（eds.）. Transactions and Encounters. Manchester and New York：Manchester University Press，2002：28.

绕着生活化的情感秩序,17世纪之后二者则开始聚焦于实证化的理性秩序。进入19世纪,科技文化与道德趋向于系统化的"结构—功能"秩序。

总体来说,科技文化与道德是西方思想发展的重要内容,它们表现出的共性特征就是在对象性思维的基础上构筑可能的秩序世界。科技文化的对象性思维表征的是人与自然的关系,道德的对象性思维表达的是人与社会的关系。"价值是文化对象所固有的,因此我们把文化对象称为财富,以便使文化对象作为富有价值的现实同那不具有任何现实性并且可以撇开现实性的价值本身区别开来,自然现象不能当成财富,因其与价值没有联系。所以,如果把价值和文化对象分开,那么文化对象也就会因此而变成纯粹的自然了。"①科技文化与道德都与价值有着密切的联系,科技文化传递了客体性的价值判断,道德彰显了主体性的价值判断。在前现代社会中,科学技术很大程度上只是一种日常经验性的活动,因此作为社会规范的伦理道德或者宗教信仰对科技活动发挥着主要的制约作用。在现代和当代社会中,科技文化处于主导的地位,它通过人的内在心理机制和观念结构,对道德产生各种可能的影响。

三、科技与道德关系的理论分析

如果我们从文化史的角度来观照科学技术的发展,那么从上面对于科技与道德关系的简单追溯中便不难看出,在中国文化史上,技术文化占据着重要位置,而在西方文化史上,科学文化则是处于支配地位。这种区别只是一个经验性的总结,就人类社会整体的历史发展而言,科学、技术与道德又是紧密联系在一起的,它们之间的关系呈现出一些共有的特征。

(一)科技与道德的同源性

近代启蒙理性主要是以认识理性的形式表现出来的,认识理性又可分为科学理性和技术理性;技术理性相应于实践理性,科学理性导源于理论理性。实践理性和理论理性是由康德在道德伦理和判断力中分别成就的。康德哲学是调和近代唯理论和经验论的产物,他的理论理性相关于先天之思,他的实践理性承诺于先验之思。笛卡尔的"我思故我在"之中实际上已经蕴含了"先天之思"和"先验之思"。笛卡尔的"心"保证了对于完满性上帝的"先天之思",体现了认识的真理性;他的"物"促使了"先验之思"的形成,"先验之思"也是对"先天之思"的一个有力证明。近代科学承袭了"先天之思",

---

① 李凯尔特:《文化科学和自然科学》,涂纪亮译,商务印书馆1986年版,第21页。

近代技术植根于"先验之思";技术在经验世界中穿梭,科学在自在世界中遨游。"先天之思"和"先验之思"又分别发端于中世纪基督教传统——天国论和原罪说。天国论是肯定之思,原罪说是否定之思。技术表现否定之思,它维护了一种现象实在;科学展示肯定之思,它旁涉了一种自在实在。不管是经验实在还是自在实在,它们又都肇始于古希腊哲学。苏格拉底将希腊哲学从天上拉到人间,使哲学关注现实生活,从此经验实在和自在实在分庭抗礼。下面我们给出上述分析的顺向示意图(见图 2-3)。

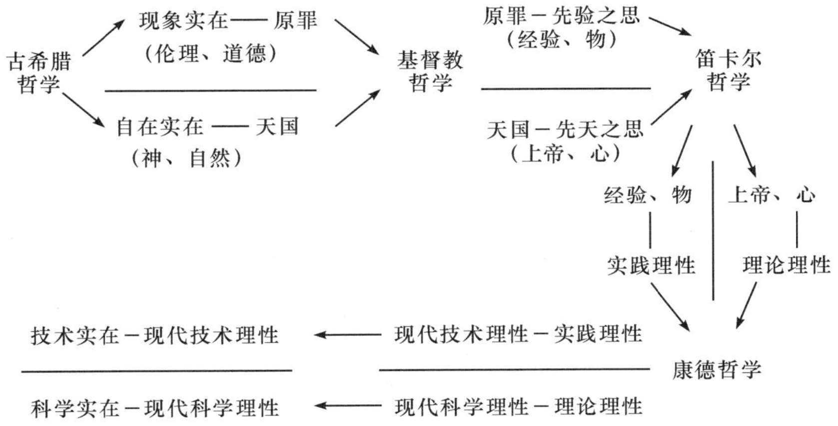

图 2-3　顺向示意

人们虽然对于现代技术的工匠传统有所认同,但是这种认同对于揭示现代技术的本质却建树甚少。思想家福柯把握住了现代技术在认识论意义上的可能,通过在《性史》中描述近代以来有关性的话语实践和古希腊古罗马时期人们在性的伦理实践过程中的自我技术关怀,从而有力地说明了性与关于我们自身的真理是怎样联系在一起的,以及性与真理为什么会联系在一起。海德格尔曾说:"确立技术和物理学的相互联系是正确的,但是这种相互关系仍然不过是编史学上的事实,并不能说明这种相互关系究竟是以什么为基础的。"[①]这不但提醒我们技术和科学应该具有密切的联系,而且还督促我们去探究技术和科学相互联系所应具有的更为久远的传统。海德格尔将现代技术的本质理解为"遮蔽""座架",并将技术的本质与艺术和诗结合起来进行探讨。福柯与海德格尔有共通之处,他在自我技术的性艺术

---

① 马丁·海德格尔:《人,诗意地安居》,郜元宝译,上海远东出版社 2004 年版,第 127 页。

中来追问技术的潜在根源,技术的本质在福柯那里是与古希腊和古罗马的伦理道德实践密切地联系在一起的。福柯与海德格尔的一个相似点就是没有单纯地否定技术,而是企图在更高的层面上来理解和阐发技术。"科学诞生于手工操作的中断;它标志着'手的退出'。但是,一方面,科学超出手的范围;另一方面,它也属于一种实践,并运用器具。所以它仍然是一种操作。它在中断了手之后又重新起用手。为了把存在者纳入自己的范畴,科学必须把握存在者,即置存在者于手下。"①科学、技术与道德都起源于人类的生产实践,它们的内容、属性和形式随着社会生活的流动而变化。

(二)科技与道德的同构性

海德格尔曾在探讨"什么是技术"时说道:"即不光我们所要问的什么,即哲学,按其起源来看是希腊的,而且我们如何追问的方式也是希腊的;就连我们今天的提问的方式也是希腊的。"②波普尔说科学始于问题。在很大程度上,近代以来科学发展的历史就是一部"问题史"。对问题的颂扬和启蒙精神是亦步亦趋的,问题的合法性是在启蒙理性的掩饰下才成立的。问题性体现的是一种主体性和生活世界的课题性,它的最终结果又使得人类自我日益成为课题化的产物。人既是问题的形式,又是问题的内容。这与海德格尔的任何"去蔽"的过程也是一个"遮蔽"过程的精神实质是相同的。

我们对"什么是技术"这样的问题做一置换,如"什么是什么",或者"?是?"。很显然,从思维逻辑上讲,这样的问题属于分析判断,它们是关于事物自身属性的陈述。"?是?"这种问题方式是本质主义自我言说的过程,它只是自己本身,没有涉及他者。而"?不是?"这种提问方式则根本不同于"?是?",可以将其命名为功能判断。功能判断指涉自身和他者,它是一个关系和对话的过程。功能判断实际上也不同于归纳意义上的综合提问方式,虽然综合提问也指向他者,但它最终还是以"大我"为中心来解释他者和理解世界。因此与启蒙理性相生相伴的有三种问题方式,相应产生了三种判断形式:一是分析判断;二是综合判断;三是功能判断。康德在他的时代对于前两种判断做了哲学上的分析说明,对于第三种判断只是从道德实践的角度做出了预言。近代以来的科学精神和技术精神主要体现了前两种判断形式,康德之后的批判哲学倾向于功能判断,它们企图将功能判断纳入到科学

① 贝尔纳·斯蒂格勒:《技术与时间》,裴程译,译林出版社 2000 年版,第 318 页。

② 马丁·海德格尔:《海德格尔选集》,孙周兴选编,上海三联书店 1996 年版,第592 页。

思维的正常轨道上来,确认功能判断所应具有的在认识论和方法论上的地位。在一定程度上,科技批判的崛起是功能判断精神的延续。因此,科学与技术虽然在提问方式上有所差异,但它们都是作为问题的样式而显现出来的,都是一种世界关系的建立,技术精神和科学精神是互补统一的。道德是用来调节个人与他人、社会、自然之间相互关系的各种内在信念,道德也代表了一种提问方式,它确立了个人与世界之间的尺度和距离。科技与道德的同构性,主要体现在它们都代表了一种提问方式、判断方式或者认识方式,科学面向自然世界,道德面临心灵世界,技术面对生活世界。那么这三种方式之间又是如何实现沟通的呢?库恩在探究科学革命的结构时指出,在科学共同体中,其成员共有的文化背景、价值观念、信仰方式都对科学范式的确立、科学革命的发生产生着至关重要的影响。"然而,共有价值有一个方面确实值得我们特别注意。比起学科基质中的其他成分来,价值可能由共有它们的人做极为不同的应用。在一个特定团队中,对于精确度的判断相对而言不会随时间流逝或个人因素而有多大变化。但是对于简单性、一致性、可信性等等的判断,则往往因不同的人而差异很大。对于爱因斯坦而言,旧量子论中的一个不能容忍的不一致性,使常规科学研究不可能进行,但对玻尔和其他人来说,这不过是一个可望以常规方法解决的困难。"[①]科学探索的价值信念诉求已经成为理论研究中不争的事实,技术活动自身所携带、书写和隐含的道德伦理承诺则更为普遍。因此,科学发现、技术创新和道德观念这三者之间是共通的,或者说是通约的,这种通约的源泉是它们都代表了人类的某种实践方式。在实在论的意义上,它们又是同构的,这里的同构,不是一种结果上的同构,而是过程上的同构;科学实在、技术实在和道德实在都是在实践基础上对于世界可能性的表达。

(三)科技与道德的同质性

科学技术与道德在实践的范畴上是同源同构的,但是这种共性只是一种形式上的外在表现,它们之间亦具有内容上的共性,这就是其同质性。就科学技术与道德各自的本质属性而言,科学求真,道德求善,技术求用,科学与技术在道德实践中找到了交汇的可能性和现实性。科学技术与道德都与主体的存在状况相关,这里的存在状况主要是指一种对象化的思维。科学

---

①　托马斯·库恩:《科学革命的结构》,金吾伦、胡新和译,北京大学出版社 2003 年版,第 166 页。

代表了人类理性化的思维方式,它是对象性思维的客观化表现形式;技术表现了人类参与式的判断推理方式,它是对象性思维的主体化表现样式;道德是一个对象性反思的过程,道德实践使科学与技术的关系表现为既对立又统一。在启蒙理性中,科学和技术都是理性的不同样态,是理性的原因和结果的双重效应,是理性的条件和范围的二元构件。"形式的一般性在不规定被它们当作手段的对象的目的这一意义上确实是'不负载价值的';然而,它们在系统地忽视了工具主体的外在价值和独立的、自主发展的对象的内在目的之间的区别上,却是负载价值的。就形式思维只是根据对象的效用来看待对象而言,它对待对象潜能的方式与一种技术操作的结果没有什么不同。"①因此,科学、技术与道德的同质性在实践层面上是一种体系化的共存状态,三者缺一不可,它们的身份被界定为实践系统中的要素存在。科学和技术所代表的对象性思维本身是需要一个参照的,这个参照就是过程性。道德代表的过程化认知方式使科学和技术的对象化判断相契合。

科学技术与道德的同质性还表现在它们具有共同的知识品性以及权力效应。知识社会学的研究已经表明在现代社会中,知识和权力是一体的。科学技术与道德都具有知识的内在规定性特点,它们在现实中的运作活动与权力的话语结构又紧密相连。科学技术与道德的知识表现是一个证实的过程,它的主要用意在于构建人关于世界的可能判断。科学技术与道德的权力表现是一个证伪的过程,它的核心目的在于展现人关于世界判断的不足之处。"科学与技术中的价值判断和日常生活中的价值判断之间的差异是,人们认为前者比后者更有基础或更能证明有道理。如果一位工程师断言产品 X 是次品,或一位管理科学家认为管理方式 X 比管理方式 Y 更有益于工作,那么他这样做的基础在于依照科学知识进行分析和试验。"②科学技术与道德形成了一个相互论证并不断强化的链条语境,在这一过程中,"发现情境"和"辩护情境"的分裂通过微观权力的导入而融为一体。从世界范围来看的话,科学技术在南北发展水平上的巨大差距,如果仅从事实本身来切入,将会掩盖其中所隐藏的道德伦理矛盾,知识的地方真理性要求改变普遍主义的科学技术信念及其所带来的众多社会问题。女性主义和建构主义

---

① 安德鲁·芬伯格:《技术批判理论》,韩连庆、曹观法译,北京大学出版社 2005 年版,第 212 页。

② M. 邦格:《科学技术的价值判断与道德判断》,《世界哲学》1993 年第 3 期,第 35—41 页。

实际上遵循同样的认识路径,知识含义和判断标准的绝对化中断了我们从道德目的上对于科学与技术的自反性,进而使异化的危险性急剧增加。因此,科学技术与道德的同质性是一个经验意义上的规范化预言,如果否定这个预言的现实意义,那无异于宣布了人类的消亡。

(四)科技与道德的同一性

科技与道德的同一性首先表现在它们的历史现实性上,即科学技术与道德伦理在历史深处的纠葛总是有人的参与、活动与选择。就其同一性的实现方式来看,在前现代社会中,这种同一性是以显性的状态存在,道德伦理对于科学技术行为的影响明晰可见。在现代社会中,当科学技术取得统治地位之后,科技所代表的精神探求被从整个社会中分离出去,科技与道德的同一性以隐性的方式呈现。科技已经成为现实道德的标准,科技自身的道德假设不能被打破,这进而导致了现实道德解释力的不足。"基础科学研究作为心理过程的评价,它也做出价值判断。但是,后者完全是内在的:它们涉及科学研究的要素,诸如资料、假设和方法,而不涉及科学研究的对象。另一方面,工程技术专家不仅作出内在的价值判断,而且也作出外在的价值判断:他评价他能得手的每一事物。在他看来,某一事物、过程或概念就某种实际目的而言,是好的,坏的,或中性的。"[1]科学与技术相比,科学对于道德的参与要远远小于技术,但是科学本身所潜隐的道德承诺却要远大于技术。科学与技术相对于道德而言的差异主要是各自的实践特点所引起的,科学主要是一种理论研究活动,技术主要是一种操作创新活动。现代科学和技术的发展已经紧密地相互交织在一起,科学技术化,技术科学化。但由于技术的实际应用性要超出科学很多,再加上现代商业文化和国家现实利益的驱使,科学研究的功利性不断增强,科学也难逃技术的引领。因此,在现代社会,科学的道德参与性也是不断增强的。"技术的优势是历史上许多民族'优势'的深层现实。同样,所谓'文明'与其说是狭义的伦理文化、宗教、艺术、科学,甚或政治,不如说是一种技术状态,一种技术力量的关系。"[2]因此,在现代社会,科学知识日趋实用化和功利主义的追求导致科学研究的独立性受到挑战,科学知识在其形成的过程中也不断受到权力和权威的干扰,科学知识本身的价值叙述在现代社会日益明显。科学知识俨然已经成

---

① M.邦格:《科学技术的价值判断与道德判断》,《世界哲学》1993年第3期,第35—41页。

② 贝尔纳·斯蒂格勒:《技术与时间》,裴程译,译林出版社2000年版,第67页。

为整个社会技术化运行的道德基础和精神原动力。培根的"Knowledge is power"在现代社会不但有"知识就是力量"的一面,其中隐藏的"知识就是权力"的意蕴同样重要,它揭示了知识背后的道德箴言和技术性、程序化的科层制度假设。这里无意于要使科学知识的客观性庸俗化,我们只是想强调科学本身所携带的社会性"基因",它是推动着科学走向社会应用,参与社会技术和道德建构的重要基础。"科学有描述和规范两大基本功能。描述是科学的认知功能,其指向的对象是事实世界,主要解决世界'是什么'的问题;规范是科学的实践功能,其指向的对象是价值世界,主要解决世界'应如何'的问题。"①因此,在实践的意义上,科学、技术与道德具有同一性,它们的同一性是一种动态的、整合的、批判的存在状态。随着当代社会的不断发展,这种同一性的现实效应将会越来越明显。

第二节　科技与德育关系的历史考察

从社会发展的历史来看,人类的科技实践与教育活动基本上同时产生。古代的科技实践主要是一些日常经验性的探索活动,教育内容则主要集中在社会规范、礼仪和道德伦理的学习方面,科技活动已经与整个教育紧密地结合在一起,科技教育也是古代教育的重要组成部分。

教育发展的历史证明,近代之前的中外教育主要是一种人文教育,这其中道德伦理教育占据着主要地位,科技教育对道德教育只起辅助性作用。启蒙时代以来,随着科学技术的不断发展,科技与教育的关系更加密切,科技教育在整个教育中的地位不断提升,并且最终取得了主导性地位。"必须承认,我们已经取得的进步在相当程度上只是技术上的进步;它为满足先已存在的欲望提供了比较有效的手段,但并没有改变人类目的的质量。例如,还没有一种近代文明能在各方面和希腊文化媲美。科学还是新近的东西,没有被吸收到人们想象的和情感的倾向中去。人类比较迅速而又踏实地走向实现他们的目的,但是,他们的目的多半仍然处于科学启蒙以前的情况。这一事实,给教育提出了利用科学以改变对想象和情感的习惯态度的任务,而不是以物质方面的扩充享用感到满足。"②杜威的话很好地表达了在人类

---

① 田鹏颖:《社会技术哲学》,人民出版社 2005 年版,第 108 页。
② 约翰·杜威:《民主主义与教育》,王承绪译,人民教育出版社 2001 年版,第 241 页。

历史的长河中,科学技术与教育发展的关系,这种关系主要体现在科技与教育的最终目的追求上。"德育即教育的道德目的。"①因此,考察科技与德育的历史关系,同时也体现了科技与教育的历史关系;就古代教育的主要内容和目的来看,这两对关系大体上是相互重叠的。

一、中国历史上科技与德育的关系

"中国传统知识和思维是社会人伦型知识与思维,它是道德理性和道德践行的统一,是政治逻辑与思维逻辑的统一。"②"中国缺少独立的科学和科学价值观,在仅有的科学知识中又都显示出伦理政治的社会实用倾向。中国政治伦理化的科技和科技教育最初是在汉朝奠定基础的,当时的自然科学家从事自然科学的研究与传授都要与政治结合起来。"③"中国的科学政治化和伦理化,既影响了中国科学的思维方式,也影响了中国科学技术的发展,例如中国科学政治化和伦理化,会影响到中国科学的实用化倾向。政治家参与科技和科技教育,使之为政治服务,是科学技术和科技教育发展的动力之一。把科学和道德人生联系起来也是科学发展的内在要求。但是,不适当的科技政治化和伦理化最终会阻碍科学的发展。中国古代知识分子把主要精力放在社会政治问题和伦理道德问题上,没有放在自然科学上,当然不利于科学的发展。过分强调政治和伦理对科学的制约,也会使科学发展失去自由的环境,往往会阻碍科学发展。为了加快我国科技现代化和经济现代化,应当变社会人伦型知识和思维为科学和社会型知识和思维,并使社会型知识和思维教育与科技教育相结合。"④中国古代教育是一种道德人伦取向的人文化教育,它的政治倾向和实用性追求非常突出,具体表现就是"学而优则仕"的思想。传统教育经世致用、重行轻知的价值定位就决定了科学技术在教育中的地位是辅助性、从属性的。另一方面,中国是典型的农业文明国家,自给自足的小农经济盛行,家国一体的观念根深蒂固,古典文化一直重视经验性的知识总结与传承,表现在教育实践中就是继承性、守护

①　黄向阳:《德育原理》,华东师范大学出版社 2000 年版,第 20 页。
②　黄济、郭齐家主编:《中国教育传统与教育现代化基本问题研究》,北京师范大学出版社 2003 年版,第 51—52 页。
③　黄济、郭齐家主编:《中国教育传统与教育现代化基本问题研究》,北京师范大学出版社 2003 年版,第 52 页。
④　黄济、郭齐家主编:《中国教育传统与教育现代化基本问题研究》,北京师范大学出版社 2003 年版,第 52 页。

性要远远大于创新性。因此中国古代教育的内容主要是对于圣贤经典的传授，民间的技艺传授与学习也以寻"道"为主旨。"自汉朝独尊儒术以来，经学研究和教育在科学文化和教育中占统治地位。它束缚了人的独立思考，阻塞了探索未知领域的前进道路。"①"中国传统工匠伦理虽有不同于其他职业伦理的特点，但就其主导性的道德价值观而言，是与儒家伦理道德相通或相同的。……特别是在汉武帝独尊儒术后，工匠伦理基本上是儒家伦理准则在职业活动中的具体化。"②因此，中国古代的科学探索、科学教育、技术实践和技术教育贯彻的都是社会人伦本位的道德目的原则。中国古代科技活动的价值标准与古代教育的道德精神基本上相吻合，这种趋势在汉朝儒家文化的统治地位确立之后更加明显。

（一）夏、商、西周时期

"六艺"即礼、乐、射、御、书、数六科，它是我国古代教育的重要内容，特别是在先秦时期的夏、商、西周三代。"礼"主要包括政治、历史和以"孝"为根本内容的伦理道德教育等。"乐"则基本上属于综合性的艺术教育，主要包括音乐、诗歌和舞蹈等。"射"主要是指射箭技术的教育，"御"主要是指驾驭马拉兵车的训练，"射""御"都属于军事技术训练的科目。"书"主要是指语言教育中的对于文字的识别、诵读、书写等。"数"主要是指计数、运算等。西周时期的学校在建制上有"国学"和"乡学"之分，"国学"是指建在王都和诸侯国都城的学校，都城郊外的地方学校称为"乡学"，"国学"又分为"大学"和"小学"。"六艺"中礼、乐、射、御为"大艺"，主要是在"大学"阶段学习，"书"和"数"为"小艺"，主要在"小学"阶段学习。"六艺之教中有两科，即数教和书教，与科技教育有密切关系，它为培养治术人才，奠定了科学技术的重要基础。"③"数这个词在先秦和我国古代的含义，并不是今天数学的简称，而是数术（或术数）的简称。不仅数学属于数，表述自然之理和技术技巧，以至用宗教迷信来解释自然与人事现象的技巧和技术，也都称为数。"④"六艺教育是西周教育的特征和标志。最初它既重道德，也重知识；既重基础，也

---

① 黄济、郭齐家主编：《中国教育传统与教育现代化基本问题研究》，北京师范大学出版社 2003 年版，第 63 页。

② 徐少锦：《中国传统工匠伦理初探》，《审计与经济研究》2001 年第 4 期，第 14—17 页。

③ 梅汝莉、李生荣：《中国科技教育史》，湖南教育出版社 1992 年版，第 11 页。

④ 梅汝莉、李生荣：《中国科技教育史》，湖南教育出版社 1992 年版，第 12 页。

重应用;既重文事,也重武备;既重礼仪规范,也重情感精神,有和谐发展的用意,成为后代人们的理想教育模式。西周晚期六艺教育发生蜕变,渐趋于重德、主文,也同样影响了后世中国教育一些特点的形成。"①"六艺"中礼和乐代表了统治阶级的治国方略与意识形态上的要求,"礼"代表了外在的行为规范教育,"乐"则强调了内心情感的修养教育,"礼"和"乐"构成了一对相辅相成的教育内容。"射"代表了军事训练中的进攻技术,"御"则既有进攻的技能,又有防御抗敌的要求,"射"和"御"也构成了一对相互促成的教育科目。"书"表现了读书识字的认知教育内容,"数"则注重知识和技能的练习与运用,"书"和"数"再组成了一对彼此促进的教育内容。"六艺"教育虽然是六种不同的教育科目,但是它的主旨却不在于分科,它谋求的是礼和乐为主导的诸育兼顾的和谐教育。因此,在"六艺"教育中,道德伦理教育、礼仪规范学习、科学知识掌握和技能素质训练是紧密联系在一起的。从中我们也可以看出科学技术与教育从古时起就密不可分,科技教育构成了中国传统教育的重要组成部分之一,科技教育也成为科技与德育关系的中心线索和内容。

(二)春秋战国时期

春秋战国时期,虽然连年战乱,社会处于急剧动荡之中,但是此时的思想文化界却出现了少有的繁荣状态,"百家争鸣,百花齐放"的学术氛围骤然形成。这一时期的社会生产力也得到了初步的解放,取得很大的发展。与经济文化发展相适应的则是教育的前进,涌现出了儒家、道家、法家、墨家等众多的私学教育流派。在这些派别中,儒家、道家和墨家的科技教育比较具有代表性。

1. 春秋战国时期的儒家教育

先秦儒家在进行教育实践的过程中,形成了"兼容科技教育的德育原则"②。"先秦儒家开创了我国注重道德教育的传统,为了强调其德育合乎天道人情,他们曾着手将自然科学知识,进行伦理化的改造,对实施科技教育造成了障碍。但是,这种改造保留着一定的限度,并未突破先秦儒家道德教育的原则。先秦儒家的道德教育原则,要求个人修养必须合内外之道,具有兼具科技教育的性质。"③先秦儒家的科技教育是为它的道德教育服务的,它

---

①　单中惠、杜成宪主编:《中外教育简史》,北京师范大学出版社 2002 年版,第 7 页。

②　梅汝莉、李生荣:《中国科技教育史》,湖南教育出版社 1992 年版,第 58 页。

③　梅汝莉、李生荣:《中国科技教育史》,湖南教育出版社 1992 年版,第 58—59 页。

的这种教育价值取向,对我国古代的教育和科技发展都产生了深刻的影响。如何评价先秦儒家所开创的科技教育之风及其所带来的社会文化效应,一直是学术界的热点问题之一。从人类文明的类型来看的话,中国古代文明属于陆地文明,或称之为农业文明,它不同于西方的海洋文明。农业文明崇尚的是血亲关系的伦理建构和传承,它固守的是一种基于土地情怀的生活经验的积累。因此,中国古代的科技活动与传播都是基于人的存在本身的现实需要,它是局限在世俗生活之内的,而非外在于人的生活。"先秦时代孔、孟、荀三家都是本于学术文化的立场来论证的。所以礼乐、教化是儒家政治思想的核心。无论我们今天对儒家的'礼乐'、'教化'的内容抱什么态度,我们不能不承认'礼乐'、'教化'是离不开知识的。所以儒家在政治上不但不反智,而且主张积极地运用智性,尊重知识。"①儒家提倡知识的传授与学习,这里的知识,既包括伦理道德知识,也容纳了科学技术知识。因此从知识观来看的话,科学技术与道德在儒家的教育中相互统一和融合,它们都服务于现实政治生活的需要。其实最能代表这一时期儒家的科技教育思想的,就是它在天人关系上的主张。"中国的两个世界是不即不离的,天与人是合德的,尽性即知天,所以要求之于内。六合之外可以存而不论。荀子有'制天'、'役物'的观念,在儒家思想中已是例外。"②"中国的道德精神是独立于宗教以外的。但古代中国的道德和宗教仍有一定的关系。中国道德精神的独立可以说是儒家对宗教加以理智化的结果。"③因此,先秦儒家开创的天人观,深刻体现了中国古人在科学技术探索过程中的目的追求与教育精神主旨的高度统一性。这种统一性具体表现在相信人的德性的存在,德性一方面代表了天对人的规定性,一方面表示了人对天的超越性。儒家的教育活动在其德性预设的前提下,使人们的自然探索、技术发明与社会的改造在实践中取得了一致的价值目标和伦理道德向度。先秦儒家最初主要以上古时期的文献为经典,称"六经",即《诗》《书》《礼》《易》《乐》《春秋》。"六经"是先秦儒家教育内容的重要载体,其中充分展示了儒家在教育领域的人文主张和科技教育中的道德伦理情怀。

先秦儒家在科技教育中坚持人伦的标准,在有关"六府"、"三事"之说中,得到了充分的体现。《左传·文公七年》载:"六府、三事,谓之九功。水、

① 余英时:《文化传统与文化重建》,生活·读书·新知三联书店2004年版,第153页。
② 余英时:《文化传统与文化重建》,生活·读书·新知三联书店2004年版,第465页。
③ 余英时:《文化传统与文化重建》,生活·读书·新知三联书店2004年版,第147页。

火、金、木、土、谷,谓之六府;正德、利用、厚生,谓之三事。""六府"是古代科学技术方面的总结和概括,它包含丰富的科技内容。"三事"反映了儒家在科学技术方面的价值追求,以求善为根本目的,对科技及其教育功利原则的肯定,同时科技及其教育也应该达到利于民生日用的目的。"九功"鲜明地体现了儒家以人文价值来提携和统摄科学技术的观念和态度。① 中国古代学术主要有两大类,一是内圣之道,二是外王之术,前者称之为"体",后者称之为"用",合起来可以称之为"有体有用之学"。如果按照儒家科技教育的人文价值来看的话,儒家一部分属于科学思想方面的内容,可以被纳入到儒家的"内圣之道","有体之学"的范畴;另一部分属于技术方面的内容,就成为儒家的"外王之术"、"有用之学"的范畴。② 先秦儒家有许多科学技术方面的探求活动,但是这些活动更多表征的是现实的人事伦常,它们流露的是古人对于世俗生活的有限超越,比如《周易》中的"天行健,君子以自强不息","地势坤,君子以厚德载物"。先秦儒家非常重视关乎百姓生活和江山社稷需要的科学技术及其教育事务,但是这些科技活动和教育却是为儒家的道德伦理理想和入世精神服务的。先秦儒家在科学技术、科技教育上的主张和实践对后世文化产生了深刻的影响。孔子在《论语·宪问》中说:"不怨天,不尤人,下学而上达。知我者其天乎!"这里所谓的"下学"也就是日常经验知识的获得过程,"上达"就是通达至高德性境界的过程。先秦的科学技术也都是在一些世俗生活基础上的经验知识积累,儒家科技教育主要是对于这些知识的传播。因此,从孔子的"下学而上达"的学习主张中,我们可以发现,孔子将科技教育作为达成德育目的的前提条件,并且认为在人才培养的过程中科技知识的习得与教育目的是相互统一的关系。因此,从教育的根本意义来看,先秦儒家在科学技术与德育关系中揭示的是教育在知识与德性之间该如何选择与取舍的问题,也即智育与德育的关系问题。在先秦儒家那里,德育的地位虽然高于智育,但他们也认为德育是开启民智的一个重要方面,德育与智育又是统一的。孔子在《论语·述而》中说:"志于道,据于德,依于仁,游于艺。"天道、德性、仁爱与技艺在孔子看来是一个整体,科学知识、人伦规范、技艺经验是相互交织在一起的,教育不但要重学和思,而且也要重行,德与行相辅相成。

---

① 朱汉民:《儒家人文教育的审思》,湖北教育出版社 2000 年版,第 107—109 页。
② 朱汉民:《儒家人文教育的审思》,湖北教育出版社 2000 年版,第 111 页。

2. 春秋战国时期的道家教育

以老子原创范式为核心而不断嬗变、传承的道家教育传统，开创了有别于儒家主流教育传统的新路向。道家教育思想"道法自然"的教育价值取向、"行不言之教"的教育理念、"率性而行"的教育原则、德智体美统一的教育内容以及"生而不有"的教育道德，构建了中国传统教育文化的独特景观。① 先秦道家"无为"的处世哲学，与儒家讲究积极入世的人生信条形成鲜明的对比，这也直接决定了道家教育的特殊风格。道家崇尚一切自然主义的东西，否定功用性、义利性的事物和活动，反对人为性的知识教化和经验技术传授，鄙视社会伦常倾向的人事态度和信念追求。因此先秦道家的教育主张和实践反映了道家无为而治的世界观、人生观和价值观。道家以"道"为核心构筑了自己关于宇宙自然、事物发展规律和人类思维认识本质的许多深刻见解和理论。道家的科技教育主要表现在其知识观方面，知识的学习和获得不是为了征服自然，作用于社会，满足自己的私利，知识是始于天道，合于自然的。虽然道家向往和追求的是人类无知无欲的蒙昧状态，但这并不表示他们反对知识的习得。《庄子·养生主》中说："吾生也有涯，而知也无涯，以有涯随无涯，殆已。已而为知者，殆而已矣！""知止其所不知，至矣。"道家在知识的探求和学习方面不免显得有些消极，但是他们的知识观中更多展现的是知识的实然状态，有为知识而知识的意味，企图去除知识的社会禀赋和价值属性。先秦道家的知识观，在一定意义上说是与同时期的古希腊自然哲学精神最接近的，对于宇宙自然充满敬畏感。"知识在本质上反映的是人与世界和自身间的事实性关联；境界反映的则是人与世界和自身间的价值性关联。作为人类生存活动的不同层面，事实需要价值获得意义，价值需要事实去予以澄清。"② 就知识自身的现实属性来看，知识具有客观性和主观性两个方面。先秦儒家在知识传授和学习中倡导的是知识的主观性方面，在教育中的表现就是德性之知对于科技知识的统领和驾驭。先秦道家在知识传授和学习中强调的是知识的客观性方面，在教育实践中表现为"自然之知"对于"伦常之知"的超越和扬弃。因此先秦儒家与道家的根本分歧源自他们在知识本质和功能认识上的差异，这种差异在教育中就

---

① 唐劭廉、吕锡琛：《"处无为之事，行不言之教"》，《西北师大学报》（社会科学版）2005年第2期，第26—31页。

② 于述胜：《道家教育智慧的现代启示》，《陕西师范大学学报》（哲学社会科学版）2004年第1期，第122—125页。

是儒、道两家对于教育社会作用认识和评价的不同。儒家寻求的是通过教育来改造社会、治理国家和造福百姓的目的,但是道家却认为教育对社会的积极介入并不能达到开启民智,教化民众,繁荣国家与社会的目的。"大道废,有仁义;智慧出,有大伪;六亲不和,有孝慈;国家昏乱,有贞臣。"[①]先秦道家对于人类社会的文明状态持一种严肃谨慎的审视、反思和批判的态度。他们在现实中寻觅的是超脱的心灵感受,这种超脱的至高境界就是人对于各种欲望的克服,达到"复归于婴儿"的自然本心。因此,在先秦道家看来,教育的基本假设就是人心有善、恶两端,人世有臭、美两态,教育是一个双向辩证的过程。"天下皆知美之为美,斯恶矣;皆知善之为善,斯不善矣。"[②]老子特别注意到了在教人为善为美过程中的相对性和具体性,要尽力避免绝对化和抽象化的情况发生。道家之所以要蔑视儒家的所教之学,主要是因为儒家教育内容的刻板教条以及实际功利性的教育目的和行为都是道家所诟病的。老子所教,皆以"道德"二字为宗旨。老子在教育中极力强调:"圣人处无为之事,行不言之教。"老子所指的"道"可通于"德","德"也可通于"道"。他所说的"不言之教",实则教之以"道德",教以为"道"。老子的"道德之旨,归于无为,无为之用,系于人主。其术以虚无为本,以因循为用"[③]。因此,道家也讲究天道知识的学习、经验技术之用,只是支撑道家科技教育的还是那个虚无的"道",人本心之中的"道德"。在教育、科技教育方面,先秦道家和儒家似乎走了完全相背的道路。道家从极端的反面来践行教育的社会意义,儒家则从正面来履历教育的社会作用,但他们最终都是为了达到一种道德的目的。道家教育的目的侧重于个人道德的自我超越和升华,儒家教育的目的偏向于社会道德的规范和重构。

　　总体来说,先秦道家讲究"道法自然",推及人事,就是"人法自然"。因此道家主张教育应该顺应人的自然秉性,那种要求人服从社会原则的教育必须抛弃。道家否认人类的文明和文化,认为文明并未带来社会的进步,文明带给人类的只有罪恶和丑陋,它并未使人自身的心性变得更加高尚和纯洁。"今子修文武之道,掌天下之辩,以教后世;缝衣浅带,矫言伪行,以迷惑天下之主,而欲求富贵焉,盗莫大于子。天下何故不谓子为盗丘,而乃谓我

---

①　《老子·十八章》。

②　《老子·二章》。

③　王炳照、阎国华主编:《中国教育思想通史》(第一卷),湖南教育出版社1994年版,第389—390页。

为盗跖?"①庄子严厉斥责儒家所推行的教育内容和目的,这生动地反映了道家的教育精神。道家自然主义的世界观对我国古代的科技教育和科技发展产生了很大的影响。秉承先秦道家遗风的古代道教也在其发展过程中进行了许多科学意义上的探索活动,先秦道家讲究技、艺合一的思想对于我国古代的技术教育和技术发展也影响深远。

3. 春秋战国时期的墨家教育

春秋战国时期的社会生产力取得了很大的发展,社会分工日益精细,各种工商业者人数增加不少。先秦墨家就是由这些"农与工肆之人"组织起来的社会团体,墨家代表了手工业者的利益和社会政治立场。墨家非常强调团队的纪律性,桎梏的组织精神要求其成员在生产和生活实践中非常认真严肃地以至于苦行僧式地来践行墨家的原则和主张。墨家学派因其独特的组织结构形态,集百工技艺之所长,注重实用精神,推行社会改革,成为先秦诸子百家中一支重要的力量。墨家在先秦时期曾处于显学的地位,这主要得益于他们重视通过教育来推广和扩大自己学派的影响。"儒墨之争,社会影响极广,故韩非将二者并称为'世之显学'。墨家学派无论是外表风度,还是内在气质,都与文质彬彬的儒家迥异。墨家站在城市平民的立场思考问题,在教育思想与实践方面与儒家甚多歧异,显示出独特的风格和存在价值。"②虽然墨家和儒家都积极推行社会改革,大力发挥教育在社会生活中的作用,但是二者的观点还是有很大差别。墨家代表了社会底层人民的心声,他们主张的社会改革路径是由下至上的;儒家代表了社会统治者的心愿,他们推崇的社会改革路径是由上至下的。这种截然不同的政治观决定了儒墨两家在教育内容上各自侧重点的不同,儒家看重"礼教",墨家看重具体经验知识和技能的学习与掌握。在具体的教育实践中,儒家以德育为主,科技教育为辅;在墨家那里,科技教育与德育则可以说是等量齐观。

"墨家私学带有民间政治结社的性质,旨在推行'泛爱、兼利而非攻'的主张,培养造就'以绳墨自矫而备世之急'的兼士,道德教育在墨家占有重要地位,并渗透在科学技术教育之中。"③"墨家的科技道德教育,体现了以德驭艺的思想。他们对学生着力进行的价值观念的教育、创造精神的培养、刻苦

---

① 《庄子·盗跖》。

② 孙培青、李国钧主编:《中国教育思想史》(第一卷),华东师范大学出版社1995年版,第107页。

③ 梅汝莉、李生荣:《中国科技教育史》,湖南教育出版社1992年版,第86页。

耐劳品质的训练，就是为了造就他们的完美人格，为社会培养有德有才的
'兼士'。"①墨家的教育目标是培养"兼士"，即"贤良之士"，用以实现"兼相
爱，交相利"的社会理想。墨家并未将德育和科技教育对立起来，或者在二
者之间有所偏废，而是将两者很好地结合起来。"况又有贤良之士，厚乎德
行，辩乎言谈，博乎道术者乎？此固国家之珍，而社稷之佐也，亦必且富之贵
之，敬之誉之，然后国之良士，亦将可得而众也。"②墨子给出了培养和衡量
"贤良之士"的三个标准：德行好、善言辩、精通科学技术。因此，墨家教育是
德育、逻辑思维训练和科技教育三位一体的结构形态。与儒家一样，墨家教
育的最终落脚点也是为了培养人们好的德行，实现改善社会的目的。儒家
教育在乎的是道德伦理规范的灌输，强调修心，内圣外王；墨家教育立足的
是道德伦理规范的践履，重视修行，由外到内。儒、墨两家教育差异的一个
重要根源在于他们对人与教育关系的不同判断。儒家与墨家都崇尚教育的
普世精神，有教无类。儒家在教育活动中关注的是学生个性和自我意识的
熏陶与培养，重在开导和启发；墨家教育重视人性生来的先天平等，注意对
于学生共性的培养，强调教育的现实性、整体性和协同性。"墨子在培养理
想人格中，把'厚乎德行'，即德育摆在首位，并建立了以'爱、义'为核心，以
'功利'为原则的德育思想体系。"③墨家代表了古代社会平民"百工"阶层的
利益，他们所谓的功利原则，也就是说衡量社会道德伦理的标准要看是否合
乎广大普通百姓的利益。"功，利民也。"④正是在这个意义上，墨家大力推行
科技教育的目的正是为了开启民智，培养能人，发展社会生产力，造福社会
底层的人民群众。亚里士多德曾说，有经验的人要比只有官感的人富于智
慧，技术家要比经验家、大匠师要比工匠富于智慧，理论部门的知识要比生
产部门更应具有较高的智慧。⑤ 墨家的科技教育，不但重视具体经验知识的
传承和学习，而且重视理论的研究和探索活动，注意理论知识和实践经验之
间的结合。先秦墨家在力学、光学、几何学等方面均做出了许多开创性的工
作，对我国古代科技教育的发展和科技的繁荣贡献巨大。

---

① 梅汝莉、李生荣：《中国科技教育史》，湖南教育出版社 1992 年版，第 89 页。

② 《墨子·尚贤上》。

③ 王炳照、阎国华主编：《中国教育思想通史》（第一卷），湖南教育出版社 1994 年版，第
200 页。

④ 《墨子·经上》。

⑤ 亚里士多德：《形而上学》，吴寿彭译，商务印书馆 1959 年版，第 2 页。

(三)汉代至唐代

儒学在汉代经过董仲舒的改造之后,"罢黜百家,独尊儒术",它的统治地位便得以确立。董仲舒所精心构建的儒学化的教育体系,成为后世效仿的典范。"董仲舒以《公羊春秋》为基干,吸收中国古代阴阳五行学说,融合黄老、法家思想,建立了一套神化了的儒学思想体系。这一思想体系确立了'天'的有意志性和有目的性,运用'天人感应'学说对人类社会的'三纲五常'等封建政治伦理思想进行了神学的论证。"①从此,儒家文化对我国古代社会经济、政治、文化、教育和科技的发展产生了更加全面而深刻的影响。在以小农经济为基础的封建社会,儒家思想对于教育的渗透和控制构成了中国古代社会发展的基调和中心线索之一。汉代的教育突出表现在太学的兴起和德育教化作用的凸显,这是因为统一的国家政权要求人才培养的专业化和体系化。汉代在太学设置了"五经博士",此后儒家经典就成为学校教育的主要内容。汉代之后我国学校教育的总体趋势就是经学教育在学校中占有支配性的地位,儒家式的经学教育注重人伦礼仪的传授和个人品行的修养,德育在教育中起着主导性的作用。德育在整个教育中作用的加强和巩固,统治地位的取得,对于我国古代封建社会中央集权制度的发展、人伦社会的建立、家国一体观念的形成起到了巨大的推动作用。到了唐代,教育的社会功能和意义达到前所未有的高度。汉唐时期我国的社会生产力有了很大的发展,新兴地主阶级需要通过教育来巩固自己的政权。从汉代到唐代,古代农业经济处于一个不断累积的过程,社会经济的发展需要稳定的外部环境,教育中有关儒家圣贤经典的知识学习,为这种环境的形成也起到了保障作用。

"汉唐儒师中不乏富有科学素养的学者,他们传经兼授科技知识,并且开辟了两条研究自然科学的教育蹊径:一条是借《周易》探讨统系天地人的数理,传授天文、历史、乐律知识;一条是借考释经义的名物,引导人们去研究草、木、虫、鱼、鸟、兽、宫室建筑、工具器物,传授生物、药物、农业、气象等博物常识。汉代儒师又制造了'天人感应'神学,将探索自然变为考证政治得失,巩固王权的工具,其余瘴一直延至唐代,使汉唐时期儒家的科技教育笼罩了浓厚的迷信色彩,科学与迷信相互渗透,严重妨碍了科技人才的成

---

① 孙培青、李国钧主编:《中国教育思想史》(第一卷),华东师范大学出版社1995年版,第253页。

长。"①汉唐时期的科技教育具有很强的政治色彩,它的真正目的是为统治阶级服务的。我国古代的科技教育,从其组织形态来看,大致分为官方的和民间的两种。专门性的科技知识的传授为各级官办学校所垄断,经验技艺性的科技知识则在民间流传。因此古代科技教育的社会功能也是在两个层面展开的:一是官方的统治功能;二是民间的教化功能。汉唐时期,科技教育的德育和教化作用已经发挥得非常充分。古代封建社会金字塔状的社会统治结构,决定了科技教育在学校教育中的道德观念属性,在民间教育中的伦理实践属性。从汉唐科技教育的内容来看,学校教育注重天文、历法、地理、算术等知识的学习,民间教育侧重于农业、手工、医学等知识的学习和艺徒式训练。汉唐时期科技教育还有一个特点就是许多儒师既通经学,又懂科技知识,在他们身上体现了人文与科技的有机融合。

儒家经学是汉代至唐代教育的主导性内容,这一时期的科技教育也基本上是儒学化的,它也大体上沿袭了先秦时期儒家教育的特点。"儒家教育的人文特色不仅体现在其'观乎人文以化成天下'的道德政治教育方面,同时还体现在其'观乎天文以察时变'的科技教育方面。本来,'观乎天文'是一种对自然的科学研究活动,西方的科学家、教育学家常常将这种科学研究、科技教育归结为对自然规律的惊奇和疑问,以及为科学而科学的求真精神。儒家教育是包括科技教育在内的。所不同的是,儒者没有西方的科学家所强调的对自然秩序的惊奇、为科学而科学等精神追求。当儒者关注科技研究数学,总是将它们纳入到'经世'、'治事'的儒家教育价值体系中去。所有天文、地理、数术、医学、农耕、技艺等不同门类的科技知识,均因为它们属经世之学、有致治之用,均属'正德、利用、厚生'的范围,故受到了儒者的重视。所以,不仅是儒家的道德教育体现出人文性,儒家的科技教育同样体现出浓厚的人文性。"②儒家对天道自然的研究和教育其实包括两方面的内容。第一,是为了将天道规律与人文法则联系起来,主要是将人文法则扩展为宇宙的普遍法则。第二,儒家教育亦体现出对科技教育本身的重视。儒家将对天地自然的研究、探讨,看作是一个儒者的使命之一。他们所推崇的圣人,均是掌握了自然科学规律,能利用科技发明以发展生产、满足民生的历史人物。儒家人文教育的根本点,就是将教育的宗旨和目标指向人,即人

---

① 梅汝莉、李生荣:《中国科技教育史》,湖南教育出版社1992年版,第184页。

② 朱汉民:《儒家人文教育的审思》,湖北教育出版社2000年版,第17—18页。

的社会和社会的人。① 儒家教育的这种人文风格对汉代至唐代的社会发展起到了巨大的推动作用,汉唐盛世的形成与以德育为主的儒家教育不无关系。儒家科技教育的人文风格绵延两千多年,成为我国古代教育和文化发展的重要特点之一,同时也促成我国古代科技的发展走上了与西方科技文明不同的轨道。

(四)宋元明清时期

宋元明清时期,封建社会的经济又有了很大的发展,生产关系得到了新的调整,原先的士族经济解体,地主经济取得了统治地位。随着社会经济基础的变化,教育中原来盛行的儒家经学思想不能适应社会发展新的要求,因此理学思想应运而生。理学是儒学第二次改造的结果,它进一步吸收了佛、道两家的有关思想,形成了以"理"为核心观念的思想体系。理学一反汉代以来儒学章句训诂的传统,专注于儒家经典的义理探究,完成了自己独特的关乎天地、自然、人伦、社会等的理论建构。"理"是独立存在于事物之外的客观实体;自然万物,甚至封建社会的道德伦理秩序都是由"理"派生出来的。"理"构成了一种绝对的存在,它成为封建社会天长地久的理论基础和依据。朱熹是理学的集大成者,他继承了儒家重教兴学的传统,他的理学思想对宋元明清时期的教育影响甚大。朱熹的"格物致知"论是理学一个非常重要的认识论命题,也成为宋朝以后中国古代学术思想发展的重要方法论依据。"格物致知"首先论及和重视的是封建社会的纲常伦理、人事礼仪和社会关系,其次它才附带涉及天地自然万物。宋明理学与先秦儒家、汉唐儒学重"道"轻"器",重"体"轻"用"的思想是一脉相承的。"格物致知"信奉和崇尚的是德性伦理之知,然后才是自然之知。"格物之学"虽然未能摆脱理学的客观唯心主义的世界观,发展到后来甚至出现了"存天理,灭人欲"的谬论,但是它对于宋元明清时期的社会文化、科学技术和教育的发展还是在客观上起到了比较大的推动作用。

"中国科技教育发展的历史表明,中国封建统治者不是不要科学技术,也不是不要科技教育,但是,他们对于科学技术及其教育地位的论述,从未超出先秦儒家圈定的框架,科技教育始终被作为'治术'教育的附庸。他们认为治术人才的修养应包括'成己'和'成物'两部分。'成己'是根本,'成物'是从属。科技教育是为'成物'服务的,故处于从属地位。《礼记·乐记》

---

① 朱汉民:《儒家人文教育的审思》,湖北教育出版社 2000 年版,第 18—19 页。

曰'德成于上,艺成于下';《礼记·学记》云'君子务本',即以修身为治国、平天下的根本。总之,学习科学技术,对从政的君子来说,是次要的;学习治道、修养品行,则是根本的、第一位的。对此不应简单归结为封建统治者对科技教育的地位作用认识不深刻,它不是一般的认识问题,而是特定经济政治形态在封建统治阶级头脑中的反映。"①中国古代教育中的道德伦理教化和科技教育构成一对深刻的矛盾,前者具有社会意识形态的特点,后者具有社会生产力的属性;二者的关系本质上反映了经济基础和上层建筑之间的联系,在不同的历史发展阶段它们的关系虽然有不同的表现,但总体来说一直是德育为主,科技教育为辅。从古代教育的社会功能分析,德育更多担当的是教育的社会文化功能,科技教育侧重体现的是教育的社会经济功能,我国古代封建社会缓慢发展的小农经济为德育在整个教育中核心地位的确立提供了良好的外部环境支持。"我国古代的科技教育,一贯重视科技道德教育。宋元科技专科学校继承了这一传统,并有所发展。他们不仅将科技道德教育渗透在教学内容之中,而且还体现在管理制度上。宋代大观三年,朝廷为算学拟定祭祀历代科技大师的礼制。"②宋元明清时期的商品经济有了一定的发展,社会分工日益精细,科技有了更大的发展,科技教育与社会生产实践的联系也不断紧密。这一时期的科技发展和教育仍然受封建伦理道德的束缚,但是社会文化中的实学思想对于传统儒家模式的教育构成了严峻的挑战。明朝中后期西方新兴的科技知识逐渐传入中国,从此"西学东渐"持续数百年,实用创新的西洋科技文化对中国传统文化构成巨大的威胁,中国的有识之士也纷纷踏上了倚仗科技寻求救亡图存的道路。

（五）五四运动至改革开放时期

"新文化运动时期科学教育思潮的流派大致包括:以任鸿隽为代表的中国科学社及《科学》杂志,他们针砭清末'新教育'有科学课程而无科学精神、科学态度及科学方法之流弊,而提倡科学思想,主张以科学内容、科学方法充实、渗透社会各项事业,尤其是教育。以陈独秀为代表的激进民主主义者从文化反思中提倡科学启蒙,在思想文化的启蒙宣传中,交织着学校教育应充实科学内容、应用科学方法的言论主张。胡适从实证主义哲学的角度提倡'实验主义'的科学方法论,本质上属主观唯心主义,但在当时历史条件下

---

① 梅汝莉、李生荣:《中国科技教育史》,湖南教育出版社 1992 年版,第 354 页。
② 梅汝莉、李生荣:《中国科技教育史》,湖南教育出版社 1992 年版,第 252 页。

对教育的科学化仍有一定的作用。"①五四运动爆发以后,"德先生"和"赛先生",即民主和科学的观念开始流行并广为人知,它们共同构成了现代中国社会文化发展的主题之一。以张君劢为代表的"玄学派"与以丁文江、胡适为代表的"科学派"之间展开的"科玄论战"更进一步拉近了科学与生活和教育的距离,扩大了科学的影响力。与此同时,西方现代意义上的科技教育也有声有色地开展起来,它主张教育的首要任务是传播科学技术知识,注重培养学生严谨的科学思维意识和技术创新能力。这种科技教育的风格与中国古代传统教育重德育轻智育形成巨大的反差,它将智育的地位明显提高,更加注意教育社会功能的发挥,大力提倡教育要走科学化的发展之路。五四运动代表了中国社会发展的文化转型,民主文化和科技文化在教育中的渗入和传播,极大地促进了国人现代意识的觉醒和教育的现代转型。新中国的成立代表了中国社会发展的政治转型,从此科学技术及其教育与政治的关系更为密切,科技教育受国家政策和意识形态的影响加大。改革开放则代表了中国社会发展的经济转型,科学技术及其教育与经济的关系日益紧密,科技发展的各种社会效应不断暴露,现实教育中科技文化与人文文化、智育与德育的矛盾也逐渐显现。

二、西方历史上科技与德育的关系

与以中国儒家文化为代表的东方文化相比,西方文化则显示出完全不同的特点。大致来说,中国儒家文化是一种伦理文化,它具有很强的实用性倾向,西方文化是一种理性文化,它始终坚持的是观念性追求。就二者的现实表现来看,东方文化以辩证思维见长,在生活实践层面上它维系的是技术文化的源流,西方文化习惯于形式逻辑,在观念实践层面上它支撑的是科学文化的流变。因此,从宏观的角度考量,中国古代教育的德育特色比较鲜明,西方教育的智育特色比较清晰。古希腊时期,苏格拉底很早就提出了"美德即知识"的命题,从而为德育与智育在教育实践中的贯通和交融提供了理论依据。"在柏拉图和亚里士多德那里,正是人类认识的理性力量,使得人类与低层次的生命区别开来。"②"保守派的哲学家指出,理性是人区别于动物的本质所在。而且,他们高度颂扬理性真理和理智沉思的品质,认为

---

① 王炳照、阎国华主编:《中国教育思想通史》(第六卷),湖南教育出版社1994年版,第269—270页。

② 杜普伊斯、高尔顿:《历史视野中的西方教育哲学》,彭正梅、朱承译,北京师范大学出版社2006年版,第12页。

它们高于手工劳作。在保守主义者看来,智力的价值处于价值层阶的最高层。因此,学校教育的目标就是培养智力和理性,其他的机构可以教孩子们如何去祈祷、缝纫、烹调甚至施肥。他们还认为,在绝大多数情况下,家庭或店铺是无法使人通过一种理性的和系统的方式获得知识的,因而需要有一种专门的机构来完成这一使命。因此,从古代开始,学校就被认为是通过系统的知识呈现或学科内容来发展学生的理智能力的适当机构。"①在西方教育思想发展史上,源自柏拉图和亚里士多德的保守主义一直占据着统治地位,保守派坚信的是教育的精英化取向。启蒙运动以后,以卢梭为代表的自然主义教育思想对西方现代教育产生了很大的影响。20 世纪初以来,以杜威为代表的实用主义教育思想对西方当代教育的影响则非常广泛。

（一）古希腊和古罗马时期

古希腊时期的社会思想活跃,科学、技术、艺术和文化成就璀璨,教育也已经达到了很高的水平,这其中又以斯巴达和雅典的教育最具典型性和代表性。在斯巴达的教育中,体育和军事训练被放在非常突出的位置,但是道德教育、爱国精神以及顽强的意志品质等同样受到重视。"斯巴达人不喜欢雄辩和情感,因为它是放纵的信号。他们欣赏'简练'。他们用荷马诗、战歌、民歌来描绘对国家的勇敢和忠诚。"②相对而言,雅典的教育要比斯巴达的教育自由、民主和全面很多,贵族和公民的子弟可以进入文法学校、弦琴学校学习,他们也接受各种体育锻炼、军事训练和技能培训,能得到比较全面的教育。从教育中个人与国家的关系来看,斯巴达是完全的国家主义,个人所受的教育完全由国家来操控和掌握,雅典则是有限国家主义,国家主要负责青年人的教育,公民有选择教育的权利。因此,从教育的内在属性来看,古代雅典的教育代表了西方教育的发展方向和未来。

古希腊人不但具有思考和探索自然世界的科学精神,对于人类社会的道德、伦理和教育问题也非常关注,他们将探求真理知识的普遍精神、原则和方法应用到现实的教育活动。这样在教育实践中,科技知识的学习与各种美德的培养就取得了一致的目标,相辅相成。古希腊教育的这种追求可以从它的教育内容中得到生活的说明。柏拉图重视科学文化知识的学习,

---

①　杜普伊斯、高尔顿:《历史视野中的西方教育哲学》,彭正梅、朱承译,北京师范大学出版社 2006 年版,第 16 页。

②　S. E. 佛罗斯特:《西方教育的历史和哲学基础》,吴元训等译,华夏出版社 1987 年版,第 51 页。

他将算术、几何、天文和音乐列为学校教育的必修科目,智者学派则重视文法、修辞学和辩证法的传授,二者合起来就构成了古希腊教育的核心内容,即"七艺"。"七艺"延续两千多年,它是西方近代之前学校教育的主要课程,反映了西方古典教育寻求科学与人文相互统一的理念。黑格尔说,毕达哥拉是希腊的"第一个民众教师"。①在古希腊,毕达哥拉学派以教授数学为中心来开启人们的思维和心灵,为教育种下了和谐发展的种子。继毕达哥拉学派之后,智者学派更是拉近了教育同普通民众的距离,教育的内容和对象更加广泛。"智者传授自然科学,要以希庇阿斯最为引人注目了。柏拉图说他不仅注意理论知识,而且重视技术实践,能制造各种用具。"②智者学派的教育具有很强的针对性和实用性,他们深知教育的实际效用和社会功能,因此,"智者如普罗泰戈拉等人,不仅传授知识,教论辩术,而且也注意道德教育。普罗泰戈认为一个从事政治活动的人要有政治品德。在政治品德中最主要的因素,是廉耻和公正"③。古希腊教育中强调科技与人文的综合,体、智、德、美协调发展的教育理念在苏格拉底、柏拉图和亚里士多德的教育实践和教育思想中表现得更加突出。

苏格拉底(Socrates,前469—前399)倾其一生的精力致力于教育活动,教导人们什么是美德,什么是知识,怎样去学会思考和学习。激励苏格拉底前进的是他对于教育现实问题的思考,对于古希腊社会弊病的担忧,因此他希望教育能够担当起改造生活,重建人们的心灵世界的任务。苏格拉底之前的先哲们及其教育活动大多关注自然世界,思考宇宙的构成,注重科学知识的传授;苏格拉底使古希腊的教育精神发生了根本性转折,他促使教育面向生活世界,重视人的情感体验,提升人们的道德情趣和社会的伦理观念。"苏格拉底除了教授政治、伦理、雄辩术和人生所需要的各种实际知识以外,第一次将几何、天文、算术列为必须学习的科目,学习这些学科的目的在于实用,而不在于纯理论的思辨。"④苏格拉底将自然科学知识引入教育的目的是拓宽人们的视野,增强人们的才干和思维能力,使受教育者做一个有品德的,对社会有用、对他人负责的人。苏格拉底所主张的教育在很大程度上是一种德化的教育,这方面他和孔子的教育观非常相像。苏格拉底使德育在

---

① 戴本博主编:《外国教育史》(上),人民教育出版社1989年版,第73页。
② 戴本博主编:《外国教育史》(上),人民教育出版社1989年版,第85页。
③ 戴本博主编:《外国教育史》(上),人民教育出版社1989年版,第85页。
④ 吴式颖主编:《外国教育史教程》,人民教育出版社1999年版,第57页。

古希腊教育中的地位得到了更进一步的提高,他的著名的教学问答法也是为了在比较民主和谐的气氛中来鼓励受教育者养成追求真知,不断自醒的教育目的,这些都对西方教育产生了很大的影响。

苏格拉底是柏拉图(Platon,前 427—前 347)的老师,他的教育思想被柏拉图直接继承了下来。与苏格拉底不同的是,柏拉图更加重视教育的体制化和系统性,他的教育思想的重心是突出理性思维的培养在教育中的作用,这是由他的客观唯心主义世界观所决定的。柏拉图是理念论哲学的开拓者,他认为世界由现象世界和理念世界共同组成,现象世界是虚假的,不真实的,只有理念世界才是真实而完美的,最高的理念便是有关善的各种理念。因此在柏拉图看来,教育的最终目的便是促成人们对于理念的向往和寻觅。为了达到这样的教育目的,他特别选取"四艺"作为自己的教学内容,因为"四艺"的数学教育品性和科学知识追求可以开启人们的头脑,感染人们的心灵,使受教育者学会理性思维的方法和原则,进而可以理解、接近和掌握关于理念的知识。实质上柏拉图的理念论教育主张是对于苏格拉底之前古希腊自然哲学精神的一种回归和扬弃,因为是苏格拉底将哲学从天上拉到了人间。"从历史上来看,理念论对教育的影响相当深远,以至于今天很难找到一所不受理念论原则影响的学校。"[1]"当代事务中的一些事实削弱了理念论的力量:工业化和技术化敲响了理念论的丧钟;科学的发展向理念论者的教条发出了根本性的挑战;实在论和自然论哲学家重新焕发出活力,他们更加重视那些与理想主义生活相反的事实材料。"[2]柏拉图的理念论教育哲学一直是西方教育思想发展的主流,20 世纪以来科技的发展对于理念论的教育实践提出了许多新的要求。

亚里士多德(Aristotle,前 384—前 322)是柏拉图的学生,他被誉为古希腊百科全书式的人物,在学术探索上,他坚持"吾爱吾师,但吾更爱真理"的信念。他的思想和著作一直渗透和贯穿于西方的教育活动中。从教育史来看,亚里士多德的学说开拓了后代资产阶级的"遵循自然"和"内发论"教育思想的先河。他的"文雅教育"思想侧重理智享受和博雅活动,轻视职业训练和实际工作,这种思想支配了欧美的中等、高等教育两千多年。他也最早

---

①　Howard A. Ozmon、Samuel M. Craver:《教育的哲学基础》,石中英、邓敏娜译,中国轻工业出版社 2006 年版,第 35 页。

②　Howard A. Ozmon、Samuel M. Craver:《教育的哲学基础》,石中英、邓敏娜译,中国轻工业出版社 2006 年版,第 35—36 页。

从理论上论证了和谐发展教育的可能性和必要性。[①] 亚里士多德的教育思想蒙承于柏拉图和苏格拉底,并将二者的思想加以吸收和综合。他的教育理想是塑造博雅之士,促进受教育者的身心和谐发展。他认为学校不但要组织学生学习各种自然科学知识,还要重视学生的德育、体育和美育。亚里士多德忽视劳动教育,这主要是由他的阶级立场决定的,毕竟他代表了奴隶主阶级的利益。和儒家思想相似的是,亚里士多德在许多问题上也偏向于"中庸",讲究"和谐",比如在德育中他强调要养成"适度""公正""节制""勇敢"等德行,在学校教育中他主张不同学科之间的交叉、沟通与融合,帮助学生全面发展。亚里士多德一生在哲学上摇摆于唯物主义和唯心主义之间,并最终滑向了唯心主义,这是他的思想表现出"调和"、批评"不及"和"过分"的重要原因。亚里士多德的教育观一方面强调了教育理念,即教育最高目标的重要性,另一方面又凸显了教育现实,即教育实践目标的重要性;前者可以理解为他的教育"形式因",后者可以理解为他的教育"质料因",他实际上认为教育中的"形式因"和"质料因"是相互协调统一的。在教育实践中,亚里士多德创办了著名的吕克昂(Lyceum)学园,他将自己的教育思想在这所学园中实行,取得了很好的效果,这对西方后来的学校教育产生了很大的影响。

古代罗马起初是一个奴隶制国家,它的发展一直与战争相伴随,后来逐渐建立起了共和政体,组建了城邦国家。古代罗马的文明程度起初落后古希腊不少,之后在与古希腊的交流中,不断吸收和借鉴古希腊和其他民族的优秀文化成果,使自己本民族的文明进程加快,社会生产力水平得到很大的提高。与古希腊的儒雅文化相比,古罗马人的追求显得实用而务实许多。罗马在公元前 146 年征服希腊后,它按照希腊的学校模式建立了自己的学校制度,学习希腊的语言、哲学、艺术和科学等等。罗马的初等学校主要传授学生拉丁文和算术,中等学校,即文法学校主要传授希腊文。较高等级的修辞学校设置的科目有:修辞学、哲学、法律学、希腊语、数学、天文学和音乐,后来又增加了罗马史。这样修辞学校所培养的人既有渊博的知识,又擅长雄辩,达到了教育的最终目的与要求。[②] 罗马人非常重视个人辩才的培养,可以说修辞学、辩证法、雄辩术和其他知识的学习基本上是为这一目标

---

① 袁锐锷、张季娟编:《外国教育史纲》,广东高等教育出版社 2000 年版,第 49 页。

② 王天一、夏之莲等编:《外国教育史》(修订本)(上册),北京师范大学出版社 2005 年版,第 65 页。

服务的,这是因为当时的社会政治实践要求公民必须具备很好的口才和辩解能力,才可能有所作为。古罗马教育的这个特点突出地表现在当时著名的演说家西塞罗(Marcus Tullius Cicero,前 106—前 43)和教育家昆体良(Marcus Fabius Quintilianus,约 35—约 95)身上。除了注意雄辩术教育外,"在古代罗马的教育家心目中,道德始终占有主要地位。他们认为,道德比知识更主要,道德既是获取知识的目的,又是获取正确知识的重要条件。因此,古代罗马教育思想则更注重道德"①。因为在古罗马人看来,优秀的雄辩家必须首先具备好的道德品质,这样他才可能维护社会的法律正义,做一个对国家有用的人。古罗马虽然没有古希腊思想文化那样灿烂、圣贤辈出,但是它的大型建筑和艺术却为后世称道。这也从一个侧面反映了古罗马的科技教育达到了很高的水平,并且实现了技、艺、道的有机融合。"在文化方面,罗马人的主要成就是把城市文化连同它所带来的一切扩展到中欧和北欧。这方面,罗马人在西方所起的作用和希腊人在中东所起的作用相似。"②罗马通过教育引进了希腊的优秀文化,又通过教育创造和延续了属于自己本民族特色的文化。从各自教育的文化禀赋来看,希腊教育注重理性精神的培养和塑造,它倾向于形式教育,发展学生的天赋官能;罗马教育强调实际效用,它侧重于实质教育,向学生教授各种有用的知识。

（二）中世纪和文艺复兴时期

在西方历史的发展过程中,中世纪经常被描述为一个黑暗的时代,因为这一阶段古希腊和古罗马的灿烂文化被中断了,封建社会的宗教枷锁统治着整个思想文化领域。经院主义教育在中世纪占据着主导性的地位,经院哲学是此时学校教育的主要内容,它的烦琐的论证方法和过于迂腐的学风严重阻碍了古希腊开始的科学理性文化的发展。经院主义学校教育的主要目标是培养神职人员和众多信徒,使学校为教会势力的发展服务。中世纪学校里讲授的知识有些虽然与自然、宇宙和人相关,属于科学知识的范畴,但是这些知识主要是为了证明上帝的伟大、天堂的美好、人的罪恶和世俗社会的虚假。学校也教授古希腊、古罗马流传下来的文法、修辞、雄辩术等课程,它们通常被作为理解和学习以《圣经》为代表的宗教精神的工具,塑造学生虔诚的宗教意识和情怀。经院主义教育对于上帝的崇敬,在教育实践中

---

①　单中惠主编:《外国教育思想史》,高等教育出版社 2000 年版,第 24—25 页。

②　斯塔夫里阿诺斯:《全球通史——1500 年以前的世界》,吴象婴、梁赤民译,上海社会科学院出版社 1999 年版,第 237 页。

也客观上延续了古希腊教育的理念精神,使科学探索的研究意识在无形之中也保留了一丝希望的火种。正是在此意义上,西方教育的观念精髓没有泯灭,文艺复兴和近代科学的兴起才成为可能。经院教育家们也经常探讨和争论一些比较根本性的哲学认识论问题,比如什么是真正的知识,什么是理性,唯名论和唯实论的论战,一般和个别的相互关系,等等,这些都促进了中世纪教育思想的深化和发展,对后来的学校教育也产生了明显的影响。到了 12 世纪,"新式教学不仅必须给辩证法、物理学和伦理学等新的学科提供位置,而且也必须给科学技术和手工技术这些人类职业的基本组成部分提供位置。"①总体来说,由于中世纪社会政治环境的宗教氛围浓厚,这就使得宗教势力完全控制着学校教育,宗教因素渗透在教育的各个环节。此外,道德教育在中世纪的教育中也具有非常重要的作用,因为上帝的忠实臣民和信众的培养需要德育的保证。

中世纪后期,社会生产力水平的提高,大学的兴起,民间经验知识的增长,世俗生活的丰富和崛起,宗教统治势力的减弱,有力地推动了学术思想文化的繁荣,催生出被中世纪压抑的人文主义的复兴,教育也重新焕发出新的活力。"人文主义教育之课程,内中含有各种的元素——智育的、美育的、德育的和体育的。但这并不是希腊各个人能够把所有的科目读完,像以前所说维多利诺②的办法一样。不过这样的课程大部分适合于每个学生的才性兴趣罢了。"③文艺复兴时期的人文主义教育强调要以现实社会中的人为中心来组织教育活动,批判或反对以神为中心的宗教式教育,注重通过人文学科,比如历史、文学、艺术、语言、哲学等科目来发展人的主体性,促进人的身心协调发展。此时刚刚诞生的资产阶级为了巩固和扩展自己的实力,要求对封建的经院主义教育进行比较彻底的改革,增加新的教学内容,改变旧式僵化的教学方法,造就新的适应社会需要的人才,以有利于人性的解放、资本主义文化的发展和生产方式的确立。人文主义的许多教育主张虽然是对古希腊和古罗马教育的一种回归,但是赋予了其不同的内涵。例如同样是重视受教育者的身心和谐发展,古希腊教育强调了教育内容的全面性和综合性的重要作用,人文主义教育则偏重于通过人文性的课程,依照学生的

---

① 雅克·勒戈夫:《中世纪的知识分子》,张弘译,商务印书馆 1996 年版,第 52 页。

② 维多利诺(Vittorino da Feltre)(1378—1446),意大利人文主义教育家,反对体罚、机械背诵等教育方法,主张按照儿童的个性和兴趣来实施教育,提倡教育促进人的和谐发展。

③ 格莱夫斯:《中世教育史》,吴康译,华东师范大学出版社 2005 年版,第 144 页。

兴趣和个性选择来进行。"这一时代的很多批评家都忽略了这一事实,即人们的潜力得以发挥是最近的事,还有很多东西需要了解。由于一些人片面地重视语言而忽略了自然科学,没有产生出强大的道德力量来对付当时的腐败。"①人文主义教育极大地张扬和塑造了人的主体意识,但是由于人文主义本身具有的保守性、个人主义和贵族化倾向,这就使得人文主义教育多少掺杂和渗透了一些对于封建宗教愚昧势力妥协性的东西。但是不管怎样,文艺复兴时期的人文主义教育有力地推动了宗教改革运动的发展和近代科技文明的形成,成为西方社会历史文化进程中不可或缺的重要一环。

(三)西方近代时期

在文艺复兴和宗教改革运动的推动下,从 16 世纪开始,西方世界的教育有了比较大的改观。社会生产力的提高和资本主义生产关系的发展,客观上要求进一步打破封建主义和教会势力的禁锢,促进教育思想和社会文化的不断解放,扩大社会底层人民受教育的权利。夸美纽斯(Johann Amos Comenius,1592—1670)的教育理论和实践就代表了这一时期的教育理想。他的泛智教育思想和教育适应自然的原则,表现了此时教育活动中的泛神论和自然主义的倾向,这主要是由当时的社会环境和认识水平决定的。科学知识的增加要求教育承担起传播知识的角色,经验技术的发展要求教育必须适应社会生产的需要。教育目的的纯粹理性追求受到现实的挑战,它的社会作用和功能已经开始闪现,这源于西方现代民族国家意识的觉醒和市民社会的兴起。因此,教育的体制化也开始有了新的发展,比如班级授课制、学年制等。如果说夸美纽斯推动了近代西方社会中下层的教育世俗化,那么洛克(John Locke,1632—1704)所提倡的绅士教育则推动了西方社会中上层的教育世俗化。"由于德行是一个绅士最重要的品质,因此宗教就是首要的,也是最重要的课程。接下来是对许多知识领域加以探索或介绍的课程。"②"洛克在考虑最适于培养绅士的课程时,强调了实用原则。"③"洛克的课程包括:英语、法语、图画、速记、地理、几何、年代学、天文学、自然哲学、伦

---

① S.E.佛罗斯特:《西方教育的历史和哲学基础》,吴元训等译,华夏出版社 1987 年版,第 197 页。

② S.E.佛罗斯特:《西方教育的历史和哲学基础》,吴元训等译,华夏出版社 1987 年版,第 330 页。

③ S.E.佛罗斯特:《西方教育的历史和哲学基础》,吴元训等译,华夏出版社 1987 年版,第 330 页。

理学、心理学和手工艺劳作。"①因此,17 世纪的教育非常强调道德教育与科技教育的交流与融合,但它的主题依然是人文主义性质的。

18 世纪是西方启蒙运动的时代,社会生产力在新兴科技的推动下取得了长足的发展,生产关系需要进一步的调整,资产阶级的革命精神达到了高潮。在这种背景下,教育领域也出现了许多新的动向和变化。卢梭(Jean Jacques Rousseau,1712—1778)无疑是这个时期最伟大的教育思想家之一,他的自然教育思想强调教育要"顺应自然"的原则,拉开了近代西方教育革命的序幕,因此他也被人称为"教育史上的哥白尼"。"卢梭主张国家教育以及文化的独立应该是必需的,而不是为了乐趣。他的计划中表现出的现代特征正是提出要将斯巴达和雅典的优点结合在一起,而且完全保留来自耶路撒冷和罗马的普遍论思想。"②科技的进步带来了一种普世主义理性的癫狂,卢梭是第一个对科技文明及其理性进行批判的思想家,他力图以自然主义的教育来修正科技理性中夹杂的偏执,来培养适应时代需要的合格公民。卢梭的教育思想中既有古典理性教育的种子,又有他对于当时自然科学发展最新成果的理解、吸收和运用。卢梭倡导在教育中要贯彻"顺应自然"的原则,因为他发现当时的教育太注重管教和灌输,没有遵循儿童的天性,这样培养出来的学生可能是不健全的。"自然性的培养必须与实践性的相区别,因为后者是实用的或道德的。在后者中进行的是道德教化,而非培养。"③我们应该看到,教育实践是一个讲究先天禀赋和后天教养相互统一的过程,卢梭只是强调了前者的重要性,要求教育应该按照儿童发育的身心特点来进行。这里卢梭表达了朴素的教育心理学化和生理学化的倾向,虽然卢梭对于科技文化一直心存芥蒂,但是他的"顺应自然"的教育原则也可以说是一个朴素的科学主义的教育观。

"16、17 和 18 世纪的伟大发明都不是用专门科学知识作出的,而往往是由那些只有技能但无学问的人作出的。"④进入 19 世纪,西方世界科学技术

---

① S. E. 佛罗斯特:《西方教育的历史和哲学基础》,吴元训等译,华夏出版社 1987 年版,第 331 页。

② 吉尔·德拉诺瓦:《民族与民族主义》,郑文彬、洪晖译,生活·读书·新知三联书店 2005 年版,第 164—165 页。

③ 伊曼努尔·康德:《论教育学》,赵鹏、何兆武译,上海世纪出版集团 2005 年版,第 27 页。

④ 梅尔茨:《十九世纪欧洲思想史》(第一卷),周昌忠译,商务印书馆 1999 年版,第 81 页。

的发展速度惊人,专业化程度更高,联系更加紧密。社会的政治、经济和文化也发生了很大的变化,城市化和工业化的步伐加快,初等和中等教育进一步普及,高等教育获得长足的发展,科技教育的作用也日益显现。在这种情况下,教育的主要任务和目标发生了深刻的改变,从传统的重视德育的古典人文主义教育转变为以传播科技知识为中心的现代教育,智育在整个教育中的地位不断提高。赫尔巴特(Johann Friedrich Herbart,1776—1841)是实现这种教育转型的重要人物,他将哲学和心理学作为教育学的基础,奠定了科学教育学,从而使教育学开始走上科学的道路。赫尔巴特既重视科学知识的学习,这突出反映在其著名的教学形式四阶段(明了、联合、系统和方法)的理论之中;他也非常强调德育的重要性,这从他有名的论断——"没有无教育的教学"和"没有无教学的教育"之中可略见一斑。另两位代表19世纪教育的科技转向的人物就是斯宾塞(Herbert Spencer,1820—1903)和赫胥黎(Thomas Henry Huxley,1825—1895),他们所发起和倡导的科技教育对现代学校教育影响深远。"斯宾塞的著作在19世纪60年代末被广泛阅读,它们对于塑造19世纪70年代的理智思潮产生了很大的影响。在一个充满维多利亚女王时代修辞与圣经影响的时代,这些著作被认为是科学的洞见,这里的科学是理解和创造文明的重要条件。"①"这就是我所理解的科学教育。给一个儿童提供这样的一种教育,这决不是要他把整个学校生活用于自然科学:事实上,没有人会比我对这种极端的做法更感痛惜。"②"单纯的科学教育确实与单纯的文学教育一样,将会造成理智的扭曲。"③此时的科学教育者虽然强调了科学知识对于社会发展和学生心智成长的重要性,但他们也同样认为道德教育、人文教育对于学生的全面发展不可或缺,主张科技教育与人文教育的合理搭配与有机融合。

（四）西方现代时期

19世纪末20世纪初,在一些欧美国家掀起了一场影响广泛的教育改革运动,即欧洲的"新教育"思潮和美国的"进步主义教育"运动。新的科技革

---

①　Montgomery L S. Minds for the Making. New York & London:The Guilford Press,1994:109.

②　托·亨·赫胥黎:《科学与教育》,单中惠、平波译,人民教育出版社1990年版,第85页。

③　托·亨·赫胥黎:《科学与教育》,单中惠、平波译,人民教育出版社1990年版,第106页。

命的爆发,科学技术的广泛应用和普及,科技知识和文化对教育作用的不断增强是这场运动产生的主要背景和社会历史动因。随着心理学、生物学、生理学、统计学等的发展及其在教育上的运用,教育研究中人们追求"科学的教育学"的热情高涨,各种教育理论和思潮迭起。这一阶段科技的发展使教育同社会的联系更加密切,教育的生产及服务功能逐步得以展现,教育的目标除了关注个人外,也日益倾向于社会和国家。杜威(John Dewey,1859—1952)无疑成为这场盛况空前的教育运动的焦点人物,他的实用主义教育理论和实践承前启后,代表了教育发展趋势的时代呼唤和转向,对于 20 世纪以来的教育影响巨大。"教育应该从人文主义的科目和自然主义的科目这种密切的相互依存关系出发。教育不应把研究自然的科学和记录人类事业的文学隔离开来,而应把自然科学和历史、文学、经济学和政治学等各种人文学科进行杂交。"[①]"工业生活在教育上的正确运用,将使日益深厚的社会同情心用于建设方面,而不让它成为盲目的慈善情感。"[②]"学校中道德教育最重要的问题是关于知识和行为的关系。因为,除非从正式的课程所增长的学识足以影响性格,就是把道德的目的看作教育上统一的和最终的目的,也是无用的。"[③]杜威看到要发挥教育的社会服务功能,建设现代民主社会,不能一味地高扬科技主义的大旗,而必须使科技与人文、科技教育与德育在教育中达到有效的结合,才能使教育更好地为社会的进步和人类文明的发展贡献力量。20 世纪人类社会的发展已经证明了在学校教育的人才培养过程中,科技与人文的互惠互通,德、智、体、美、劳全面发展的重要性。第二次世界大战以来,在新的科技革命的推动和影响下,学校教育中科技与人文的对立,智育与德育的矛盾日益突出;协调科技与人文,智育与德育、体育、美育、劳动教育的和谐发展因而成为学校教育的中心议题和工作。

三、科技与德育关系的理论分析

从前面对科学技术与德育的关系在中外历史上的简要考察中我们可以发现,它们之间的联系是非常密切的。在前现代社会里,由于生产力水平的落后、文化发展的限制,总体而言,教育同经济的联系没有教育和政治的关系紧密。这些因素决定了德育,或者以道德教育为中心的人文教育在整个教育体系中的主导地位。因此,德育在古代农耕经济时代对于科学技术的

---

① 约翰·杜威:《民主主义与教育》,王承绪译,人民教育出版社 2001 年版,第 304 页。
② 约翰·杜威:《民主主义与教育》,王承绪译,人民教育出版社 2001 年版,第 338 页。
③ 约翰·杜威:《民主主义与教育》,王承绪译,人民教育出版社 2001 年版,第 378 页。

发展起着一种制控的作用,在工业文明兴起之后,科学技术相对于德育则显现出压倒性的优势,科技引领着德育前进的方向。古代社会明显的等级制特征,使科技与德育的关系发展呈现出两条线索:一条是理性观念路径,即借助于自然哲学流传开来的科学意识与道德伦理的关系;另一条是生活实践路线,即借助于工匠传统延续下来的技术意识与道德伦理的关系。就科技与教育的整体关系来说,前者是一条显性线索,后者是一条隐性线索。在农业文明中,科技与德育关系的要点是"知识观念",即二者关系在社会意识中的表现;在工业时代,科技与德育关系的关键是"知识行为",即二者关系在社会现实中的展示。总的说来,科技与德育的关系有以下两点。

第一,科学技术是道德教育的重要内容,科技对德育产生了很大的作用和影响。"火药、指南针、印刷术——这是预告资产阶级社会到来的三大发明,火药把骑士阶级炸得粉碎,指南针打开了世界市场并建立了殖民地,而印刷术则变成新教的工具,总的来说变成科学复兴的手段,变成对精神发展创造必要前提的最强大的杠杆。"①科技的发展促进了人类社会的进步,推动了人类文明不断迈向更高的台阶,实现了社会生活和精神文化的同步提高。教育作为传递人类优秀精神文化的重要实践方式,它大力吸收和借鉴科技发展的最新成果及其社会生产和人文效应,来满足人们日益增长的文化生活需要,提升人们的认识水平、道德品质、伦理风尚和精神面貌。科学探求真理,科学思想、科学方法和科学精神促使人们向往真实、纯洁和美好的事物,厌恶虚假、肮脏和丑陋的行为。科学知识表达了人类对于世界的认识和判断,这些观念性的科学知识成为我们对待他人、自然、社会,审视自己和面对现实问题的重要信念依据和价值评判标准。技术发明和应用在生产实践中具有很强的目的性,它满足生产力的需要,调整了社会生产关系,进而改变着人们的道德观念和道德行为。按照马克思主义哲学的经济基础决定上层建筑的原理,科学技术对德育发生作用遵循这样的路径:科技→生产力→生产关系→道德观念和社会伦理规范→道德教育。在当代日常生活中,科学技术已经成为社会重要的实践方式,它们是生产力中最为活跃和最具决定性的要素,科技对整个教育产生影响的深度和广度也是前所未有的。科技化的生活和思维方式深刻地改变了人们的道德情感和认知审美方式,影响着传统道德的继承和社会整体道德伦理的组成、结构和运行模式。在科技文化的强大挑战和重压之下,道德教育也面临着重新的定位和转型。"因

---

① 《马克思恩格斯全集》(第 23 卷),人民出版社 1975 年版,第 67 页。

为智力和德性的发展是人的发展的两个主要方面,其中德性对人的成长起着更为核心和基础的作用。正因为如此,80 年代以来国际社会不约而同地重视这个领域。在我国,德育也越来越受重视。"①"我认为,首先,学校有关科学教育的观念要更新,要正确认识到科学教育是包含了'知识、技能、意识、精神'几个层面的,而且几者相互依存。其次,教师要在进行科技知识、技能教育的同时,关照到科技意识、科学精神的培育。……那么,今天我们提出要把科学作为一种文化来教,就是为了还科学一个本来的完整面目。在科学教育中,课程设置可以采用一种综合课程的形式,打破以往那种学科间独门独户、彼此不相往来的局面。在这种综合课程中,可以同时包含数学、物理、生物等多门学科,它并不以传授知识为唯一任务,而且着重培养学生综合解决科技问题的能力,使学生感受到蕴藏在科技知识背后能打动人心的科学精神。"②当代学校教育一方面将学生的大部分时间局限在科技知识的学习上,智育的优势地位明显,德育往往处于被忽视的境况。另一方面,现代学校教育的学科化和专业化日益盛行,德育活动很难单独开展,它表现出很强的综合性,既依托于人文教育,也借助于科技教育,提高学生的道德素质。我们这里表述的科技对于德育的影响方式,按照"科技知识→世界观、人生观、价值观→道德、伦理认知→道德教育"的线索进行。因此,科学技术及其教育不但是德育的重要内容,而且是德育的重要途径。科技对德育的影响,是全方位和多角度的,这包括观念、心理、思维、情感、认知、行为等数个方面。

第二,道德教育对科学技术起着促进和引领作用。德育是教育的基本内容,它具有很强的价值性、目的性、伦理性和文化性。邓小平同志讲"科学技术是第一生产力",这突出说明了科技在当今时代的物质生产性特征。科学技术虽然也有其文化精神性的特征,但是由于人类自身生存的需求首先表现为物质性,所以科技在文化价值层面的属性经常为人们所漠视。这种情况不但存在于日常生活中,而且在学校教育中也普遍存在着。科学技术及其教育是现代教育的重要依托,现代学校教育又服务于科技的发展,促进人类社会物质文明和精神文明的提高。因此,道德水平及其教育状况就成

---

① 朱小蔓:《教育的问题与挑战——思想的回应》,南京师范大学出版社 2000 年版,第 285—286 页。

② 朱小蔓:《教育的问题与挑战——思想的回应》,南京师范大学出版社 2000 年版,第 110 页。

为科学技术发展的外部环境的重要组成部分,构建和支撑着科技前进的良好社会氛围。德育对科技发展到底起抑制还是促进作用,这在古代社会已经有非常明显的表现。当代德育对于科技的作用虽然没有古代那么直接,但是德育对于科技的间接促进作用更为全面、广泛、持久。科技的创新及其应用最终都要由人来完成,没有优秀的素质全面的人才队伍,科技的发展将不可能落到实处。教育对于人的培养,不能只注重科技知识的学习,以智育为中心,德育对于学生作为社会公民和栋梁之材在如何学习、认识、理解和使用科学技术的过程中发挥着重要的指导作用。如果学生的成长没有正确的人生观、价值观和世界观作为保证,那么他们将很可能缺乏献身科技事业的信念和勇气,不能肩负起利用科技来武装自己,服务他人,造福社会的重任。就科学技术发展的内部生态环境而言,德育对于科技的引导作用同样重要。现代科技的研发过程依靠的是一种大体制,团队式的组织结构模式,需要其成员相互信任、真诚合作、诚实守信、不剽窃、无私奉献等等,具备这些道德品质很大程度上要依托实际工作和学习中的德育活动来完成。现代科技在发挥其社会经济和文化的整合功能时,也存在着实践性的道德伦理问题,科技既能够造福人类,也能够生发出许多社会问题,甚至引起灾难。科技在现实生产和生活中引起的许多问题,也需要在道德教育的帮助下来解决,这样才能使科技朝着更有利于我们的需要和促进人类福祉的方向前进。

"在以市场经济为基础的现代社会中,科学技术飞速发展,科技理性的恶性膨胀以及市场经济的负面影响,使得人文精神萎缩,人的物质欲求与精神追求相分离,整个人类文明向物欲倾斜,并由此带来了一系列世界性的社会病患和灾难。当今科学教育和知识应用教育完全迎合了市场主体的利益取向,但有关人格完整,道德培养和社会理想教育不可避免地被强大的市场经济利益所冷落和淡忘。不论教育家们如何呼吁教育的完整性,但利益的角逐却使人们更多的是从工具或手段的意义上理解科学教育和知识应用教育的必要性。在幼儿园、小学、中学、大学的课堂上,道德教育的课程并未取消,但对道德教育的兴趣和热情却被功利主义、实用主义的倾向所淹没或扭曲。这是真正的社会道德危机。"[①]现代理性表现为科技理性主导下的工具性价值取向,它在现实生活中转化为资本化的利益和效率表达,这种现代化的烙印在学校教育中也是广泛存在的,教育在很大程度上维系和再生产着

---

① 门里牟:《当代中国道德教育研究》,内蒙古人民出版社2005年版,第6页。

现代社会的精神文化气质。"教育失去了批判科学的能力,却张扬了它依附科学的能力。教育认同科学,并将自己打扮为科学。教育由于依附于科学而获得科学的庇护,它不仅在教育领域引介和倡导科学精神,也以科学的价值来作为其自身的价值规准,从而又进一步加深了科学对于整个社会领域的普遍影响。"①现代教育主要是通过科技教育来宣扬和传递现代精神的,当功用主义的现代理性膨胀到使人产生异化,将人作为客体钉在十字架上时,就需要德育对现代教育中的"疾患"进行治疗。道德教育传承的主要是古典的人文教育精神,它对于现代科技理性及其目的追求具有重要的审视、批判、反馈和纠正功能。德育中贯穿的人文关怀和人文理性同科技理性构成了一对必要的张力,它们真实地再现了当下人类的生存境遇。

第三节　本章小结

本章从历史的纵向维度分别对科技与道德的关系、科技与德育的关系做了简要的考察,在此基础上,对于它们各自的关系进行了理论分析,得出了一些结论。科技与道德总体上呈现一种同一性的关系,这种同一性表现在二者的同源性、同构性和同质性方面。科学技术与德育大体上表现出相互作用的关系:一方面,科学技术是道德教育的重要内容,科技对德育产生很大的作用和影响;另一方面,道德教育对科学技术起着促进和引领作用。在前现代社会,德育对科技发挥着统领的作用;在现代社会,科技对德育产生着主导性的影响。科技与道德的同一性关系是科技与德育相互作用的重要前提和依据,科技与德育的彼此影响又会进一步巩固和发展科技与道德之间的同一性关系。不管是科技与道德的关系,还是科技与德育的关系,它们都统一于人的社会生产实践之中。

马克思主义认为人的本质属性是人的社会属性,是人的一切社会关系的总和。在现代社会,就其实践特征来看,科技首先显示为物质生产特征,其次表现为价值精神特征。因此,科技的实践特征同人的社会属性是相互耦合的。德育活动深刻反映和表达了人的社会属性,它涉及的内容非常广泛,渗透在教育实践的各个方面;教育本身又有很强的人文价值、文化特点和道德伦理追求。因此,探讨德育问题就代表着从整体上来思考最为根本

---

① 　高伟:《生存论教育哲学》,教育科学出版社 2006 年版,第 7 页。

的教育问题。所以说科技对教育的影响在很大程度上就表征为科技对德育的影响。"社会物质生产发展的趋势首先表现为生产过程中对科学知识和人类智力、能力的需求越来越高。人类越来越依靠自己的智慧和智慧的创造物——科学、技术，而不是依靠单纯的体力消耗来获得自己需要的产品。"①"科学技术通过思想观念和技术手段两个途径影响教育。"②当代社会高度依赖于科学技术的发展，科技在物质生产实践中具有第一存在要义。虽然教育支撑着科技的发展，但是因为科技强大的生产功能，所以教育也被纳入全社会的科技体系之中，教育被科技所统治和同化，教育的物质生产性特征越来越明显，它的人文特性和德育作用不断式微。"教育的深刻危机在于它已经失去了它的本真性，而成为政治的、经济的、文化的工具或手段。它并不是它自身，它之自身的价值只是在于它具有合乎某种现实需要的功能。"③正是在此意义上说，现代科技对于教育的影响在科技与教育的关系中居于主导地位。同样，科技对于德育的影响在科技与德育的关系中也处于中心地位。

---

① 　叶澜：《教育概论》，人民教育出版社 1991 年版，第 125 页。
② 　袁振国主编：《当代教学学》，教育科学出版社 1999 年版，第 446 页。
③ 　高伟：《生存论教育哲学》，教育科学出版社 2006 年版，第 2 页。

第三章　基于科技理性的德育主体①发展

　　粉碎"四人帮"之后,我国社会各界以科学的态度、实事求是的精神对"文化大革命"中出现的许多教育问题进行了及时的反思和经验总结,这对于改革开放以来教育的发展起到了巨大的推动作用。教育的发展必须依靠全社会的力量,特别是教育主体在观念上的解放,在实践中的创新。"我们要实现现代化,关键是科学技术要能上去。发展科学技术,不抓教育不行。靠空讲不能实现现代化,必须有知识,有人才。"②"学生把坚定正确的政治方向放在第一位,这不仅不排斥学习科学文化,相反,政治觉悟越是高,为革命学习科学文化就应该越加自觉、越加刻苦。"③由此不难看出,在改革开放伊始,邓小平同志就认识到了科技对于社会生产力和教育发展的重要性,科技与学校德育之间的紧密联系。改革开放以来,我国的德育实践在科学技术的影响下,发生了很大的变化。这种变化的原动力来自科技在促进社会经济、政治和文化全面发展的过程中,使德育活动的各个相关因素,特别是德育主体的道德观念和行为发生了巨大的转变。究其原因,主要是我国的现代化速度和社会转型都比较快,人们更多关注的是科技所带来的物质和经

---

　　①　20世纪80年代以来,国内关于德育主体问题存在着"单一主体论"(教师主体或学生主体)、"双主体论"(教师和学生都是主体或互为主体)、主体转化(教师开始是主体,然后学生逐渐成为主体)等。参见:檀传宝:《德育原理》,北京师范大学出版社2006年版,第95页。本书中的"德育主体"指德育过程中的参与者,主要是指老师和学生。

　　②　邓小平:《邓小平文选》(第二卷),人民出版社1994年版,第40页。

　　③　陈清州主编:《邓小平教育思想初探》,教育科学出版社1990年版,第120页。

济利益，而忽略了科技的精神文化内涵和道德伦理意义，因此产生的许多问题造成了德育工作在短时期内难以有效地应对和跟进。

　　"在社会转型时期，人们把片面追求知识和技能作为谋生的手段和条件，还作为生存的意义和目的，忽视和淡化了道德教育，在社会生活实践中出现了道德疏离化倾向，即道德失范和道德缺位或缺失。这种片面教育和道德的外在功利价值忽视教育和道德的内在精神价值（生存的意义和目的）会使裴斯泰洛齐所关注的教育和道德本身的矛盾，即专业教育的必要性同人作为道德生物之间的矛盾以及为使人类适合于特殊生活情况的教育和使其适合于人类一般情况的教育之间的矛盾更加尖锐、突出。在知识经济时代，这个矛盾已经成为比以往任何时代都更加尖锐、更加突出的问题，至今没有在教育实践中得到真正合理的解决。"[①]科技对于社会的作用表现为物质的和精神的，与此相似，现代教育的社会功能也可以大概理解为物质的和精神的两个方面，即促进生产力的发展和文化价值的传递。改革开放以来科技的经济作用大大强化了学校教育的社会功利化追求，这使得学校的育德和育人能力退化，教育的内在追求与教育的外在社会目标之间产生深刻的矛盾。在很大程度上，现代学校教育体现的是启蒙时代以来的科技理性精神，这个特点促使科技教育在学校教育中取得主导地位，巩固和强化了现代功利主义的思维方式在教育中主流意识的确立。改革开放以来，我国以经济建设为中心，加快了社会现代化的步伐，教育的外在科技推力和内在的科技理性相互叠加，进而形成了教育领域日益功利化的土壤，德育的地位和实效性在学校教育中日渐衰微。现代科技的强大首先表现在其对于人的武装上，它使人具有了认识世界和改造世界的能力，反映了人在自然界中的客体性存在状况。道德则表达了人在自然界中的主体性生存境遇，德育证明了人的主体性社会生存能力。科技对学校教育的介入，使人成为知识改造的对象，科技的标准也成为道德和德育的尺度。

第一节　科技对德育主体观念的影响表现

　　"我认为，由于劣质教学和滥用权威，道德已声名狼藉。我们不必惊奇关于道德的讥诮言辞。例如，有时，当仁慈的明智的人都能明白需要'例外'

---

　　① 　门里牟：《当代中国道德教育研究》，内蒙古人民出版社 2005 年版，第 7 页。

时,道德规范却常常被陈述成仿佛它们是绝对不变的东西,没有任何例外。"①现代学校教学在科学理性的指导和支配下,遵循严格的客观性和普遍性原则来进行道德教育,这实际上是在用知识学习来代替德育。当然了,理性思维对于学生的道德成长和良好品格的形成起着至关重要的作用,但是当学校教育成为技术理性的工具,人变成理性的对象时,这样的道德教育将会失去它的现实意义。"'知识性德育症'的病态表征就是将德育智育化、教学化。具体症状是学校道德教育中大量以背记政治概念、定义、常识等知识的条条框框为特征。"②一个人掌握道德知识的多少与他的道德素养和道德行为有联系,但是这种联系也是有限的,道德知识需要在教学实践和社会交往中转化成道德习惯。在这个变革的时代,科技理性与道德行为养成之间的关系已经成为考量学校教育的切入点。"在我国,随着'文革'结束后国家工作重心的转移,理论界曾较多地关注德育促进生产力、商品经济、市场经济发展的经济功能,为新的经济观念、体制的确立服务。一时间德育一下子从政治工具转变为经济工具,由政治化、政治力德育演化成经济化、经济力德育,即科技力德育。""科技力德育是这样一种德育,在听任科技的无度嚣张和僭越膨胀,大面积地占据教育的讲坛,以培养符合现代化发展要求的数量更多、知识水平更高的生产者,致使德育被殖民和受挤压的同时,又使德育的功能无限膨胀和僭越的虚化和泛化、大学生人格扭曲的非人而物的德育。"③

一、世界观:在理想与现实之间

(一)科技与世界观

人类社会的发展史,特别是近代以来的发展史已经充分证明了科技对于人类认识世界的重要性,每一次科技革命的爆发,都丰富和扩展了人们关于世界的知识,使人类的世界观为之改变。世界观的更迭必将影响到人与自然、人与社会的伦理、道德和价值等关系。"甚至历史学也只是顺便地考虑到自然科学,仅仅把它看作是启蒙、有用性和某些伟大发现的因素。自然科学却通过工业日益在实践上进入人的生活,改造人的生活,并为人的解放

---

① 　克里夫·贝克:《优化学校教育—— 一种价值的观点》,戚万学等译,华东师范大学出版社 2003 年版,第 155 页。

② 　石鸥:《教学病理学》,湖南教育出版社 1999 年版,第 300 页。

③ 　彭未名:《科技时代的自我物化与德育的理性转移》,《现代大学教育》2007 年第 1期,第 88—91 页。

做准备,尽管它不得不直接地完成非人化。工业是自然界同人之间,因而也是自然科学同人之间的现实的历史联系。"①科技对人的世界观的影响首先是一种观念实践,然后是生活实践,生活实践的现实性又可进一步加强人的观念实践。遵循马克思主义的观点,科技对世界观的作用按照"科学→技术→工业实践→世界观"这样的途径来进行。由于科技思维的对象性本质,因而工业化就意味着人与世界、人与自己的疏离,人的世界观的改变是在客观性的意义上来呈现的,它动摇着人的内心主体性的情感和道德,甚至使之产生异化。恩格斯说:"自由不在于幻想中摆脱自然规律而独立,而在于认识这些规律,从而能够有计划地使自然规律为一定的目的服务。这无论对外部自然界的规律,或对支配人本身的肉体存在和精神存在的规律来说,都是一样的。"②科技的发展虽然也将人类置于一种危险丛生的境地,但是科技毕竟增强了人类认识和改造自然、社会的能力,使人类从"必然王国"走向"自由王国",实现人的真正的解放和全面发展。

中国改革开放之初的国际大背景是世界范围的科技革命正如火如荼地进行着,许多国家都完成了或者正在加紧进行现代化的建设,西方世界已经迈入了后工业化的时代。因此,中国必须加快自己的现代化建设,奋起直追,首先必须引起重视的就是科技和教育。1979年,邓小平同志就指出:"我们要在建设高度物质文明的同时,提高全民族的科学文化水平,发展高尚的丰富多彩的文化生活,建设高度的社会主义精神文明。……要恢复和发扬我们党和人民的革命传统,培养和树立优良的道德风尚,为建设高度发展的社会主义精神文明做出积极的贡献。"③因此,在改革开放初期,国家就高度重视科学技术对于人们世界观的影响,科技文化对于社会的精神文明和道德风尚建设的重要性。改革开放以来,我国在同一时空中正交织经历着两个"双重转型":一是由农业社会向工业社会,由工业社会向信息社会的转型;二是从人"对人的依赖"向人"对物的依赖"为基础的独立性的转变,从人"对物的依赖"为基础的独立性向人的全面自由发展的转变。前者为社会转

———————

　　①　埃·弗洛姆编:《马克思论人》,陈世夫、张世广译编,陕西人民出版社1991年版,第63页。

　　②　恩格斯:《反杜林论》,人民出版社1993年版,第116—117页。

　　③　邓小平:《邓小平论教育》,人民教育出版社1995年版,第95—96页。

型,体现了历史的客观性,后者为人的转型,体现了历史的主体性。① 农业社会、工业社会和信息社会的划分属于技术社会形态的划分,此种划分的着眼点是社会发展不同阶段的科学、技术及其人文和文化价值特征的不同。② 根据我国社会历史发展的特点以及科技在改革开放以来的社会经济、政治和文化中的作用和影响表现,为了下面问题研究的需要,我们从文化社会学的视角将科学技术在改革和发展中先后出现的文化特征大概划分为四种类型:一是科学文化;二是技术文化;三是工程文化;四是人文科技。这四种类型既是历时态的,以之为明线,又是共时态的,以之为隐线,在改革的不同阶段,它们各自显现的突出程度有所差异。"由近来的科学与技术革命所激发的文化动荡把古老的德育问题,连同其不明确的内涵与不同的定义一起又成了人们注意的焦点。"③科学技术对于德育主体的影响,既表现出物质性"硬"的一面,又表现出精神性"软"的一面,但是在社会实践中,由于人的双重属性,这两方面在文化意义上实现了统一。

(二)科学文化与世界观

"文化大革命"结束之后,面对"文化大革命"中遭到严重破坏和濒于瘫痪的教育现实,国家迅速决定恢复高考制度,从而开启了改革伊始所有工作的基调:尊重历史、尊重科学、尊重知识和尊重人才。与此同时,在全国范围内开展的关于真理标准问题的大讨论,确立了"实践是检验真理的唯一标准",进一步使教育界解放了思想,破除了"文化大革命"期间的教条主义和盲目个人崇拜的枷锁。1977 年,邓小平同志说:"培养好的风气,最主要的是走群众路线和实事求是这两条。特别是科学,它本身就是实事求是、老老实实的学问,是不允许弄虚作假的。……我们要坚持百家争鸣的方针,允许争论。不同学派之间要互相尊重,取长补短。要提倡学术交流。任何一项科研成果,都不可能是一个人努力的结果,都是吸收了前人和今人的研究成

① 王雅林:《中国社会转型研究的理论维度》,《社会科学研究》2003 年第 1 期,第 87—93 页。

② 贾高建:《社会转型问题研究:一种立体的逻辑框架》,《新视野》2007 年第 1 期,第 54—56 页。

③ 菲力浦·孔布斯:《世界教育危机——八十年代的观点》,赵宝恒、李环等译,人民教育出版社 1990 年版,第 277 页。

果。一个新的科学理论的提出,都是总结、概括实践经验的结果。"①"教育要狠狠地抓一下,一直抓它十年八年。我是要一直抓下去的。我的抓法就是抓头头,抓方针。重要的政策、措施,也是方针性的东西,这些我是要管的。教育方面有好多问题,归根到底是要出人才、出成果。"②改革开放初期,由于党和国家的高度重视,在全国上下很快形成了尊师重教的风尚,人们的读书和学习热情迅速被激活,各行各业也掀起了学科学、用知识的高潮。

1981 年 6 月,中共十一届六中全会通过了《关于建国以来党的若干历史问题的决议》(以下简称《决议》)这一重要历史文件。《决议》重申了党的思想政治工作是经济工作和其他一切工作生命线的论断,对思想政治教育的方针和内容做出了明确具体的表述:"要加强和改善思想政治工作,用马克思主义世界观和共产主义道德教育人民和青年,坚持德智体全面发展,又红又专,知识分子与工人农民相结合、脑力劳动与体力劳动相结合的教育方针,抵制腐朽的资产阶级思想与封建残余思想的影响,克服小资产阶级的影响,发扬祖国利益高于一切的爱国主义精神和为现代化建设贡献一切的艰苦创业精神。"③

"文化大革命"期间,知识分子被称为"臭老九","知识无用论"甚为流行。改革初期德育实践的重要任务就是以科学的态度,总结德育的历史经验教训,动员广大老师、学生以及社会各界力量,积极投入到社会主义建设上来,为国家的物质文明和精神文明建设服务。科技知识的学习在学校教育中的地位很快得到巩固,形成了"学好数理化,走遍天下都不怕"的共识,这充分说明了在新的形势下,人们对于科学知识的认同和肯定。"在十二大报告中,强调提出社会主义精神文明建设的重要性。为了实现今后 20 年经济发展的奋斗目标,重要的任务是解决教育、科学问题,要提高全民族的科学文化水平。"④"这一时期,学校德育面临的主要问题是改革开放对德育提出的要求与青少年思想道德素质较低的矛盾。同时,社会急剧转型造成人们思想心理的动荡,也增加了新时期德育的难度。当人们从突出政治'以阶级斗争为纲'一下子转到以经济建设为中心,教育的中心工作转到以教学和

① 中华人民共和国教育部、中共中央文献研究室编:《毛泽东、邓小平、江泽民论教育》,中央文献出版社、人民教育出版社、北京师范大学出版社 2002 年版,第 112 页。

② 邓小平:《邓小平文选》(第二卷),人民出版社 1994 年版,第 70 页。

③ 孙少平编:《新中国德育 50 年》,福建教育出版社 2002 年版,第 150—151 页。

④ 沙英:《精神文明与科学文化》,《社会科学》1982 年第 11 期,第 5—7 页。

科研为中心,社会从禁锢到开放,这种巨大的落差使许多人产生了迷惘和失落。部分青少年对 10 年'文革'中频繁的政治斗争感到极为厌烦,表现出对国家世事不闻不问,玩世不恭,对祖国的前途、人类的理想的漠视;一部分人认为当下是讲经济建设,于是由政治挂帅转为金钱挂帅,热衷于追求物质生活享受;而另一些人却盲目向往西方资本主义国家的民主、自由和生活方式,对西方政体津津乐道,倾向于套用西方政治体制,甚至极力推崇西方竞选和多党执政等等。所有这些,使新时期学校德育面临着极大的考验和历史的挑战。"①20 世纪 80 年代,因为社会经济发展的整体水平还比较低,所以教育界此时还处于思想文化的解放与震荡之中,人们将注意和思考的焦点主要放在寻求社会改革和现代化发展的热点和难点问题上,这突出表现在当时的读书热潮和文化热潮当中。这一时期大的社会背景是党中央决定全面建设社会主义现代化,加快城市经济体制改革和重视知识分子,实现领导班子"四化"等。在此基础上,当时国内教育界特别关注国外新科技革命的进展情况。尤其是美国未来学家托夫勒的《第三次浪潮》中译本的问世,成了此时文化知识界的焦点。广大青年学生和老师对科学文化表现出极大的热情,受他们欢迎的理论书刊大致有三类:一是关于未来学方面的书刊,比如,发展的极限和可持续发展问题引起了不少学生和老师的重视。二是方法论的书籍,具有代表性的是"旧三论"——系统论、控制论、信息论,以及"新三论"——协同论、耗散结构论、熵理论。这"六论"都是首先从自然科学研究中总结出来,然后逐步推向社会科学领域的,被称为科学哲学。当时,这一类书对学生和老师在思想方法上的更新影响较大。三是计算机方面的书。这些都说明当时的教育界已纷纷将目光投向了国际范围,并注意用世界的眼光与国内现实改革进行横向的比较。对新科学技术革命主题的热衷,反映了许多学生和老师超前的价值意识和文化思考。② 科学文化的盛行带给教育领域的是自由、民主的呼声,它具有理想主义和浪漫主义的精神气质,极大地拓展了教育思想界的世界意识和世界观念。因此可以说科学文化感染了整个 20 世纪 80 年代的教育氛围,特别是教育主体的精神境界。受科学文化的影响和推动,这一时期也出现了持续的西方文化"热",比如"尼采热""萨特热"等。科学文化是现代文化的重要组成部分,它主导着现

---

① 孙少平编:《新中国德育 50 年》,福建教育出版社 2002 年版,第 151 页。

② 卢少求:《改革开放以来大学生读书思潮的回眸与展望》,《中国青年研究》2006 年第 1 期,第 80—83 页。

代文化的进程。在改革初期不断寻找社会现代化前进方向的过程中,科学文化在教育战线留下了深刻的烙印。

(三)技术文化与世界观

进入 20 世纪 90 年代,我国的改革开放和社会发展进入了一个崭新的阶段。1992 年邓小平同志南方讲话指出:"经济发展得快一点,必须依靠科技和教育。我说科学技术是第一生产力。近一二十年来,世界科学技术发展得多快啊!高科技领域的一个突破,带动一批产业的发展。我们自己这几年,离开科学技术能增长得这么快吗?要提倡科学,靠科学才有希望。近十几年来我国科技进步不小,希望在九十年代,进步得更快。……希望大家通力合作,为加快发展我国科技和教育事业多做实事。高科技,越高越好,越新越好。越高越新,我们也就越高兴。不只我们高兴,人民高兴,国家高兴。对我们的国家要爱,要让我们的国家发达起来。"①这一时期中国的社会经济发展逐步进入商品化、市场化和产业化阶段,因此不仅需要大量的高新科技,更需要将科研成果转化成现实的生产力。这就对教育提出了新的要求,教育不但要传递文化知识,更要满足社会经济发展的需要,使教育对生产力起更大的推动作用,教育的技术生产和服务功能被突显出来。1994 年,《中共中央关于进一步加强和改进学校德育工作的若干意见》(以下简称《意见》)颁布,《意见》充分体现了在技术倾向和诉求的市场经济条件下如何落实学校德育工作的策略和思路。《意见》指出:"在经济体制发生重大转变,以公有制和按劳分配为主体,其他多种经济成分和分配方式并存的条件下,如何坚持社会主义意识形态的主导地位,用马克思列宁主义、毛泽东思想和邓小平同志建设有中国特色社会主义理论教育青少年;在进一步扩大对外开放,学习国外先进科学技术和管理经验的条件下,如何教育青少年正确认识我国国情,继承和发扬中华民族优秀文化传统和中国共产党领导下的革命斗争传统,树立民族自尊、自信、自强、自立的精神;在新旧体制转换过程中还存在着各种矛盾,社会生活中还需要克服的消极现象的情况下,如何引导学生逐步树立正确的世界观、人生观和价值观,培养良好的道德品质;在人民生活水平有了较大改善和提高的情况下,如何培养学生具有自力更生、艰苦奋斗的精神和坚强的意志品质;在科学技术迅速发展、社会主义市场经济体制逐步建立的情况下,如何指导学生在观念、知识、能力、心理素质方面

---

① 邓小平:《邓小平文选》(第三卷),人民出版社 1993 年版,第 377—378 页。

尽快适应新的要求,这些都是学校德育工作需要研究和解决的新课题。"

20世纪90年代科学技术飞速发展,新兴科技对于社会经济发展的支撑达到了前所未有的高度。这其中最有代表性的就是网络通信技术、生物医药技术等在社会生活中的崛起。在新技术层出不穷的大背景下,教育创新和素质教育被提上议事日程,以适应技术革命发展的需要,进而使我国的经济发展走上拥有完全自主知识产权的技术创新之路。在教育进入跨越式发展的前提下,学校德育的矛盾更加突出,德育的现代化任务更加艰巨。学校德育的实效性不强,德育理论和德育实践脱节严重。技术化的市场经济发展带动的是技术文化衍生和扩张开来的功利主义、实用主义和效能主义在教育及其主体中的流行。"素质教育轰轰烈烈,应试教育扎扎实实"就生动地反映了教育领域中的技术文化和工具性的价值取向。20世纪90年代末开始的高等教育扩招和"产业化"过程,也代表了"人力资本理论"在教育中的技术策略及其运用。技术文化表达了这一时期整体社会文化价值的现实性转型,教育主体的价值追求更加多元化,与之相比的是80年代统一理想型文化价值形态的逐渐消解。学校德育在80年代着眼的是科学化问题,科学化强调的是德育主体在思想观念上的启蒙和解放;在90年代突出的是德育的现代化问题,即德育在技术操作层面上的制度化和规范化,德育现代化聚焦的是德育主体在实践中的意义、价值和功能探寻。学校德育中的这种差异主要是由社会改革时期不同阶段的任务和特点决定的。"寻求一个新的教育秩序,是以科学的与技术的训练为基础的,而这种科学技术的训练是科学的人道主义的主要组成部分之一。"[①]现代学校教育以及德育现代化的演进在很大程度上可以说是一个科学化、技术化和人性化的过程,中国学校德育的现代化过程也暗合这样一条线索。现代学校教育与现代科技的发展形同连理,科学的客观性和技术的实践性深刻影响着教育主体对于教育规律的认识,不断从世界观的层面上深化着教育主体对于教育意义和价值的理解和认知。

(四)工程文化与世界观

1959年,英国著名学者斯诺在剑桥大学发表了著名的"两种文化与科学革命"的演讲。"斯诺声称他在两者之间发现了深刻的相互怀疑和相互不理

---

① 联合国教科文组织国际教育发展委员会编:《学会生存——教育世界的今天和明天》,华东师范大学比较教育研究所译,教育科学出版社1996年版,第184页。

解,而这种怀疑和不理解,将对运用技术以缓解世上问题的前景产生破坏性后果。"①他的演讲所昭示的主要是科技与人文之间的分裂以及如何来填平它们之间的巨大鸿沟问题。在全球化背景和科技迅猛发展的今天,人类社会正面临许多共同的挑战和困难,而这些情况又在"工程"的名义下和活动中使人们看到了解决的希望。如果我们从人类实践活动的历史来看,科技与人文在人类早期的社会生活中是完全统一的,后来伴随着经济的发展和社会分工的出现,逐渐发生了科技与人文之间的冲突。当代,科技与人文之间的整合已在工程领域迅速展开。"工程活动是一种复杂的社会现象,现代工程是对于工匠传统的继承和发展。我们知道,理性传统一直以来主要体现在科学文化当中,它是与必然性、客观性、真理紧密相连的。与此相反的是,工程代表的是生活化的非表象主义的实践传统,它是和偶然性、目的性、试误相关的。"②工程是科学和技术的进一步延伸、应用和拓展,它的社会性特征更强,当代社会实际上呈现的是一个"科学—技术—工程"三足鼎立和相互交织的局面。从一定意义上讲,在农业社会中,人文在经济、政治、文化和思想中占据主导地位;在工业社会里,科技则统领着现实生活;在后工业时代,工程则已经显示出它的巨大优势所在。从社会思想史的角度分析,人类社会经历了"人文化的意象思维—科技性的分析思维—工程式的功能思维"这样的过程,即"神话—理性—救赎"的线路。在这一过程中,人类自身的形象和命运也在不断地发生着变化,唯一不变的就是人对于自身存在的思考和追问。

1994 年,江泽民同志在谈到"必须坚持教育优先的发展战略"时指出:"各级各类学校都要全面贯彻党的教育方针,坚持社会主义办学方向,努力培养德智体全面发展的'四有'新人。……加强理论教育、思想教育和政治工作的目的,就是要引导和帮助青年学生树立正确的世界观、人生观和价值观,打下科学理论的基础,确立为建设有中国特色社会主义而奋斗的政治方向。这样,才能增强青少年抵制错误思想和拜金主义、享乐主义、极端个人主义等腐朽思想侵蚀的能力。各地区各部门的主要领导同志要经常同师生座谈,作形势报告,这要形成制度。要认真维护学校的教学秩序,促进安定

---

① C. P. 斯诺:《两种文化》,陈克艰、秦小虎译,上海科学技术出版社 2003 年版,第 2 页。

② 段新明:《工程哲学视野下的工程教育》,《高等工程教育研究》2007 年第 1 期,第 28—31 页。

团结。全社会都要关心和保护学生的健康成长,共同创造良好的育人环境。"①现代教育是一项社会系统工程,它的发展涉及社会生活的方方面面,因此需要运用工程思维来统筹安排,才能实现教育资源的有效整合和利用。改革开放以来,我国教育发展的速度很快,规模不断扩大,成为一个浩大的工程体系。随着科教兴国战略、构建学习型社会和建设创新型国家等宏大科技和教育工程的实施,再加上我国社会生产力发展水平的迅速提高,现代化进程的日益加快,各种经济、政治和文化意义上的工程建设也向纵深领域拓展开来,这些都使得教育现代化的外部环境和内部构成要素复杂化、结构化、工程化和体系化。"在工业部门,特别是对机器操作员和技术员来说,由于知识和信息对生产系统起着支配作用,专业资格的概念变得有些过时,个人能力的概念则被置于首要地位。技术的进步实际上正在不可避免地改变新的生产过程需要的资格。"②进入 21 世纪,中国的工业化和现代化水平已经达到了新的高度,教育在改革前期一直被动承担和允诺的知识和经济作用转变为主动的教育反思和创新,教育的社会适应性更具弹力,它的价值选择和文化再造的口径放宽。教育的目的定位从经济、政治方向转移到以人为本的社会整体构架,教育自身所具备的工程文化特征,如社会技术和社会工程③属性得到初步的展现。工程文化在当前我国教育发展中起着重要的作用,它对于教育战略、教育规划、教育评价和教育质量的保证具有重大的指导意义。工程文化中所包含的工程思维、工程理性、工程话语、工程知识和工程伦理等都直接或间接地影响着教育主体,促使其世界观发生转变。钱学森把智力开发和思想政治工作都理解为社会科学基础上的社会技术或社会工程,④由此可见工程文化对于教育和德育主体的重要意义。

(五)人文科技与世界观

改革开放以来,中国社会每天都在经历着新的变化,这种变化具体表现

①　中华人民共和国教育部、中共中央文献研究室编:《毛泽东、邓小平、江泽民论教育》,中央文献出版社、人民教育出版社、北京师范大学出版社 2002 年版,第 248—249 页。

②　国际 21 世纪教育委员会向联合国教科文组织提交的报告:《教育——财富蕴藏其中》,联合国教科文组织总部中文科译,教育科学出版社 1996 年版,第 79 页。

③　钱学森明确提出"社会工程"和"社会技术"的概念,认为前者就是改造社会的系统工程,后者就是组织、管理和协调的技术。卡尔·波普尔(Karl R. Popper,1902—1994)对这两个概念进行了深入的研究。参见田鹏颖:《社会技术哲学》,人民出版社 2005 年版,第 236—238 页。

④　田鹏颖:《社会技术哲学》,人民出版社 2005 年版,第 238—239 页。

在现代化进程中的物质、制度和精神三个层面上。科学技术对于社会改革的物质贡献我们已经有目共睹，但是在迈向现代化的过程中，借助于科学技术在制度生活和精神文化方面的建设同样重要，而且也更加艰难。"生活在没有确定道德的时代的人们，往往使他们自己陷于进退两难的窘境，这通常并不是他们的责任。道德的不确定多半是由于生活条件方面的变化，以致那些过去指导人们行动的原则不再适合于目前的情境。与其说他们拒绝传统的价值和原则，还不如说他们只是不知道如何将它们运用于这些新的问题。"①生产力的发展和物质生活水平的提高并不必然带来社会精神文明的进步，经常还会使整个社会生活面临新的问题和疑惑。就我国的特殊国情来说，特别是在现代社会心理和精神文明发展还不够充分的情况下，要在短时间内完成现代化的建设任务不能一蹴而就。杜威当年在美国社会进入工业现代化的过程中，他的理想就是通过科学技术、教育和文化价值的现代化来助推和实现民主社会的目标。面对工业化进程中人与自然的强烈冲突以及人文价值与科技理性之间的对立时，杜威惊呼："如果不能够发展决定这些关系的道德技术，那么现代文化的分裂就会变得如此深刻，以致不仅民主，乃至一切文明的价值都会毁灭。"②因此，在市场经济和现代化初具规模的情况下，教育该如何实现传统文化与现代科技文明的嫁接，如何来促进公民科技文化素养的进一步提高，如何在全社会范围内形成科技与人文有机融合的良好氛围，如何避免盲目科技主义的泛滥，如何加强科技批判意识的培养，等等，这些都是教育改革和实践必须认真思考和解决的问题。

当前，科学技术正在以突飞猛进的速度影响着整个世界和我们的日常生活。在全球范围教育改革的浪潮下，强调知识的应用和创新，注重能力的培养和锻炼，着眼于"学会求知、学会做事、学会共处、学会做人"已经成为教育界的广泛共识。这种情景的突显，其中一个非常重要的原因就是科技已由社会经济发展的外生变量逐步演变为人类生存意义的内生变量。科技发展的文化精神气质已逐步出现了由工具主义向人文主义的转变，人们的世界观和教育观也相应发生了一些新的变化。"工业史使我们获得连接涌现的发明的知识，通过这些发明，理论科学被用来控制自然，有利于社会生活的安定与繁荣。因此，工业史揭示了社会进步的前后相连的原因。工业史

---

　　①　霍尔、戴维斯：《道德教育的理论与实践》，陆有铨、魏贤超译，浙江教育出版社 2003 年版，第 6 页。

　　②　约翰·杜威：《自由与文化》，傅统先译，商务印书馆 1964 年版，第 116 页。

的另一个贡献,是使我们了解人类共同关心的东西,即与谋生相联系的种种职业和价值观念。"①改革开放以来的大部分时间内我国主要是完成工业现代化的过程,科技所担当的大多是助推经济生产的角色。近年来,社会发展和改革已整体走向了纵深阶段,出现了许多新的情况需要科技和教育联手来共同应对。在促进社会和谐发展的过程中,科技更应该"以人为本",体现出较多的人文关怀。人文科技理念和意识的培育主要是通过教育来完成的,当前教育中(特别是道德教育)出现的生活化转向,突出对话、交往、建构、过程、生命和情感等方面的教育和德育作用,这些都是朝向科技与人文相结合的具体表现。教育的现代化具有两重意蕴:一是教育的理性意识,它体现在科技理性对于教育的主导方面,贯穿于工业社会的发展历程中;二是教育的人文意识,它表现在人文精神对于教育的导向方面,渗透于后工业社会的整体演进中。改革开放以来中国教育的现代化也具有这两重性,当前教育活动正在经历着人性化的变革,它将成为今后很长一段时期内教育实践努力发展的目标。自从中国加入 WTO 以后,中国教育与国际教育的发展趋势也日渐接轨。目前许多世界性的以及各国需要共同面对的难题,有相当一部分都是在人文科技的理念和框架下借助于教育交流来进行相互沟通、协调与合作。

二、人生观:在文本与人本之间

科技对于我国德育主体世界观的影响,主要反映在人们看待世界的方式,对待教育的态度以及国家的教育政策和方针等宏观领域。科技对德育主体人生观的影响既表现在个体对待自己和生活的认知、信念和价值观方面,又包含了个人处理与他人、集体、社会和国家的相互关系时所流露出的爱心、诚信、责任等品质。"十九世纪与二十世纪之交,对科学的总体价值出现了转变,我们就以此为出发点。这里涉及的不是各门科学的科学性,而是各门科学或一般的科学对于人生已经意味着什么,并能意味着什么。在十九世纪后半叶,现代人让自己的整个世界观受实证科学支配,并迷惑于实证科学所造就的'繁荣'。这种独特现象意味着,现代人漫不经心地抹去了那些对于真正的人来说至关重要的问题。只见事实的科学造就了只见事实的人。公众的价值判断的转变,特别是在战后,已是不可避免的了。我们知道,这种转变在年轻一代中简直发展成为一种敌对情绪。我们常听到有人

---

① 杜威:《道德教育原理》,王承绪等译,浙江教育出版社 2003 年版,第 141 页。

说在人生的根本问题上,实证科学对我们什么也没有说。实证科学正是在原则上排斥了一个在我们的不幸的时代中,人面对命运攸关的根本变革所必须立即作出回答的问题:探问整个人生有无意义。"①科技推动和加速了人类现代社会前进的步伐,是现代文明的重要标志,但是科学技术的广泛运用,也给社会发展带来了诸多的问题和挑战。改革开放以来我国在科学技术推动下的现代化建设取得了巨大的经济和文化成就,这是近代中国人寻求强国富民道路的延续,也符合人类社会历史发展的潮流。在创建符合中国国情和历史文化传统的现代化之路的征途上,我们既要看到科学技术具有的强大物质生产力特征,同时也要警惕科技的不利应用甚至滥用对于社会发展和人类生存的潜在风险。所以,我们应该重视通过教育,特别是人生观教育来防止和杜绝科技主义所带来的各种社会隐患,构建科技与人文共通的现代化生活。

(一)科学文化与人生观

科学文化是现代文化的重要组成部分,它推动了启蒙时代以来的民主、自由和法制等观念的形成,科学文化是塑造现代社会体制最为强大的动力。近代中国社会文化的变迁主要得益于科学文化的传播与普及,科学既是民族独立、国家富强的重要力量,又是开启民智、发展自我的主要依靠。改革开放以来,科学文化在中华大地历久弥新,展现勃勃生机,铸就了生机盎然的社会发展新局面。但是我们也要看到,五四运动、新文化运动及其延续至今的文化精神,在使得科学文化日益深入人心的同时,我们的民族传统文化却变得岌岌可危,科学文化与传统文化之间似乎构成了一对很大的矛盾。这是因为传统文化以人文价值见长,代表西方文化的科学文化以自然价值著称,前者讲究"仁智合一",后者笃信"人为自然界立法"。在改革开放的整个过程中,我们始终强调物质文明和精神文明同步发展的重要性,而处理和协调传统文化和科学文化的关系就成为精神文明建设的重要内容,也是教育实践中必须认真对待的问题。20世纪80年代的西方文化热,虽然在思想文化领域达到了解放思想的目的,但是资产阶级自由化的观念却充塞在很多人的头脑中,他们的人生价值观不断表现出极端的个人主义、过度的理想主义和纯粹的浪漫主义,缺乏对于中国传统文化价值的认同和现实国情的

---

① 　埃德蒙德·胡塞尔:《欧洲科学危机和超验现象学》,张庆熊译,上海译文出版社1988年版,第5—6页。

深刻认识,进而使自己的人生观处于极度的矛盾和焦躁之中。

20 世纪初的"科玄论战"中,人生观是科学派与玄学派之间争论的焦点问题,二者之间的争论也在一定程度上反映了西方科学文化与中国传统文化之间的冲突。"人生观往往被认为是人文领域的问题,人文精神集中地体现在人生观上,但科学派认为科学可以影响和塑造人生观,实际上是道出了科学教育内含着人文价值。科学派人物极力提倡科学教育,批判传统文化的片面性,对科学教育在促进个体的精神发展方面有较多的阐述。"[①]改革开放以来我国的学校科学教育取得了很大的成绩,但问题是科学教育成为实践应试教育的温床。科学知识的教授和学习成为学校所有工作的中心,学生主观的幸福感受经常与考试成绩密切相连,他们的人生观、价值观被误导,所谓科学化的实用主义量化考核指标在教育评价体系中泛滥成灾。更为危险的是,实证主义的科学文化与中国传统文化中的实用精神相契合,驱逐了科学文化与传统文化中的人文意向,导致经济发展和教育活动中人性的迷失和人文的缺憾。"中国的社会现实,一无个人主体性之膨胀,二无科技的过剩,它真正需要的就是这两样东西:解放个人和发展科学技术。但是,今日完成这两个任务,有西方社会的教训可吸取,所以必须用类本位的全人类、全球利益的观念来关照个人、用人文精神来关照科技的应用和技术理性的发展。"[②]"中国的教育至今仍是压制个人主体性的教育,所以,大力培植个人主体乃是中国教育的当务之急,也是当前中国主体性教育的核心所在。"[③]中国社会的现代化境遇要求我们应该在教育中弘扬人的主体性,同时也要求学校教育培养出社会急需的专业化人才,在教育活动中这两个方面要同时兼顾。中国传统教育注重德性知识的灌输和学习,近代以来西方科学文化的导入,使学校教育中逐步呈现出科学知识对于人文知识的压倒性优势,这种情况在改革开放以后达到了历史的最高峰,"知识化的智育中心"取代了"人文化的德育中心"。20 世纪 80 年代的西方文化热之后,人们发现中国的学校教育偏离自己的民族文化传统日益遥远,教育的现代化并非是一味的科学化,它应该保有自己民族文化中最为精华和普世性的东西,于是

[①] 刘德华:《科学教育的人文价值》,四川教育出版社 2003 年版,第 170 页。

[②] 冯建军:《当代主体教育论——走向类主体的教育》,江苏教育出版社 2004 年版,第 114—115 页。

[③] 冯建军:《当代主体教育论——走向类主体的教育》,江苏教育出版社 2004 年版,第 115 页。

就有了 90 年代以来的"国学热""读经热"等。虽然我们不主张当年以张君劢为代表的"玄学派"对于科学的态度,但是他们的许多观点对于当前的学校教育来说还是值得思考和借鉴的。从五四以来中国整个社会文化的走势来看,科学文化占据着重要位置,这种情况在教育中表现非常明显。新中国成立以后,我国受苏联教育体制的影响,坚持文理分科,再加上社会主义建设对专业人才的大量需求,学校教育中重理轻文的现象逐渐形成。"文化大革命"十年教育遭受巨大创伤,改革开放以后人们对知识更加渴求,"知识中心"在当代学校教育中的情况也就不难理解了。人生观教育是教育现代化的重要内容,不是说科学知识不能进行人生观的教化,只是完全以科学知识为核心的教育内容淡化甚至漠视学生的全面发展,教育的工具性色彩浓厚。当前我国的教育改革已经拓展了人生观教育的内容,涉及生命教育、心理辅导等等。科学文化与人生观并非相互冲突不可调适,它们是完全相辅相成的,教育活动中要将二者合理搭配,这是教育现代化的有机组成部分。

"道德教育及其评价需要科学性和人文性的整合,就是一方面要遵循一般教育的规律,尽可能用科学的方法去实施;另一方面则应把人作为一种文化存在,重在文化熏染和陶冶,增强人文关怀的意识,而不至于在科学化、数量化和客观化上走向极端。"[①]人生观教育是德育中的重要内容,改革开放以来的学校教育中科学教育与人生观教育渐行渐远,这不利于学生的全面发展,不符合教育的现代化精神。当我们放眼世界,特别是临近的日本、韩国和新加坡等国时,它们在进行现代化建设的过程中,科学文化与民族文化的融合,传统文化与现代文化的共生成为学校教育对于学生进行整体现代意识培养和自我意识塑造的关键。"人生的理想便是教育的理想。教育一定要有理想,否则便无意义。"[②]"教育的真意义,便是求这种理想的实现。人无教育,便不免为物所蔽,便不能得人格的实现。现代教育却只见得下层,不曾见到上层,所以将自然与个人对峙起来,社会与个人对峙起来;一部教育史,只有偏重个人或偏重社会的许多次反动,始终不能超过一层,从精神生活出发来做教育事业。所以我们的教育理想,似乎始终不曾实现过。"[③]改革开放以来我们的应试教育传统未能实现科学与人文、社会与个人的相互统一,并且使它们彼此之间的原有距离正在拉大。因此,要实现教育的现代

---

① 王玄武等:《比较德育学》,武汉大学出版社 2000 年版,第 381 页。

② 张君劢、丁文江等:《科学与人生观》,山东人民出版社 1997 年版,第 245 页。

③ 张君劢、丁文江等:《科学与人生观》,山东人民出版社 1997 年版,第 247—248 页。

化,除了现实环境的制约因素外,教育观念的转变是非常重要的一环。只有当我们从思想上认识和厘定出教育中存在哪些问题,我们才可能在实践中有针对性地来改变现状。如果教育在科学的名义下缺乏人文和道德的反思,那么教育就意味着人的对象化和客体化,它就会成为真正缺失人性的规训的工具。

(二)技术文化与人生观——以技术对大学生道德认知的影响为例

我国改革开放以及现代化的进程首先是在科学文化的引导下开启的,科学文化对于人生观的影响主要集中在观念层面,技术文化则使这些观念和意识在现实生活中得以表征。"技术是理性知识——科学——的实用化,技术本质上是人的理性工具。"①科学技术在实践中都是以理性文化的样式出现,社会组织的科层化、人的娱乐化、生活的消费化等等,这些都是在科技文化的影响下日渐生成的。技术文化在我国 20 世纪 90 年代开始崛起,它促成了教育主体的人生观趋于流动性、多样性和复杂性。"大众传播是社会传播中对大学生价值观的影响作用最直接、最深刻的。所谓大众传播是指特定社会团体利用报纸、杂志、书籍、广播、电视和电影等媒介向社会成员传递信息、知识和文化的过程。……因而,我们可以得出这样的结论,大众传播对人的态度和价值的影响是现代社会的最佳指标之一。"②大众传播是技术文化的载体和实现方式,我国已经进入了网络信息社会,技术文化的社会效应将会更加明显。大学生是技术文化的主要受众和实践者,下面我们就以技术对大学生道德认知的影响来说明技术文化与人生观的关系。

技术首先是以观念、思维和判断的方式作用于我们的道德认知,并不断重新解构和建构着我们的道德图谱。技术作为人类解决现实问题的一种实践,它的最终表现形式不仅指向外部世界,它对人类自身的思维、行为方式、价值取向和生活信念也产生着重要的影响。从某种意义上讲,技术思维是一种话语实践,它不同于生产实践,它更强调的是理念的重建和观念的创新。大学生具备较高的道德认知水平,而将这种道德认知水平转化为较强的道德实践能力,却需要在现实中不断地磨炼。以虚拟的网络世界来说,大学生可以游刃有余地在其中进行信息搜索、聊天、游戏等多种活动,他们对外部现实事物的了解不断得到拓展和延伸,但他们的内心世界却变得更加

---

① 李文阁:《生活价值论》,云南人民出版社 2005 年版,第 219 页。

② 杨德广、晏开利编:《中国当代大学生价值观研究》,上海教育出版社 1997 年版,第 203—231 页。

复杂和矛盾。英国学者钱德勒(Daniel Chandler)关注了媒介技术对于人类经验进行选择和转化的中介过程,实在正是在这一过程中被定义和建构出来的。选择性是所有中介过程的基本特征。任何媒介都促进、强调、加强、放大或扩展了某些经验和用途,同时也抑止、削弱了另一些的经验和用途。①因此,技术手段的丰富,在方便大学生与外部世界进行交流和沟通的同时,也妨碍了他们对于真实自我的表达和追问。表现在大学生的道德认知中就是道德内容的扩张和道德导向的多元性和模糊性。

在现代技术社会里,每个人都生活在技术环境中,技术思维通常表现为一种异己的力量。因此,技术思维相对于道德认知就会是主动的和封闭的,道德认知相对于技术思维则会表现为被动的和开放的。大学生虽然已有了批判意识、反思能力和认知觉悟,但如何借助于技术思维来进一步提高大学生整体的道德认知水平呢?"在技术设计的建构过程中发生着如同皮亚杰所说的顺应和同化作用,设计者沿着两个方向进行顺应和同化:技术逻辑和用户需求,使技术上的可能和用户的需求相互纳入。它们在设计过程中相互调整。设计者头脑中的技术蓝图对用户的需求信息既可以进行同化,也可以进行顺应。"②所以说技术思维必须通过技术认识来对道德认知产生作用和影响。技术思维是程序性的思考活动,技术认识是在技术思维活动基础上带有反思性的思考状态,这种状态将技术的功能意义和内涵价值以生活化的经验方式传递给道德主体,进而对道德认知产生积极的影响。因此,对大学生进行道德认知方面的教育时,要让他们在技术体验和技术探索中来认识社会,实现自我的价值追求。

当技术以具体知识形态出现时,它通常表现为一组程序性的可操作性的符号编码,具有明言性;当技术不能以具体知识的样式来呈现时,它通常表现出难言性、意会性和整体性。赫尔巴特早就提出了"教育性教学"的原则,即在教学过程中要将知识学习与道德教育相互统一,没有无教育的教学,也没有无教学的教育。因此,知识学习和道德认知是一体的。道德认知通常是在两个层面上发生的:一是静态的层面,二是动态的层面,前者强调了道德认知的理性知识(知性)特征,属于观念范畴,后者突出了道德认知的意会知识(情感)特征,属于实践范畴。大学生具备较高的文化知识,他们经

---

① 曾国屏、李正风等:《赛博空间的哲学探索》,清华大学出版社 2002 年版,第 91 页。

② 肖峰:《技术认识过程的社会建构》,《自然辩证法研究》2003 年第 2 期,第 90—92 页。

常在具体的现实情境中来表现自己的道德认知,技术知识的二重性与大学生的道德认知紧密结合在一起。在一个不断技术化和信息化的社会里,各种操控性的技术知识是大学生生活内容的重要组成部分,细腻深入的生活感受被压缩或剥夺。大学生经常通过外在的技术知识编码来映射和观照自身,从而缺少了生命中最为本真的情感关怀和生活体验。

"杜威认为,技术在广泛的经验意义上起作用,不能仅仅用认识论说明之,历史上哲学的一个基本错误就是把'认知知识'作为所有人类经验的范围。人类经验的范围极广,有的地方有技术活动,但与知识无关。"①因此在杜威眼里,技术是一个经验的集合体,经验既包含明言知识,也包括意会体验。技术是作为生活的基础,作为有机体与环境相互作用的产物而存在的。道德认知虽然在很多情况下与理性知识相关,但在许多情境中,道德认知通过意会性的情感经验来表达。这也在很大程度上解释了为什么大学生对道德规范的认同度很高,但在具体的道德行为和实践中却时常犹豫不决,生发出许多矛盾的心态。对大学生进行技术设计、技术发明、技术评估和技术实践的教育过程中,需要对技术在生存伦理视域下做出检视和澄清,以期达到技术古典价值在德性上的回归。在此基础上,大学生丰富的知识积淀和储备也为他们在技术知识的学习过程中提高自身的道德认知水平奠定了良好的基础。

技术思维、技术知识对大学生道德认知的影响经常以不可触摸的方式进行,技术产品对道德认知的影响先是以可见、可触和可感的方式产生,再在技术思维和技术知识中得到反馈和调整。现代技术的发展大多最终都是以可供人们利用的产品来呈现的,技术产品的丰富不断地改变着大学生的生存状况。由于大学生拥有较高的文化知识水平,所以他们往往成为许多新技术产品的接触者和使用者。青年大学生是互联网的主要用户群之一,网络媒体就对大学生的道德观念产生着强烈而深刻的影响。再比如转基因作物虽然可以给人类提供巨大的粮食来源,但其在健康和生态方面的潜在危险使得大学生对它的评价莫衷一是。技术产品一方面消解着大学生对于现实时空和社会文化传统的感受,同时又在重建着大学生新的感知和生活方式。现代技术产品的开发、设计、外观和功能真正地实现了以人为本的宗旨和个性化的需要,它们不仅满足着年轻学子各式各样的要求,而且也在创造着新的需求。换句话说,我们在塑造技术的同时也被技术塑造着,技术和

---

① 乔瑞金主编:《技术哲学教程》,科学出版社 2006 年版,第 114 页。

我们自身达成了一种双向的影响、规定和平衡。因此，无论从物质层面还是精神层面来看，技术产品都已经构成了大学生生存和发展的主要环境要素。

当前我国处于快速的社会转型期，人们的思想观念正发生着深刻的变化，这一点也反映在大学生的道德认知上。与此同时，一些重大社会矛盾和问题的解决将直接或间接地与能否对大学生进行全面的技术教育和道德认知教育密切相关。比如在解决环境污染的过程中，资金的投入固然重要，但技术开发者和政策制定者与实施者对于环境污染本身的道德认知却是其中潜在的一个重要因素。目前医疗行业存在的道德问题比较突出，这就要求医学院校不光要承担医疗技术和医学知识的传授，更要对学生进行责任、诚信和生命价值方面的教育，增强他们的道德认知水平和道德实践能力。因此，大学应该通过各种方式和渠道对大学生进行技术责任、技术伦理和技术道德方面的教育，这将有利于大学生综合素质的提高和社会的长远发展。

（三）社会工程文化与社会人生观

工程文化在当前社会语境中的凸显一方面源于利用科学技术在中国现代化建设中对于自然的大规模改造，这体现了工程文化的自然属性；另一方面源于利用科学技术对于社会问题的应对和处置，这体现了工程文化的社会属性。人是工程文化的实际担当者，教育作为一项文化性的事业，它的主体必然要受到工程文化的很大影响。再者，现代教育本身就是一个巨系统，它的内部要素构成及其外部环境支持只有在工程文化的意义上才能得到比较好的协调、组织和运转。改革开放以来我国实施了一系列的教育工程，比如"希望工程""211工程""985工程"等，因此可以说教育实践是以社会工程文化的方式来开展的。在我国，教师被称为"人类灵魂的工程师"，工程文化的实践特征直接影响着教育主体在教育活动中的价值取向和态度选择。新文化进化论者认为，文化是由实物、行为、信仰和态度组成的。文化作为一个组织起来的一体化的系统，可以分为三个亚系统，即技术系统、社会学系统和意识形态系统。教育在整个文化系统中，是以技术系统为基础的，并且为意识形态系统所反映，这就确立了教育在文化中的中层地位。[①] 教育的社会文化性决定了教育在整个社会文化系统中的地位、结构和功能。现代教育既要有大量的物质基础，又要受国家宏观政策的调控，因此它的社会工程性也非常明显。我国的学校教育主要是由政府承办的全民公立性教育，私

---

① 郑金洲：《教育文化学》，人民教育出版社2000年版，第89—90页。

立性的民办教育在当代有了很大的发展,一些合作性的国际化办学模式也不断涌现,由此不难看出我国教育现代化的社会工程文化性已经越来越明显。"教育现代化的实施,是社会整体变革、迈向现代化的必要条件,同时也是调整教育内部结构、协调教育各功能、提高教育效率的有利时机。但是我们在看到教育现代化的重大作用的同时,也要充分注意到它可能产生的负效应。"①

在教育现代化的进程中,后发展的国家因为科学技术大多已经系统化、集成化了,因此在普及教育时,必然要重视正规教育,重视文凭,"文凭病""学历化社会"在这些国家是一个普遍存在的问题。② 教育现代化是国家现代化的重要保证,教育观、人才观也都深刻影响着教育主体的人生观。中国自古就有"学而优则仕"的传统,改革开放以来,我们的教育并未打破这种文化传统,而是在精英教育和应试教育的信念下使之更加深入人心。老师、学生和家长在职业意识上长期存在着三六九等之分,这使教育发展出现了局部的结构性失衡;在教育评价上崇奉以分数高低论优秀,以考试成败论英雄,使教育的内涵及其质量大打折扣。教育的社会工程文化特性是教育现代化的重要标志,它有助于教育以更加开放、灵活的方式来促进教育主体和社会的现代化。从文化发展趋势来看,世界许多国家已经看到了工业化导致越来越多的人受到损人利己动机的驱使,为社会服务和奉献的意识淡漠的现象,因而对文化核心层面的道德建设表现出浓厚的兴趣,并对其高度重视。《美国 2000 年教育目标法》把对学生进行良好品德的教育,定为国家八大教育目标的重要内容;日本在《21 世纪的教育目标》中指出,"只有重视思想素质的培养,才能保证人的健康成长",并且把教育目标中的"智、德、体"顺序改为"德、智、体"排列。③ 现代化是一个不断分化与整合的过程,它促成教育的内在目标和外在追求多样化,教育的社会服务性和工程实践性特征更加明显。社会工程文化注重的是教育的本质要求与社会功能之间在过程价值上的平衡,它的对象是所有教育主体,它的最终目的是贯彻终身教育和终身学习理念,构建学习型社会和组织,促进人的全面发展和社会的良性竞争。科学文化和技术文化塑造了现代教育及其主体在工业时代的精神气

---

① 郑金洲:《教育文化学》,人民教育出版社 2000 年版,第 370 页。

② 郑金洲:《教育文化学》,人民教育出版社 2000 年版,第 371 页。

③ 景志明、宋春宏主编:《中外学校德育综合比较》,西南师范大学出版社 2001 年版,第 184 页。

质,工程文化则刻画了现代教育及其主体在后工业时代的心灵期许。正是在这个意义上来说,我国的教育现代化应该具有更高的文化追求,从文化战略上来考量教育对于个人、社会、民族和国家的承诺,实现教育上的真正创新,使教育成为个人走向幸福人生的桥梁,使我国从教育大国走向教育强国。

（四）人文科技与人生观

实现人文关怀是我国现代化建设的重要内容,教育则是达成社会人文目标的重要依靠。我国自古就具有良好的人文传统,但是改革开放以来,这种人文传统并未在教育中得到很好的落实和体现,使其融入教育主体的人生观中。科技理性对于当代社会的垄断成就了高度的物质文明,但人文精神却在不断衰退,人文理想的萎缩使得教育主体在教育实践中找寻不到人生的观照和真意。后现代文化的科技精神追求人文性和批判性,它对现代教育的工具理性特征进行了淋漓尽致的描绘。我国当代教育的总体特点是科技理性为主,人文理性为辅,这主要是由我国社会现代化的阶段性特征所决定。教育不应该一味被动地受制于社会现实,它应该具有文化前瞻性、理想性和超越性,这样才可能更好地服务于社会发展的需要。当前我国的现代化建设已经进入攻坚阶段,要求构建"以人为本"的和谐社会和生态文明。"合理文化生态不仅有文化意义,而且有经济意义。"①教育是整合和提高社会文化意识的重要力量源泉,在坚持教育优先发展的前提下,我们应该在教育中大力倡导和实施主体性教育,促进教育向人文科技观的转变,使科技与人文的结合在教育主体的人生观中生根发芽。"每当一项技术革命出现时,便出现这样一个问题:究竟哪些东西会发生变化,以及是否每样东西都会发生变化? 经验表明,社会中永远都存在不变的因素。"②"历史和当代世界都清楚地表明民主和公民社会是充分发展科学、文化和教育制度的根本。"③教育不但要培养出数以万计懂得科技知识的现代化建设者,而且要能够塑造出继承民族优秀文化传统的现代公民,这两方面都是我国教育发展必须努力前进的方向,特别是民族文化成果在教育中的薄弱趋势亟待改观。教育

①　张相轮、佘士生:《艺术、科学与人生》,东南大学出版社 2006 年版,第 205 页。

②　热罗姆·班德主编:《价值的未来》,周云帆译,社会科学文献出版社 2006 年版,第220 页。

③　热罗姆·班德主编:《价值的未来》,周云帆译,社会科学文献出版社 2006 年版,第227 页。

永远是一项关乎人的发展的文化事业,人文价值可以说是教育的首要属性。现代科技的发展使教育走向知性化和理性化,人既是知识的主体,又成为知识的客体,人的当下存在被描述为一种知识性的对象化存在。因此,教育的现代化成为理性知识对人的规训过程,人与生活的距离不断被拉大。科技教育与人文教育是现代学校教育的主要内容,改革开放以来科学教育在学校教育中占据主导地位,而有关职业、生命、心理、健康和信仰等方面的人文教育没有受到足够的重视。"具有科学精神与人文精神和谐统一的人格,教师才能创造性地发现知识,在教学过程中积极地引导学生活泼地掌握知识的同时,又关注知识的价值层面。……无论处在知识剧增的时代还是面临价值改变的时代,或者是科学精神已经失落,人们追求知识的工具价值而忽略知识的价值层面、意义层面的时代,都要求教师这样做,这样教师作用的发挥才可能更加突出和有意义。"①人文教育对于学生的全面发展和社会的持久和谐与繁荣具有不可估量的作用,当代世界范围内教育改革的趋势已经深刻地证明了这一点。我国教育中人文教育地位的提高,关键在于教师教育观念的转变,这也是教育现代化的重要依托。21 世纪的学校教育应该超越政府所要求的学术目标,采取相应战略和视角培养学习者的价值观和态度,学校的思维模式将向其他组织和校外公众开放,如表 3-1②所示。科技的发展不断拓宽和改变着学校教育的内容、目标和组织形式,但通过科技促进教育主体的发展,满足社会进步的多方面需求将是学校教育的主要目标。

表 3-1　目标、价值观和态度

20 世纪的教育培训	21 世纪的终身学习	变革行动
设定狭隘的学术目标,并即时实现	为当前目标工作,同时为未来造就积极的学习观念和态度	发展学校与工业、社区等外部世界更多的联系和合作

三、价值观:在规范与德性之间

改革开放以来,在"科学技术是第一生产力"的感召下,学校教育和教学不断经历着各种各样的改革。这种改革的驱动力是科技和经济发展所致,它所要实现的目标主要是为了满足社会经济发展的需要。因此教育改革主

---

①　吴安春:《回归道德智慧——转型期的道德教育与教师》,教育科学出版社 2004 年版,第 199—200 页。

②　诺曼·朗沃斯:《终身学习在行动——21 世纪的教育变革》,沈若慧、汤杰琴等译,中国人民大学出版社 2006 年版,第 129 页。

要是由外部社会经济因素引领,而德育实践的内部逻辑要求在改革过程中是被动实现的。"教育中充斥着纯理性主义、科学主义与技术至上,对科技的过分崇拜和依赖、对物质进步的沾沾自喜使教育失去了个性,失去了独立性和批判性,成了科技的附庸:在教育本质(或归属)问题上,把教育说成是生产力,从而在教育目标及功能上强调培养劳动力和为生产力服务,强调学校的职业训练,造就'经济人'和'技术人';在教育内容上,中心突出科技教育、教育内容现代化;……所有这些,都与科技发展密切相关,是科学主义对教育的冲击。"①因此,科技发展带动利益原则渗透进教育,经济思维方式操控了学校的正常运转和教学过程,教育的性质发生了深刻的变化。教育是一项促进人的全面发展的事业,它的重要性、公益性和公共性对于个人、社会和国家不言而喻。经济的持续发展需要教育为其提供人才支撑,当经济标准成为衡量教育的主要标准,成为人才的绝对尺度时,教育的真正目的和意义就会丢失,它将会变成一种平面的,没有色彩和趣味的活动。道德教育因此也会发生变异,德育主体在经济主导的教育和教学中可能沦落为"单向度"的存在者。

(一)"潘晓现象"的启示

1980年5月,《中国青年》杂志发表了一位署名潘晓的青年工人的来信,信的标题为《人生的路啊,怎么越走越窄……》。信中她描述了自己的人生理想从形成到破灭的过程以及个人思想情感变化的经历。这封信在广大青年中产生了极大的反响,在全国范围内引发了一场关于人生价值观的大讨论。信的主要内容如下:

> 过去,我对人生充满了美好的憧憬和希望。小学的时候,我就听人讲过《钢铁是怎样炼成的》和《雷锋日记》,虽然还不能完全领会,但英雄的事迹也激动得我一夜一夜睡不着觉。我想,爸爸、妈妈、外祖父都是共产党员,我当然也相信共产主义,我将来也要入党,这是毫无疑义的。
>
> 对人生的看透,使我成了一个双重性格的人,一方面我谴责这个庸俗的现实;另一方面我又随波逐流。黑格尔说过,"凡是现实的都是合理的,凡是合理的都是现实的"。这成了我安慰自己,敷平创伤的名言……

---

①　刘振天:《加强整体的教育,克服科技负效应》,《教育研究》1995年第8期,第23—27页。

我体会到这样一个道理：任何人，不管是生存还是创造，都是主观为自己，客观为别人。就像太阳发光，首先是自己生存运动的必然现象，照耀万物，不过是它派生的一种客观意义而已。所以我想，只要每一个人都尽量去提高自我存在的价值，那么整个人类社会的向前发展就成为必然的了。这大概是人的规律，也是生物进化的某种规律——是任何专横的说教都不能淹没，不能哄骗的规律！①

"潘晓现象"代表了改革开放初期人们的价值观在日常生活中经历的翻天覆地的变化，时至今日，这种趋势仍然在震荡中前行。"'文革'以后，我们经历了一个价值方针失落和精神空白的时期。可以有足够的纯理论来描述这样的信仰危机，以及由此产生的对极端形式集体主义的怀疑和否定。事实上，当时人们的精神心理在文学中得到了直接的宣泄。这时的文学，已不再是纯粹的文学现象，其轰动效应恰恰在于它以直观感人的形式，刻画了整整这一代人的心态，类似朦胧诗、伤痕文学等。"②社会急剧转型带来了道德、伦理和价值的亏空，整个 20 世纪 80 年代人们都在寻求填补这种亏空的办法和出路。这点特别反映在学校教育中，对于知识的渴求和真理的向往构成了支撑教育主体价值观的良药。但是知识本身并不能完全解答教育主体在价值观上的困惑，因为知识的权力属性和意识形态特征在一定程度上也属于价值观的范畴。对于知识的崇拜使学校教育注重事实判断和真理话语，忽略了教育主体的情感体验在价值观形成中的重要作用。可以说在 20 世纪 80 年代学校教育开始用知识，特别是科技知识来解构以往某些不合时宜的价值观，又在建构和树立新的时代需要的价值观。在这一过程中，科技知识成为教育主体最可信赖的朋友，他们的内心情感也主要通过知识话语和行为来表达。因此，在社会转型时期，如何处理知识与情感的关系就成为教育活动需要面对的主要问题之一，这个问题也贯穿在学校德育的始终。从教育原理来看，知识在一定意义上代表了可理性化的、明言性的教育内容，情感则很大程度上代表了非理性化的、缄默性的教育内容，二者都是道德教育和价值观教育的重要组成部分。

（二）知识价值的重生

知识价值观一直引导着人类社会的发展和教育的历史进程。总体说

---

① 孙少平编：《新中国德育 50 年》，福建教育出版社 2002 年版，第 146—147 页。

② 朱贻庭、秦裕等：《当代中国道德价值导向》，华东师范大学出版社 1994 年版，第 97 页。

来，人类的知识经历了三个阶段，即纯粹知识观阶段、工具知识观阶段和支付—投资知识观阶段，与这三个阶段分别对应的时代大致为古典时期、现代时期和后工业化时期。古典知识价值观满足于心灵对于人自身所处世界的领悟，现代知识价值观满足于人对自然的征服和控制，后工业时期的知识价值观把知识本身当作产业，知识产生价值。① 改革开放以来，我国的社会发展也经历着从农业社会到工业社会，再到后工业社会的转型，由于社会历史条件的制约，这三者表现出历时共生的关系。不同社会经济条件下的知识价值观深刻影响着教育实践及其改革的动向。新中国成立后我国教育的价值取向基本上是国家和社会本位，"文化大革命"之前是政治价值主导，改革开放以后是经济价值为中心，"尽管我们不能否认这种转向的巨大社会历史意义，但客观地说，从新中国成立后至今，教育促进受教育者身心全面发展的本体价值从没有置于应有的地位"②。知识价值观是教育价值观的主要体现，不同的知识观下教育发展的向度和价值主旨是不同的，教育主体自身的价值观也表现出很大的差异。社会转型时期教育主体对知识价值的认识大概经历了这样一个过程：20世纪80年代，教育主体充满了对知识和真理的向往，他们将知识主要看成是满足自我精神需要和内心价值追求的食粮；90年代，知识的价值由理想向现实下移，教育主体更加关注知识的功用；21世纪，教育主体钟情于知识的选择、甄别和创新等功能价值。"知识与教育之间存在着密切的关系：知识既是教育的主要目标之一，又是教育的重要内容与载体。因此，一个时代的知识状况必然影响到那个时代的教育状况，一个时代知识状况的变化也必然会推动那个时代教育实践的改革。"③近代以来中国社会和教育的发展过程中，科技知识的普及虽然也受到经济和政治的很大影响，但总体来说，科技知识在学校教育和社会生活中逐步取得了统治性的地位，这点在改革开放以后表现得更加突出和明显。"中国古代思想家虽然也承认'知识是一种德行'，但所强调的主要是伦理道德的知识，而不是自然科学的知识。"④中国传统文化和本土知识在近代以来的学校教育中不

---

① 周茜蓉：《论知识价值观的三种类型》，《江西社会科学》2001年第4期，第20—22页。

② 王卫东、石中英：《关于建国后教育价值取向问题的思考》，《江西教育科研》1996年第4期，第1—4页。

③ 石中英：《知识性质的转变与教育改革》，《清华大学教育研究》2001年第2期，第29—36页。

④ 王树林、戴木材主编：《当代中国道德教育》，江西教育出版社1999年版，第82页。

断被边缘化,改革开放以来依然如此。教育本身是一项具有文化性、价值性、目的性和精神性的事业,但是现代教育在科技知识的统辖下经常表现出实证性、客观性和工具性特征。"知识价值的绝对主义。人们普遍地相信,知识就是力量,是改造社会各项事业的基础。知识的价值是绝对的、普遍的和永恒的。知识的传授和获得是一种善的事业。无知就是最大的恶。这种在知识价值方面深刻的然而却不乏盲目的信仰,也是近代思想家主张普及教育的思想基础之一。在这种知识价值观的指导下,教育教学的重要目的就是为了毫无偏差和遗漏地传递某一类型和结构的知识。知识在教学过程中占据了核心的位置,相应地,教师也被赋予了很大的权力。灌输作为一种教学方法也取得了自己的价值论基础。"[1]社会转型时期学校教育中的这种绝对主义知识价值观在很大程度上助长了应试教育风气的形成。这里我们无意否认学校教育中科技知识传授和学习的重要性,只是反对将学校教育简单地等同于知识灌输的做法。"我国往往是从国家的角度要求公民为了国家的强大和民族的振兴而提高自身的科学素质;美国提高公民的科学素质,则是国家站在公民个人角度上,提醒公民,提高自身科学素质可以过上一种自我实现和负责任的生活,国家只是由于公民科学素质提高而间接受益。我们的态度,是国家对人民的要求,通过文献看到的美国的态度,是民间对美国政府及其教育机构的要求。"[2]从这种对比中不难看出,我国学校科技知识教育中的国家价值本位使教育主体的个人价值诉求不能得到及时的满足,知识传授代替了道德教育,教育的灵活性和全面性不能得到保证。现代学校教育的发展历史告诉我们,教育具有很强的民族性、地域性和时代性。在教育现代化的进程中,我们既要注意到不同国家和地区之间教育发展中共性的东西,又要善于摸索和总结符合自己民族特色的教育理念、制度、方法和模式等等。近年来的教育理论和实践中人们已经注意到了知识的普遍性和相对性,在此基础上逐渐重视传统文化教育、校本课程的开发以及默会知识的教育意义等。

(三)情感价值的疏漏

科学技术既是推动人类社会走向现代化的主要力量,又是实现人的现

---

① 石中英:《当代知识的状况与教师教色的转换》,《高等师范教育研究》1998 年第 6 期,第 52—57 页。

② 田小飞、王娜等:《建国以来我国公民科学素质建设的基本特征》,《华南师范大学学报》(社会科学版)2006 年第 6 期,第 15—21 页。

代化的重要依靠，因此，现代化在一定程度上就意味着科学化和技术化，现代化的成熟阶段则预示着人性化和人文化。改革开放以来的教育在科技的引领下不断走向现代化，但是在教育中却出现了严重的"主体性危机"，它的直接表现就是整个教育活动的知性化和工具化，在教育中找寻不到人的存在，教育主体的情感遭到理性的规训和压制。"'技术方法'这一术语不应当像人文学教授固执地认为的那样仅仅指实证主义科学探究的局限。技术方法的恶性传播已遍布所有学科。不仅仅是古典自然科学给方法赋予特权——从终端开始的研究模式预先确定了能问的问题及其答案，这样的一个研究过程就像伽达默尔很有说服力地证实的那样，远离了而不是揭示了真理。"[1]现代教育无论从理论还是实践都深受科技主义的浸染，科技理性的光辉使人成为教育实验的改造对象，教育中充满着关于人的可塑性的各种前提假设，人成为知识建构出来的一种观念存在者，而非人的自然生成意义上的生命存在。中国社会的现代化和教育现代化还处于发展阶段，因此人在教育中的客体化和教育的技术化倾向有其必然性。教育现代化是社会现代化的重要条件和保证，教育在促进人的现代化的过程中，主要包括两方面的内容，即人的观念和情感的现代化。现代教育本身就代表了人类对于理性秩序的谋求和策划，人的情感在教育事务中受到了一定的教化和排挤。如何才能克服教育现代化过程中这种情感上的缺憾呢？诺丁斯认为："教育应该围绕关心主题来重新组织。关心，而非传统学科，应该成为教育的中心。普通教育应该面向所有学生，指导他们关心自我，关心身边的人，关心世界上所有的人，关心动植物，关心人类创造的物质世界，关心知识和学问。以关心为核心的道德人生应该成为教育的主要追求。这个教育目的并不与学生的智力发展或者学术进步相互抵触，相反，它为智力和学术发展提供坚实的基础。"[2]马克思主义认为人的本质是一切社会关系的总和，"工业的历史和工业的已经产生的对象性的存在，是一本打开了的关于人的本质力量的书，是感性地摆在我们面前的人的心理学"[3]。科技促使现代社会分工日益精细，并且诱发了人对于物的依赖和自我主体性的迷离。所以社会需要

---

① 威廉·V.斯潘诺斯：《教育的终结》，王成兵、亓校盛等译，江苏人民出版社2006年版，第39页。

② 内尔·诺丁斯：《学会关心——教育的另一种模式》，于天龙译，教育科学出版社2003年版，第221页。

③ 《马克思恩格斯全集》（第42卷），人民出版社1982年版，第127页。

教育来增强人们之间的信任和理解,维系社会的团结和沟通,使人与人之间实现真正的情感交流和互动,这样教育才可能在真正意义上来促进人的发展和社会的全面进步。因此可以说,教育的现代化不但表示用科技知识来武装人的头脑,使人趋于理性化,而且意味着人的情感的社会化,让人的内隐心灵世界尽量得以展现。毕竟世界对于人来说,有些是可以用语言来表达的,有些是无法用语言来表达的,况且人类用知识语言描绘出的事物要远少于我们内心深处所潜藏的或者无法表达的东西。对于教育现代化而言,情感和知识同样重要。改革开放以来我国的教育发展过于重视知识的传授和学习,这使教育主体缺少了自身的个性和情感特征。

　　情感是人类最为真实的自然存在状态和心理表征之一,它对于教育主体的主观认知、判断和行为起着非常重要的调节作用。教育发展史证明情感的发育直接关系到个体的心智成熟和道德成长。"科尔伯格指出,与科学研究不同,道德判断是一种充满情操、爱憎的心理活动,它依据或表现着判断者的情感。但是,情感始终是以个体理解情境中的权利和义务的具体涵义为基础的,无论是情感的发展,还是判断时情感的作用,都是一种内在具有浓厚认知成分的机构体。人格的道德力量也是认知性的。例如恐惧感、自责感、责任感等都是一种作用于判断的强烈情感,但在本质上仍然是认知的,是由认知发展过程中分化成的。情感力量包含于道德决定中,但它本身是中性的,只有被导入道德方向,才是道德的,而道德引导工作本身就是道德认知。道德认知水平越高,其情感越稳定,对行为的推动力就越大。"①情感与认知是现代教育的两个重要方面,情感对于人的道德观念的形成和发展起着很大的推动作用。但是在现实的教育实践中,人们往往看重的却是科技化的理性认知对于学生成长的作用,淡化甚至遗忘了情感在学生身心发展中的重要性。就教育的本真追求而言,情感是教育何以可能的内在根据,也是教育主体形成理性观念的前提基础。心理情感是人天生的,理性认知是后天教导形成的,现代教育习惯于用科学理性来规范和督导教育主体的心理情感,使其顺从于社会环境的需要。"就传授美德而言,实践比任何理论课程都更为有效,后者只能起到补充性的作用。可是,我觉得,目前在培养教师时过于重视科学理论,而对他们未来的职业实践关注较少。如何引导儿童的参与精神和自己动手的能力,如何唤起他们的创造性,如何培养

① 冯增俊:《科尔伯格道德认知发展建构观的探讨》,《外国教育研究》1994年第2期,第1—5页。

合作精神,如何对他们实行有效的约束,并在此后逐步放松约束——对于所有这一切,未来的教师们只是在理论方面有所了解,还缺少对于未来教师职业的实践准备。教师的确应当向学生传授知识,因而他自己必须拥有知识。然而,教师对儿童和青少年施加教育影响的能力也同样重要。"①只有当教育真正面向实践,亲近生活时,教育主体的心理情感和理性认知才能得到很好的结合,教育的现代化和主体化也才有实现的可能。当代教育活动中的主体性教育、情感教育、审美教育等都是试图扭转我国教育过于注重智育的知性化取向,帮助学生能够在心理、情感和审美等方面得到更好的发展。

社会转型时期教育主体心理情感变化的总体趋势是不断地趋于自我化、现实化、个性化、多样化和复杂化。这种情况的出现,除了社会环境的影响之外,现代教育本身的特点也是一个显著原因。"现代学科、知识发展的一个重要特征是高度分化,新学科层出不穷,人们对世界的认识领域不断拓展,这和实践活动的多样化相契合。在经济生活世界,新的行业和工业随着新知识和新的实践需求的出现而出现,它们刺激和促进了知识和学科的发展与分化。学科与知识分化的一个后果是世界观——人格的分化。"②科技知识、学校教育和社会环境构成了三位一体的结构模式,理性秩序的建构使人内在的情感世界不能得到充分的表达和展现,人的心灵和精神世界处于被分割的状态。"现代学科训练对于世界观——人格的消极影响也是显而易见的。在现实生活中,很多学科训练或科学教育的目的是培训未来的职业科学家或专家,他们的教学设计就围绕着这一狭窄的目标。这种学科的训练制度和教育方式忽视了科学知识的另一维度,即科学精神或内在价值的维度,如批判性、非教条主义性等等。人们注重的是合格人格或人才的批量生产,并对他们实行道德的管治。学科的训练目的不再是科学精神在人格上的灌注,而是实用型人才和符合社会需求的人才培养,这样的学科训练多少带有技术主义的色彩。"③改革开放以来,科技知识在社会中的地位不断提高,"学知识,用知识","知识改变命运"等观念已深入人心,这是社会现代化过程中的可喜变化。但是在教育实践中,却出现了唯知识论的倾向,学校教育奉知识灌输为圣经,缺少人文关怀;教育主体的考核与评价大多数情况

---

①　赫尔穆特·施密特:《全球化与道德重建》,柴方国译,社会科学文献出版社 2001 年版,第 229—230 页。

②　顾红亮:《现代中国平民化人格话语》,华东师范大学出版社 2005 年版,第 128 页。

③　顾红亮:《现代中国平民化人格话语》,华东师范大学出版社 2005 年版,第 131 页。

下与知识挂钩,他们的情感需要没能被充分考虑。中国"社会变革的直接目标是以经济结构为基础的社会有机体,但从实质上看是围绕人而展开的。这场大变革不仅要求改造主体的行为方式、生活方式、交往方式和思维方式,而且要求主体摈弃落后的情感方式,塑造现代化的情感方式"①。因此,中国社会现代化实际上就是要完成人的现代化,教育是提高人的综合素质,促成人的现代化之重要前提和基础。人的情感的现代转型,是整个社会现代化的重要组成部分,也是教育现代化的重要使命。从国外社会现代化的发展历程来看,人的情感现代化是最为棘手和紧迫的问题之一,社会的技术性内容的增多使人的情感容易产生异化,造成许多"单向度的人"。这种现实对教育也提出了巨大的挑战,成为教育改革和发展必须面对的难题。科技是推动社会主义现代化建设的重要力量,它改变了传统社会人们情感的组成要素和表现方式,致使社会生活中出现了许多新的情感危机现象,例如情感空虚已经成为一种普遍存在的社会问题。因此学校教育应该怀有情感意识,重视情感教育,使学校教育真正做到以人为本,以教育主体的生活和情趣为出发点和落脚点。"道德情感教育强调以感受体验为基础,以情感态度的养成为表征,以情感与认知之间的相互影响、相互促进为发展过程,以培养情感性道德人格为目标。"②认知主义的理念和价值导向主导着当代学校教育,道德教育、情感教育和审美教育等都是在认知主义的教育范式下来进行的,这实际上是教育活动中科学主义的技术理性的推广和延伸。教育中认知主义的教条和泛滥很容易导致主知主义,主知主义遮蔽了情感在教育主体成长和发展过程中的重要作用,这也是我们的教育中主体性缺失的主要原因之一。人的理性与情感并不是对立的,二者并非不可调和,教育实践中应该将它们有效地结合起来。道德情感是中国传统伦理文化的重要组成部分,也是传统道德教育的重要内容,在新的历史时期,我们的教育生活应该将其继承并发扬光大。

（四）信仰价值的坠落

"信仰是人的一种精神状态或说精神机制。它虽然属于一种精神性现象,但它的指归却是具有社会文化性的终极关怀。它在一定的社会文化氛围中发生发展、转化运作,所以,它无疑更属于一种复杂的社会文化现象。

---

① 郝永平:《社会变革与情感转型》,《理论与现代化》1994 年第 9 期,第 25—28 页。

② 朱小蔓、梅仲荪:《道德情感教育初论》,《思想·理论·教育》2001 年第 10 期,第 28—32 页。

信仰只是属于人之所特有，所以，从某种意义上说，它天然性地就蕴含着价值，或说就是一种价值。作为价值，它的特质在于给人们提供知识以外的关于未来的信念，以此构成人类向历史纵深处延伸和向未来极限处挺进的精神支柱。"①"文化大革命"结束之后，中国人从狂热的政治理想和信仰中"清醒"过来，通过改革开放，国人又逐步走向了一种基于现实的经济理想和信仰之路。在这种两级化的社会信仰背景的整体转型中，信仰没能实现对于生命个体的价值观照，其主要原因是信仰的政治价值、经济价值和社会价值代替了信仰的个人价值。信仰价值在本质上体现的是人对于自我的超越和对于现实的终极关怀，信仰价值的最大特点就是它的内在超越性，这种超越性的实现是一个由下往上，由个体到整体的过程，如果信仰对于个体生命的意义和价值不能显现，那么信仰的其他诸价值也会落空。檀传宝教授认为："中国古人常以修身上的至境追求去求得其社会政治理想的实现，以道德推论政治是中国古代文化的典型逻辑之一。'文革'时期，现代中国（大陆）则反其道而行之，上演了一幕以政治取代道德的社会与教育悲剧。正确的政治信仰的确立和道德教育之间的关系应该是一个相互支撑、相得益彰的关系。"②"中国德育的弊端之一是对于核心价值或终极价值问题的实践和理论上的回避。'价值无根性'的弊端已经导致了德育实效上的'实质性低迷'。走出德育'实质性低迷'的关键之一是实现信仰教育与道德教育的正确连接，建立道德学习主体的价值内核。"③社会转型时期，信仰价值的亏空固然有其历史原因，但一个非常重要的现实原因则是以现代科技理性为基础的物质经济信仰对于人文精神信仰的压迫和排挤，有限的信仰活动经常是趋向于功利性，缺乏超越性。这样造成的后果是中国在发展市场经济的过程中，没有坚实的大众化的信仰价值和伦理意识的支撑，社会生活中的各种制度法律和道德规约在实践中不易被遵守。如今的"中国不信神，不信鬼，不信天命，不信末日审判，当然更不信天堂。古代的中国人还信孔子，还懂得'己所不欲，勿施于人'，而经'文化大革命'洗礼后的中国人就连这一点可怜的伦理也不再相信了。什么都不信的人，最后只能信自己。而信自己实际

---

①　荆学民：《论信仰价值的发生》，《哲学研究》1994 年第 5 期，第 22—27 页。

②　檀传宝：《信仰教育与道德教育》，教育科学出版社 1999 年版，第 94 页。

③　檀传宝：《信仰教育与道德教育》，教育科学出版社 1999 年版，第 1 页。

上意味着一切都是可能的,撒谎骗人害人坑人又算得了什么呢?"①

第二节   科技对德育主体行为的影响表现

科技对人的影响首先是观念性的,这种观念性的具体体现也就是人的理性化,主要涉及人的行为方式和道德实践的转变。近代启蒙以来,科技理性完成了对人的改造,使人在世间获得了一种对象性的自主意义的存在。教育则是科技理性推动人的现代转型的重要依托,教育自身也在追寻着一种科学化、技术化的实体性存在。"在十九世纪上半叶,出现了一种新的态度。'科学'一词日益局限于自然科学和生物科学,同时它们也开始要求自身具有使其有别于其他一切学问的特殊的严密性与确定性。它们的成功使另一些领域的工作者大为着迷,马上便着手模仿它们的教义和术语。由此便出现了狭义的科学方法和技术对其他学科的专制。这些学科为证明自身有平等的地位,日益急切地想表明自己的方法跟它们那个成就辉煌的表亲相同,而不是更多地把自己的方法用在自己的特殊问题上。"②改革开放以来我国的现代化建设也具有西方近代以来现代化进程中的某些共性的特征,其最突出的表现可以说是科技在推动社会与人的发展过程中所展现出的作用和功能。大致来讲,科技的这种作用和功能可以分为两个方面,一是思想观念和社会意识,二是实践方式。近30年来中国教育的变化和发展集中体现了当代科技的社会和个人效用特点。科技化的范式和思路无论从理论还是实践上都在教育的变革过程中居于主导的地位,这对于教育现代化起着巨大的推动作用,但同时也出现了科技与人文的对立,知识和生活的割裂,理性和情感的冲突等严重问题。近代以来,教育学对教育对象的探索中,曾经有过四次发现,分别是"人是教育的对象""教育对象是人""教育对象是学习的主体""成人也是教育对象"。③ 教育学中对教育对象的发现过程是教育实践随着社会与科技的发展而变化的生动反映。纵观改革开放以来我国教

---

① 赵晓:《市场经济的局限与信仰的价值》,《中国新时代》2005 年第 3 期,第 84—86 页。

② 弗里德里希·A.哈耶克:《科学的反革命——理性滥用之研究》,冯克利译,译林出版社 2003 年版,第 4 页。

③ 励雪琴:《教育学是什么》,北京大学出版社 2006 年版,第 166—174 页。

育界对教育对象、教育主体的认识过程,我们可以发现前述四种教育对象观在教育活动中是普遍存在的,科技发展和知识转型成为每一种教育对象观得以形成的重要前提和基础。科技文明深刻影响着当代教育主体的活动方式,科技文化也浸润着教育主体自我行为的选择。"现代科学方法论对教育实践的影响主要是思想观念和方法论层次的,而现代技术手段对教育实践的影响则首先从物质技术层次对教学手段和教学设施发生影响。教学手段与设备是教师教授活动的工具,是学生获取知识的媒介,教学手段的发展往往能够扩展教学活动的时空,提高教学效果,并引起教学理论和方法的相应变化。"①科技对教育主体的影响既表现在观念上,又体现在行为上,观念与行为在教育实践的过程中相互统一。

一、德育过程:从灌输走向交往

人类社会所经历的多次科技革命都极大地拓展了生产实践的范围,改变了社会生产关系,影响了人们的交往方式。"改革开放以来我国人际交往方式的变化是生产方式变革的必然结果,它的变化又推动了经济的发展和改革开放的更加深入。"②科技是推动社会生产方式变革的最为重要的力量,教育作为社会结构中的复杂子系统,它的实践方式及其主体的交往方式也必然要受到科技发展的较大影响。当代教育主体之间的交往内容基本上还是以知识和技能为主,交往的最终目的基本上是以个体能力的培养为导向。交往方式的实践技术取向增强了教育主体自我竞争意识的提升和生活选择上的个性化要求,当然了,科技促进交往工具的革命是教育主体之间交往变化的重要物质前提和基础。因此,科学技术引发的交往变革,从其表现形式来看可以粗略分为两个方面:一是交往内容的变化,以科技知识为中心;二是交往手段的改进,以科技产品为核心。依据马克思主义唯物史观,人类社会交往形式大体上经历了三个阶段:一是以人的依赖关系为基础或统治服从关系为基础的交往;二是建立在交换价值基础上的一切产品、能力和活动的私人之间的交往;三是作为自觉联合起来的自由联合体成员的个人之间

---

① 桑新民:《呼唤新世纪的教育哲学——人类自身生产探秘》,教育科学出版社 1993 年版,第 373 页。

② 张敏杰:《改革开放与人及交往方式的嬗变》,《浙江社会科学》1994 年第 1 期,第 54—58 页。

的交往。① 学校主体之间的交往是社会交往的有机组成部分,也是现代交往形式的一个缩影,科技发展对于社会交往的影响生动地表现在教育主体的交往关系上。从改革开放以来学校教育的发展来看,教育主体之间的交往也呈现出以知识占有为基础的"我—他"的主客关系,以技能发展为基础的"我—你"的交互主体关系,以素质和生活为基础的"学习共同体"的双主体关系。每一次交往关系的变革,都体现了科学技术的最新发展及其对教育的新的作用方式。从改革开放的整体进程以及科技发展的社会效应来看,学校教育主体的交往大致经历了两个时期:一是从改革初期到 20 世纪 90年代中期,主要体现为知识交往;二是 90 年代中期到现在的信息交往。另外从我国当前的教育实践来看,对话在教育活动中的作用日益显现,对话打破了德育灌输的单向交往性,使德育主体之间的双向交流得到保证。

(一)知识交往

科技革命使人类社会的知识总量和规模剧增,知识更新的速度飞速提升。知识的传授和学习在现代学校教育中处于主导性的地位,以知识为中心的这种关系构成了学校教育主体交往的基础。"德国社会学家哈贝马斯(Habermas)认为体制和生活世界的紧张关系是我们这个时代的基本关系之一。""哈贝马斯还认为我们需要避免在理解我们的社会现实中倾向于任何一方,不管是'体制'还是'生活世界'。""体制与生活世界并不相互排斥。在大部分社会背景下两者同时出现。当我们在走入课堂履行教师职责时,这种过程就发生了。在这个过程中,我们每天都在构建和重构我们的角色,我们同时也在构建和重构与其他体制角色之间的关系,尽管这些其他角色与课堂的背景有一定距离。因此,每天当我们在扮演教师的规定角色、实现角色期待以及与其他角色交往时,我们是在巩固我们与'教育体系'的整合。"②现代学校教育体制是社会科层制的重要组成部分,学校教育通过对于知识和文化的选择、占有和传递,来维系和巩固着由科技理性支撑起来的科层制。教育体制的理性化建构必然使效率性和集约性成为现代教育的重要目标,教育系统的内部分工、协作及其与外部社会环境的相互调适使教育活动日益理性化和工具化,教育内容的世俗性色彩被剥离,教育活动的生活性

---

① 刘奔:《当代科技革命和交往手段的变革》,《中共宁波市委党校学报》2001 年第 4期,第 5—11 页。

② Sandra Hollingsworth 主编:《国际视野中的行动研究——不同的教育变革实例》,黄宇、刘丽丽等译,中国轻工业出版社 2002 年版,第 44—45 页。

被剔除。因此,体制与生活世界的冲突就构成了教育现代化过程中的一对基本矛盾,其实质就是科技理性对于教育主体生活世界的"入侵",教育主体之间相互交往的秩序被重新编排,以知识为中心的单一化交往模式取代了以生活和经验为基础的多样化交往模式。

"当成人在考虑学生时,往往把他们作为变革的潜在受益者。他们想到的是成绩结果、技能、态度和工作。他们很少想把学生作为变革过程和组织生活的参与者。尽管 20 世纪 80 年代的研究开始把学生作为自己教育的积极参与者,人们也越来越清楚应该做什么,但是很少真正把学生的角色提高到学校组织成员的位置。"①"认知科学家和社会学家新的共同的基础是都关注动机和关系,即只有当学校给学生提供了相关的、有趣的和有价值的经验并通过这样的经验来友好地激励学生时,实质性的学习才会发生。如果只有一小部分学生被吸引,那么它就是问题严重性的一个测量尺度。"②促进人的发展是教育的最终目的,如果学校教育不能激发教育主体的潜能,知识的规训和权威功能不能被弱化和打破,那么教育在推动社会现代化进程中的作用将不能够得到充分的发挥。传统教育中教育主体的知识交往是典型的"三中心",即教师中心、课堂中心和教材中心。这样导致知识的流动是单向的和封闭的,知识的建制是体制型、权威型和专家型,有关真理的知识话语和科学精神所隐含的平等、自由和民主意识不能在教育过程中得到切实的体现。"智能的普遍性因其对每一个个体的智力都是有效的,所以带来了社会的原子化。借助于这种智力,并且从这种智力的观点来看,如果不以某种方式将这一抽象的普遍性分解成具体的普遍性——在这种普遍性中,个别的人只是构成了一个与其他人连在一起的整体——那么,每个人就似乎都是一个与每个其他的人相并行的、封闭的和自给自足的要素。"③学校教育的现代化很大程度上体现为知识交往的普及化,教育中的选拔和精英理念让位于发展和公平意识。在当代教育民主化的实践中,教育主体之间知识交往的先天生物遗传假设逐步隐退,它的社会功能和个体成长意义日益明显。知识交往中静态的知识观被打破,知识的生成性和建构性得以展现,出现了

---

① 迈克尔·富兰:《教育变革新意义》,赵中建、陈霞等译,教育科学出版社 2005 年版,第 160 页。

② 迈克尔·富兰:《教育变革新意义》,赵中建、陈霞等译,教育科学出版社 2005 年版,第 161 页。

③ 尼科·斯特尔:《知识社会》,殷晓蓉译,上海译文出版社 1998 年版,第 335 页。

以学生中心、活动中心和经验中心的许多新的教育教学方式,注重教育主体在相互交往中的知识学习、体验和启发。"要改变重知识轻价值的教育。其实任何学科都具有人文精神。科学在本质上是一种人文事业。科学技术的创造,科学的价值,科学所要求的严谨态度、团队精神等都充满着人文精神。"①因此,如果知识的内在本质特征和外在社会功能被完整地呈现,知识的内涵和结构没有被人为地压缩和曲解,那么德育主体在知识交往中将会获取更多的道德教养。

(二)信息交往

"网络是一种技术,也是一种文化。它孕育和催生了许多新的价值观念和伦理精神,重铸了当今社会的许多现代意识,如自由与共享、信息与知识、互助与奉献、自主与平权、开放与兼容等现代意识和伦理精神,并且也形成了一些新的人际关系和道德关系,拓展了社会伦理文化的空间。"②20 世纪90 年代以来的信息技术革命,对世纪之交人们的生产和生活方式产生了很大的影响,极大地改变了学校教育的组织形式和教学方式,重新塑造了教育主体的形象和身份。所有这一切的变化基本上源自于动态、开放和多元的信息交往打破了以往封闭、静态和等级分化的校园生活,教育改革和学校重建也借势如火如荼地开展起来。"如果我们想到处于现代状态下的公民们目前能够获取大量的信息,我们便可发现这一问题已被夸张。就像类似于博德里亚和梅卢奇这样的许多后工业时代思想家所已认识到的,现代社会不能被描述为缺乏信息,而可以被认为是信息超载。"③现代科学技术的发展,已经使我们深陷各种媒介文化的包围之中,日常生活中充斥着众多通过网络、电视、手机、广播、报纸等所传递的符号信息。如何让学生在如此之多的媒介信息中学会生存、学习和交往,已经成为学校教育的当务之急。如果我们的学校教育还是以被动的方式拘泥于片面的知识传授,限制和打压学生正常的信息交往诉求,那么这将严重地影响到学生的身心发展和教育质量的提高,不利于学生的健康成长。知识使科技理性在观念和文化意识层面上浸润到教育主体的脑海中,信息使科技理性在行为和活动中渗透在教育主体的心灵里。21 世纪以来,伴随着网络社会的迅速崛起,老师们发现,学生再也不像以前那样"好管"了,游戏、娱乐和前卫时尚的追求在校园中随

---

① 顾明远:《教育:传统与变革》,人民教育出版社 2004 年版,第 215 页。
② 李伦:《鼠标下的德性》,江西人民出版社 2002 年版,第 12 页。
③ 尼克·史蒂文森:《认识媒介文化》,王文斌译,商务印书馆 2001 年版,第 104 页。

处可见。这种变化并不是由于学生们普遍出现了素质下滑和道德修养下降而造成的。信息交往和信息社会对学校教育的目标提出了新的要求,近年来许多地方和学校已经开展起来的媒体素养教育就是在这方面所做的有益尝试。

以信息交往为中心的当代社会发展,对于学校德育也提出了严峻的挑战。传统灌输型、简单线性的和封闭状态的德育模式遭到多方面的质疑和批评,取而代之的是各种生活型德育、活动型德育、欣赏型德育和体验型德育等等。"科学主义与人本主义的融合,将会在教育上出现种种新的表现:诸如在德育中将表现为理与情的结合。……这样就可以最终达成从学会生存和学会自立到学会关心和学会合作,以体现出时代的要求,促进社会和个人的和谐发展。"①转型时期我国的学校德育大致经历了科学主义与人本主义两个阶段。科学主义德育坚持知识路线,注重学理性的填鸭式独白,学生道德意识和思维的发展是在平面静止的环境状态下进行的。在计划经济时代,科学主义的学校德育与整个大的社会时代背景在局部情境中相适应。但是在市场经济条件下,功利性的交换原则和信息交往凸显了道德主体的自我利益诉求,这就要求学校德育必须转换思路,突破德育的现实瓶颈,将德育主体的道德情感和道德经验作为工作的重心,在实践中注意老师和学生之间的相互交流,促进二者的共同进步。在信息社会里,学校德育的公益性和公共性进一步增强,社会对学校教育的评价将会不再局限于学生的知识学习和智力发展,学校教育承担的主要任务是培养各方面协调发展的现代公民,德育的地位也将会愈发重要。有调查显示,网络中最能吸引学生的前三项因素分别是"信息丰富"(65.5%)、"没有压力和限制"(40%)以及"可以扮演不同于现实生活中的自己"(31.7%)。② 网络信息环境赋予了学校教育以更大的灵活性和机动性,但同时也使学校德育面临更大的压力和更多的困惑。当前学生厌学、沉迷于网络游戏、缺乏道德感等现象已经成为全社会普遍关注的问题,如何扭转学生信息获取和信息交往过程中的不利局面,是学校德育实践中亟待解决的课题之一。

"从人的现代化与其科学文化素质的转换关系看,人的现代化其实就是

---

①　黄济:《教育哲学通论》,山西教育出版社 2006 年版,第 265 页。

②　檀传宝等:《大众传媒的价值影响与青少年德育》,福建教育出版社 2005 年版,第 96—97 页。

人的科学文化素质的对象化和实现。"①信息交往缩短了德育现代化与人的现代化之间的距离,促进了德育实践和德育主体发展的有机融合。人的科学文化素质与其道德水平密切相关,信息时代的学校德育现代化要通过科学知识的传授与普及来实施,使科学理性和科学精神在学生的道德思维和道德意识的培育中发挥积极的作用。科学理性体现了人类的求真意志,人文观念表达了人类的求善意向;信息交往虽然使道德教育面临更大的挑战,但是它却有可能去除科技理性的纯粹实用主义色彩和人文理念的单纯浪漫主义情结,实现二者的相互补益,为德育现代化寻找到新的契机和希望。"人类的行为既要合规律性又要合目的性,科学为其合规律性提供基础,人文则为其合目的性提供基础,两者互补才是行为合理性的保证。"②学校的素质教育之所以不能走出知识灌输的怪圈,原因之一就是学校教育通常在保证教学质量的名义下,片面推行所谓科学性的、客观化的考试方式和量化考核,致使科学教育相比于人文教育具有了很大的优势,人文教育因此而不能充分地遵循自身发展的内在逻辑,缺乏创新性、长远性、灵活性和能动性。信息交往在全新的意义上使我们有机会来重新考量学校教育,它促使教育以更加开放的姿态来满足学生的多重需要,使学生的主体性发展获得了更大的可能和空间。这些都可以为德育现代化奠定坚实的基础,为德育的全面振兴创造有利条件。

(三)对话的提升

在人类社会的不同历史时期,由于生产力水平和科技发展的差异,教育实践中施教者和受教者表现出不同的关系。从老师与学生的关系来看,改革开放以来我国学校教育中大致有三种教育形式,即灌输教育、自主教育和对话教育。灌输教育坚持教师中心,自主教育提倡学生中心,对话教育则力主老师和学生之间的平等对话和交互学习。我国社会目前不同的生产力布局和多样化的地区发展现实决定了学校教育中不同教育形式同时存在的可能性和合理性。在全球经济一体化和新科技革命的助推下,我们的现代化进程已逐步融入世界潮流,传统的学校教育理念和方法不断得到改进,新的教育观念层出不穷,以对话为中心的教育教学思想就是其中的典型代表。"在学习有关道德问题的科学发现时,学生们不应想当然地认为科学一定是

①　谈新敏主编:《公民科学文化素质研究》,郑州大学出版社 2005 年版,第 236 页。
②　黄学规:《审美与人生》,浙江大学出版社 2003 年版,第 282 页。

或可能是产生罪恶的力量。相反，他们应该认为，科学成果必须应用于人类生活，但这种应用要与道德一起考虑，也就是说，要与道德行为的那些规范相一致。"①科学技术的发展对于教育的影响不光体现在知识总量的增加和教学设备的更新上，它也体现在教育该如何教导和启发学生来更好地使用科技，准确地认识和评价与科技相关的一系列社会问题上。对话在教育中的有效使用，对于增强学生和老师的科技反思与批判意识，提高他们的社会道德责任感和公民参与意识，有着不可替代的重要作用。

"在对孩子教授科学的过程中，传授给孩子们的东西不仅是技术发现的具体内容，更重要的是培育出更一般的社会态度，它预示着对所有技术知识的尊重。在最现代的教育体系中，传授科学的教育总是始于'第一原理'，知识在原则上被认为是不容置疑的。只有当一个人置身于科学领域中相当长一段时间以后，她或他才有可能知道那些足以引起怀疑的问题，也才可能充分意识到科学中所有被宣布为知识的东西也有出错的可能性。"②教育现代化从其一开始的基本假设之一就是"科学知识最有用"，这种观念在教育实践中进而蜕变为"知识即真理"，学校教育中的灌输、认同和服从意识也因此有了充足的理由得以维系。我国德育现代化面临着两种境遇：一种是科技理性支配下的社会整体文化进程，它具有证实性；一种是具有后现代反思批判意识的局部人文关怀，它具有证伪性。这两种文化选择在学校教育中相遇，产生了一定的冲突和矛盾，使学校教育在某些时刻处于进退两难的境地。在很大程度上，这种情况一直贯穿在改革开放以来的学校教育改革和发展中，也是德育现代化的难点性问题。对话也因为科学与人文的对立和分裂而逐渐成为教育实践在目的、方法和价值方面的新的突破口，对话教育拉近了科学与人文之间的距离，使教育中的科技理性与人文理性、科技文化与人文文化得到有效的交流。"在当代中国，随着现代化建设事业的深入开展，各种文化的冲突导致的价值观念的混乱令人担忧。本土文化与外来文化的冲突、传统文化与现代文化的冲突致使整个社会徘徊在价值取舍的十字路口。"③经济全球化和科学技术的发展使我国由单一文化社会逐步走向多元文化社会，德育的外部环境和内容传承也因而变得复杂和多样，这也需

---

① 　R. 赫斯利普：《美国人的道德教育》，王邦虎译，人民教育出版社 2003 年版，第 98—99 页。

② 　安东尼·吉登斯：《现代性的后果》，田禾译，译林出版社 2000 年版，第 77 页。

③ 　王学风：《多元文化社会的学校德育研究》，广东人民出版社 2005 年版，第 160 页。

要对话来弥合不同价值主体在道德认识上的分歧。

"以人为本是科学发展观的本质和核心,坚持以人为本,就是坚持人是目的、人是根本和人的自由全面发展。"①以人为本不仅是当代社会发展的核心价值体现,而且也是德育现代化的根本要求。科技理性对于德育的作用,不是要用科技知识来"奴役"学生,使学生听命于老师的权威,而是要培养学生的主体创新意识、怀疑精神和富有爱心的生活情趣。"价值呈现于关系之中,生命的价值呈现于个体生命与其他在者之关系结构中。生命的价值可以区分为对其他在者的价值与对生命自身的价值。"②理性的过度膨胀使德育活动中难以发现人的身影,造成了教育主体价值的实现和幸福感的体验大都建立在自我单向利益的获取上。对话有助于实现德育主体之间的真正沟通和协调,培养他们的道德情感和奉献友爱的精神。就对话在学校德育中的表现方式来看,有这样三种德育对话,即学生与文本的对话,学生与老师的对话,学生与自我的对话。这些对话有着不同的性质,有的是探究性的,有的是交谈性的,有的则是辩论性的等。

1. 学生与文本的对话

与国外学生相比,中国学生面对的德育文本也许是最多的。就目前我国学校德育的现状来看,基本上还是以学科性的知识教育为主,德育则处在学科教育的边缘地带,没有真正进入到学科教育的中心。因此,当学生从小面对各种教材和书本时,他们便有这样一种强烈的意识,只要是书上讲过的,或者是在书上看到的,几乎都是正确的。特别是对于小学低年级的学生来说,书本经常被当成是知识和真理的绝对载体。长期以来,由于我们的学校教育中崇奉知识本位,灌输性质明显,因此它的启发性和能动性完全滞后于学生身心发展的需要。"总体上说,基于学科整合的道德教育要比分散性学科的道德教育有决定性的收益。在现实世界中,在特定的生活情境中,即使只是简单的故事或偶然性的事件,它们也寓含着道德。因此,道德教育不会将道德转化为单纯的理论研究。而且,这种整合性的方向强调道德要渗入现实生活世界。"③虽然德育一直是学校教育的重要内容,但是在德育实践中,德育活动要么流于形式,德育内容要么假、大、空。学校教育的任务被理解成主要是为了孩子将来有一个好的工作,所以学生的学习成绩就成了学

---

① 万光侠等:《思想政治教育的人学基础》,人民出版社 2006 年版,第 399 页。

② 刘铁芳:《生命与教化》,湖南大学出版社 2004 年版,第 125 页。

③ R. 赫斯利普:《美国人的道德教育》,王邦虎译,人民教育出版社 2003 年版,第 96 页。

校工作的重心,学校教育的育人和育德功能退化,不能满足社会发展的要求。学校教育的这种现实及其评价方式导致学生的兴趣、才能和爱好不能得到很好的发展,取得好的学习成绩就成为他们整个学习生涯的主要目标,甚至是唯一目标。这种情况的广泛存在造成的最为直接的后果就是将学生的日常生活局限在大量文本资料的阅读、理解、背诵和练习当中,文本似乎成为学生观照自我成长的唯一真实的朋友。在我国的德育活动中,德育文本渗透着各种普遍性的道德标准和价值规约。因此孩子们在德育文本中找寻到的通常是成人看待事物的标准、既定统一的道德话语,他们在与德育文本的接触当中不易发现属于自己心灵世界的东西。

学生在学校教育中的被动地位与传统的知识观密切相连,这种知识观强调知识的普遍性、客观性和价值中立性。当这种知识观主宰学校教育时,知识便等同于真理,学生被淹没在知识文本的海洋中。静止的知识观使学生和老师一味地陷于题海战术,背课本,啃教材。学生的自我心理、情感和交往需求在教育文本中得不到关照,他们被知识所奴役,失却了成长的快乐和自由。哈贝马斯认为:"文本是一种语言,也就是说,它像一个'你'一样说话。它不是一个客观对象,而更像对话中的另一个人。"[1]学生与文本之间理应构成一种内涵丰富的对话关系,但是这种关系在我们的学校教育中却长时间地缺失,知识观的转型是实现真正对话的关键。与现代知识观相比,后现代知识观强调了知识的生成性和建构性,知识本质的不确定性,知识增长的非线性特征,知识合法化的逻辑思维、经验主义和实用主义基础,知识与权力和意识形态之间的紧密联系,等等。当文本所承载的知识和意义以动态的面目出现,并且学校教育真正以人为本,着眼于学生的全面发展时,学生与文本之间的对话、理解和互动才成为可能。"道德教育文本的变革,不能仅仅是倚重现代科技而愈发强调逻辑—科学的'范式性认知'的教化或启蒙传统,而忽略历史中曾起过重要作用的如'叙事性认知'等传统。"[2]中国当代学校德育文本过于推崇科学主义的现代认知路径,使传统文化和地方性知识不能在德育文本中得到足够的展现,造成了德育主体与文本之间的对话缺乏历史性、民族感和地方特色,德育活动的实效性大打折扣。

2. 学生与老师的对话

对话活动自古以来就是人类社会生产和生活的有机组成部分,科技的

---

① 王小飞:《道德教育文本研究》,2006 年浙江大学博士学位论文,第 114 页。

② 王小飞:《道德教育文本研究》,2006 年浙江大学博士学位论文,第 115 页。

发展使人与人之间的沟通和交流变得更加迅捷,为生活世界的有效对话奠定了坚实的基础,提供了充分的条件。对话已经成为当代人类最为根本的生存方式之一。"在哈贝马斯看来,技术规则和制度规则产生了两种不同形式的合理性。一种是工具合理性,它体现了一种逻辑形式,既是效率标准的目标,又以效率为衡量标准;另一种是传播合理性,它着眼于理解外部世界、社群以及自我三者之间的关系。……技术至上论者解决问题的方法总是简单武断、愤世嫉俗、否认任何道德取向并且有意回避幸福生活的实质内容。"①就如哈贝马斯断言的,科技虽然为人们之间的交流创造了条件,但是日常生活世界也为科技所"殖民"。就当代中国社会以及校园环境的整体发展趋势来看,科技理性正在构建着一种工具合理性,同时又在消解着一种传统意义上的传播合理性。就其实质来看,这是科技与人文分裂造成的后果,在学校德育实践中,这种情况表现得也非常明显。为了能够重建一种具有建设性的现代批判理论,哈贝马斯主张通过交往合理性,在民主、平等的协商气氛中通过对话和商谈伦理来确立有效的公共理性和生活秩序,学校教育中学生与老师之间的对话无疑成为实践这一对话理想最为重要的途径之一。

现代学校教育的形成,正是借助于科技主义的工具理性,建立起了缺少真实对话意蕴的学校科层体制。这种科层制的管理模式,已经成为社会现代化的必然选择,因此它也成为我国学校教育和德育现代化的必由之路。不是说在科层制运作的学校管理模式下没有学生和老师的对话,而是他们之间的对话从一开始就是不平等的,这种不平等的对话关系得以维护的一个关键的隐蔽前提就是知识与权力、权威话语之间的紧密联系。老师占有着知识,学校汇聚了专家学者,校园内部凭借着掌握知识的多少来决定对话的地位,同时学校系统又在整个社会范围内再生产着这种不和谐的对话机制。"在当前的学校教育现实中,从形式上看,对话使用比较频繁,但事实上只是被当作一种达到目的的手段或背景。教育中这种对对话认识的偏差,不可避免地造成对话交往的实质性缺失。"②德育主体之间平等对话活动缺少的主要原因除了民族性的教育文化传统之外,市场经济条件下对知识价值的单纯经济追逐和资本利益驱动也是其重要动因。网络信息时代的到

---

① 尼克·史蒂文森:《媒介的转型——全球化、道德和伦理》,顾宜凡等译,北京大学出版社 2006 年版,第 68 页。

② 王向华:《对话教育》,2004 年浙江大学博士学位论文,第 9 页。

来,使社会整体的交往方式、知识的分布和获取方式都发生了翻天覆地的变化,学校教育在知识传播中的垄断地位被动摇,开放、平等和民主的对话呼声在学校教育中应运而生。老师和学生之间原来的"我—他"对话关系开始转变为"我—你"的对话关系,他们在和谐的对话中实现着思想的交流、情感的分享和幸福的体验。

对话过程中所体现出来的商谈伦理和道德追求是人类千百年来的梦想。实现学生和老师之间的合理对话和交流,是学校德育现代化的重要一步。"我们认为,无论从教育还是从道德这两个方面来说,灌输都是错误的,因为它妨碍或阻止了任何个人都有权自由地或自主地进行理智思考的过程。"①平等的对话可以预防灌输,能够更好地培养学生独立思考和处理问题的能力,使学校德育更加具有实效性。规训化的现代学校教育制度,在用工具理性来塑造和培养学生的过程中,却使自身忘却了教育的对话和道德传统。"我们必须不无公允地指出,如果一个人不愿努力使课堂人本主义化,他就几乎不可能成为一个好的道德教育教师。"②"学生对德育的需求,我们称之为主体性需要;教师认定的学生德育需求,我们称之评价性需求。这两种需求信息的不对称,即不沟通、不吻合,是造成德育实效不良的又一重要原因。学校德育工作目标乃至于国家颁发的德育工作目标都是根据评价性需求来拟定的,这种目标与学生的实际需求相背离,甚至大相径庭,造成评价性需求信息与主体性需求信息处于不平衡状态,形成学校德育工作中忽明忽隐的剧烈的矛盾冲突,或是公开的抗拒,或是隐晦的抵制,或是以言行分裂为表征的搪塞。"③因此,增强学生与老师之间的对话应成为改善学校德育生活的重要举措。社会转型时期,学校德育在迈向现代化的过程中,应该回顾传统,重视生活叙事,让更多的修辞和意义在师生对话中自然流露和传递。

3. 学生与自我的对话

长期以来,我国学校教育缺乏对学生心理发育和健康的关注,过多地将

---

① 霍尔、戴维斯:《道德教育的理论与实践》,陆有铨、魏贤超译,浙江教育出版社2003年版,第 18 页。

② 霍尔、戴维斯:《道德教育的理论与实践》,陆有铨、魏贤超译,浙江教育出版社2003年版,第 190 页。

③ 纪大海:《教育漫语——现代教育生活的领悟》,南京师范大学出版社 2005 年版,第70 页。

目光投放在学生的智力发展方面。学校教育不仅体现在它能够为自我与他人的沟通和交流提供各种畅通的渠道,促进学生的发展和社会化,而且表现在它能够使学生与自我进行对话,提高学生的心理素质。"我们的教育哲学始终在以下两个观念间游移:学校是'强调自律和责任的成人世界的延伸',还是放手让孩子们做他们喜欢做的事情。埃里克森认为不同的孩子都能在上述两种教育方式下茁壮成长。所以学校应该同时兼顾孩子的学习和玩耍,避免走极端。"①学生与自我的对话是他们在兴趣、自信和快乐中成长的重要保证。我们的学校教育喜欢事事听话的孩子,老师喜欢学习成绩好的学生;孩子的个性稍强,贪玩或者成绩差,他们往往就会成为老师眼中的"一粒沙"。对于不同年龄阶段的学生来讲,自我对话并非自言自语,它是让学生拥有一个成熟而稳定的内在心理调节机制,获得及时而准确的自我发现、判断和暗示。因此,学生自我对话的内容是多方面的,对话的结构是立体网状的。就自我对话的过程和性质来看,有自我语言意识上的理性逻辑对话和自我心理意义上的非理性结构对话。"目前,对创造力的研究已从创造性思维拓展到动机系统和自我管理系统,适宜的动机、良好的自我概念已与创造力并称为高创造者的必备素质。"②毫无疑问的是,引导学生进行习惯性的自我对话将会对学生的自我发现和自我认识起到良好的心理调节和暗示作用,有利于学生各种潜能的全面提升。学生与文本和学生与老师之间的对话往往表现在显性知识的学习方面,而学生与自我的对话则凸显了隐性知识和经验意识的重要性。杜威在谈到中学伦理学的教学时指出,学生"并没有以内省的方式研究他自己的情绪和道德态度;他在研究客观事实,犹如客观存在的发电机的操作或流体静力学"③。他还说:"只要存在着使普通学生熟悉几何学、物理学、拉丁语或希腊语的纷繁难懂之处的一种理由,就有20种理由让他熟悉他的依赖的关系的性质,令他兴致勃勃地、习惯于怀着富于同情心的想象力考察那些关系。"④因此在学校德育中,学科性的显性知识对于学生道德理性的培养固然不可或缺,但是学生在自我对话中的道德想象

---

①　瓦尔·西蒙诺维兹、彼得·皮尔斯:《人格的发展》,唐蕴玉译,上海社会科学院出版社 2006 年版,第 47 页。

②　上官子木:《创造力危机——中国教育现状反思》,华东师范大学出版社 2004 年版,第 248 页。

③　杜威:《道德教育原理》,王承绪等译,浙江教育出版社 2003 年版,第 278 页。

④　杜威:《道德教育原理》,王承绪等译,浙江教育出版社 2003 年版,第 182 页。

和情感体验也同样重要。学校教育中道德教化色彩的过于浓重,很大程度上让学生失去了在自我对话中进行多样化的道德选择的机会和兴趣,不利于学生道德理性的发展。因为学生的道德意识与老师的道德认知和标准之间存在着一定的差异,实现二者在道德认识过程中的互动,使学生在自我对话中养成自觉的道德内省习惯比纯粹的道德灌输要更为可取。"在对话的关系中,所实现的是一般和个人的辩证关系,而不会不考虑自我同一性:自我同一性和日常语言的交往是互补的概念。在相互承认的基础上,两者从不同的方面提出相互作用的条件。"①学生在与自我的对话中实现的是对自我同一性的心理认知和体验,在与他者的对话中进行的是日常语言意义上的交往。在道德教育中,学生的自我对话从主体层面塑造了道德自我,他者对话从客体角度描绘了道德自我,这两种对话形式共同构成了德育实践的内外语意系统。

二、德育教学:从统一走向多样

教学是学校教育成败的关键一环,它对于学校德育尤为重要。我国的学校德育不但有专门的德育课程及其教学安排,而且还将德育广泛渗透在其他学科教学的整个过程中。但是在学校教学中,人们往往看重的是它的知识传授和灌输作用,而忽视了教学本身所承载的德育功能。在各种正式的和非正式的教学活动中,诸如"要给学生一碗水,老师得有一桶水","老师教了多少,学生学了多少"等等语句已经成了整个教学环节的口头禅。这反映了教学过程中流行的经济主义的人力资源开发模式,老师充当着教学流水线上的"工程师",学生成为教学活动的"产品"。我们常常以知识流量来衡量教学实践,而没有以真正的育人标准来实施教学策略。"德育过程包含认知因素,是一个认知过程,也包含非认知的情感态度因素,是情感态度的形成与转变过程。认知因素的德育更似教学,确是教学。而非认知因素的德育,则与教学的共通性较少,更显德育的独特性。对教育者而言,认知因素的德育可以通过教学来展开,而非认知因素的德育就得通过其他途径来展开。对于学生而言,认知因素的道德素养可以由教学而获得,而非认知因素的道德素养就得通过别的途径来养成。""当前我们的德育实践,恰好忽视了德育的独特性,只注意到了德育与教学的共通面,从而使我们的德育染上

---

① 哈贝马斯:《认识与兴趣》,郭官义、李黎译,学林出版社1999年版,第151页。

了'疾病'——其运作违规,功能紊乱。"①德育教学是一个整合性的过程,单纯的知性教化和科技知识的学习并不能起到很好的实效。在科学技术迅速发展的今天,学校的德育教学获得了难得的发展契机,同时也面临着一些新生的挑战。

（一）知性主义的德育教学

知性德育就是知识德育、思维德育和知化德育。② 在中国传统的学校教育中,自古就特别重视对道德伦理知识的学习来达到修身、治国、平天下的目的,可以说中国两千多年的学校教育、教学中有着很深的"知识情结"。当西方现代学校制度被引进至中国,学校教育中的"知识情结"依然延续,只不过教学中的道德知识被科技知识所取代。因此可以说,知性德育从古至今在中国的学校教育和德育教学中处于非常重要的地位。改革开放以后,随着科技的发展和知识作用的日益显现,知性德育更是成为学校德育教学的中心。"教学的根本价值在于构建人才素质。使学生获得知识、发展能力、形成良好品格、掌握科学合理的方法是教学的基本价值。"③"教学的德育功能,乃至教学的全部教育功能在于使学生形成良好的品格。"④道德和品格是学校一般教学过程中的重要价值基础,德育活动也是实现教育教学目标的重要保证。在当代学校德育中,因为知识处于整个教学环节的中心,它是实现整个教学价值的"调节剂",所以知性主义的德育教学在学校教育中最为流行,容易被大家认可和接受。知性主义德育教学的缺陷也是非常明显的,主要表现在教学过程中以缺乏活力的知识传授为中心,老师满堂言,满堂灌,学生被动接受和学习。这致使教学价值的实际效果不佳,导致教学的育德功能严重下降。德育是学校教育的首要任务,但是在知性化的教学实践中,通常是"成绩"第一,"道德"第二,德育变成了智育的附属品,成才的标准被降格为学习好,成绩出色、拔尖。

叶澜教授曾在1994年撰文指出:"自本世纪80年代以来,我国的基础教育处于不断改革的状态之中,培养什么样的人的问题也是理论界与实践界不断探索的问题。回顾这段历程,我们可以看到认识和实践的发展,同时

① 石鸥:《教学病理学》,湖南教育出版社1999年版,第297页。
② 高德胜:《知性德育及其超越——现代德育困境研究》,教育科学出版社2003年版,第21—37页。
③ 尚凤祥:《现代教学价值体系论》,教育科学出版社1996年版,第251页。
④ 尚凤祥:《现代教学价值体系论》,教育科学出版社1996年版,第109页。

也不难发现,关于培养什么样的人的探讨,主要还局限在认知领域内,实践中更是如此。也就是说,十多年的教改,关注的中心是教育内容更新和教育方法的改革,前者旨在使教育内容能反映时代科学技术发展的新基础与新成果;后者是为了保证学生更好地掌握知识,并在掌握知识的同时,发展智力、培养能力。从 80 年代后期开始,一些教育改革进行得较深入的学校,已经把改革的主题转向研究学生、激发学生内在积极性,但说到底这还是为了使学生学得更好,更自觉地学。与过去相比,这无疑是一种非常重要的进步,它反映了时代科学技术发展对人的能力要求,反映了教育观上开始注意研究教育对象本身。然而,从上述时代精神对人的要求这一高度看,若把学生确实当作一个完整的生命体,而不只是认知体,把学校生活看作是学生生命历程的重要构成,而不只是学习过程的重要构成,那么,就会发现近十多年基础教育改革的主要不足:无论是对时代的认识,还是对学生的认识、学校教育的认识,都只侧重于认知,在一定意义上依然是乐观的理性主义和科学主义。所以,这在认识上放大了理性、智能、科学、技术在人和社会发展中的作用,在实践上则缺乏对人的精神力量培养的重视。总之,还没有突破欧洲 19 世纪以来形成的传统教育的核心精神。由此可见,跨世纪的新人形象的构建,不仅要认识时代精神,还要改革教育对象观和与其相关的教育观。"[1]20 世纪 90 年代以来的素质教育改革和实践以及新一轮的基础教育课程改革都极大地改变了师生在教学过程中的精神面貌,调动了师生在教学活动中的积极性和参与性,并在一定意义上确立了学生的主体性地位。但是我们也应看到,由于受整个时代大的教育观念和氛围的影响,社会发展现实和条件的制约,知性主义的德育教学在学校德育中还将处于重要的位置。

（二）生活化的德育教学

陶行知先生是伟大的教育家,也是我国生活教育的创立者和奠基人,他继承并发展了杜威所倡导的"教育即生活""教育即生长"的教育思想。改革开放以来,生活教育在学校德育中发挥着重要的作用,但是由于科学化道德教育的影响,导致人们对于道德教育性质的认识出现了很大的错误和偏颇。[2] 生活世界的魅力就在于它是以人的理性和情感实践为基础,道德教育

---

① 　叶澜:《时代精神与新教育理想的构建》,《教育研究》1994 年第 10 期,第 3—8 页。

② 　唐汉卫:《生活道德教育论》,教育科学出版社 2005 年版,第 128 页。

的原初意蕴和方式大多都在生活情境中进行,体制化、功利化的现代学校德育打破了生活德育的基础性和连续性。"现代技术对生活世界的扭曲并不都是由经济因素导致的,有些是由科学或技术的科学化所导致的。"①以有用知识的教授和学习为主导的学校教学使教育长期远离学生的生活和心灵世界,无形中造成了学生主观意识上认知与行为、理性与情感的冲突和分裂。近些年来,生活德育无论是在理论上还是在实践中都取得了长足的发展,促进了德育教学理论与实践的密切联系。"教学过程确实应当从学生发展的任务出发来安排,而不是单纯地以掌握知识和技巧作为它的方向。"②与知性化的德育教学相比,生活化的德育教学使学校德育走出了空洞、抽象、教条、灌输和泛政治化的误区,紧密结合学生的兴趣和成长需要,让德育更加关注学生在现实生活中遇到的各种道德问题,提高了学生对于德育教学的参与性和认同度,取得了不错的教育和教学效果。

克罗恩教授在分析教学过程时,从文化人类学的视角将教学活动分为教养主导、学习主导和互动主导三种模式(见表 3-2)。从德育教学的价值和目标选择来看,实质上科技人文主义德育教学坚持学习主导,主体性德育教学侧重教养主导,生活化德育教学偏向互动主导。改革开放初期,为了发展科技,实现"四化",学校教学以知识传授为中心,以知识学习为本位。20 世纪 90 年代,当市场经济发展初具规模,科教兴国和以德治国战略成为社会发展的需要时,结合素质教育,学校教育开始重视学生的教养工作。21 世纪初,当科技创新、科学发展观、和谐发展成为时代的主旋律时,学校教育教学开始强调师生互动、交往和对话的重要性。因此,改革开放以来,我国学校教育教学大概经历了一个"学习—教养—互动"的发展过程,这个过程也同样适用于学校德育及其教学活动。需要说明的是,知识本位一直处于这一发展过程的中心。袁振国教授认为有三种理想教育观,它们分别是社会理想主义、科学主义和人文主义。③ 生活化的德育教学在价值理念和目标上可以说是社会理想主义教育观的范型,它有利于科学主义与人文主义,生活世界和科学世界在一定程度上的调适与融合。"近年来,全国上下围绕素质教育的大讨论已将对学校教育现状的不满公开化、理性化、合法化,甚至意识

---

① 舒红跃:《技术与生活世界》,中国社会科学出版社 2006 年版,第 64 页。
② 赞科夫:《教学论与生活》,俞翔辉、杜殿坤译,教育科学出版社 2001 年版,第 13 页。
③ 袁振国:《教育新理念》,教育科学出版社 2002 年版,第 129 页。

形态化。"①学校德育教学合法性危机的主要表现之一就是学校教育生活基础的丧失，封闭教条的德育教学面临巨大的伦理和道德压力。德育是一项实践性非常强的事业，生活是它的基础和源泉。学校教育教学应该在可能的生活情境中来进行，尽量拉近教育与学生生活世界的距离，实现德育教学的生活化和学校生活的德育化，使德育教学和生活教育相互渗透，有机融合。有学者指出我国传统教学模式主要存在这样几个方面的弊端：一是重负低效；二是物式灌注；三是教师主宰；四是主体缺失；五是知能脱节；六是发展畸形。② 这些教学弊端的一个共性特征就是将教学活动技术化和抽象化，教学过程与学生的现实生活需要相分离，这样教学工作的育德和育人目的不但很难实现，而且学生的精神生活和心灵世界在以应试教育为中心价值的教学实践中受到很大的摧残。因此，生活化的德育教学是转型时期学校德育和教学活动的重要发展趋向，也是教育改革中实践素质教育的必然选择。

表 3-2　教学论中的主导概念③

	教养	学习	互动
人与世界的基本使命	人—文化现实	人—文化实在	现实/实在人—人
人类学设想	人是文化价值的制造者	人是文化环境中的学习者	人与文化媒体中其他人的互动
个人的表现形式	理解	态度	行动
文化的表现形式	文化财富、价值	价值、信息、事实	符号
教学	个性形成的可能性条件；创造给人以启发的宝贵文化环境	学习过程中目的理性的组织	文化媒体中相互理解意义上的行动
价值导向	最高财富、原则	学习目标	含义、意义
用途/目标	宝贵的人格	个人在社会中的功能	各个层面上的相互理解
教学论的重大意义	文化（什么）	教学（如何）	符号（为何）

---

①　王有升：《理念的力量：基于教育社会学的思考》，教育科学出版社 2007 年版，第24 页。

②　辜胜阻：《教育发展与改革热点问题探索》，湖北教育出版社 2007 年版，第 103—104 页。

③　F. W. 克罗恩：《教学论基础》，李其龙、李家丽等译，教育科学出版社 2005 年版，第125 页。

（三）主体性德育教学

改革开放以来的许多教育研究表明，与国外发达国家的学校教育相比，我国的学校教育为学生的发展奠定了良好的知识基础，但是学生的创新思维和动手能力却不足。随着科技竞争的愈演愈烈和我国现代化建设的日益加快，以基本知识和基本技能为主要内容的学校教学活动已经不能满足社会发展的需要，培养学生的创造力、学习能力、团队合作精神、良好的沟通能力和心理素质等已经成为学校教育教学新的任务和目标。因此，学校教育不能再局限于培养少数的知识精英，它还承担着为全社会培养更多的现代合格公民，输送大量素质过硬的劳动者的任务。在社会转型和教育改革的大背景下，近些年来，培养学生的主体意识、参与精神和创新思维能力等已经成为学校教学活动的重要目标。

主体性教育和德育虽然在相关的理论研究中表现得异常活跃，但是在教学实践中情况却并非如此。原因何在呢？"如果只考虑成文的德育目标，而忽视不一定成文的传统德育文化的影响，如果一味强调德育的必要性，而不研究德育的可能性，如果热衷于德育目标的议论，而忽视有关德育的实证调查与可行性研究，如果继续认定要求教育行政领导和教师重视并肯干，任何德育目标都可行，而不以实效衡量德育目标与实施的可行性，如果用局部事例、偶然成效以偏概全，而不以一般学生的行为表现、道德品质、精神境界、社会—政治教养衡量德育的实效，那么，长期存在的'德育目标过高'现象将难以改变，整个德育状况也难望改观。"①长期以来，学校德育不能融入社会生活中去，德育教学没有和学生的日常需要和学习活动相结合，没有注重传统文化中德育资源的挖掘和改造，经常出现以智育排挤德育，以知识评价代替品德评价。这就导致了在德育实践中学生和老师难以做到知行统一，德行一致；德育教学被动应对、流于形式，难以真正调动学生的主观能动性，德育教学的实效性也就可想而知了。传统德育教学的精髓是重视道德知识的学习，集中于社会伦理规范的灌输和教化，忽视学生个体心理的成长需要和良好道德行为习惯的养成，过于强调所谓高标准、严要求的外在规训化的德育教学模式。

"当今，对于教育应该是什么、教育应该怎样来进行，人们并没有形成相应的共识。关于这些问题，可能性是极为多样的，我们应该主要依赖两个基

---

① 陈桂生：《中国德育问题》，福建教育出版社 2007 年版，第 46 页。

础:其一是学习的科学,其二是作为生活在社会中的人们的自身价值。……
我们决不能回避对儿童和年轻人的教育责任,必须保证责任感和人文精神
得以发扬光大,使他们能够迎接未来。这是今天的教育所要面临的前所未
有的挑战。"①正如加德纳教授所言,科学和价值是现代教育的两个主要基
础,科技教育蕴含了学校教育所秉承的社会责任和公共利益,价值培育则代
表了学校教育所具有的个性主体责任和人文关怀思想。制度化的学校教育
兴起以来,工具理性主宰下的社会竞争及其商业和政治服务意识统治着学
校教育理念和校园文化生活,学生的自我观念和主体意志依靠外部的公共
理性、话语和权力来塑造,他们的个人生活世界和认知形成过程被理性所同
化,在学生个体的成长过程中看到的只是纪律和服从,缺乏多元文化的陶冶
和批判精神的洗礼。社会和个人的发展都需要科学精神和民主意识,当学
校教育教学只看重科学知识和技术创新而舍弃民主精神和人文关怀时,
样的学校教育将会是残缺的,它也不利于学生主体观念的培养和身心素质
的全面发展。"现在的科学教科书在宣扬一种个人主义的、实证主义的、归
纳主义的、机械还原论的意识。开放多元的科学变得单一了,作为一种文化
的科学,却变成了'真理'的化身,它把人从宗教神学中解救出来,自己却又
走进了神龛,只不过是用理性掩盖得更加高明罢了。"②科技的价值和功能在
于使人获得自由和谐的发展,但是当科技知识被追捧为学校教学活动中的
核心内容和价值标准时,教学实践中作为思考者和思想者的教育主体的身
影就开始变得模糊。在这种情形下,人将被技术理性所操纵,被科学知识所
征服,学生的情感、冲动和审美旨趣遭到压抑,他们也更容易信奉专家的说
辞,接受权威的意见。一旦工具理性完全占领了教学活动,那么学生就很可
能丧失怀疑的精神和勇气,缺少科学探索中发现问题、解决问题的原动力和
创造力。因此,在学校德育教学过程中,科学思维以及知识学习固然重要,
但是如果过分倚重外在的观念灌输而缺少师生之间的主动沟通、交流和合
作,没有学生主观能动性的参与、配合以及实践的话,那么德育教学活动的
价值承诺将难以兑现,它的最终目标也将很难实现。

　　鲁洁教授认为:"任何道德教育必以某种人学观为其依据。人就其本质
而言是一种关系性的存在。在历史发展进程中,这种关系性存在曾经呈现

---

　　①　霍华德・加德纳:《未来的教育:教育的科学基础和价值基础》,刘沛译,《教育研究》
2005 年第 2 期 ,第 12—19 页。

　　②　石鸥、赵长林:《科学教科书的意识形态》,《教育研究》2004 年第 6 期,第 72—76 页。

为各种不同的现实的形态,相应地也有过不同的人学理念。道德教育的理论与实践也由此而发生嬗变。在人类发展的早期,人与人的关系表现为一种整体性存在,人对人依赖关系的肯定与认同是当时人学观的核心,与之相对应的道德教育所要维护的是没有个人独立性的整体性。当今的中国道德教育尚未完全走出整体主义的范式。随着现代化的推进,以物的依赖性为基础的人的独立性开始确定,单子式个体是与之相对应的人学观。在道德、道德教育领域内的相对主义和私人化是其表现特征。进入当代以后,人与人之间的相互关联越益密切,共生性存在开始凸显于人学理念之中。"①中国社会的快速发展和急剧变化,极大地改变着人们的生活方式和价值观念,学校德育教学的外部环境和内在思维基础相应地发生了很大的转变。当前,我国德育教学正在从原先的"灌输—塑造"型模式逐步向"成长—发展"型模式转化,人们对德育教学的认识也更加全面和客观。但是我们也应该看到,由于传统德育教学方式和社会道德文化的影响,学校德育教学改革和发展的方向还存在着一定的争议,理论探讨和现实中的德育教学也存在许多错位和不一致的地方。传统儒家文化在人性善的基础上推崇德性伦理,注重道德品质的内在养成,坚持社会价值本位,讲究知行合一。西方传统文化则在人性恶的基础上信奉规范伦理,注重道德品质的外在引导和训育,坚持个人价值本位,看重道德认知和思维。近代以来,制度化的西方学校教育开始被引入中国社会,虽然其本土化的过程一直在延续,但是由于中西方传统学校教育,特别是德育内涵、方式和精神上的较大差异,无形中导致了中国学校德育在价值选择和取向上一直潜存着一对内在的矛盾。改革开放以来,中国学校教育及其德育内涵都依然延续着传统教育文化的思维方式和价值精髓,但是在改革大潮、商品经济和市场机制的冲击下,学校教育的内容、观念和精神逐步与西方发达国家接轨。因此,学校教育改革,特别是德育教学改革也不停地在传统和现代、东方和西方之间徘徊。

"现代社会,在以科学技术推进'物质世界'高速发展的同时,又开始把在物质世界发挥到极致的科学技术运用于社会生活的各个方面,企图用从科学技术中提炼的规范性、技术化'法宝'来高效快速地解决社会各方面的问题。不知什么时候开始,德育越来越'从对人内心世界的关心转到了对人的外部行为的关心',热衷于对人行为要求的规范化,在其操作上,技术化的

---

① 鲁洁:《关系中的人:当代道德教育的一种人学探索》,《教育研究》2002 年第 1 期,第 3—9 页。

意识和努力越来越强,真可谓一点也不想在'规范化'和'技术化'的道路上落伍。"①科技知识是现代学校教育的主要内容,科技化的知识学习测评体系也成为衡量学校教育成败的主要指标。当代科技理性将学校教育推向了市场,使教育实践与社会生产、行业分工和商业活动发生了密切的联系,学校教育的古典道德追求和理想价值目标开始淡出人们的视野,教育主体成为知识化社会的"配件"和知识生产流水线上的"操作工"。学生们的在校成长经历失去了生活的感动和鲜活的情感寄托,德育课堂变成了他们为明天的成功而不懈努力的"加油站",而自己今天的生命和精神感悟却得不到抒发和倾诉。就当代中国教学实践的整个发展历程来看,凯洛夫、布鲁纳、布卢姆三者的理论出发点虽不同,但是他们对教学本质的认识上都偏爱认知。改革开放初期,布鲁纳、布卢姆的教学理论在中国大受欢迎,除了其教学思想卓越之外,还有就是因为中国要依靠教育来快速地提高科技发展水平。进入 20 世纪 90 年代初期,随着中国经济的发展,教学活动中过度膨胀的科技理性及其所具有的负面效应在中国教育理论界开始得到反思,教育开始关注学生的整体人格及其全面发展,直到 90 年代中期素质教育的提出,体验式的主体性德育教学也迎来了发展的春天。② 因此,在分析当前我国德育教学的现状、实效、改革方向和发展前景时,我们既要从文化差异和经济发展水平的不同来进行横向的思考,又要从社会历史、教育发展史的纵向延续性来不断反思和重新审视,这样得出的判断和结论才可能会比较准确一些,不会特别武断。当前学校德育教学面临很多热点和难点问题,这里不但有学校教育内部本身所积存的问题,还有转型时期社会文化价值发展的不确定性和多变性带给德育教学的冲击。值得肯定的是,主体性德育教学为学校教育在复杂条件下和开放环境中进行德育实践提供了新的发展思路和契机。

(四)科技人文主义的德育教学

人类教育发展的历史告诉我们,人文教育一直是古代和近代学校教育教学的主要内容,它也是实现道德教化、达成学校育人目的的重要依靠。现代科学技术的兴起,促使科技教育和学科教育在现代学校教育中占据了主导地位,人文教育的地位则日益衰微。改革开放以来,科技与人文在我国教

① 赵宏义:《"规范约束"与"意义引领"——当代德育应予重视的一种整合》,《中国德育》2006 年第 1 期,第 14—19 页。

② 辛继湘:《体验教学研究》,湖南大学出版社 2005 年版,第 31—35 页。

育实践中的分裂已经成为不争的事实，相比于人文教育，科技教育在学校教育中的优势地位更加明显。"毫无疑问，单纯的课堂教育有可能促进道德教育，乍看起来是很令人吃惊的事情。课堂教育沿着理论思辨的路线进行；而道德所支配的却是行动和实践。然而，我们构想行动的方式却影响着我们的行为。正因为我们是有智力的，所以我们的道德也有智力上的根源。……所以，物理科学和自然科学的教学在决定我们看待事物的方式上起着极为重要的作用。"①涂尔干虽然比较看重自然科学对于德育教学的重要性，但是他也向我们指明了在德育教学过程中科学与人文本身就是相辅相成的道理。在中国正在大踏步迈向现代化的今天，科技与人文对于社会和个人的作用应该是等量齐观的，对于二者，切不可偏废其中的任何一端。因此，在学校德育教学活动中，我们既要看到科技知识的学习对于学生的身心成长和德性养成的积极意义，同时也要明白人文素养对于学生良好品德形成的重要作用。"在科学主义保持稳固地位并继续发展、人文主义日益复兴并不断加强的当今社会，科学主义和人文主义对立的态势已开始转变，日益走向融合与渗透，并已形成必然之势。"②改革开放以来，从社会文化的整体发展趋势来看，科技文化与人文文化经历了一个分化、对立与日渐融合的过程，这个过程也体现在教育改革之中。新中国成立以后，在教学目的上，我国的教学理论基本上是沿着"偏重双基—强调智力—重视非智力因素—培育主体性素质"这样一条轨迹发展前进的。③ 在德育教学活动中，人文教育和人文素养主要起着价值导向的作用，对于学生的人文关怀与精神鼓励则会极大地调动他们的学习积极性和能动性，提高德育教学的效果。

从发达国家教育现代化的过程中我们可以看出，如何处理和协调教育实践中科技与人文的关系，不仅关乎学生个体的全面发展，而且也会影响到社会的整体进步和国家的长治久安。转型时期我国学校教育虽然过于重视学生的科学教育和知识学习，对于传统文化和人文教育有所轻视，但是德育教学工作在学校教育中始终占有重要的地位，只是由于种种原因，学校德育教学的实效性一直不尽如人意，这也加剧了德育教学逐渐走向边缘化的尴尬境地。"20 世纪，由于过度强调发展科技而忽视人文教育，给人类社会带

① 爱弥尔·涂尔干：《道德教育》，陈光金等译，上海人民出版社 2006 年版，第 182 页。

② 刘朝晖：《教育的希望：科学人文主义教育》，《教育理论与实践》2001 年第 5 期，第 10—13 页。

③ 杨小微主编：《现代教学论》，山西教育出版社 2004 年版，第 478 页。

来了许多负面的影响。为了开辟社会发展的新的前景,世界各国纷纷开始关注年轻一代的道德教育,这是面对新世纪的共同选择。"①道德教育对于学校教育和社会发展的现实意义近些年来日益得到充分的显现。尤其是在 21 世纪的初期,随着科技的发展和我国现代化建设步伐的加快,一些新的社会问题不断涌现,其中许多与德育活动有着或明或暗的联系,因此有效德育教学的现实意义和作用将会更加突出。那么,应该用什么样的教育教学思想和观念来保证学校教育中科技与人文、德育与智育的共同发展呢? 在这方面的诸多尝试中科技人文主义的教学观也许不失为一种好的教学理念。

科技教育与人文教育在我国当代高等教育阶段的分化是有目共睹的,正是因为这种情况的普遍存在,所以近些年来在许多高校开始出现了面向通识教育改革的趋势。那么在基础教育阶段科技教育与人文教育的状况又如何呢? 下面让我们来看一下三个小资料。②

　　资料 1:小强是个四年级学生,学习好,也喜欢体育运动。有一次他向爸爸要钱买乒乓球拍,说是学校的乒乓球台又摆出来了,学生课外活动和放学以后又可以打乒乓球了。爸爸很高兴,觉得小孩的学习负担确实很重,课余时间打打球活动一下,既可以增强体质,又可以缓解学习的压力。球拍买好了,但是打了没有 3 天,学校的乒乓球台就又收起来了。原来,那几天是市教育部门要来学校检查,现在检查团已经走了!

　　资料 2:某外国教育考察团到中国进行考察,他们在走访了北京、上海、西安的多所学校和幼儿园后,得出了一个结论:"中国的小学生上课时喜欢把手放在胸前,除非老师发问时,举起右边的一只,否则不轻易改变;幼儿园的学生则喜欢把手背在后面……"

　　资料 3:有一次我给儿子检查作业时,发现"$1394 \div 7 \approx 1000 \div 7 \approx 143$",觉得不对,便劝他改成了"$1394 \div 7 \approx 1400 \div 7 = 200$"。但是结果却出乎我的意料! 老师讲:在 1394 中,由于百位上的数是 3,因为 3 小于 5 所以将其舍去。这样这个题的答案就成了 $1394 \div 7 \approx 1000 \div 7 = 142.857143 \approx 143$。

由这些材料可以看出,在中国基础教育阶段,无论是显性的学科教学和

---

① 　鲁洁主编:《德育现代化实践研究》,江苏教育出版社 2003 年版,第 6 页。

② 　莫忌华:《反思中国教育》,上海三联书店 2006 年版,第 1—24 页。

学校事务管理,还是隐性的德育实践和教学过程,都存在着大量的科学教育与人文教育相互分裂的现象。这些现象反映了当代学校教育目的观中科学与人文、理性与情感、规训与自由、传统与现代的彼此隔膜和对立。

"近年来,关于科技教育与人文教育整合的问题成为高教理论界研究的热点。但应指出的是,在目前的理论探讨中存在着一种将'科学'与'人文'对立起来的认识,似乎在教育中弘扬了科学精神,不仅不利于人文精神的发展,相反会导致人文精神的进一步失落和遮蔽。事实上,造成'科学'与'人文'的分离乃至冲突,原因并不在科学本身。科学本身是一种人文事业,因而科技教育就更应该是体现人文精神的社会实践活动。我们倡导的是包括人文精神教育在内的完整的科学教育。"①"无论从理论还是实际上看,科学教育与人文教育正在日趋融合,这一趋势代表了世界教育发展的方向。"②科技教育与人文教育的融合已经是时代发展的大势所趋,这也是实现德育现代化的重要保障。科学人文主义教育不是科技教育与人文教育的简单相加,也不是企图用科技教育或人文教育来同化对方。科技人文主义教学是将科技教育与人文教育有机融合,取二者之所长,补其所短,进而在教学实践中形成一种优势互补的局面,具体表现在教育目的、课程设置和教学过程的价值取向上。

"加强青少年思想品德教育,既要加强德育课程,也要将德育渗透和贯穿到其它有关课程中去。纠正单纯重视科技教育的思想。合理安排和加强哲学社会科学和文学艺术的教育,尽快使这方面教育在大、中、小学的课程中得到合理的落实。"③朱小蔓教授认为:"推动科学与技术教育,需要特别重视儿童、青少年情绪、情感的发展,以及贯穿其中的情感、态度、价值观的培养。儿童、青少年的情绪、情感发展与其科技素养的形成具有内在有机联系。"④我国德育理论界一直比较重视科技教育与人文教育的有机结合,但是在德育实践中,由于受应试教育、文理分科和知识本位等观念的深刻影响,

---

① 唐斌、尹艳秋:《科学教育与人文精神——兼论科学的人文教育价值》,《教育研究》1997年第11期,第21—24页。

② 扈中平、刘朝晖:《挑战与应答——20世纪的教育目的观》,山东教育出版社1995年版,第494页。

③ 课题组:《改革开放条件下培养社会主义建设者和接班人德育若干问题研究》,《教育研究》1998年第6期,第7—14页。

④ 朱小蔓:《科学与技术教育中的情感培养》,《中国德育》2007年第4期,第16—18页。

德育教学中科技与人文分裂的局面并未得到根本性的改观。在学校的课堂教学过程中，最常见的现象就是学生在老师的心目中被依据学习成绩的高低而划分为几个档次，但是这种划分通常又很少考虑学生真实的道德品质和个人修养。课堂上成绩好的学生经常会得到老师的表扬和鼓励，而成绩差的学生则鲜有得到老师这样的"优待"，更有甚者经常会受到老师的批评和指责。因此，要使不道德甚至是反道德的课堂教学变成具有人文关怀和伦理追求的德育教学，就要从根本上转换教育教学观，真正实现以学生的成长和发展为德育教学的理想价值。在教育心理学上，著名的"罗森塔尔效应"早已向我们揭示出在教学过程中老师的期望、鼓励和信任对于学生的身心发展有着非常显著的作用。美国著名心理学家加德纳的多元智能理论也向我们说明了学校的教育教学活动在帮助学生发展各方面智能的过程中，通常情况下每个学生只会在两三种智能的发育方面表现得比较突出。因此当一个学生其他方面的智能发展水平相对比较落后时，他或她不能为此而在教学实践中受到老师和同学的歧视，老师应该多多鼓励学生们彼此尊重，相互交流和共同学习。这些年来我们也可喜地看到，随着素质教育和教学改革的不断深入，德育课堂和一般性教学活动中的气氛更加活跃，学生的主体性得到了很大程度的提升。

班华教授认为："作为实现德育目标的教学过程本身也是德育过程，这是让教学成为道德事业的内在根据。德育的实施必须依赖于一定的活动方式，而教学是实施德育的基本形式。应当改变教育的现状，努力使德育与教学融合。每一位教师都应该做自觉的教育者，让教学成为道德事业。"[①]因此，教学的过程不仅是一个传授基本知识和基本技能的过程，它同时也是一个老师和学生在彼此互动中进行经验分享、增加道德智慧和提高自我修养的过程。学生在学校接受教育的时间很大一部分是在教学过程中度过的，教学活动作为学校教育实践的中心环节，其中潜存着大量的德育资源，但是在一般情况下这些资源根本没有被注意或者没有得到有效的利用，这也是造成学校德育教学效果欠佳的重要原因之一。与此同时，因为课堂教学本身的知识特征和文化禀赋，所以科技人文主义的德育教学才有了现实的基础和实施的可能。

三、德育评价：从结果走向生成

一位北京女孩以优异的成绩考上了加拿大卡尔加里大学国际商务专

---

① 　班华：《让教学成为道德事业》，《教育研究》2007年第2期，第12—16页。

业,有人说,这姑娘将来一定能成为女强人。而她的母亲和父亲却不这么认为:"我们的女儿只是一个普通的女孩,我们并不期望她成为'人上人',只要她能健健康康,快快乐乐,正正派派,自食其力地生活,做个普通人就很好。"当年杜鲁门当选美国总统,有人向他的母亲表示祝贺:"你有这样的儿子,一定十分自豪。"这位母亲平静地回答:"是的,不过,我还有一个儿子,同样让我骄傲。他现在正在地里挖土豆。"①这两则事例的共同点是家长在评价自己孩子的时候,并没有单纯地依据子女的现实个人成就来作为评价的标准,他们都以孩子自我特有的成长、生活和幸福作为评价的落脚点,坚持用辩证和发展的眼光来看待孩子的过去、现在和未来。这就启发我们,在教育评价和德育评价中,坚持外在共性的评价标准固然重要,但是每个德育主体自身所特有的、内在的和生成性的闪光点更应该受到肯定和呵护。在当代中国的德育评价中,共性的、静态的、量化的东西要远多于个性的、生成的东西。因此,在德育评价中,评价者应当尽量从学生个体的品行特点出发,让学生在相对宽松和自由的氛围中成就道德自我。

（一）德育评价的体制化传统

启蒙理性推动了现代学校教育的兴起和发展,学校教育的内容及其制度设计本身就体现了理性精神,工业革命和科技革命的爆发使学校教育的科技理性追求更加纯粹。同时,学校教育制度也表现了启蒙理性对于社会现实的道德承诺,理性化的社会伦理和道德规范要求在纪律层面通过学校教育得以实现。"限制我们的倾向并约束我们自身的能力,也就是我们从道德纪律的学校中获得的能力,是反思性的个人意志得以形成的不可或缺的条件。正因为规范可以教会我们约束和控制我们自己,所以规范也是解放和自由的工具。"②学校德育制度不但是现代社会制度的有机组成部分,而且它是社会得以有序运转的实践基础,德育评价内涵和方式的变化也是社会伦理精神和道德风尚变迁的真实写照。"可以说,任何学校制度都内含了一定的德性价值,都会影响到生活于其中的学校成员道德观念的形成和道德行为的发生。从对人产生善的德性影响和积极的德育作用而言,学校制度应该体现一定时代积极进步的社会道德因素并反映学校成员的合理意见和正当要求,否则,只会发生背离正向的德育作用。"③改革开放以来,社会经济

① 辜胜阻:《教育发展与改革热点问题探索》,湖北教育出版社 2007 年版,第 130 页。

② 爱弥尔·涂尔干:《道德教育》,陈光金等译,上海人民出版社 2006 年版,第 39 页。

③ 刘超良:《制度德育论》,2006 年华中师范大学博士学位论文,第 101 页。

体制改革使得我国学校制度发生了很大的变化。如果从制度伦理学的角度对这些变化进行审视的话，我们便会发现，理性化的学校教育内容和科层制的教育管理模式主导着德育评价的变革和发展，学校德育评价因而成为一种体制化的产物和衍生品，它所体现的形式正义要远高于其所达到的实质正义。

"在科技理性的支配下，学校中的一切都是要精确的，所有人的情感、思想、道德品质也在这里得到精确化的测量，以便按照科学的逻辑分为三六九等，待价而沽；……在教育中，人渐渐变得模糊与支离破碎，而日渐清晰的是代表着'科学性'的精确与逻辑。虽然，中国的科技尚不发达，中国教育中'科技理性'精神却已在戕害人的情感与非理性的本质了。"[1]科技理性对于德育评价的统治，除了德育观念以外，还有就是学校内部的各项制度安排和谋划无不打上了科技理性的烙印。本来应该生动鲜活的德育评价却被冷冰冰的条条框框所规约，德育评价的系统性、标准化原则代替了遵循灵活性和鼓励性原则的人文主义理想。"体制化的教育以及体制化的德育是按照科学和科学教育的逻辑组织起来的，而不是按照伦理的、道德的逻辑建构的，这种体制对间接经验的学习无疑十分有效。"[2]体制化的学校德育评价经常是将人作为一种客观对象来对待的，它本身具有极强的工具理性色彩。我国处于社会主义市场经济的初级阶段，学校德育评价的体制化过程还在发展之中，我们暂时还不可能完全杜绝体制化德育评价中存在的各种弊端。这就要求德育评价的手段和方法不能拘泥于体制化的要求，盲目推崇科技理性，而应该在德育评价中坚持以人为本，以促进学生的健康成长为第一要务。

伊里奇认为现代社会一切邪恶与痛苦的根源都是由于价值的机构化，学校就是这样的机构，学校成了与教育直接同一的价值。[3]最近十来年，我国德育评价加大了制度和模式创新的力度，各种评价方式都在追求规范化和科学化。一些制度改革为了达到好的教学效果，使学生取得好的学习成绩，德育过程被人为地切割和分块，进行技术化处理，教学过程的道德容量

---

① 孙彩平：《教育的伦理精神》，山西教育出版社 2004 年版，第 15—16 页。
② 王东莉：《德育人文关怀论》，中国社会科学出版社 2005 年版，第 220 页。
③ 袁振国：《教育新理念》，教育科学出版社 2002 年版，第 156 页。

越来越少。"教学制度的道德状况是整个教学系统道德状况的重要体现。"①
因此,学校各种制度的设计和安排应该树立服务意识和注重发展的理念,着
眼于德育评价中老师和学生之间交流的真实要求,考虑到学生道德发展的
各种需要。只有这样,才能充分发挥各项制度在德育评价过程中的作用,有
利于德育实效性的增强。中国传统文化的实用精神在诸如"书中自有黄金
屋,书中自有颜如玉","万般皆下品,唯有读书高"这样的教育信条中得到了
生动的说明。当代教育评价在科技理性和经济主义思维的推动下与传统文
化的实用精神相互叠加,这使得科举式的考试风潮依然盛行,体制化的官僚
权威式德育评价处处可见,学校教育的道德性和德育评价的真实性变得令
人失望。在"唯科学主义"思潮的影响下,当代学校教育中的"以善律教"更
加滞后于"以真律教",②教育评价中人们关心最多的只是学生的成绩、技能
和未来职业等,而忽视学生在人格、情感、态度和道德上的发展,科技标准成
了衡量学校教育伦理和教学道德的价值尺度,德育评价所应具有的生活性、
经验性和情境性被遗弃。"我国学校中实有两类'德育实践':一是'德育教
师'的实践,一是'非德育教师'应当实施和可能实施的实践。但由于我国基
础教育课程趋于应试化,其中缺乏应有的教育价值,甚至还可能成为德育实
施的障碍,这才把德育的实施主要诉之于'德育教师'。由于'德育教师'与
'非德育教师'之间的距离越来越大,遂导致德育失效和德育空谈的风行。"③
这种类似"双轨制"的德育实践体制不但造成了德育工作的效率低下和难以
有效整合学校德育资源等弊端,同时也使得德育评价缺少张力,信度不够。

（二）德育评价的技术化转向

"如果用西方教育评价发展的阶段来衡量,我国的教育评价目前仍停留
在'测量阶段',虽然也有一些'建构阶段'的思想,但还没有被人们普遍接
受,而且离实践还有相当远的距离。"④现代科技对于学校德育的介入,使德
育的性质、组织形式、实施过程和评价方式不断地处于变化和更新之中。科
技的发展加速了社会分工和知识生产方式的转变,竞争意识和选拔行为在
学校教育中得到加强,德育评价手段也经历着深刻的变革。运用有效的评

---

① 周建平:《追寻教学道德——当代中国教学道德价值问题研究》,教育科学出版社
2006 年版,第 145 页。

② 王本陆:《教育崇善论》,广东教育出版社 2001 年版,第 125—126 页。

③ 陈桂生:《聚焦"德育目标"》,《教育发展研究》2008 年第 Z4 期,第 1—6 页。

④ 涂艳国主编:《教育评价》,高等教育出版社 2007 年版,第 55 页。

价手段将有助于提高学校德育教学的效果,有利于改变以灌输为主的课堂德育模式。教育评价本来就是一个做出价值判断的过程,这一点在德育评价中表现得更为明显。如果德育评价手段过于技术化和考评化,没有学生的主动参与,德育内容却教条空洞,远离学生的现实生活,这样的话德育评价将很难促进学生道德水平的真正提高。"德育工艺不能简单称作德育技术,它是在现代科技介入德育领域的同时仍然不失去教育机智、教育情感、教育心理感应的德育方法系统。工业技术领域的工艺学理论,一旦给予德育工艺假说以技术论、工具论的影响,就必须同时进行教育学、心理学、美学的改造,从技术与艺术的结合上、从工程与心理的结合上、从科学与人文的结合上规定德育工艺的理论构架和实际操作。"①科技手段和方法在德育评价中的应用不是为了减轻老师的负担,也不是为了管理学生的便捷,它是为了更好地促进德育活动中老师和学生之间的密切交流,增强德育评价的生动性、表现力和可靠性。

当前我国的学校教学技术现代化正在如火如荼地进行着,这只是奠定了德育评价手段技术化的物质基础。更为重要的是,乐观的技术主义倾向与传统文化中的实用精神相契合,导致学校德育评价中的技术理性、量化考核和操作性思维更加严重,工具主义的理想充斥在德育实践中,德育评价在一元化的标准下只重视对学生的鉴定功能,而忽视其激发、改进功能。这些共同构成了德育评价技术化的思维和观念基础。在传统德育中,"从'理'到'行'是德育的过程,同时也是德育的技术。其中每个阶段还有被探索出来的形式化的技术,随着时间的推移,这些形式本身也上升为内容"。"近来德育技术大致作了两种转向。第一种是面向'德目标'体系的转向;第二种是面向受教育者的实际生活状态的转向。"②传统教育中的德性追寻及其求用价值导向,与转型时期的市场功利伦理和底线道德相结合,致使学校德育改革和德育评价方式虽有一些亮点出现,但始终不能摆脱实用主义的技术路径。究其原因,这主要是因为我们的教育传统和文化意识中缺乏"具体人"的观念。传统德育评价过于关注受教育者的群体道德特征和社会伦理属性,没有凸显其个体德行特征和自我评判的道德需要。传统德育评价虽然

---

①　江苏省南通市教委课题组:《中小学德育工艺研究》,《教育研究》1997 年第 6 期,第 35—40 页。

②　贾江华:《德育技术:转向? 还是超越?》,《华北电力大学学报》(社会科学版)2001 年第 3 期,第 83—86 页。

强调知行合一,但看重的却是外显的有用之知和有德之行,这在中国传统的科学和技术文化当中也表现得特别明显。因此,科技理性对于德育评价的效应,没有改善德育活动中学生的被动处境,它在一定程度上使得德育评价过程中个人价值与社会价值的矛盾更加尖锐。鲁洁教授认为,技术统治的合理性与科学主义的实证性思维在教育理论和实践中处于绝对的主导地位,教育中的人也因此成为"物化"的"人"。"相当长一段时期来,道德教育则全部'落实'为具体的规范教育。听话、顺从历来是、当今仍是中国'好孩子'的标准,再加上新参与进德育领域内的'心理调适'等等,则更达臻于无超越、无批判单向度人格的'合拍',至于人生、社会理想的追求,人生境界之提升,这一个人性应然面的发展,都往往被归之为'假、大、空',或冠之以'理想主义'之大帽,在道德教育领域中被无情搁置。"[①]在当代学校德育教学中,德育通常被当成是一种有关规范知识的灌输和训育,学生只有牢记和遵循这些知识才有可能在德育评价中"不犯错误",取得"好成绩"。技术化的德育评价漠视道德教育过程中的生成性、阶段性和发展性,它关注的只是道德评价对于学生的现实效用,这就造成了德育评价中形式主义作风的流行,德育被当成是教育活动的附属品而可有可无。

　　学校德育评价长期在科学主义的影响下,使人们普遍认为学生的良好品德是理性的产物,可以精确测量,对情感和非理性因素在品德形成过程中的重要性认识不够。德育评价的技术化观念反映了学校教育的效率追求和工业化的标准生产模式,学校教育在道德性和公平性上的缺陷和失误被掩盖。这是因为基于科技实践的理性化的学校教育再生产着一种工具理性意识和实用主义精神,德育评价的自主选择性也因此成为某种奢望。"'普通文化教育'的首要功能,可以是在实际上和在法律上防止'有教养的人'有一天将被要求从技术上证明他所受到的教养。这种理论所要满足的,仍然是掩饰文凭实际保证的技术资格与它的证明作用提供的社会效益之间的差距的必要性。"[②]教育的功利化使得学校被当成进行智力开发的"工厂",智育和德育严重脱离,人文精神不能很好地渗透进学校的德育评价中,德育评价的目的性在教育实践中变得越发实际和急功近利,它的标准死板而教条,远离

---

　　① 鲁洁:《实然与应然两重性:教育学的一种人性假设》,《华东师范大学学报》(教育科学版)1998年第4期,第1—8页。

　　② P.布尔迪约、J.C.帕斯隆:《再生产——一种教育系统理论的要点》,邢克超译,商务印书馆2002年版,第178—179页。

学生的生活世界。近 30 年来科学技术的进步一方面极大地促进了德育评价的发展,另一方面又在无形中使德育评价陷入唯智主义的泥潭。由于受到社会政治、经济、科技和文化等因素的影响,教育改革中的"钟摆现象"不可避免。因此德育评价的价值选择和目标定位在实践中不断动摇于政治与经济、社会与个人、科技与人文、传统与现代之间。"实现学校德育从传统向现代的转型,其核心是要把德育从单纯的道德知识传授或政治灌输变为对人的培养,重点放在培养良好的道德判断力和健全人格上来,根据人的发展来设计德育课程。"①所以,知识与人的关系构成了学校德育评价的中心线索。德育评价有着很强的社会性、历史性和文化性。改革开放以来德育评价的深层次矛盾其实是整个教育领域主要矛盾——公平与效率的真实反映,它也是科技发展本身所裹挟的文化普世性和工具理性之间冲突的生动写照。

(三)德育评价的发展性转型

教育评价是学校教育的一个重要环节,德育评价作为教育评价的一个主要组成部分,牵涉到教育活动的各个组成要素,也是衡量学校教育改革和发展成败的风向标。改革开放以前,我国的学校德育是以国家、社会和集体为本位的,学校教育的政治气氛和意识形态色彩十分突出。改革开放以后,在建设现代化国家的道路上,经济大潮和科技的发展打破了原有封闭式的灌输德育模式,极大地解放了"教育生产力",调动了广大师生工作、学习的积极性和能动性,德育实践中的个性倾向和学生主体意识明显加强。因此,教育评价、德育评价的方式也发生了根本性的变化。有研究表明,改革开放以来我国小学学生评价经历了两个阶段:20 世纪 80 年代小学学生评价的发展注重评价的科学性,90 年代则追求评价的人文性。② 总体来讲,学校德育评价大致经历了科学性、人文性和发展性几个阶段,这种划分也以我国社会和教育发展的大趋势为依据。"从文化背景来看,我们正遭遇一种奇特的文化交融和冲突。一方面,我们要完成由传统思维方式向现代思维方式的转换,提倡主体性,呼唤科学精神,以建立一个理性的社会。同时,我们又面临着克服工具理性带来的危机的任务。在道德教育领域,对工具理性的过分

---

① 冯增俊:《中国德育改革的策略及其现代化进程》,《教育导刊》1998 年第 5 期,第 6—8 页。

② 李晓雯:《改革开放以来我国小学学生评价发展的回顾与思考》,2004 年南京师范大学硕士学位论文,摘要。

强调,使人们走向了它的反面,它从根本上否定了道德教育中的情感参与,从而使道德教育失去了生动的特性,进而演化为'僵死的思维游戏'。实践上的后果是培养了一大批言过其实、言行脱节的空头道德家,而不是言行一致的道德践行者。"[①]就教育评价的一般分类来看,德育评价应该是诊断性评价、形成性评价和终结性评价相互统一的过程,但是我们的德育评价长期以来注重的只是外在的道德行为表现,多以主观定性评价为主。学校中的评奖评优是德育评价的重要表现,这类评选活动的基本假设就是优秀者只是少数,在一个看似公平合理的评价程序中,隐蔽的却是对于优秀多样性的否定。当前学校德育发展的整体态势呼唤以生成和发展为导向的质性评价。

　　教育是一项崇尚美德和理想的事业。从教育发展的价值取向和定位来看,教育目的观有社会本位、个人本位、社会与个人协调发展三种类型,与之相应的是,德育评价的目标选择也有三种。改革开放以来,在功利主义思潮的冲击下,学校德育评价面对的最大困惑就是到底是应该迎合社会现实的需要还是坚持价值信仰和道德理想。我国传统的德育评价通常以社会和集体价值为本位,重视共性和超越性的引领。当代发展主义的德育评价坚持民主、自由和多元化的主体价值本位,坚信德育评价既要面向社会,也要兼顾个人,德育评价必须在一种开放的状态下使个体与社会环境取得一种互动,提高德育评价的针对性和有效性。陆有铨教授指出:"19世纪末,曾经有人预言,20世纪是儿童的世纪,这句话的意思可能是指,20世纪的教育将在受教育者个性的全面发展方面有大的作为,实际情况却并非如此,20世纪的教育更多的是关心社会的发展,经济、政治的合理性,有些甚至取代教育规律。在教育对于促进人的发展的关注方面,很可能要回到20世纪开始时的起点上来。"[②]因此,教育在促进社会和人的发展方面,有时并不一定是同时进行的,在德育评价中,我们应该尽力将社会、群体和个人的因素通盘考虑。相比于计划经济体制下德育评价的理想性而言,发展主义的德育评价更多地考虑到了德育主体的需要,在市场经济条件下是可取的,也是可行的。我们也应注意到,德育评价的价值理念必然具有一定的超越性和理想性,不然的话德育评价的过程就会失去道德评判的标准,陷入道德相对主义的漩涡。现代学校教育及其制度设计和安排从一开始就隐含着科技—经济

---

① 彭未名:《科技时代的自我物化与德育的理性转移》,《现代大学教育》2007年第1期,第88—91页。

② 陆有铨:《20世纪教育的透视》,《教育研究》1997年第12期,第14—19页。

观和制度—文化观两种理论假设。这也就决定了学校教育评价的两个出发点，即知识标准和价值标准，二者在教育评价中的交汇点正是学生的成长和发展。我国德育评价中经常出现将知识标准和价值标准人为割裂的情况，用知识标准来代替价值标准。这是因为在德育评价中有一个深刻的误解，就是将知识的学习简单地等同于整个教育实践，将教育的力量简化为知识的力量。

爱因斯坦曾说："科学对于人类事务的影响，有两种方式。第一种方式是大家熟悉的，科学直接地，并且在更大程度上间接地生产出完全改变人类生活的工具。第二种方式是教育性质的，它作用于心灵。尽管草率看来，这种方式不太明显，但至少同第一种方式一样锐利。"[1]因此科技对于教育评价和德育评价的影响也具有这样两种意蕴：一种是选拔评判性的；一种是陶冶生成性的。德育评价的鉴定、诊断、甄别和反馈功能紧跟着应试教育的发展，在当代学校德育实践中居于核心地位，德育评价的过程性和建构性在以管理和控制为导向的学校德育中不能得到很好的落实。"20世纪80年代以来，受国外第四代评价和发展性教育评价思想的影响，我国结合素质教育和新课程改革的契机，也在教育评价中提出了具有时代特征的发展性评价理念。"[2]在改革开放的整个过程中，经济体制改革由计划经济体制向社会主义商品经济、市场经济体制的转变，再到社会主义市场经济体制的基本确立，这一发展脉络构成了当代中国社会转型的主要线索。经济体制改革直接影响着教育改革的性质、内容、任务和目标等。因此，学校德育评价及其改革的方向与社会经济改革的精神基本一致，德育评价的发展过程也暗合着经济体制改革的发展思路。在经济体制改革的不同阶段，学校德育评价表现出不同的内容取向，大体上经历了由共产主义、社会主义道德到集体主义道德、个人品德的发展，再到社会公德、个人道德和家庭美德的转变。鲁洁教授认为："在一种经济至上的社会发展格局中，德育所充当的往往只是经济的工具，它只听命于经济的需要，把人培养成经济人。在新的发展模式中，文化价值因素被凸现。这种凸现的意义在于：人们要寻找一种得以驾驭物质，驾驭科学技术，驾驭经济发展的精神力量。"[3]德育评价的目的是为了提

---

① 李彬：《走出道德困境——社会转型下的道德建设研究》，2006年湖南师范大学博士学位论文，第234—235页。

② 涂艳国主编：《教育评价》，高等教育出版社2007年版，第74页。

③ 张力主编：《21世纪教育展望：中国与世界》，广西教育出版社1996年版，第31页。

升人的道德品质和自我修养,促进人、社会和自然的协调发展,使德育主体寻找到存在的意义和幸福生活的精神源泉。理性化、权威型的德育评价不能照顾到德育主体的个性特点和心理需要,教育者和受教育者在这种德育评价过程中都有可能被潜移默化成纯粹的"理性经济人"。总之,随着转型时期社会经济、政治和文化的不断发展,德育评价要尽量引导学生的自我反思意识,促进其自身能力的提高,使学生的道德观念和个人行为能够适应时代发展的要求。

第三节　本章小结

德育是一项社会系统工程,它涉及学校教育教学的各个方面。在一般情况下,人们习惯于以各种排名、升学率、就业率、合格率等量化数据来衡量学校的教育质量,德育经常只是作为一种点缀而出现在教育活动中。学校教育的首要任务是它的育人和育德功能,如果学校教育只是着眼于学生的知识获得而不重视其好的行为习惯、心理素质和品德修养的养成,那么学校教育将会潜藏着很大的危机。"当中国教育从十年浩劫中苏醒,当改革开放的帷幕拉开,人们感受到与先进国家的差距时,我们的大脑兴奋中心几乎只有两个字:经济。因此,教育活动几乎完全围绕着这个中心展开。理论界、决策层形成了一个'共识':中国现代化成功的关键是科学技术,科学技术的振兴要依靠教育。应该说,较之以往只认识到教育的政治功能,此时能注意到教育的经济功能或许是一个进步。但如果仅限于此,就未免带有很强的'救穷救急'色彩了。"①改革开放以来的学校教育不但被纳入到经济发展的洪流中,而且也被等同于科技教育,过分满足于教育的经济功能和科技的生产实践效应,未能充分认识到科技发展带给教育的功利意识和人文危机。以现代科技实践为基础的工具理性不但代表着人类的道德和文化追求,而且它也是人类自我价值实现的重要手段。在中国,科技发展对人的启蒙和教化作用主要是通过学校教育来完成的,因此可以说,学校教育是一项关乎人的发展和价值实现的文化事业。

当代理论界围绕社会道德和伦理问题有两种基本的观点:一是"爬坡

---

①　朱永新:《困境与超越——教育问题分析》,人民教育出版社 2004 年版,第 140—141 页。

论";二是"滑坡论"。虽然我们很难对当代中国社会的道德状况给出一个定性的判断,但是一个不争的事实就是社会变革时期的道德缺位问题严重,这就使得学校教育被赋予了更多的道德义务。"人的品质,同艺术的创造或国民政府的机构一样,既可以用来促进也可以用来妨害个人和社会的幸福。"①人们对于德育过程中的"外灌论"和"内引论"尚未取得一致的看法,但是科技时代的德育改革却迫在眉睫,在这种情况下,一种建立在主体性和主体间性理论基础上的德育实践正在悄然形成。社会发展和教育现代化的现实决定了当前学校教育的制度规范特征和体制化的价值取向异常明显,教育自身的内在目的要求与社会整体需要之间的对立在加剧。科技的发展一方面在强化着学校教育的功能合法性,一方面又使人们对学校教育的道德性提出质疑。"在谈到教育的危机和科学扩张时,必须分辨两种情况:一种是为适应今天科技生活所必需的科学教育;另一种是可以引导和充实人们生活的教育。"②当代中国学校教育的危机正是源于这两种教育的对立,学校物化为组织和操控学生的僵化的机构,学校教育的管理本位和实用主义的考量模式盛行,教育的人道精神和人文关怀丧失。美国当代著名教育管理学家萨乔万尼(Thomas J. Sergiovanni)对科技理性在学校教育中的绝对统治地位深表担忧,他认为传统的学校管理只是注重于科层制的、科学的和逻辑演绎的官方价值观来源,他提出的道德领导理论提倡在道德、文化、情感和经验的基础上来重新认识和组织学校的教育活动。转型时期我国学校德育在科技理性的作用下仍然以管理、控制和灌输为主,人们误将教育等同于知识学习,将德育等同于空洞说教和遵守纪律。"教育过程首先是一个精神成长过程,然后才成为科学获知过程的一部分。"③

　　科技产品在教育活动中的大量使用,并未使学生和老师获得真正的解放。科技思维推动了德育的技术化与功利主义的教育观相互论证,彼此表征,人成为教育实践的客体存在者而不是主体参与者。班华教授指出,21世纪的竞争不仅表现在知识和智力方面,也表现在理想和道德方面。因此那

---

　　①　亚当·斯密:《道德情操论》,蒋自强、钦北愚等译,商务印书馆 1997 年版,第 233 页。

　　②　雅斯贝尔斯:《什么是教育》,邹进译,生活·读书·新知三联书店 1991 年版,第 55 页。

　　③　雅斯贝尔斯:《什么是教育》,邹进译,生活·读书·新知三联书店 1991 年版,第 30 页。

种只顾科学知识教育而轻视思想道德教育的做法是完全错误的。① 从社会发展史来看,科技理性是人类实践理性的精髓,它不但具有工具理性功利实用的特质,而且具有价值理性人文超越的追求。因此,科技理性对于德育主体的影响,不应被局限于通过教育对现实利益的追逐上,还应该通过教育来不断拓展人性的潜质,实现人的精神上的升华。在这个意义上来讲,科技理性对于德育主体在观念和行为上的影响具有内在的统一性,这种统一性也是学校教育实践的内在根本目的和外在社会功能能够相互协调适应的重要保证。当前学校教育的应试特征还很明显,这种情况在短时期内很难得到彻底的改变。因此,要实践素质教育,德育活动要尽可能地贴近学生的生活世界和经验感受,具有直观性和体验性;德育方式的选择应该是直面教育生活和学生的心灵世界,要为培养学生的道德认知和行为服务。

---

① 班华:《世纪之交论德育现代化建设》,《现代教育论丛》1997 年第 1 期,第 1—6 页。

第四章　基于科技价值的德育内容拓展

　　"建国后,我们的普通中学课程计划中没有独立设置的技术类课程。技术教育在教育界的认识中,是在两门课程中进行的:一是劳动技术课,二是自然科学课。在实际运作中,劳动技术课突出的是作为共产主义道德教育内容之一的劳动观念的培养,以及一般劳动技能的学习。而对技术的认知,似乎应该由科学课程来完成。这种认识来自社会。在我国社会生活中,科学就是科技,科学和技术这两个概念是没有严格区分的。"①因此,科技对于学校德育内容的影响,首先是在社会实践和日常生活中展开的。改革开放以来,劳动教育在学校教育中的地位日渐衰落,以科技知识为中心的智育在学校教育中取得了统治性地位。这导致科技与德育内容联系的生活和经验基础被打破,发生了断裂,科技对德育内容的影响仅仅发生在教化和认知层面,德育内容中的科技成了一种价值无涉的事物或者活动,科学的客观性原则也成为德育内容选择和陈述的重要标准。科技不光是一种静态的知识体系,它更是一种实践活动和人类存在方式的表现,其所具有的社会性、价值性、人文性和建构性特征与学校德育内容密切相关。"与精神科学相反,自然科学的陶冶价值则在于精确而实际的理解训练,它的内涵显得并不是那么重要。物理和化学的结果是无足轻重的,但怎样得到这些结果的方法则具有陶冶价值。"②科技是理解和认识德育内容的思维基础,它为世俗的道德

---

① 余自强:《科学课程论》,教育科学出版社 2002 年版,第 176 页。

② 雅斯贝尔斯:《什么是教育》,邹进译,生活·读书·新知三联书店 1991 年版,第115 页。

内容奠定了坚实的理性原则。承认科技价值对于德育内容的重要意义,是实现学校教育目标的重要前提。

"科学课程的计划不能以科学本身作出判断,也不能取决于专业学科,而是受制于主管学校的部门。这种计划是建立在对科学性负责的基础之上,主管部门负责检查科学在学校所处的地位,尤其是知识价值的选择,以及学校的精神状态如何。"①科技价值在学校教育中的优势地位是现代社会体制化的结果,这种体制化使人成为教育的客观对象而不是能动参与者,教育的全面性、过程性和发展性让位于它的效率和产出。科技价值在学校德育内容中更多地是以具体的知识形态出现,科技实践中的批判性和反思性意识在德育内容中没有得到应有的体现。中国当代的学校教育依然处于剧烈的体制化调整阶段,科技价值对于德育内容的影响和意义首先表征为实然,其次才是应然。学科德育是当代学校德育的主要方式之一,但在德育实践中似乎科技与德育内容很难在学科范围内进行有机的融合,特别是在科学课程和技术课程中。如果说德育和科技教育的内容不可能很好地结合,这显然是一种误判。著名的科学"范式"理论、科技哲学、科技社会学和知识社会学的研究成果充分证明了科技发展过程中的信念基础和价值理想,人们对于科技本身所蕴含的社会性、人文性和价值性意义已经产生了较为广泛的共识。因此,科技同德育内容之间有着共通的价值选择和追求。多尔将学校课程描绘为披着现代主义科学的外衣,在课程中相互竞争的意识形态之内仍存在对现代主义科学信条的倾斜。② 中国社会经济的市场化和工业化催促学校德育内容正在经历着一个现代化、科学化和理性化的变革,科技价值不断扩大和深化对学校德育内容的影响。科技与德育内容的联系既有直接的,又有间接的,间接性集中表现在人们经常用工具理性的眼光来审视和筛选传统文化中的道德观和价值观。孔德将人类思想发展的历史划分为三个阶段,即神学的幻想阶段、形而上学的超验阶段和科学的实证阶段。中国当代社会发展的历史传统背景和现实情境使得德育内容也具有这三个阶段的特征。这一方面体现了学校德育内容适应性、超越性和现实性的统一;另一方面在德育内容的选择、实施和评价过程中实证主义和实用主义的

---

① 雅斯贝尔斯:《什么是教育》,邹进译,生活·读书·新知三联书店1991年版,第30页。

② 小威廉姆·E.多尔:《后现代课程观》,王红宇译,教育科学出版社2000年版,第70页。

价值观念日益显现。"总结改革开放 20 年来的德育工作,尤其是近 10 年来德育理论的发展,便会发现一个明显的趋势,那就是德育理论一方面继续在科学化轨道上前进,另一方面又表现出人性化的倾向,而且二者正在逐渐走向整合。"①德育内容的科学化和人性化是当代德育改革的重要组成部分。

第一节　科技对德育课程观的影响

科技价值是学校德育课程的重要基础,科学观念和技术理性已经广泛渗透到学校德育课程的各个环节。科技对当代德育课程观的影响主要表现在德育课程功能的发展性导向弱化,能效性导向扩张,德育课程的科学化和操控性严重,德育课程设置主要还是以官能心理学为基础,德目主义的德育课程流行,等等。科技的发展一方面奠定了学校课程的公正合理性前提,另一方面又在不断地消解和整合着课程的价值基础,呼唤和重建学校课程的教育性和道德性。"当教育者继续批评技术的效用时,专家应追问操作层面的问题并做有效的比较。它并不是一个有技术课堂和非技术课堂的问题,它是一个通过技术获得机会和由于拒绝技术而失去机会的问题。"②

一、知识导向的德育课程观

人类在千百年的发展过程中累积了各种各样的知识,知识与教育有着天然的联系,学校是人类知识传递和发展的主要部门。就学校教育而言,知识的价值应该首先体现为它的教育性,其次才表现为它的功利应用性价值。在传统的学校教育里,老师习惯于将知识客观地呈现给学生,使知识的学习不带有任何价值色彩和主观判断的成分,这种绝对客观化的知识在学生心目中就成了不容改变的真理、事实和经验。"在新的知识视域中,知识概念本身是丰富多维的,是动态生成的,它不再仅仅是理性、智力的代名词,不仅仅是教育追求的终极目标,知识成为学生发展的手段和成长的资源,知识与

---

① 　王啸、鲁洁:《德育理论:走向科学化和人性化的整合》,《中国教育学刊》1996 年第 3 期,第 16—20 页。

② 　Leo H. Bradley 等:《课程领导——超越统一的课程标准》,吕立杰等译,中国轻工业出版社 2007 年版,第 124 页。

技能、情感、能力、态度、审美不再是分离的而是内在统一的。"①

（一）对于知识的价值分析

1. 什么知识最有价值？

在教育发展史上，斯宾塞提出的"什么知识最有价值"这一问题对现代学校教育的内容和课程产生了根本性的影响。从此以后，科学知识和实用性的技术知识在学校教育中逐渐占据了主导地位。"现代教育的兴起，无疑得益于传统社会结构的裂变，以及教育被纳入国家的现代性社会建构事业中，而不再像过去那样在宗教性的知识社会体系中展开。这意味着现代教育首先是对古典教育的清洗，其核心问题不再是怎样使'心灵'符合上帝的灵魂或各种真善美的终极状态，而是将视野转向世俗生活中的人，以理性的方式对人的现实生命活动实施改造。"②科学知识在教育中正是被看作理性精神的化身，它成为对受教育者进行教化、规训和控制的工具。科学知识在学校教育中工具理性的彰显是由特定历史时代的背景和人类的认识水平决定的。当科学知识在学校教育中经历了一个实证主义的阶段之后，科学本身所具有的怀疑性、批判性和反思性精神在教育中就以价值理性的形式出现。因此，知识与教育的联系基本上发生在两个层面上，一是知识对教育的实然价值，二是知识对教育的应然价值。近代以来，中国的文化教育经历了技术主导期、政体主导期、科学主导期、主权主导期、"以阶级斗争为纲"和"以经济建设为中心"的文化教育模式。③由此可见，知识与教育的关系是近代以来中国教育发展的核心问题之一，这一问题又与教育的政治和经济功能密切相关。

新中国成立后很长一段时期内学校教育和知识学习严重政治化，教育为个人发展和国家建设提供智力支持的使命受到相当大的干扰。"建国后，苏联的学问中心课程模式成为我国科学课程的主流模式，重理论而轻实践。相比之下，西方国家的科学教育十分重视科学与技术的联系。"④改革开放初期，中国社会经济发展面临的一个重要问题就是学校教育与经济发展相互

①　潘洪建：《什么是知识：教育学的界说》，《江苏大学学报》（高教研究版）2005 年第 1 期，第 18—24 页。

②　周勇：《现代社会中的知识与教育冲突》，《教育研究》2003 年第 3 期，第 21—25 页。

③　程晋宽：《20 世纪中国文化变迁和教育变革的历史分析》，《河北师范大学学报》（教育科学版）2001 年第 1 期，第 34—43 页。

④　余自强：《科学课程论》，教育科学出版社 2002 年版，第 178 页。

脱节。针对这一问题,学校教育开始全面重视知识学习和智育,知识在学校教育中的政治价值让位于它的经济价值。知识在学校教育中经济价值的流行必然对知识的价值效应和德育功能提出全面的挑战,功利主义的教育观和市场化的教育体制要求学校德育做出新的调整和选择。科技知识是当代学校教育的主要内容,能否通过科技教育来通达德育,或者将学科教育与德育联系起来,这是转型时期学校德育的重要课题和任务之一。科学素养包括科学精神、科学态度、科学价值观、科学知识与技能、科学行为与习惯等。培养学生的科学素养是当代教育界的普遍共识,应当使科学素养成为连接学校科技教育与德育的桥梁,促进科技知识更好地为学校德育和人的发展服务。在中国当代的社会语境下,我们应该防止的是学校教育的过度功利化、技术化和应试化,防止将学校教育单纯地等同于科学教育或技术教育。石中英教授等通过对我国科学教育的教材分析指出,学校科学教育中的科学观基本上属于实证主义或经验主义的科学观,科学价值观基本上属于乐观主义和功利主义的,科学发展观基本可以概括为"科学成就史观"和"个人英雄史观"。[①] 科学主义知识观坚持科技知识的价值优越论,相信科学方法和技术标准在道德领域也同样适用,强调科技的发展必定会带来社会道德水平大的提高。科技主义在学校教育中的流行将地不可避免地导致人们对于科学技术的盲目崇拜,进而转化为一种工具理性的价值关怀,不利于学校人文精神的复兴和发展。科技知识及其所体现的理性精神一方面极大地促进了学校教育的现代化和体制化,另一方面人文知识在学校教育中地位的下降令科技教育没有可以比照的对象,知识整体在教育中的价值呈现发生严重的倾斜。这种由于知识地位的不同在学校教育中造成的价值比例失衡对德育实践有着重要的影响。

2. 谁的知识最有价值?

迈克尔·阿普尔(Michael Apple)是美国当代著名的教育理论研究者,在课程研究中,他提出了"谁的知识最有价值"的问题。阿普尔的研究使人们注意到了课程与意识形态之间的紧密联系。如果说斯宾塞使科学主义在课程中确立了统治地位,那么阿普尔则力图恢复人文主义在学校教育中的应有地位,强调科技知识的价值负载和权力表象,极力主张学校教育及其课程设置应该具有批判性与反思性。"虽然教育者一贯试图把自己描绘为'科

---

① 　石中英、梁卿:《20 世纪中国科学教育的文化批评》,《教育学报》2005 年第 1 期,第51—57 页。

学的',指出他们的活动是'科学的'(或技术的)并因而处于中立地位,以赋予其合法性,但他们……支持官僚化的假设和制度,否定个体和人们群体的尊严和重要选择……'中立的科学'术语成了掩盖这个事实的粉饰,因而比帮助性更加意识形态化。"①其实阿普尔在自己的批判教育学中,他所做的是一种历史性和道德性的醒思,努力弥合的是科技与人文、智育与德育、学术课程与通识课程、专业教育与普通教育之间的分裂。

中国自古以来就是礼仪之邦,学校教育一贯重视道德伦理知识的学习。因此中国的伦常社会风俗与学校教育的道德文化品质具有内在的一致性。科学知识以及技术理性对于学校教育的介入,使得中国传统学校教育的内在单一性、完整性和纯粹性被打破,与此相适应,教育中的知识内容所表现的道德和情感判断让位于对知识的客观事实陈述和理性分析。当代中国学校教育的基本现状是智育的世界性和德育的民族性之间的分裂和对峙,也就是说我们的学校教育在目的和价值取向上仍然是中国本土化的,但是在组织形式和实施策略上却是国际化的。这也是当前学校教育中德育和智育不能有机融合的最为根本的原因之一。知识的分化和发展使学校德育实践变得更加复杂,一味地进行道德知识灌输已很难奏效,必须将德育活动生活化、常态化和多样化,在潜移默化中来开启学生的心灵,传递道德智慧。叶澜教授认为当代道德教育内容的基本构成应该是以"诚实守信"为核心的"为人之德";以"责任心"为核心的"为事之德";以"爱国"为核心的"为民之德";以"热爱生命,追求自我完善"为核心的"立身之德"。② 这些德育内容既提纲挈领地表现了中华传统美德,又满足了学校德育许多新的要求。就当代学校教育的真实状况来看,在科技知识统治着学校教育的前提下,教育现代化的德育诉求更应该回归传统道德价值。学校教育在科技知识的学习和传承中再生产着一种普世性的理性价值,但这种理性价值不应该成为教育的唯一目的;学校教育同时也再生产着一种地方性的情感价值,这种情感价值对于学校德育内容的选择具有很大的意义。德育课程代表了德育内容的知识化和体系化。"进入 21 世纪,中小学德育课程仍面临如何批判继承传统文化,如何借鉴国外优秀文明成果,如何整合中西方文化,以发展和创造

---

① 迈克尔·阿普尔:《意识形态与课程》,黄忠敬译,华东师范大学出版社 2001 年版,第 150 页。

② 叶澜:《试析中国当代道德教育内容的基础性构成》,《教育研究》2001 年第 9 期,第 3—7 页。

具有民族特色的德育文化的历史性课题。对中西方文化的整合，以对两种文化主导要素的把握为前提。这种主导要素以民族思维方式和民族精神为标志。"①因此，德育课程的知识选择应该具有文化性，而不应该局限于意识形态的视野。长期以来，我们的学校德育课程在知识策略上严守政治性原则，这在很大程度上影响到了德育课程的丰富性和多样性。在知识经济时代，德育课程中的知识布局和结构应该是科学性与人文性、文化性与政治性的高度统一。

（二）知识转型与德育观

知识与学校教育和德育通常是在两个方面发生联系的：一方面知识本身内含和体现了教育的目的性，另一方面知识又具有实现教育目的的工具性价值。因此可以说知识在教育中表现出一个矛盾体的形象——知识塑造着人，人又不断创新着知识。"知识及其变化是制约教育发展的因素，但知识对教育的制约必须以人对知识及其变化的理解为前提，因此不是知识影响教育发展，而是人对知识的态度制约教育的发展。"②因此，在科学技术和知识经济迅速发展的今天，知识社会条件下人的存在已经成为一种知识状态，这种情况在学校教育中表现得更加明显。总体来说，知识在当代中国学校教育中发生了两次大的转型，一次是知识的经济转型，一次是知识的生活转型。与之相适应便产生了两种德育观，一种是功利主义德育观，一种是生活德育观。

1. 功利主义德育观

当代学校德育中存在着各种各样的问题，比如德育实效低下，德育理论和实践的从属性特征，德育研究的唯科学主义取向，等等，其根源就在于功利主义德育观。③"所谓功利主义德育观，其外在形态是一系列的德育症候。它表现为德育功能观、目的观上的社会功利主义，课程观上的道德相对主义和虚无主义，及德育理论研究上的工具至上、唯科学主义倾向等。这一系列中国德育病态组成一'症候群'，共有一个功利主义、相对主义、工具主义的

---

① 詹万生：《中小学德育课程改革与创新》，《教育研究》2003 年第 1 期，第 48—52 页。

② 薛晓阳：《知识社会的知识观——关于教育如何应对知识的讨论》，《教育研究》2001年第 10 期，第 25—30 页。

③ 檀传宝：《功利主义：中国德育的症候群之一》，《教育理论与实践》1996 年第 3 期，第24—28 页。

精神内核,形成所谓'功利主义德育观'。"①因此,功利主义在社会生活和德育实践中的涌现,离不开科技的发展及其生产作用的发挥。

在当代中国,当知识与政治的联系慢慢被分离后,知识的经济转型,催生了功利主义德育观的出现。功利主义德育观在一定程度上适应了转型时期社会对学校德育的要求,它也是商品经济和市场经济条件下学校教育的必然产物。功利主义德育观遵从社会现实的需要,推行工具理性主导下的德育模式。这虽然使学校德育的实效性和适应性有所增强,但长此以往,德育乃至整个教育的道德性和超越性将会销声匿迹,学校也会变成"工厂"和"车间"。知识的经济转型造成了教育领域内知识对人的占有和塑造,德育也开始变得唯利是图、空洞、僵硬而教条。杜威曾经分析了"道德观念"和"关于道德的观念"之间的差别。他认为"凡是能够影响行为,使行为有所改进和改善的观念就是'道德观念'"。"'关于道德的观念'在道德上可以是漠不关心的,或不道德的或道德的。"②知识是观念的精确化和系统化。因此我们可以类推出"道德知识"和"关于道德的知识"这样两个概念。功利主义德育观往往看重的是知识的实用价值,因此习惯于把"关于道德的知识"当成"道德知识"来向学生灌输。在社会经济转型的过程中,学校德育的外部环境和内在目的追求也日益多样化。知识经济时代人们的价值观更加多元化,传统社会统一的价值和道德取向被消解,我们也多少能够感受到时代变迁中道德的滑坡和精神文化生活的萎靡。在这种大的时代背景下,学校德育被整个社会赋予了太多的期望和功能。德育因此背负上了沉重的包袱,囊括了太多的内容,在实践过程中也难免出现实用化和工具化的倾向。所以德育实践经常处于这样尴尬的境地:在教育活动中,人们似乎对它无比重视,但是它的实效性却总是那么低,达不到人们的心理预期。总的说来,知识的经济转型带来了学校教育、德育中的急功近利与文化短视,教育的过程性、陶冶性和人文性遭到漠视,教育对于社会和个人的承诺变成了一个个具体而现实的数字结果和量的产出,德育的精神性和目的性日渐世俗化。这样导致的最终后果是学校教育、德育、知识灌输和好的学习成绩之间具有了很大的等价性,随之就有了教育方式的单向性和教育目标的多样性之间的

①   檀传宝:《1979—1994:功利主义德育观美学超越的历程》,《高等师范教育研究》1996 年第 4 期,第 21—27 页。

②   约翰·杜威:《学校与社会·明日之学校》,赵祥麟、任钟印等译,人民教育出版社2005 年版,第 136 页。

深刻矛盾。

在社会转型时期,功利主义德育观还表现在过于追求德育实践的普遍性和客观性,德育活动的文化性和情境性没有受到应有的重视等等。在学校教育中,知识的价值属性和它的应用属性被人为地分割开来,片面强调知识的生产性价值,忽视知识生成过程中的社会建构性因素。因此,学生在教育活动中对于知识的学习很多时候是受到外在功利目的的驱使,而不是出于知识探索的兴趣和对于真理的追寻。"在杜威看来,道德是离不开科学知识的,因为道德是依赖后果构成价值判断的,而科学就是联系前因后果的变化关系的知识。"①杜威一直将教育当作实现科学知识和人的道德观念之间相互沟通和融合的最为有效的途径。他认为在学校德育实践中应该以科学知识、生活经验为中介来实现教育的内在目的和外部社会功能之间的相互统一。就课程改革来讲,要实现对于功利主义德育观的超越,教学方式和学习方式的转型至关重要,老师要变单向灌输为双向对话,学生要变接受性学习为发现性学习。当然了,在具体的德育活动中,如果老师能够成功地进行教学方式的改进,那么学生的学习行为通常就会发生大的改观。

2. 生活德育观

在追逐教育现代化的过程中,知识在教育中的核心地位得到了真正的体现,但是科技知识对于教育及其生活世界的殖民和统治也是显而易见的,知识与教育生活在不断地疏远,知识与个体精神世界的隔阂也正在扩大。与之相应的是,最近十来年,知识的生活转向已经成为学校教育中新的热点问题。项贤明教授认为:"人类社会中的教育现象在总体上可以划分为两大领域,即科学世界的教育和生活世界的教育,道德教育同样也分属这两大领域。道德教育两个方面之间的关系,实际上也就是两大教育领域中道德教育之间的关系。"他进一步指出:"生活世界中的道德教育是基础,科学世界中的道德教育是从生活世界中分化发展而来的。生活世界的道德教育是更为根本的,它是科学世界道德教育产生和存在的前提,也是科学世界道德教育的意义基础之所在。"②德育是知、情、意、行相互统一的过程,科学世界中的德育主要偏向于道德认知、思维和判断,生活世界中的德育则更着重于道

①　胡东原:《沟通自然科学与道德之间关系的探索——论杜威的科技伦理思想》,《南京大学学报》(哲学·人文·社会科学版)1996年第3期,第33—38页。

②　项贤明:《回归生活世界的道德教育》,《高等师范教育研究》2001年第1期,第47—51页。

德情感、意志和行为。实际上科学世界中的德育是一个理性化的过程,生活世界中的德育是一个经验化的过程。如果我们联系中西方的文化传统,西方的德育传统大约属于科学世界,中国的德育传统大致属于生活世界。就德育的内容及其实现方式来看,有些是可以用语言和观念来表述并加以说明的,这主要表现在科学世界中的德育;有些是不能或很难用语言和观念来表达的,它们经常诉诸人们的情感、意志、直觉和行为中的体悟,这主要反映在生活世界中的德育。科学世界描述的是间接经验和间接知识,生活世界感受的多为直接经验和直接知识,因此,德育实践也是一个直接经验与间接经验,直接知识与间接知识相互渗透、协调和统一的过程。在此基础上,德育内容的结构应该是科学世界和生活世界的融合,德育课程应该是学科课程和活动课程的有机结合。

"传统德育大都是以既定的伦理目标为中心,以与之相关连的系统思想品德知识的传授为基础而组织起来,更注重的是以成人视界为基础的价值目标与相应伦理知识框架体系,对不同年级的德育课程内容设计往往强调的是严谨的逻辑性,并不是从学生的生活世界出发,从学生生活的整体需要出发,有针对性地去引导学生生活的拓展和品德的提高,从而造成德育活动与学生生活世界之间的脱离,学生在德育情景之中只能是作为被动接受和改造的客体,造成传统德育模式针对性、主体性的缺失,实效性也随之低迷。"①知识中心的教育和德育传统通常采用灌输的教学方式,学生被限制在狭隘的理性世界里,这种理性道德因为缺乏学生的主动参与和思考,不具有自我觉悟的反思性和经验意识,因而在生活实践中很可能是苍白无力的。实际上这种直接的知识化德育只是在向学生"兜售"一些"关于道德的观念",它对于学生道德意识的提高和道德行为的真正改善通常收效甚微。生活德育观并不是要否认知识在德育过程中的重要性,它试图向人们昭示的是在一个日趋理性化、科学化、技术化和制度化的世界里,道德教育的原初状态及其根本目的,德育是为学生能够过上属于自己的"可能生活"和幸福生活服务的。在知识化德育中,学生处处感受到的是来自知识的压力,生活的意义和成长过程中丰富多彩的内容被压缩、裁减,完整的世界面貌成为被书本组织起来的零碎的知识观念和意识。

由于受社会现代化的时代条件所限,我们的学校德育基本上还是一种

---

① 刘铁芳:《面向生活,引导生活——回归生活的德育内涵与策略》,《教育科学研究》2004 年第 8 期,第 48—51 页。

理性化德育,它又有两种表现形式,即知识化德育和制度化德育。从二者的实践特征来看,知识化德育是实现个体内在道德观念系统的理性化,制度化德育是达成个体行为与外部道德环境之间相互关系的理性化。与知识化德育相似,制度化的学校德育自从其诞生以来,就使得德育与生活的距离渐行渐远,德育活动的封闭性、工具性和教条化特征也越来越明显。"制度化的教育以及制度化的德育是按科学和科学教育的逻辑组织起来的,而不是按伦理的、道德的逻辑建构的,这种体制对间接经验的学习无疑是十分有效的。但是,人的德性发展与智性发展有着本质的不同:人们可以与社会生活隔离开来集中学习知识经验,却不能与社会生活相隔离去学习道德。道德是社会生活的规范和准则,真正的学习必须在社会生活过程中进行。"①生活德育观并未否认理性化德育,它只是向我们说明和展现了德育实践的另一个维度。生活德育观也是对于当代那些过于理想化德育观念的一种反思和扬弃,它抛弃了德育过程中许多形式主义和华而不实的做法,促成了德育中人性的回归和主体自我意识的觉醒。生活德育通过价值引导、对话和活动等多种方式来组织和实施各种教学,它注重在实践和体验中来发展学生的各种道德修养和行为能力。

（三）知识转型与德育课程观

当今时代,教育领域里的知识转型突出地表现在从现代知识观向后现代知识观的位移,知识转型必然对德育课程观产生深刻的影响。与这种知识转型相适应,德育课程观中出现了理性主义课程观、经验主义课程观和建构主义课程观并驾齐驱的态势。教育改革中人们也逐步从知识的生产性价值走向知识的目的性价值,开始探讨和关注什么知识最具有教育价值。德育课程观的基点也慢慢从社会规范、理想价值向个体品格、实践伦理倾斜,从强调道德的社会共性向重视道德的语境特征、个性心理发生转变。"新的课程观带来了德育课程观的变革,即德育课程不再是一套外在于师生的强制性的价值规范体系,也不再是一种老师向学生灌输这些价值的过程。而是师生在教育情境中不断变革、创造内容,融入自己的生活世界,在逐渐创生的具有丰富不确定性的氛围中,共同对话、体验、理解和实践,由此不断建构新的道德意义,实现德性共同成长的过程。"②

---

① 高德胜:《论现代教师应树立的德育观》,《北京青年政治学院学报》2000 年第 2 期,第 5—8 页。

② 易晓明:《新德育课程观的建构》,《上海教育科研》2002 年第 2 期,第 32—34 页。

　　后现代知识观强调了知识的开放性、体验性、文化性、整合性和复杂性等多种特征,多尔因此论证了后现代课程的丰富性、循环性、联系性和严密性特征。后现代课程观使得课程本身的育德能力和教育价值更加明确而突出,有力地推动了科技与人文在学科课程、德育课程中的融合,有利于学校教育功能的全面实现和德育实效性的提高。改革开放以来,我国的课程观经历了三次变革:第一次变革强调基本知识、基本技能和学科知识的系统性;第二次变革突出了学科知识的整体性和全面性,降低部分知识的难度,增加知识的广度;第三次变革在聚焦知识广度和深度的同时,注意对于知识"总量"的调控。① 在课程改革中,虽然我们对新的知识理念有所触及,但主要还是以知识结构和学科逻辑为中心来组织和实施课程的,这在一定程度上限制了课程德育价值的充分发挥。"正如布鲁纳所指出的,除了逻辑的、分析的、科学的思想方式,还有另外一种互为补充的方式——即隐喻的、描述的、存在主义的。这两种思想方式的主要不同是分析性方式是说明的而描述方式是阐释的。对于前者,教师希望获得讲解的精确性;对于后者,教师希望'进行不断的对话'。"②

　　传统的课程观习惯于将知识看作一种客观存在的事实陈述和观念体系,知识是外在于个人和社会的,它不受任何功利目的性和价值观念的影响,学校课程必须原原本本地反映知识的真理性和客观性。现代理性主义课程观坚持的是科学的、实证的和技术化的知识策略,但这些只是知识本质特征的一个方面。知识本质特征的另外一个重要方面就是它的情境性、地域性和文化性,例如中医知识和西医知识的区别。知识的这种后现代特征引起了人们对于课程中广泛流行的普遍化、客观性和价值中立的现代知识观的质疑,课程知识的合法性、标准性、价值性成为学校教育改革的重要问题之一。在当代社会的知识转型中,教育界普遍重视的另一个问题就是缄默知识对于学校教育和德育课程的重要影响。因为在传统的课程文化中,人们关注到的往往是被表达的、书写的明言知识,而对于未被表达的、难以表达的和不能言说的知识则重视不够。"教师必须意识到教学生活中大量缄默知识的存在,必须改变自己只是一个显性知识'传递者',学生只是一个

---

　　① 任长松:《20 年来课程观的三次变革》,《天津市教科院学报》1999 年第 6 期,第 8—9 页。

　　② 威廉姆·多尔:《构建一种新的课程观》(上),王红宇译,《外国教育资料》1996 年第 6 期,第 24—29 页。

'无知'的人或'不成熟的'认识主体的观念。"①当代知识转型在课程中的表现和特征,使我们更加充分地认识到学校教育中的价值渗透和意识形态在知识传递中无处不在。从知识社会学的角度出发,知识转型为我们重新认识智育与德育,科技与人文的关系提供了崭新的视角和出发点。与此同时,德育课程的宽度、广度、深度以及阐释方式也都得到了新的拓展。

知识中心的德育课程观让我们看到更多的是智育与德育的分离、成才与成人的对立、素质教育与应试教育的冲突。学科式的德育课程观认为德育是被规划和设计的,学生的道德修养和品格是按照已有的目标培养的,它忽视了德育课程实施过程中的个体差异和环境特征,没有看到德性发展的阶段性和复杂性。理性化的德育课程观虽然美好和崇高,但因为其成人式的"道德乌托邦",德育效果却经常令人大跌眼镜。知识转型对于当代学校德育课程的内涵亦产生了相当大的影响,德育课程不再是静态的、科学式的、逻辑化的文本知识,它是与日常风俗、生活经验、道德叙事等密切相关的一系列发展变化的事态。

金生鈜教授指出:"我国教育的知识制度基本体现了意识形态的文化控制与教育控制的权力关系,归根结底,就是通过课程内容、知识生产、传播、分配方式等的控制而实现意识形态的再生产。这一基本的教育控制方式在'文化大革命'时期达到最极化。虽然随着社会改革有所弱化,但基本的控制格局与方式并没有彻底改变,因而造成我国课程知识制度的僵硬。这其实意味着在课程及其背后的意识形态的控制、关于'人'的教育理念等,在经历了思想解放后并没有发生根本的变化。意识形态控制的要求驱使着课程知识内容的选择,指导着通过知识规训人的思想,知识教育明显地反映出意识形态教育的统帅作用。这不仅使意识形态在人的个性、心智方式、思想与行动方式得到社会化的强化,同时也使意识形态所控制的知识形态合法化。"②长期以来,我国的学校德育具有泛政治化和意识形态化的特点,德育课程文化因此而平添了很强的政治和意识形态使命感,在这种使命感的促使下德育课程中渗透了太多关于思想道德教育的宏大叙事。这里我们并不是要否认宏大叙事的历史传统对于德育课程和德育实践的重要性,但是这

①　石中英:《缄默知识与教学改革》,《北京师范大学学报》(人文社会科学版)2001年第3期,第101—108页。

②　金生鈜:《课程知识的合法性基础的解构》,《现代教育论丛》2001年第3期,第15—19页。

种看似蕴含了更为纯粹的、理想的和崇高的道德情怀的德育课程文化与德育实践的生活基础和现实需要相比，就难免有点过于抽象和形而上学的味道。令人欣慰的是近些年来的德育课程改革中，许多生动的、具体的、生活化的德育课程开始出现，不同层次和年龄段的多样化的德育课程结构已经初步形成。知识转型揭示了在学校教育中，知识、权力、意识形态和课程内容之间的密切关系，这使我们对于学校课程知识所体现的教育内涵及其实践效果理解得更加深刻，把握得也更为准确。

二、问题导向的德育课程观

有学者在阐述科技革命与中国社会转型的关系时指出："文化是更为深层的问题。五四运动和 20 世纪 80 年代的思想解放，作为由传统到现代的发展道路上第一阶段曾有关于传统文化的大讨论，但不充分。1992 年后转向第二阶段，至今开始提出宪政和'以人为本'，回过头来发现依然面对人的解放和启蒙运动的理念这样的文化问题。"[①]学校教育作为连接科技革命与社会转型的重要中间力量，科学文化和技术文化在学校教育中的话语空间是不断扩张的，但是这又直接导致了学校教育中文化品性的流失和理想价值意识的匮乏，影响到了人在教育活动中的全面发展。学校教育和德育的实践单一性与转型时期社会生活的不断分化和变革所形成的丰富性之间产生了强烈的对比，学校教育的"产出"和"供给"只是部分地满足了社会和个人发展的某些需要。由于学校教育内在"生产力布局和结构"的失衡，所以在面对社会生活中不断膨胀的各种教育"需求"时，学校教育不是出现了"产能"的过剩，而是"教育生产力"在"能力供给"上出现了不足。这其中，学校教育在德、智、体、美、劳等诸育之间的结构关系失衡是非常明显的。在学校教育"生产力布局"失衡的情况下，教育改革，特别是学校课程改革被寄予厚望，被赋予了更多的责任和义务，人们希望通过教育来解决更多的现实问题。"我国当前的课程改革，主要不是克服某一方面的极端，不是协调好二者的关系，而是在两个方面都要进行'基本建设'：在课程中同时加强人文精神和科学精神。"[②]因此，以问题为导向的德育课程建设可以成为加强人文精神和科学精神之间相互沟通和融合的重要桥梁。

----

① 　吕乃基：《科技革命与中国社会转型》，中国社会科学出版社 2004 年版，第 287 页。
② 　丛立新：《课程论问题》，教育科学出版社 2000 年版，第 156 页。

（一）问题导向德育课程观的社会经济背景

"以中国来看,经济的发展成为 20 世纪末社会发展的核心主题。在国家发展以经济为中心的指导思想下,教育要培养大批的经济、科技人才和大量的高素质劳动力以促进经济的跨越式发展。在这种背景下,由于相对于德育的人文素质培养功能,智育的科技素质培养功能见效快而且具有实利性质,它便凸显出其重要性和吸引力。于是迫于社会的压力和需要,智育在学校中实际占有了绝对重要的地位。这是国家的经济利益在教育博弈上的体现。"①因此,从学校德育的现实背景来看,德育课程改革所要处理的中心问题是道德伦理与经济发展的相互关系。但是从学校德育课程的实践过程来看,道德伦理与政治或意识形态之间的关系却成为学校德育课程不可回避的现实问题。在一个变革的时代,德育内容在坚持主流价值观的同时,应该更多地涉及关乎现实道德问题的思维能力和实践意识的培养,而不是将道德问题命题化和程式化。

为了更好地说明社会经济转型时期学生思想道德所发生的深刻变化,下面我们选取由杨贤君、李明汉两位老师所撰写的《市场经济与学校德育》一文中的相关数据表格来简单说明一下。这些数据是广州教科所德育教研室对广州市所属的市区、经济较发达的番禺、经济较落后的从化三个地区,15 所不同层次的普通中学,2400 多名不同年级的中学生的调查问卷资料,并参照 1987 年 11 月间对市区中小学生调查的相关数据,进行的纵横向对比分析。②

表 4-1　个人成功的主要因素

	广州市区	番禺	从化
个人的拼搏	75.1	74.0	70.0
好的机遇	14.8	9.9	3.5
国家的培养	7.2	11.1	20.4
父母亲友关照	2.9	5.0	6.1
合计	100	99.6	98.8

---

①　喻学林:《当代中国德育:多元利益主体教育博弈的"牺牲品"》,《教育理论与实践》2007 年第 1 期,第 50—53 页。

②　杨贤君、李明汉:《市场经济与学校德育》,《教育研究》1994 年第 5 期,第 31—36 页。

表 4-2 哪种看法较适合你的心意？

	广州市区		番禺	从化
	1987 年	1993 年	1993 年	1993 年
大公无私	21.9	19.6	28.1	45.0
先公后私	29.0	21.6	19.6	14.4
公私并重	44.8	54.0	46.6	29.0
先私后公	3.2	3.2	3.0	1.8
有私无公	1.1	1.6	2.7	9.8
合计	100	100	100	100

表 4-3 中学生可以课余挣钱吗？

	广州市区	番禺	从化
不可以	19.1	30.8	33.8
可以适当进行	79.0	66.7	61.7
应大力提倡	1.9	2.5	4.5
合计	100	100	100

表 4-4 你从事过哪种经济活动（多项选择）？

	广州市区	番禺	从化
从未参加过	49.2	29.2	43.8
假期打工	27.3	35.3	25.8
课余打工	2.5	2.8	5.4
校内销售小商品	11.2	3.7	5.5
帮亲友出售商品	16.8	22.4	25.3

表 4-5 我国进行社会改革的主要原因

	广州市区		番禺	从化
	1987 年	1993 年	1993 年	1993 年
使社会主义制度更加完善	55.9	75.3	78.8	77.7
现行制度有许多弊端	38.5	19.1	14.7	14.7
现行制度比不上资本主义制度	5.6	5.6	6.5	7.6
合计	100	100	100	100

表 4-6　改革开放中你最关心的事

	广州市区		番禺	从化
	1987 年	1993 年	1993 年	1993 年
克服不正之风,防止和平演变	18.6	11.9	12.3	12.4
发展经济,提高生活水平	54.7	60.0	54.9	44.2
增强社会主义民主	5.3	4.0	4.2	5.0
发展文化教育事业	15.5	24.1	28.6	38.6
其他	5.9	/	/	/
合计	100	100	100	100

表 4-7　除了功课以外,你最关心的事

	广州市区		番禺	从化
	1987 年	1993 年	1993 年	1993 年
生活更加丰富多彩	51.9	59.9	42.5	35.2
掌握更多知识	37.3	28.6	39.7	45.2
社会改革	10.8	7.5	13.5	12.0
业余挣钱	/	4.0	4.3	7.6
合计	100	100	100	100

表 4-8　你同意哪一种看法?

	广州市区	番禺	从化
学生是消费者,应艰苦朴素	57.0	67.4	80.8
只要自己有钱,可适当参与现代生活	39.8	29.3	14.9
有钱不花就会贬值	3.2	3.3	4.3
合计	100	100	100

从表 4-1 至表 4-8 中我们可以看出,经济发展水平的高低对于学生思想道德观念的变化和道德实践都产生了重要的影响。在社会转型时期,学校德育改革及其课程安排不能以过于保守和僵化的姿态出现,德育不是关起门来的事业,德育课程也不是课堂上空洞的道德说教和被动的思想灌输。德育内容和课程实践只有对现实生活和社会生产中出现的各种道德问题做出及时的反馈和调整,德育实践的适切性、灵活性、实效性才可能得到实质性的提高。

(二)科技与社会转型时期的道德和德育问题

"哈耶克认为,古往今来人类的道德大致可分为两种类型:小社群道德和大社会道德。与目的优先、特殊主义的传统小社群道德不同,市场秩序的道德是一种规则优先、普遍主义的大社会道德,它主要由一些抽象性、否定性、互惠性的行为规则所组成。"①伴随着当代中国的社会转型,我们的社会道德领域也正在经历着由小社群道德向大社会道德的转变。这种转变也意味着我们正在从传统的德性伦理观向功利主义道德观和伦理观转变。当代中国社会的转型也预示着人的转型,即由传统"重义轻利"的道德人向理性经济人的转化。目前这种转化正在进一步地走向深入,即从人的臣民身份向市民身份,再到公民身份的转变,同时进行的还有人伦社会向法制社会的转变。各种转型在德育活动中的表现同样令人印象深刻,但是其中所暴露出来的各种问题也是让我们不可小视。对此,鲁洁教授认为:"在现代化的过程中,放逐道德的另一重要角色是唯科学主义的理念与实践。"②"我国作为现代化的后发国家,不能不受到西方唯科学主义的影响。应当承认,科学在我国至今还不十分昌明,唯科学主义思潮在整个社会并没有像西方那样张狂。但是,又不能不看到,从西方引进来的学校教育却被重重地抹上了一道道唯科学、唯理性的色彩,它在消解道德方面也起到了推波助澜的作用。"③学校的道德建设和道德教育一方面从外部受到经济改革的剧烈冲击,经济思维反映的是对于学校教育的技术改造和潜在人才"生产能力"的不断挖掘。另一方面学校德育又从内部受到科学主义的禁锢,在理性的操控下,个人的情感不易得到释放,个性不能显得过于张扬,德育本身的道德图景也因此而变得黯然失色。与此同时,德育研究在科学主义与人本主义走向融合的大趋势下,"在这样的时代背景面前,德育学有必要对自然科学方法的运用予以反思"④。这方面我们可以找出许多历史经验来加以借鉴。"关于科学课程同道德教育的关系,劳锐思作为自然科学和数学课程的教师,在20世纪30年代对于基础教育曾经持科学—技术主义取向,排斥宗教在学校中的影响,贬低文学的教育价值。时至20世纪70年代,承认那些都是'井蛙

---

① 高力克:《哈耶克的道德进化论与中国当代道德转型问题》,《学术月刊》2004年第4期,第40—47页。

② 鲁洁:《道德教育的当代论域》,人民出版社2005年版,第145页。

③ 鲁洁:《道德教育的当代论域》,人民出版社2005年版,第148页。

④ 杜时忠:《德育十论》,黑龙江教育出版社2003年版,第297页。

之见'，认识到新时代的主要困难，不在于技术教育，而在于使旧道德适应新时代的条件，并把新道德扩展到全世界。"①中国当代的教育改革似乎也正在经历着同样的发展轨迹。

"当代科技发展的一个趋势和特点，是与人文社会科学的结合和相互渗透，这使人文社会科学开拓了视野，形成了新的价值观和道德观。当代科技发展对伦理学产生了深刻而重大的影响，产生了许多新的应用伦理学。"②科技发展使社会道德观念和道德实践遭遇许多新的难点问题，这些问题也成为学校德育新的内容和视点。德育活动作为一项社会系统工程，从大的方面来看，它是在理论和实践两个方面受到科技发展的影响。这种影响的展现，又与其他学科的发展和社会活动密切相关。科技对道德领域和德育活动的介入，更多的时候是以文化的方式而施加的。科技文化的核心是理性文化，中国传统文化的根本是德性文化，当理性文化试图征服德性文化来建立一套新的社会文化秩序时，引起了德育活动本身所内涵的理性文化和德性文化因素之间发生激烈的碰撞。"高科技带来的现代文明冲击着珍贵的社会传统文化价值，导致传统文化出现断层现象，有可能使新一代青年人对本民族传统文化产生认同危机。高科技的'工具理性'给社会所带来的单面性降低了人们对'终极价值关怀'的思考，更加注重现实的物质利益而忽视社会的长远利益，导致了全球生态环境恶化和人文精神的失落。"③转型时期学校德育的文化特质依然是德性主导下的德目主义，社会整体的文化特质是理性主导下的功利主义，德育改革的一个重要方面就是在这两种不同特质的文化氛围之间寻求一个平衡的基点，问题导向的德育课程便因此而产生。

（三）德育功能与德育课程观的变革

当代学校德育面临着许多新的问题，德育的经济、政治和文化等功能的充分发挥，必须紧紧围绕着这些问题，并且在德育课程中要有所体现。比如以前的德育实践中我们大力提倡学生要舍己为人，但是并没有强调舍己为人也是有条件限制的，在新的社会历史条件下，舍己为人在德育中的内涵被重新进行了诠释。另外，对于德育的功能也需要不断地进行再认识，不同德育功能主导下的德育课程差异较大，进而会影响到诸多德育问题的解决。在

---

① 陈桂生：《库姆斯〈模棱两可的德育问题〉解读》，《杭州师范学院学报》（社会科学版）2006 年第 4 期，第 52—55 页。

② 章海山：《当代道德的转型和建构》，中山大学出版社 1999 年版，第 7 页。

③ 龚海泉、万美容等：《当代公民道德教育》，中央文献出版社 2000 年版，第 58 页。

我们的学校德育中，一直比较重视德育的政治功能和社会教化功能，而德育的其他社会功能尚未得到足够的重视，这在很大程度上制约了德育课程的拓展和德育课程观的变革。问题导向的德育课程观倡导德育功能与德育课程的双向互动，德育课程应该反映社会生活发展的需要和要求。转型时期的社会现代化表现出两种明显的外部体征，一是市场化，二是网络信息化。二者共同影响着学校德育功能的实现，也使得德育课程的"问题情境"更加突出。前面我们对于市场经济条件下的学校德育问题已经多次提及，下面我们就以电子游戏对于德育实践的影响来具体探讨德育课程所面对的现实"问题情境"。

在网络社会兴起之前，游戏对于学校教育的介入主要集中在基础教育的少儿群体之中。网络社会兴起之后，电子游戏逐步取代了生活游戏，游戏对于教育的影响也开始延伸到大学和成人阶段。当越来越多的学生沉迷于网络游戏时，学校教育的秩序和节奏不但被打乱，许多学生的身心健康也受到了不良游戏文化的侵蚀。科技的不断飞速发展，使游戏活动和娱乐文化跨越国界，涌入校园生活，地球也似乎顷刻间由圆的变成了平的。卡斯特（Castells）认为，信息时代的技术范式，即人类的生产/消费、体验和权力关系的组织性安排取代了工业化时代主要围绕着能量的生产和分配而组织起来的社会结构，与之相伴随的是时空形式的改变和一种新文化的产生。① 这种新的体验和文化形式在学生的游戏兴趣中表现得淋漓尽致。游戏与教育好像是一对孪生兄弟，它们相生相伴，彼此相互扶持。游戏是人的生活和存在方式之一，也是一种原生态的德育活动。在传统学校教育中，学生在游戏里体悟和获取的是直接的道德经验，他们的游戏实践和经验大多来自于日常生活。电子游戏让学生的各种感觉器官获得了足够的延伸，他们的游戏本能和生命体验被大大"激活"。在游戏的虚拟实践中，学生们可以畅所欲言，扮演各种角色，体会到与现实世界中不同的生活情趣。

电子游戏已经成为当今中国学校教育的重要组成部分，但我们很难断言它对于学生道德发展的利弊和得失。德育该如何在现实世界和虚拟世界之间调和，这是教育实践必须解决的一个难题。"在研究青少年和技术是如何结合起来的过程中，我们拒绝那种简单的技术决定论。我们并不把电脑看成是具有固定的优点的东西，或者说将电脑看成一个物体，它会以固定的

---

① 成伯清：《走出现代性——当代西方社会学理论的重新定向》，社会科学文献出版社2006 年版，第 113 页。

方式影响社会关系,并且产生一系列可以预测到的影响。"①在网络时代,师生们逐渐习惯于以一种数字化的方式交流,学生的社会化过程与虚拟实践的联系日益密切。因此,他们在网络世界中的道德异化不可避免,学校德育应该尽可能地创造和利用各种机会使师生在各种现实环境中进行道德交往和道德学习,锤炼道德意志。

当电子游戏真正融入学校教育中,学习者变成了游戏者,这时学校德育的课程组织和实施策略我们用下面两幅图(见图 4-1、图 4-2)来表示。

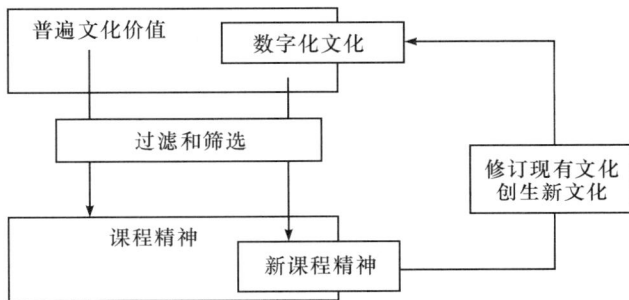

图 4-1 数字文化与课程关系②

教育与技术手段的结合已经是大势所趋,但是这种结合并不是以牺牲教育的道德目的和伦理追求为代价的。德育是我国学校教育的主要任务之一,它贯穿和分布于学校教育的方方面面,具有很强的实践性、活动性和生活性特征。随着我国教育现代化程度的不断提高以及学生接触和使用科技产品频率的增加,德育的科技内涵将会更加明显。当前多媒体技术和网络技术在教育中得到广泛的使用,市场上名目繁多的教育和学习软件也非常流行,但是由于教育观念的陈旧和升学考试的压力,这些新的科技产品并未使师生的负担减轻,它们只是充当了帮助学生获得更多知识和取得好成绩的工具。学生在个人交流、道德成长、情感体验和生命关怀上的需要得不到及时的满足,他们的精神世界变得更加孤单,许多人借助于虚幻的网络游戏来充实自我的生活世界。因此,学校德育的技术诉求不是去用各种规范和条

---

① 曹荣湘选编:《解读数字鸿沟——技术殖民与社会分化》,上海三联书店 2003 年版,第 233 页。

② 张胤:《数字化之"道"与当代课程建构——从"实体主义"到"道"的追问》,东南大学出版社 2004 年版,第 42 页。

| 想象精神 | 谐趣精神 | 多元精神 | 其他新课程精神 |

课程目的

整体目标：培养信息素养。在游戏中学会操作电脑、使用网络；学会正确对待电脑、游戏和网络的态度、学习与游戏的关系……

具体目标：既定目标（要传达的知识和经验等，例如关于三国的文化、历史、政治等）和模糊目标（根据游戏过程而生成的问题而定，比如游戏中的心理调节等）的结合。

组织课程

据此安排知识。这些知识不是固定的，而是可以讨论的；也不是单纯由教师传递的，而是来源于各种渠道的，例如网络……

政治科 ↔ 历史科

游戏 → 信息科

语文科

艺术科

来自课程实施者积极参与而形成的灵活的课程评价

实施课程

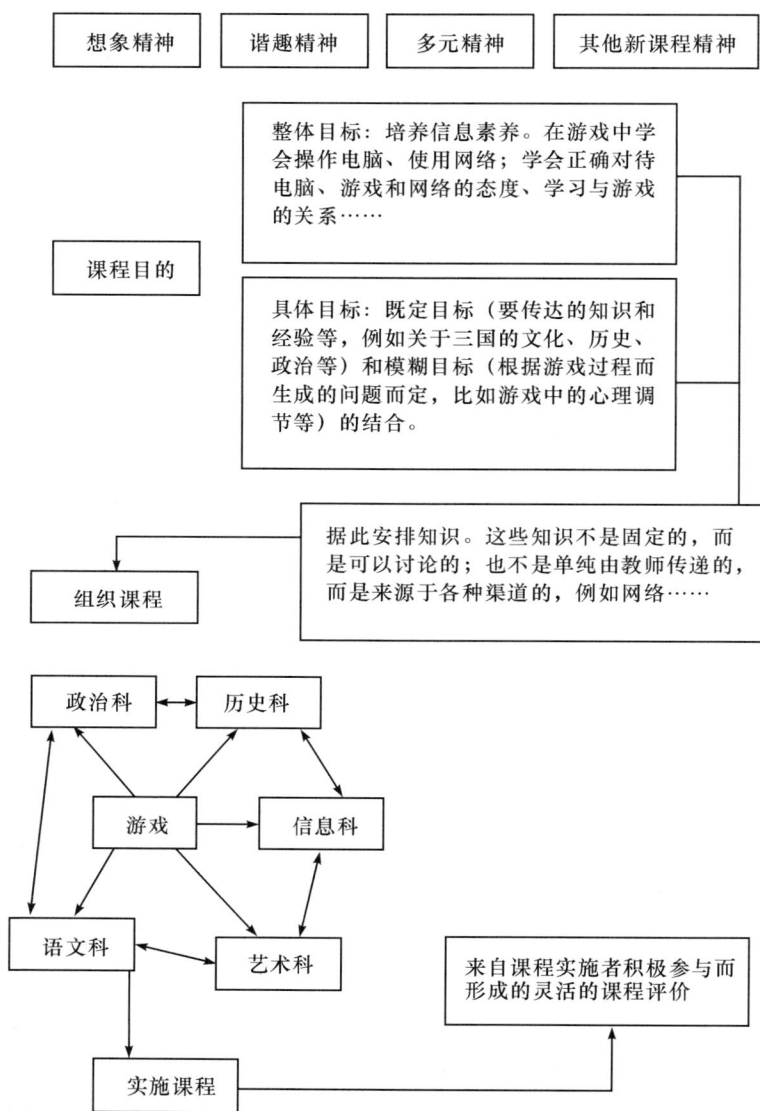

图 4-2　数字化之道建构课程的过程图示①

---

①　张胤:《数字化之"道"与当代课程建构——从"实体主义"到"道"的追问》,东南大学出版社 2004 年版,第 120 页。

条框框来束缚学生,德育手段的技术策略和谋划应该与学生的身心发展特点相一致,促进学生热爱生活、关心他人、爱护自然,培养他们的理想人格和终极关怀的品质。

（四）问题导向德育课程观的实践——整体大德育课程体系

中国传统社会组织结构的一大特点是"大政府,小社会"。市场经济体制的建立和科学技术的发展促进了社会生活的整体繁荣,社会群体的市民和公民特征日益显现,"小政府,大社会"的发展趋势已不可逆转。学校德育外部环境的这一巨大变化,促使德育的目标、内容和形式更加多样化,这也就必然要求我们应该以全面发展的眼光来重新认识和整合德育课程。"传统德育内容贫乏、方法单一、视野狭窄,是一种'零打碎敲式'的小德育,而在信息社会中成长发展的青少年一代,他们接受的信息量大、思维灵活、想象丰富、视野开阔,这迫使德育必须向社会的各个层面加以全方位地拓展,以适应青少年'德性'的整体培育,也只有在整体的大德育视野中,才能培养出青少年的现代道德素质。"①

1. 整体主义文化课程观

整体主义的思维方式与人类文明相生相伴,整体教育的思想和实践自古就有,苏格拉底、柏拉图、孔子等都是整体教育的思想大家和践行者。整体教育主张培养完整的人,使受教育者在身、心、情感等各方面得到协调的发展。教育既不是单纯技能的传授,也不只是各种知识的学习和掌握,教育是一个人的能力、品德、创造力和审美情趣共同发展的过程。自启蒙运动以来,整体教育的传统逐渐衰落,技术理性和科学范式在学校教育,特别是在课程领域取得了绝对统治的地位,课程的原初整体性和经验性被打破,课程的基础从生活体验转向知识,课程的中心从"人性"转移到"数理"。《整体课程》一书的作者约翰·米勒认为:"整体课程在本质上关注人的经验之间的关联——身心之间的关联、线性思维和直觉认知方式之间的关联、学术性学科之间的关联、个人和社会之间的关联、个人的自我与超个人的自我（所有的灵性传统都认为它存在于个人的自我之外）之间的关联。（整体课程中的）整体思维整合了灵性观点和科学观点,采用了浪漫主义的、人本主义的和其他激进的世界观来取代现代的原子论世界观。"②

---

① 沈贵鹏:《社会转型期青少年亚道德试探——兼谈德育转型》,《当代青年研究》1999年第3期,第1—5页。

② 安桂清:《整体课程论》,华东师范大学出版社 2007 年版,第 36 页。

　　最近二三十年在后工业文明、全球化浪潮、知识经济和后现代思想的影响下,学校教育的价值和目标取向更加多元化,它再也不是简单的线性过程,教育变得模糊、复杂和多样,它的过程性、系统性、建构性和创造性特征日益明显。学校教育在寻求更多智能产出的同时,也在经受着变革时代人类理性良知的拷问。教育的这种整体境况在教育改革中得到了充分的体现。"我国80年代以来的几次课程改革也是在基于社会主义商品经济、市场经济的需要上逐步加大了自然科学的学科(物理、化学、生物等)课时比重以及职业技术教育的份额。特别是职业技术教育课程,从无到有,从选修到必修的发展轨迹充分说明了当代社会学科构成背后的经济性。"[①]中国教育改革的外部世界环境和内部社会环境有一个时间差,这个时间差是由社会发展的现实所决定的,因此教育改革与课程改革的复杂性、变革性和整体性特征异常突出。在一定意义上可以这么说,中国现代化发展的中远期目标是由教育的根本目的和精神状况保证的,它的近期目标则是由教育的现实"生产能力"来保证。我们当代的教育改革一直饱受着"物质"和"意识"之间的矛盾与冲突,但最终的结果往往是教育的"物质力"战胜了教育的"精神力"。"我们认为,重大的教育变革源自个人的信念,是通过持类似目标与价值观的人们的共同努力实现的。但是,个人和联盟必须首先清楚地表达他们的教育观点。然后,必须进行一系列的审查和反思,以评估变革会带来什么样的结果,同时要根据新知识、新研究或社会环境来评估所选择的目标和价值。"[②]当前中国社会正在经历着新一轮的转型,这个转型要求教育必须承担起更大范围内的精神重建的任务,课程改革的重心也由"物质力"转向了"精神力"。社群精神的兴起、市民社会的实践和公民意识的增强,客观上要求学校教育的课程内容更加丰富和灵活,课程要从整体上来构建和反映社会的精神需求。因此,课程已经变成了一种综合的社会文化载体,它不光体现知识与能力,工作和生存训练的需要,它也传承着经典,发展自我的品德和精神,增进理解,思考社会的民主,维持社会主流价值观和意识形态。德国著名文化教育学家斯普朗格认为"教育是文化的过程",他反对和批判了"教育是知识获得过程"的传统教育法则和课程信念。"文化的刻印作用从人类出生起就在他们身上留下印迹,首先是家庭文化的,然后是中小学的标

---

　　①　吴永军:《课程社会学》,南京师范大学出版社1999年版,第232页。

　　②　帕梅拉·博洛廷·约瑟夫等:《课程文化》,余强译,浙江教育出版社2008年版,第197页。

记，然后一直持续到大学里或职业中。"①课程并不是单纯地刻画、记录和传播已知的东西，它还应努力地将受教育者的创造力和良好精神品质诱导出来，唤醒他们的生命感、道德感和价值感；课程不但要告诉学生一个现实的世界，而且还要向学生描绘一个可能的未知世界。中国当代社会的发展实质上隐喻着一种文化的转型，在中西文化的碰撞中，西方式的科技文化和理性思维方式无疑在课程改革中取得了垄断性的话语权。因此，在文化冲突中，我们的课程往往选择了知识标准，而不是文化标准，这也是学校德育课程走向教条和效果不好的重要原因。

2. 整体德育课程体系的构建

整体德育一直是当代中国学校德育的主要形式之一，但是在整体德育的践行过程中，我们对于"整体"的认识，大多时刻还是停留在学科德育的综合、德育的知识整合上面，未能设计和开发出一整套与整体德育相适应，又能符合时代发展要求的德育课程。"从道德发展和道德教育角度看，任何一个道德词汇或概念，道德素质诸要素任何一个方面的发展，本来代表和包含着而且应该包含着知情信意行整体道德素质的完整内涵或整体含义。而且，由于经济、知识和科技对社会和教育发展的直接影响作用的加强，由于受狭义的理性、智慧、知识概念的影响，也由于教育者德育素质的欠缺，本来是而且应该是整体的道德教育德育课程，通过道德教育教科书的编者，道德教育教师的讲授，道德教育学科的考试，最后都'衰值'为单一的、干燥的、枯燥的、乏味的，甚至面目可憎的道德教条、道德知识或观念，或者简单机械的道德行为习惯，道德教育变成了实质上传授道德知识的'智育'——智育化了的所谓'德育'与德育课程，或者变成行为主义的行为训练程序。"②在经济和科技唱主角的现实背景下，学校教育被简化为智育，德育被简化为鼓励学生听话和遵守纪律，这样德育课程很难走出形式主义和实用主义的窠臼。从整体上来考量学校德育课程，可以有效克服学校德育中出现的许多弊病，重新书写道德教育的真意，恢复学校教育的人文追求和精神境界。整体德育课程和通常意义上的大德育课程有很大的不同，前者主要强调从课程理念上要通盘考虑德育课程的各种要素的配置，后者主要突出的是德育内容的全面性和包容性。

理论对于实践起着重要的指导作用。在学校德育尚未具有一套行之有效

---

① 埃德加·莫兰：《复杂性理论与教育问题》，陈一壮译，北京大学出版社 2004 年版，第 19 页。

② 魏贤超：《德育课程论》，黑龙江教育出版社 2004 年版，第 192—193 页。

的课程体系时,理论上的创新和探索就显得尤为重要。这里需要进一步说明的是,中国传统文化以整体思维见长,就德育课程的建设来讲,它只有深深扎根于自己本民族的文化传统,吸收其中的精华并在新的时代条件下有所创新,才可能焕发出蓬勃的生机。另外,德育活动本身具有很强的民族性、地域性、文化性、复杂性和系统性特征,这也要求学校德育过程应该注重从整体出发才可能取得更好的成效。因此,整体性原则就成为德育课程开发的重要基础,也是体现德育课程建设科学性和人文性的重要标准。在当代整体德育课程体系的构建过程中,詹万生先生主要从宏观层面分析和论证了整体德育课程体系的可行性、内在依据、内容构成和发展方向等。魏贤超教授则主要从微观和中观层面就整体德育课程的具体内容构成和逻辑理路进行了详尽的论述。两位学者都不约而同地从系统论的角度出发,力图从教育的深层意蕴来勾勒出当代学校德育课程的整体轮廓。詹万生先生认为,学校德育课程体系建构的理论基础应该是人的主体性理论、人的社会化理论和唯物辩证法的系统论理论。① 他还指出中小学德育课程改革与创新体现在三个方面:第一是中西方文化的整合与互补,主导要素是对民族思维方式和民族精神的体认、培育与发展;第二是增强综合性和实践性,整体构建德育的目标内容和实践活动体系;第三是德育课程形态回归生活,促进学生道德主体性的发展;另外也应该注意在道德的认知课程、经验课程和体验课程之间找到新的结合点。② 魏贤超教授从系统论与全息论出发,从整体上全面构建了德育大课程体系。早在 1995年,他就认为整体大德育课程体系包括两类正规的、显性的课程与四类非正规的、隐性的课程组成的整体大德育课程体系,即认识性德育课程、活动性德育课程、体制意义上的德育"课程"与气氛意义上的德育"课程"以及前两类德育课程中"隐性的"或"潜藏的"德育"课程"。③ 后来,魏贤超教授又将整体大德育课程体系进一步具体化和系统化,提出了全息整体德育课程体系,并在《德育课程论》一书中进行了全面而细致的阐释。

三、发展导向的德育课程观

"实际上,当代中国人的生存范式正处在前现代、现代和后现代的'共在'之际,但三者之间并不是'单摆复搁'的关系,也不是从某一状态向另一

---

①　詹万生:《21 世纪中国德育课程体系之建构》,《教育研究》2000 年第 12 期,第 15—19 页。

②　詹万生:《中小学德育课程改革与创新》,《教育研究》2003 年第 1 期,第 48—52 页。

③　魏贤超:《整体大德育课程体系初探》,《教育研究》1995 年第 10 期,第 48—54 页。

状态的自然的单向的过渡,而是'共在与互作'。那么,这样发展的过程和结果会是怎样的呢? 应该说,答案是模糊的。"①中国现代化的如此境遇,注定了德育课程在进行调整和改革的过程中,可供其选择的价值判断和意义创生的复杂性与艰难性。纵观中国当代的社会变迁,"发展"一词始终处于时代话语和潮流的中心,当前人们对"发展"本身的理解已从单纯的量的特征提升为质的内涵。教育发展表现在德育课程方面,就是从整体性的宏大叙事转化为局部微观的德性培育以及道德思维和具体德行的培养。"任何新的科学技术在生产上的应用,都会使整个生产部门发生革命,引起国际性商品市场的变化,引起劳动的变换,职业和待业更换,也就必然会引起人们就业观念的变化及某些职业道德规范的更动和兴衰,因此它必然引起德育内容的某些革新和丰富拓展。特别是现代科技重大突破,提出了许多新的科技道德问题,并引起人们道德观、政治观和法律观的变化,这些都是德育内容的重要组成部分。"②科学技术在当代中国社会经济发展中处于核心地位,如何将科技领域的进步和创新借鉴、移植并转化成道德领域的新气象,进而促进科技的更好发展和全社会的整体繁荣,这是学校德育课程改革必须思考和解决的主要问题之一。

(一)人的发展是发展导向德育课程观的主旨

20 世纪 20 年代中期"美国品格教育委员会"委托耶鲁大学的哈茨霍恩和梅主持一项儿童品格发展的综合研究,史称"哈梅研究",共对 11000 多名 6～15 岁儿童进行诚实等品格问题的近一百个项目的大型研究,其研究报告发表后引起了广泛关注。该研究指出,儿童掌握的道德知识、美德概念和学校德育水平与儿童的行为并无相关性,过多的说教不仅无益,而且有害。这一研究结果成了进步教育用来改革德育的依据。30 年代后美国小学纷纷放弃注重讲授美德模式,不设课堂教学,倡导把德育渗透到各科教学中进行的间接法的全面主义课程。这种急剧的转型,使许多人不知所措,陷入迷惘和困惑之中。③ 当代中国学校德育课程改革的着眼点就是促进学生个性品德的全面发展,改变传统德育课程的教条性和空泛性,使德育在促进人的现代化的过程中发挥更加主动的作用。虽然我们并不完全赞同"哈梅研究"的最终结论,但是也应看到学校德育课程改革的历史经验性。我们不能轻言学

①　刘慧:《生命德育论》,人民教育出版社 2005 年版,第 55 页。

②　李康平:《德育发展论》,中国社会科学出版社 2004 年版,第 49 页。

③　冯增俊:《美国小学德育课程模式历史转型及启示》,《教育研究》2003 年第 12 期,第 51—56 页。

校德育课程改革的最终前景会是什么样子,本着旅途就是目标的信念,德育活动的一切内在标准和要求在过程的意义上都应该指向人的自主而全面的发展。因此,德育课程改革中存在的纷争和困惑理应成为学校德育不断努力前行的动力之源。"在教育的世界中,最为基本的是人的生活、精神、价值与交往关系,是人的精神变革,意义领悟与生活实践。人的精神与生活的完整性揭示整个教育过程的不可分析性,因为在本体论上人是分析方法的界限,而由人来创造与行动的世界也不是分析的、实证的、数理语言可描述的世界,对教育世界的实证分析必定会抹煞人的完整性,把教育与人的互动性作为事实来辨析,就会把人'物化',把教育过程'机械化'。"①

中国改革开放 30 多年的教育发展和德育课程变迁与整个时代的发展脉络相一致,从前期注重教育的物质现代化到近些年来开始侧重于教育的精神现代化,人在教育中的整体形象也逐渐从类意义的存在转化为主体性的存在,由共在转化为自在,经共性发展转化为个性发展。"在童年、少年和青年早期的道德形成是逐渐的,对一些概念、观念、思想、信念、关系的看法在不断地改变。在这个时期内的任何一种道德特征、道德状况和道德特点,决不能说都已经完成了。"②青少年道德形成的未定形态必然要求学校德育课程在遵循普世价值的同时,更应该凸显德育课程的民族性、时代性和灵活性。当代学校教育处在一个科学技术飞速发展的时期,物质文化的过剩和精神文化的匮乏是这个时代的主要特征。在这种背景下,学校德育的课程信念日趋胶着,总的态势是不断走向功用和相对主义的立场。苏霍姆林斯基曾指出:现在广为流行的一种思想,认为我们今天生活在一个数学、物理、电子学的世纪,所以要把全部注意力转向这些科学。我们并不否认自然科学知识的重要性,但是与此同时也要想到同样重要的一点,即道德教育的内容。现在我们应当比任何时候都更多地考虑,我们将以什么东西来充实人的灵魂。③ 1957 年苏联发射了第一颗人造卫星以后,美国朝野为之震惊,此后在全国范围内进行了大刀阔斧的教育改革,特别加强了自然科学和工程技术方面的课程设置。但这样做的后果是弱化了包含道德教育在内的人文教育在

---

①　金生鈜:《教育学的合法性与价值关涉》,《华东师范大学学报》(教育科学版)1996 年第 4 期,第 8—16 页。

②　B. A. 苏霍姆林斯基:《怎样培养真正的人》,蔡汀译,教育科学出版社 1992 年版,第 255 页。

③　吴铎、罗国振主编:《道德教育展望》,华东师范大学出版社 2002 年版,第 4 页。

学校教育中的地位,直接影响到学生的全面发展和综合素质的提高。当我们放眼中国当代学校教育的发展时,我们时刻感受到的是科学技术的发展带给学校教育的生机和"诱惑",不过其代价也是昂贵的,即学生能动发展的减弱和自由教育精神的缺失。"从总体上看,我国现阶段的课程主要是一种以社会为指向、以知识为中心的学科课程。这种课程的突出特点是重社会的要求,轻儿童的需要;重人类的种族经验,轻儿童的个人经验;重知识的逻辑体系,轻儿童的心理特点。"①改革开放以来的社会生活变迁,历经了全民社会生活、市民社会生活和公民社会生活,但在有限的时空范围之内往往呈现的是这三种社会生活交互共生的情景。社会发展的直接诱因就是伴随着经济改革所带来的人们思想观念的变化,德育课程在适应和促进这一变化的过程中起着至关重要的作用。素质教育的理念贯穿在当代中国教育改革的过程中,道德教育及其课程改革不仅是素质教育的重要内容,也是达成素质教育最终目标的重要途径,为学生的全面发展提供精神动力和思想保证。

(二)隐性德育课程是发展导向德育课程观的基石

1968 年,美国教育社会学家杰克逊在其专著《班级生活》一书中正式提出了"隐性课程"这一概念,在这之后,隐性课程就逐渐被人们接受,并且迅速成为教育研究的热点问题之一。正规的学校教育除了各种显性课程外,还存在着大量的无形和潜在的课程资源,这些隐藏在校园生活中的内容对于学生的人格、品德、行为、态度和价值观产生着潜移默化的重要影响。就学校德育和个体道德发展的特征而言,知识只是促成德性形成和道德行为的外在显性意识与观念。人类的心理世界是极其复杂的,我们用语言表达出来的内容仅仅是自我内心生活的极少部分,心灵中有很多东西无法用语言和知识来明确界说和传承,它们更多依赖的是个人的体悟和直觉。石中英教授认为:"在客观性知识信念的支配下,个体从生活中所获得的大量的缄默知识也被理所当然地'剥夺'了知识的合法性地位。在许多教育理论和教育实践工作者的眼中,'知识'就是'显性知识',不能用语言加以表述的认识成果也就算不上是'知识',不配享有'知识'的美名。"②要克服教育理论与教育实践中的诸多痛疾,探索中国教育学建设与教育改革的新路,就需要像波兰尼那样彻底抛弃我们所持有的绝对客观性的知识观念,拓展我们所持

---

①　涂艳国:《科学教育与自由教育》,安徽教育出版社 2007 年版,第 282 页。

②　石中英:《波兰尼的知识理论及其教育意义》,《华东师范大学学报》(教育科学版) 2001 年第 2 期,第 36—45 页。

有的显性知识观念,从个体知识和缄默知识的视角重新审视我们的教育理论与实践。[①] 正是因为人类所能认识的要远远多于自己所能告诉的,同时每个人的成长都深深地植根于那些不能表达的个人经验和情感之中,因此在德育过程中,隐性德育课程的开发和利用对于学生的成长和发展具有极为重要的作用。"教育内容体现了教育及时代对未来建设者和生命价值创造者的素质要求。与教育目标及功能偏差相联系,近些年来,我国学校的教育内容也存在一定问题。课程改革虽很活跃,但始终没跳出科学主义和理性主义的羁绊,片面强调知识的更新和现代化,重视科技知识、技能的传授,而把道德、审美、价值教育从课程改革中排除出去,教学内容出现了明显的倾斜,重科技教育,轻人文教育;重教育的工具性,轻教育的发展性。其结果,一方面学生知识、技能日增,另一方面,社会道德水准下降。"[②]当代学校教育更多地还是偏重于实证性的科技文化知识和识读性的道德知识的学习,而对于隐蔽在学校各个角落、学生日常生活和交往过程中的间接性的、隐晦的德育素材和资源却没有给予足够的重视。

隐性德育课程凸显了德育课程内涵的实践、过程和建构特征,它使学校德育具有了更好的针对性、实效性和解释力,学生也可以在更加宽广和自由的道德场域中得到熏陶、培养和锻炼。科尔伯格曾说:"在学校继续研究了几年,使我的观点逐渐改变,而与大部分对我所作的批评——道德教育不只是推理而已,尚需注意行动问题;又不应只是处理假设的两难困境,尚需处理'实际生活'的情况——比较接近。这使我除了注意学校的正规课程以外,更加注意其'潜在课程';并且使我形成参与式民主或'正义的社团'的概念,以此贯穿道德讨论和道德教育的实施,才能更臻成功。"[③]德育课程不仅涉及理性认知的成分,它也关联着阅读性的道德叙事。德育课程既是一种实然性的道德独白,又是一种应然性的道德模拟。隐性德育课程的最大特点就是它的适切性,它与学生的道德发展经常处于同一层面和情境中,加之其自身的"匿名性",因此学生面对它时很少有压迫感和抵触情绪。"长期以

① 石中英:《波兰尼的知识理论及其教育意义》,《华东师范大学学报》(教育科学版) 2001 年第 2 期,第 36—45 页。

② 刘振天:《加强整体的教育,克服科技负效应》,《教育研究》1995 年第 8 期,第 23—27 页。

③ 余双好:《现代德育课程论》,中国社会科学出版社 2003 年版,第 211 页。

来,传统约束性道德教育努力追求一种接近或符合科学逻辑的教育模式。"①
"每一个接受现行学校道德教育的体验者每天都有体验发生,只是其中有些
体验者所发生的道德体验不为导引者所了解,也不是导引者所期望的东西
罢了。当然,要解释和超越中国现行德育存在的这一悖论,不仅是一个简单
的学术问题,它还会涉及国际国内更多的因素、关系和结构。仅仅从学术上
看,也不仅涉及道德教育理论问题,而且涉及哲学、生态学、人类学、生命科
学、心理学等许多学科的问题,同时涉及导引者教育观念的更新和教育态度
的根本性转变。但是,一个当务之急是消解主客二分的约束性道德教育的
哲学思维方式,在此基础上反思单向灌输的道德教育的实践样式,凸显其中
被遮蔽的一些有价值的因素。"②当代中国的社会生态环境已经发生了天翻
地覆的变化,并且这种变化的力度和节奏还在不断加强。因此,学校德育的
生存土壤与以前有了很大的不同,它的实践方式和目标体系也更加自由多样。
正是因为单一封闭的社会经济、政治和文化环境的变更,德育活动中许多新的
道德意识、教育理念和思维方式才得以经常性地出现。所有这些学校德育中
的新气象在德育课程观方面的集中表现就是人们开始关注学生个性的成长和
发展,聚焦于学生的心理需要和人生体验,注意到德性和道德行为形成的主动
性和内隐性。任何事物的发展都不可能是一帆风顺的,学校德育及其课程改
革也是这样,以隐性德育课程为代表的新的课程理念已经催生出诸如校本德
育课程、地方性德育课程等等。"由于隐性教育对道德教育带来了人们事先不
曾预料到的好结果,因而近几十年来,许多国家和地区的道德教育已逐步较多
地采用了隐性教育,即把道德教育融合在教师良好的言谈举止、科学进步的课
程设置、催人上进的校风、学风和社会风气之中,使公民在无课堂讲授和无集
中灌输的氛围中能自由自在地接受道德教育。"③隐性德育及其所裹挟的隐性
德育课程相比于传统的显性德育具有很多优势,它符合变革时代中国社会和
德育实践的整体特征以及现代化进程中人的发展的要求。"现代化人的基本
特征就是具备科技人格,即科技理性化的丰富合理的需要和全面有效的科技
能力的有机结合,由此决定和要求的教育必然是'科技本位教育',即把培养具

---

①　刘惊铎:《道德体验论》,人民教育出版社 2003 年版,第 89 页。
②　刘惊铎:《道德体验论》,人民教育出版社 2003 年版,第 97 页。
③　龚海泉、万美容、梅萍:《当代公民道德教育》,中央文献出版社 2000 年版,第 168—
169 页。

有科技人格的现代化人作为根本目标和基本内容的教育。"①科技的进步使教育和人的发展呈现出许多新的景象,学校德育在这个过程中不仅要利用好那些显性的课程资源,而且要善于捕捉和挖掘那些时常隐性的被人们所淡漠的德育内容。现代科技知识、思维和方法的使用,一方面增强了我们对世界的认识和表征能力;但另一方面,生命的非定义性和世界的非表象性却被科技力量所遮蔽。这种情况表现在德育课程中就是显性德育课程和隐性德育课程之间的分裂。下面我们给出现代德育课程组织结构图(见图 4-3)来具体说明显性德育课程和隐性德育课程的相互关系。

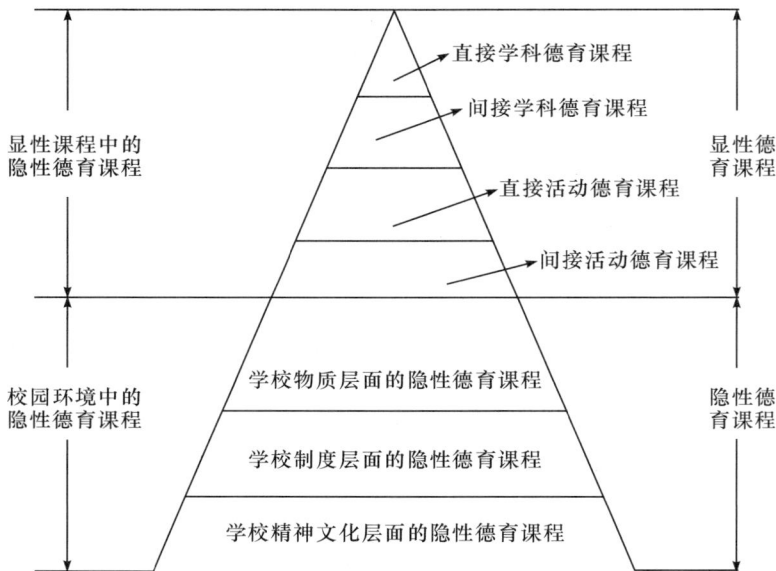

图 4-3　现代德育课程组织结构②

（三）德育模式探索是发展导向德育课程观的集中体现

"德育模式,实际上是在德育实施过程中道德理论与德育理论、德育内容、德育手段、德育方法、德育途径的某种组合方式,因而为我们观察、理解和思考德育提供了种种综合方式。"③德育模式的上位构件通常是建立在某

---

① 　傅松涛:《人的现代化:科技人格和科技本位教育》,《现代教育论丛》1994 年第 4 期,第 5—12 页。

② 　余双好:《现代德育课程论》,中国社会科学出版社 2003 年版,第 153 页。

③ 　黄向阳:《德育原理》,华东师范大学出版社 2000 年版,第 211 页。

些道德和价值信念基础上的一系列理论言说,它的中位构件是由体现这些理论的材料和内容所组成,它的下位构件则是具体的操作指南或者行动方案。因此德育模式的核心是理论观念的选择和把握,在观念的指导下进而开发出成套的具有可实践性的课程资源。可以说一种德育模式就体现或者蕴含着某种德育课程观,它们二者的这种关系在经典的认知性道德发展模式、体谅德育模式和社会行动德育模式中都有充分的表现。"教育模式研究不仅提供了教育理论与实践的相通性,而且也使教育实践获得了可理解性。一个好的教育实践,在经过模式研究的理论概括之后,方能具有理论上的解释力和被理解的可能性。"[①]各种各样的教育模式研究是当代教育研究的重要组成部分,德育模式的探索自然构成了其中重要的一环。理论与实践的脱节是困扰学校德育最为棘手的问题之一,它也是发展导向德育课程观所要力图解决的难题。只有在德育课程的理论和实践领域有了良好的衔接与配合,德育的实效性、学生的发展、教育的质量才能真正实现。在瞬息万变的社会转型时期,德育课程改革需要面对诸多矛盾,德育模式可以在理论与实践的碰撞中较好地克服或者消解这些矛盾。

"在中国道德教育中,'道'与'德'的关系是认同关系,是道德主体对'道'的情感性的内化。孟子设计的'四心'的人性结构就是一种'情感＋理性',以情感为主体与统摄的结构,因此在中国的道德教育与道德生活中,十分重视道德体验。孔子就在仁爱中设立了'忠恕'的机制,这种机制的特点就是'推己及人','己欲立而立人,己欲达而达人','己所不欲,勿施于人'。在这个'推'的过程中,无需任何理性的认识和判断,只有情理的类比与推衍。而血缘文化中伦理关系的神圣性又为情感的运作提供了广阔的地盘。于是'道'内化为'德'的过程就是情感认同的过程,而不是理性运作的过程,这就不可避免地造成了道德机制上情感的泛滥和理性的匮乏。这种认知方式在血缘家族的范围内是合理的,它的推衍也具有人情味,但它在社会生活中的运作就只能停留于理想的甚至是幻想的范围内。而当它成为一种普遍的认知方式时,就导致了对科学精神的抑制,因为理性是科学的必要前提,理性的冷落必然导致科学精神的失落。当今中国道德、道德教育要走出困境,就必须扬弃单一的伦理文化所形成的这种道德认知方式,在人与人、人与自然、人与自身的完整关系中认知道德规律和道德价值,实现真与善,伦

---

① 薛晓阳、班华:《模式研究与教育的实践哲学》,《清华大学教育研究》2002年第3期,第24—31页。

理精神与科学精神的整合。事实上，随着理性精神的高涨，'道'已不只是认同的对象，而首先是认识、反思，甚至扬弃的对象，社会结构与社会生活的变化使人们不可能像在传统血缘文化中那样，对'道'只需知其然，不必知其所以然。当然，情感内化仍然是其中的一个重要结构，是一种具有民族特色的认知方式。"①因此，当今德育理论和实践中的困惑从根本上说是"道"与"德"的冲突，也就是科学理性和道德生活的矛盾。中国传统德育方式过于重视道德体悟和情感认同，缺乏科学的理性分析和批判思维。当代学校德育无论从内容还是形式上看，依然延续着传统的讲究服从、约束和控制的德育模式，而这恰恰又有悖于转型时期社会发展的整体趋势对学校德育发展方向的要求。那么，如何将传统的丰富德育资源进行科学的改造，实现德育方式的现代转型，就成为学校德育一项艰巨而迫切的任务。由于受传统教育文化和思维习惯的影响，以往的德育模式中存在着观念落后、思想保守、内容空泛等缺陷。人们往往对德育模式做科学主义和实证主义的理解，认为德育模式就是促进德育的科学化、操作化和技术化，这样也就抽离了德育模式探索注重理念更新和价值传承的理论本意。今天的德育模式与以往的德育模式有着很大的不同，它以最新的德育观念为指导，并把最新的德育理论和内容带入德育实践。这一变革代表着学校教育进入一个理性化的、反思的时代。②

当前我国学校德育模式的名目繁多，其中比较有影响的主要有这样几种类型：主体性德育模式、生活德育模式、活动型德育模式、欣赏型德育模式、对话性德育模式和"学会关心"德育模式等。这些德育模式融入了许多新的时代内容和元素，有别于"政治—意识形态"型德育模式，有力地促进了德育活动朝着自主化和多元化的方向发展。我们可以深刻地感受到当今的德育模式更加注重学生道德情感的体验，突出学生品德能力的培养，强调学生主体道德意识的养成，减少道德灌输的成分。在看到德育模式这些令人欣喜的变化之后，德育模式中存在的一些问题也应该引起我们的关注。"除了我们一味强调的学校德育的科学性和规律性之外，学校德育模式被建构成为今天的社会现实，还源于学科的制度化以及知识的生产方式，只有作为

---

① 樊浩：《中国式道德教育的价值结构与运行原理》，《社会科学战线》1994 年第 2 期，第 100—107 页。

② 班华、薛晓阳：《新时期我国德育模式研究的理论特征》，《北京大学教育评论》2004 年第 1 期，第 71—76 页。

学科存在的学校德育才能获得其存在的合法性。作为人类的创造物，学校德育在它的制度化生存过程中，无疑已远离了人类道德生活存在的普遍性和客观性，某种程度上成为一种异化的手段。作为学科与知识分类体系的组成部分的学校德育存在的合理性问题，其隐含的命题是，道德同知识一样是可教的。"①因此，在学校德育模式的构建和发展过程中，我们应该谨防德育模式的纯粹科学化、程序化和政治化取向，尽量发挥政府、社会、民众和社团等各方面的协同力量，使德育模式的发展真正呈现出色彩缤纷的景象。教育是一项关乎人类灵魂的文化事业，因此，教育领域的德育模式研究更多体现的是一种文化解释学的探求，它不是一个现代科学意义上的寻觅真理的过程，也不同于德目主义道德立法者的绝对价值信仰，它坚持的是理论和实践统一基础之上的道德观念和行为的自主选择。

第二节　德育内容中对于科技价值的反思与重构

　　班华教授认为当代富有时代特色的德育内容包括：科学价值观和科学道德教育；生态伦理教育或环境道德教育；经济教育，含经济伦理教育，其中主要是适应社会主义市场经济的道德教育；信息道德教育；现代人的（道德）心理素质教育；国际理解教育、人口问题中的道德教育等。② 德育实际上是一个将社会整体所认同的道德规范和道德准则逐渐地内化为个体的道德意识、信念和行为的过程。"学校道德教育的内容是依据整个学校教育目的与任务确定的，但是，它与后者一起，归根到底又取决于它们所处的那个社会的客观历史、现实及其发展趋势中蕴藏的道德价值观念。"③"海德格尔恳切地将我们时代的一个标记——科技理性形成主题，但这个时代的主导问题只有与另一个标记——法律道德联系起来才能看得到。仅仅关注科学技术的人，忽视的是，科学技术被纳入了社会实践中，因此本身总是已经处于外

　　① 齐学红：《我国学校德育模式的社会学研究》，《教育理论与实践》2005 年第 4 期，第60—63 页。

　　② 班华：《近十年来德育思想现代化的进展》，《教育研究》1999 年第 2 期，第 18—22 页。

　　③ 魏贤超：《现代德育原理》，浙江大学出版社 1993 年版，第 71 页。

部控制之下。"①当代人类社会出现了许多全球性的问题,如自然环境问题、社会问题和人自身的问题等。全球问题的出现要求人们更新德育内容,进行环境道德教育、全球意识教育、爱国主义教育和生命关怀教育。② 科学技术作为当今人类社会最为重要的组成元素,它时刻都在影响着社会的整体发展进程以及人们的道德观念。科技理性的极度扩张及其衍生的经济、政治和文化问题必然影响到德育内容的价值选择,对已有的德育内容提出新的挑战和要求。因此,德育理论和实践有必要对此做出积极的回应,这样才能彰显德育活动的现实作用和意义。

一、德育内容的实践伦理转向

"教育共同体的人文本性的实质是伦理实体,教育的人文使命是伦理解放,即造就'有教养的人'。性善,是教育人文精神的逻辑起点,也是实现教育伦理精神的基础。"③伦理追求不但是教育的应有之意,更是德育内容的有机构成。学校教育在完成为国家和社会培养合格人才的同时,也肩负着培育具有现代伦理精神和道德情怀的良好公民。传统学校德育相对重视社会公德和规范的外在灌输,伴随着市场经济、公民社会和民主意识的发展,个人性的主体道德和实践伦理的作用日益重要,因此,德育内容中的伦理精神有待进一步加强。在社会转型时期,德育内容应该增加科技道德教育、环境道德教育、经济伦理教育、合作精神教育等。"应努力把这几项德育内容融入德育的主旋律,从而使爱国主义、集体主义、社会主义教育的思想更具有新意,更富有时代气息。换言之,使在知识经济时代的爱国主义、集体主义、爱社会主义体现在科学技术的先进,科学道德的领先,环境道德的优化,经济伦理思想的先进和合作精神的发扬。真正的爱国、爱社会主义应该是为祖国而创造,为祖国而维护生态平衡,为祖国而使经济理性地、科学地增长,为祖国而与别的国家和地区合作以最终实现人类的共同进步。"④

---

① 奥特弗利德·赫费:《作为现代化之代价的道德》,邓安庆、朱更生译,上海译文出版社 2005 年版,第 222 页。

② 李太平:《全球问题和德育内容的更新》,《高等教育研究》2002 年第 6 期,第 80—83 页。

③ 樊浩:《教育的伦理本性与伦理精神前提》,《教育研究》2001 年第 1 期,第 20—25 页。

④ 任红娟:《面向知识经济时代的德育内容》,《教育理论与实践》2000 年第 1 期,第 36—40 页。

（一）科技道德教育

科技不仅是推动社会物质生产力发展的源泉，同时也是提高社会精神文明的动力之源。科技本身所具有的价值和精神气息早已溢出了科技共同体的狭小范围，成为现代文明的重要载体和符号象征，深刻影响着当代社会道德和伦理的发展。因此可以说，科技活动既是一种物质生产实践方式，同时也是一种文化精神实践方式。科技的不断进步和强大带给人类许多新的道德和伦理命题，考验着我们已有的价值心理和道德思维习惯，同时也给德育活动带来很多新的问题。我们的学校教育正在大踏步地朝着教会学生如何做人、如何做事、如何学习和如何生存的目标前进，在这一过程中，科技实践和知识观念成为凝聚整个教育资源的中心，二者同时也广泛地渗透到学校德育的内容之中。改革开放以来的教育发展使得人们的文化知识水平有了很大的提高，在全社会形成了学科技、用科技的风气，因此，人们的日常道德生活也深受科技实践的影响。科学哲学家库恩在《科学革命的结构》一书中断言："范式是一个成熟的科学共同体在某段时间内所接受的研究方法、问题领域和解题标准的源头活水。"[①]科学革命的发生是基于某种新范式的出现，以及在此范式基础之上科学共同体所形成的某些共通的观念体系和知识信念。这就在认识论的意义上揭示了科学实践和知识观念本身所具有的"社会价值和心理"属性。转型时期的社会精神变革反映在教育实践中，那就是完全用理性客观化的知识标准来改造学校教育，教育共同体的价值理想和道德信念则屈从于外在的科技意识。知识并不能充当为自己辩护的唯一元标准，知识的本质和特征只有在其行动当中才可能被识别得更加清晰可见。这里我们强调知识的实践意义和社会生成性，并不是要否认知识的客观性，只是为了说明知识、科技与道德伦理的内在联系。

"科技伦理教育是有别于科学知识的教育和科学精神的培养，应突出地运用道德感化和道德舆论的手段，使人们学会关心，懂得尊重，对人、自然、社会充满正义感和责任感，做到追求真理和实现价值的统一。"[②]"科技道德所追求的真、善、美与道德教育中的知、情、意是完美统一的。学生的科技道德是学生良好认知能力、健全个性和良好社会适应性的重要组成部分和推

---

① 托马斯·库恩：《科学革命的结构》，金吾伦、胡新和译，北京大学出版社 2003 年版，第 95 页。

② 潘建红：《科技伦理教育：道德教育新视点》，《中国高等教育》2008 年第 11 期，第 43—44 页。

动力量。"①虽然科技伦理教育倾向于制度化的表达和要求,但是科技伦理教育和科技道德教育具有共同的目标和追求。在当代社会部门日益分化和自我价值选择逐渐多样化的背景下,学校德育所要实现的教育目标不仅是个体意义上的道德教化,它更要着眼于培养学生的主体道德意识和公共道德理性,使自我理性所内涵的道德意识能够自觉地转化为一种社会共享的伦理和道德秩序,从而真正实现学校德育从培养"知识人""道德人"到培育"理性人""伦理人"的转型。科技伦理教育为学校德育的当代转型提供了新的实验场。"在中国,由于文化传统科学意识相对薄弱,缺乏对科学的整体理解,因此更需要对科学的本质、科学的社会功能、科学产生的背景、科学的基础的深刻认识,否则就可能视科学为万能,迷信科学,造成科学无限制地膨胀,导致科学技术给社会整体发展带来威胁。"②中国还是一个发展中的国家,我们现代化中的许多问题很大程度上需要科技进步来解决,这就很可能出现人们对于科技的过度崇拜,产生某些异化,导致人文精神价值的萎缩。因此,科技道德教育不但是当代德育实践的重要组成部分,它同时也承担着创建社会精神文明和重建社会道德信仰的重任。科技知识已经成为中国社会最为嘹亮的音符,它代表了社会道德理解力增强的潜能,加之知识阶层的普遍兴起和扩大,这些都为我们进行科技道德和伦理教育提供了很好的社会现实环境。转型时期的学校教育主要是在客观主义和工业主义理念的支配下运转的,德育过程的内在精神气质是一种科技主义的实用效率原则,而不是建构发展原则。"学校教育对基础的亚里士多德逻辑、客观性和知识获得的一味强调,逐渐使之变成了我们认知和自我对话的方式。"③"获取知识的活动就是认知或意识活动,同时也是一种评价活动。评价是获得知识的一个内在方面,因为我们必然要把某种方法或观念放在优先于其他方法或观念的位置。"④因此,学校教育需要破除科技本位主义的束缚和思维定式,重新认识和评估教育的过去、现状和未来。学校教育应该给学生描绘完整的生活世界、经验世界和观念世界,这样学生在接受教育的过程中才能形成

---

① 潘建红:《科技伦理教育:道德教育新视点》,《中国高等教育》2008 年第 11 期,第 43—44 页。

② 金生鈜:《科学教育与人文教育的整合》,《教育研究》1995 年第 8 期,第 15—18 页。

③ 托宾·哈特:《从信息到转化:为了意识进展的教育》,彭正梅译,华东师范大学出版社 2007 年版,第 60—61 页。

④ 托宾·哈特:《从信息到转化:为了意识进展的教育》,彭正梅译,华东师范大学出版社 2007 年版,第 50 页。

完整的自我意识。科技道德和伦理教育有助于科技与人文之间的沟通和交流,有利于修正教育实践中的单向思维模式,从而促进学生在情感、认知、价值和行为上的自我调控、协调与统一。科技道德教育也会使学生超越单纯功利主义的个人成就感和学习动机,学会理解、尊重、分享和服务,实现教育活动在适度竞争中来培养学生的个性心理和实践品性。

新的《品德与社会课程标准》中明确指出:要让学生初步了解科学技术与人们生活、社会发展的关系,认识科技要为人类造福,崇尚科学精神和科学态度。传统的学校德育只是倾向于将科学发现和技术创新中所蕴含的诸多精神品质作为德育的辅助性素材,加之学校教育对于科技知识的天然崇拜,这样就转移了师生对于科技发展过程中出现的许多社会问题的关注。因此,科技实践长期游离在德育生活之外,没有真正进入德育的视野。现在人们都知道科学技术是一把双刃剑,如何来利用这把利剑,也就成为学校德育在培养学生成为社会良好公民过程中一项非常重要的任务。那么怎样才能更好地进行科技道德教育呢? 一是转变教育价值观,科技德育"通识化";二是营造良好科技氛围,科技德育"环境化";三是吸收科技发展新成果,科技德育"社会化";四是开发课程新途径,科技德育"活动化"。① 科技德育的开展需要有层次性、阶段性、连续性和针对性。目前,我国中小学科技德育的形式多种多样,内容主要集中于科学精神、探索发现、创新品质、科学观、科技价值等方面。大学阶段的科技德育则主要内涵在自然辩证法课程、科技哲学课程和专业性的伦理课程中。STS 教育目前贯穿在我国学校教育的各个阶段,它里面有许多科技德育的思想和内容,下面我们就以 STS 教育和工程伦理教育为例,来具体说明学校科技德育的情况。

STS 是"Science,Technology and Society"(科学、技术与社会)的英文缩写。STS 是 20 世纪 60 年代末 70 年代初在美国新兴的一门交叉学科,它把科学技术看作一项渗透着复杂价值选择的社会事业;它研究作为社会整体一个子系统的科学技术的性质、结构和功能,探究科技系统和社会其他子系统如政治、经济、文化、教育等之间的互动关系。STS 是一个庞大的学科体系,它反映了人们对于科技实践以及科技与社会关系认识的系统化,同时也标志着科技发展进入了一个新的境界。STS 既是一种新的科学观,也是一种新的价值观。② STS 教育是 STS 领域的重要组成部分。"如果把 STS 教

---

① 程建平、谢廷平等:《主体性人格培育论》,北京大学出版社 2004 年版,第 90—91 页。

② 殷登祥:《论 STS 及其历史发展》(上),《哲学动态》1994 年第 8 期,第 27—31 页。

育看成是在科学教育领域中实施的一种文化战略，那么，它便涉及各类领域和范围的研究和成果，包括科学的、技术的、哲学的、社会学的、文化的、伦理学的等各种背景下的学习。"①

从知识到伦理的转化，可以说是 STS 教育最具革命性的特征。"在传统的科学教育领域中，科学知识领域与道德价值之间是明显区分开来的。STS 教育作为改变文化和社会的一种教育战略，它把社会关系和个人的责任放在极其重要的地位。这使得整个价值和道德伦理问题在科学教育中变得比以往任何时候都重要。因此，从 STS 教育的观念到 STS 教育的实践，都对价值和道德伦理赋予了新的意义和思考。"②"道德和伦理教育是 STS 教育中最为核心和重要的部分，它们关系到科学技术能否真正实现社会化问题。"③我国从 20 世纪 80 年代开始在学校教育中进行 STS 教育，并且取得了一些很好的教学效果。但 STS 教育在发展过程中也出现了一些问题，这主要表现在人们对它的认识以及实施环节中还存在一定的偏差。由于 STS 教育的广泛性和综合性，这使得它的课程开发和教学实践需要多方面的组织与协调，很多地方都要做到细致入微，不然就会出现许多问题，例如它的课程目标和评价的价值多元化而引发的学业考评问题，相关课程的师资培训问题等。STS 教育具有发展性、情境性、开放性和建构性等特点，这些都与当代教育改革的总体精神和趋势相一致。伴随着我国现代化进程的加快和学校教育改革的进一步深入，在科教兴国战略和科学发展观的推动下，STS 教育必将会获得更大的发展空间。最后给出我国 STS 教育的理论模式（见图 4-4）来具体说明一下当代 STS 教育的开展情况。

在我国高等教育德育课程改革的过程中，除了一些公共性的思想政治理论课程之外，还有针对不同专业类别的学生进行的与专业知识相结合的伦理道德教育，比如工程伦理教育、医学伦理教育、职业道德教育等等。这些课程在教学实践中比较贴近学生的专业背景和现实需要，因此容易为学生所接受，取得了较好的德育效果，成为高校德育的重要组成部分。工程伦理教育主要是在工程教育中针对理工类学生，它往往通过具体案例来探讨工程人员的职业道德与规范问题、工程价值问题、工程实践过程中的道德和伦理问题、工程的社会影响以及评价等。

---

① 孙可平：《STS 教育论》，上海教育出版社 2001 年版，第 56 页。
② 孙可平：《STS 教育论》，上海教育出版社 2001 年版，第 197 页。
③ 孙可平：《STS 教育论》，上海教育出版社 2001 年版，第 166 页。

```
                    ┌─────────┐
                    │ STS教育 │
                    └────┬────┘
                         │
       ┌────────┬────────┼────────┬────────┐
```

科学教育	人文教育	高等教育	中小学教育	国内教育	国外教育	校内教育	校外教育

相互结合	同步并行	互为补充	有机统一

素质教育的一种基本体现	STS知识与意识的全面普及	STS理论体系的完善	STS实践能力的形成

"素质教育"与"STS关系教育"相结合的STS教育的实现

产生既具有科技人文知识，又具有STS意识及价值观和社会责任感，知识结构完善，并能分析处理现实社会重大问题的新型综合高素质人才

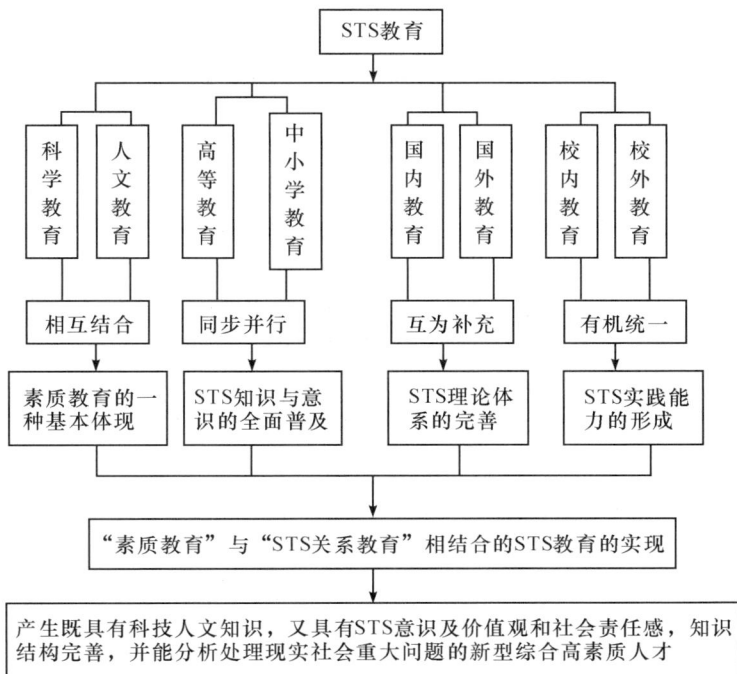

图 4-4　STS 教育理论模式①

工程活动是一种复杂的社会现象,现代工程实践实际上是对于工匠传统的继承和发展。我们知道,理性传统一直以来主要体现在科学文化当中,它是与必然性、客观性、真理命题紧密相连的。与此相反的是,工程代表的是生活化的非表象主义的实践传统,它是和偶然性、目的性、试误相关的。哥德曼(S. L. Goldman)认为,工程和科学的差别代表了西方两种不同的文化传统,并且表现为两个不同的概念群,而这两个概念群可以分别归并到充足理由律和不充足理由律。② 因此,工程理性和科学理性所表征的是两种既相互对立又相互统一的理性传统。在西方文化的整个发展过程中,科学性的分析理性一直主导着社会现实生活和人们的思想观念,工程理性则隶属

---

① 马会端:《论我国 STS 教育及其模式建构》,《东北大学学报》(社会科学版)2002 年第 1 期,第 4—7 页。

② 盛晓明、王华平:《我们需要什么样的工程哲学》,《浙江大学学报》(人文社会科学版)2005 年第 5 期,第 27—33 页。

于所谓的非理性传统。

如果从发生学的角度讲，工程实践可以在过程的意义上被划分为工程前、工程中和工程后。工程前是一种知识实践，工程中是一种生产实践，工程后是一种话语实践；工程前集中于策划，工程中聚焦于行动，工程后关注于结果。因此，工程实践既包括事实判断也包括价值判断，既涉及规范性的操作，也涉及描述性的操作，它是一个极其复杂的社会意义生成的过程。所以说工程实践不仅遵循因果律，它同样注重情境性。伴随着现代工程日新月异的发展，工程伦理已成为工程教育的重要内容。相比于国外工程教育中工程伦理教育的地位和质量而言，我国目前的工程伦理教育还有很大差距，不能适应现实工程实践和工程教育的要求。这其中经济、政治和文化等外部体制因素固然不能忽视，但如果工程人员对工程技术所持的认识和看法不同，就会有不同的工程伦理观产生。因此，在工程教育和工程伦理教育的实践中，给学生和工程人员传递正确的工程技术观非常重要。人们对于工程技术通常持有这样三种理解：第一种认为工程是科学的应用，工程只有技术上的先进与落后之分，没有道德上的好坏之别；第二种认为技术是自主的，技术发展不受外界社会包括伦理道德的控制；第三种认为技术只是人类实现某种目的的手段，它本身并无善恶。① 这三种观点都不全面，都没有彻底揭示工程技术活动的本质特征，原因是工程实践不仅要牵涉到科学和技术，它还与人的目的追求有关，具有社会性、文化性和时代性特质。所以工程伦理教育不但要有普遍的价值主题和内容，而且要在一定的情境中结合某些特别的社会条件来进行。比如在工程实践中涉及核能的利用和环保问题，新的工程技术革命带来的社会不平等问题等，这些都是工程伦理教育所要具体探讨的问题。工程是一个把公共信念和利益联系在一起的"场域"，因此它涵盖了社会生活的众多微观系统。我国目前处于社会经济的大发展期，工程活动频繁，工程项目很多，工程文化浓厚。要使这些工程实践产生最大的经济效益、社会效益和精神影响力，工程伦理教育起着很大的作用。总之，工程是一种与人的存在密切相关的活动。正因为这样，工程伦理教育在工程教育中才显得尤为重要。在我国工程教育的发展过程中，工程伦理教育没有受到足够的重视，始终存在着工程教育科学化和技术化的倾向，具体表现为专业划分过窄过细，课程之间的整合和融通不够，学生知识面不宽，动手实践能力差等问题。工程伦理教育为解决这些问题提供了很好的

---

① 　李世新：《对几种工程伦理观的评析》，《哲学动态》2004 年第 3 期，第 35—39 页。

切入点和突破口。在工程伦理教育中，需要树立大工程观和伦理本位的实践观，强化工程伦理教育的问题和行动意识，使工程伦理教育真正成为连接学生知识学习和各种能力培养的桥梁。

（二）环境道德教育

目前我国的社会经济、政治和文化发展已经进入到新的阶段，正在致力于摆脱单向的、线性的、掠夺式的和以量为主的发展模式。在进行社会发展的调整和转型过程中，构建和谐社会，践行科学发展观都很好地说明了我们在发展思路上的战略性转移。促成这种转移的一个非常重要的原因就是我们在转型时期全力发展经济的同时，生态环境却为之付出了惨重的代价。如何更新社会发展理念，提高经济发展质量，促进自然生态环境与社会生活系统之间的良性互动已经成为一项紧迫而艰巨的任务。因此，学校德育在坚持社会道德、伦理和规范的养成教育的同时，也必须将环境伦理教育纳入到自己的内容体系之中。在最新一轮的学校德育课程改革中，小学阶段的《品德与社会课程标准》中明确指出：要让学生初步了解环境恶化、人口急剧增长、资源匮乏是当今世界面临的共同问题，理解人与自然、人与人和谐共存的重要性，体会"人类只有一个地球"的含义。在初中阶段的《思想品德课程标准》中也明确指出：要让学生知道我国的人口、资源、环境等状况，了解计划生育、保护环境、合理利用资源的政策，树立可持续发展的意识。

工业文明德育目的的缺陷，在内容维度上没有包含环境道德素质和科技道德素质，缺乏对全人类共同利益的关注；在心理维度上缺乏情感目标，忽视自由精神的培养。① 工业时代的学校德育以认知教育为主，德育的精神追求也是与理性主义和科技主义相一致的，在目的上具有很强的工具性。因此，环境道德和伦理的要求没有在学校德育内容中得到真正的体现。回顾中国当代德育理论和实践的发展历程，我们可以发现由于受社会现实条件和教育观念的影响，环境道德教育才只是刚刚走进了校园生活和大众的主流意识。当今世界许多国家的发展经验表明，当一个国家或地区的人均 GDP 处在 500 至 3000 美元的阶段时，这个时候的人口、资源与环境之间的矛盾往往表现得异常突出，而且此时也正处在经济和社会发展容易失调的关键时期。当前我国正处于全面建设小康社会的新的发展机遇期，生态环境的好坏直接关系到现代化建设的成败以及子孙后代的安危，所以我们应该在德育实践中大力进

---

① 李太平：《全球问题与德育》，华中科技大学出版社 2002 年版，第 98—103 页。

行环境道德教育。目前人类社会经历着由工业文明向生态文明的过渡阶段，如何来实现这种转型，已经成为环境道德教育的重要任务和目标。

我国在 20 世纪 90 年代确立了可持续发展战略，可持续发展观通常认为，经济的可持续发展是基础，环境资源的可持续发展是前提条件，社会的可持续发展是目的。中国目前的社会经济发展正面临着严峻的生态环境危机，环境问题已经成为制约我国社会和经济发展的一大瓶颈。正是因为环境资源的可持续发展关系到我国现代化事业的成败，所以对于环境资源的保护和利用不但是一个经济问题、社会问题，它同样是一个道德和伦理问题。当我们提出将社会经济的发展转移到依靠科技进步和提高劳动者素质的轨道上来，并且走循环经济的发展之路时，我们实际上已经在发展理念上具有了一定的超越性，但是在实践层面上我们依然并未真正摆脱传统工业社会的发展模式。因此，要克服社会发展过程中的人类中心主义，减少我们对于环境资源的破坏和浪费，最根本的和最为持久有效的方法就是改变我们自身的价值观念和生活方式，使我们的生产和消费活动能够与整个自然界和谐统一。为了更快地实现这一发展目标，我们的学校教育应该重新审视和定位自己的教学内容、要求、任务和目标。"经济目的在许多不同的方面与实证主义的以学生为中心的教育目的相互冲突。它首先表现在所要求的知识和理解能力的种类上。我们知道，以学生为中心的目的要求学生对不同的目的，以及对达到这些目的所采用的手段等等具有非常广泛的理解。经济目的则只要求学生具备一种或某个范围内的特定工作所必需的知识。""这两种目的在他们所提倡的人的气质问题上也是相互对立的。以学生为中心的目的着重于反省，而经济目的，至少我们现在所讨论的人所熟知的经济目的提倡的则是随时准备服从权威。"①"如果不能表明个体利益和共同利益是一致的话，那么我们还可以通过别的什么方法来把以学生为中心的教育目的和道德目的联系起来呢？这绝对不仅仅是一个学术问题。在大多数学校里，我们都可不同程度地发现这两种教育目的；学生们都受这两种教育目的的指导；如果他们的老师对于二者之间的联系没有一个明确的认识，那么他们自己又有什么希望完全弄明白呢？"②中国当代学校教育实践的发展，从整体上来讲是为经济发展服务的，以利益要求为标杆。中小学的应试教育和灌输式的德育方式长期得不到彻底的改观，大学教育一度出现"产业

---

① 约翰·怀特：《再论教育目的》，李永红等译，教育科学出版社 1997 年版，第 71 页。
② 约翰·怀特：《再论教育目的》，李永红等译，教育科学出版社 1997 年版，第 88 页。

化"的局面。这就反映了我们的学校教育基本上还是以功利目的为导向,被工具理性和知识权威所操纵。学校培养出来的人才很多只是生产者,而不是思想者和批判者。这样造成的后果就是学生只知道追逐自己的私利,个人利益成为他们实现人生价值的最好表现,而利益背后的生态道德和社会伦理往往被漠视。还有一个值得注意的问题就是当代学校教育的内在精神气质依然是个人精英导向的,其外在的德育价值导向却是社群主义的公共道德考量,这使得学校德育活动在内容、形式和目的上都面临一系列的问题和困惑。因此,学校环境道德教育表面上是德育内容的选择与观念的转换问题,实质上却是整个学校教育目的的重新调整和定位,是学校教育走向自由教育和公民教育的重要契机。环境道德教育在本质上体现了社会发展模式的整体转型,这种转型作用于学校教育之后,学校德育的发展方向进行了新的较大的调整。环境道德教育实际上是要建构一套新的价值学说,改变我们既有的道德价值观念和思维习惯,它促使学校教育迈向一种更高的精神境界和道德追求。"受过教育的人从拓展的意义上考虑他的自身幸福,他把个人幸福推及他人,把幸福融入一种道德高尚的生活之中。这不同于把拥有知识作为受过教育的人之主要特征的观点,它把美德放到中心位置。"①"传统的道德教育仅仅教化人们处理各种人际关系及社会关系,是纯粹的人际道德教育,它涉及的环境问题仅仅是从'讲卫生'角度倡导的与'私德'相对应的狭隘的'公德',并没有把人类指向自然实体,直接作用于生态环境的行为加以伦理评价。环境道德教育所确定的道德教育目的、原则、原理与此不同,它教导人们,不仅人对人的社会行为而且人对环境的自然行为均要受到伦理评价,不仅要正确处理个人与他人、个人与集体、个人与社会的利益关系,而且还要恰当地对待人与自然的交往行为、利益关系,摆正人在自然中的位置。这种功能和地位在传统道德教育中未曾出现过,因而是无以替代的。"②环境道德教育不但要求学校德育进行知识内容和观念上的更新,它还要求德育活动必须培养学生的道德反思意识和道德行为习惯,在自觉的行动和实践中认识生态伦理,培养环境意识、环境人格和环境素养。

在我国,青少年是一个数量非常庞大的群体,他们也是一支最具活力的生力军。因此,在学校大力开展环境道德教育,对于青少年的成长和社会发

---

① 约翰·怀特:《再论教育目的》,李永红等译,教育科学出版社 1997 年版,第 138 页。

② 曾建平:《试论环境道德教育的重要地位》,《道德与文明》2003 年第 3 期,第 60—63 页。

展具有重要意义。绿色学校是 20 世纪 80 年代后期在西方国家首先兴起的,欧洲称之为"生态学校"。1994 年,欧洲环境教育基金会首次提出了一项全欧"生态学校计划",意在用环境标准理念来评定学校的课程设置、教学、学校管理、校园设施和文化建设。目前世界上许多国家和地区都相继引入了绿色学校的理念。我国于 1996 年在《全国环境宣传教育行动纲要(1996—2010 年)》中提出创建绿色学校活动。"绿色学校"是指在实现其基本教育功能的基础上,以可持续发展思想为指导,在学校全面的日常管理工作中纳入有益于环境的管理措施,并持续不断地改进,充分利用学校内外的一切资源和机会全面提高师生环境素养的学校。2000 年,中国启动了"绿色学校"创建活动,核心评估标准包括:是否设立领导机构和环境督导员,有切实可行的计划;学校是否提供资金和技术支持;学校降低污染、垃圾减量、节约资源和节能等措施是否效果明显;"绿色学校"档案原始数据是否完整;各学科中渗透环境教育内容的程度;教师是否参加环境的继续教育;学校环保宣传教育氛围;学校是否倡导环保生活方式;校园环境质量;学生环保组织参与学校环境管理的程度。绿色学校强调将环境意识和行动贯穿于学校的教育、教学、管理和建设的整体性活动中,引导教师、学生关注环境问题,让青少年在受教育、学知识、长身体的同时,树立热爱大自然、保护地球家园的高尚情操和对环境负责任的精神;掌握基本的环境科学知识,懂得人与自然要和谐相处的基本理念;学会如何从自己开始,从身边的小事做起,积极参与保护环境的行动,在头脑中孕育可持续发展思想的萌芽;让学校里所有的师生从关心学校环境到关心周围、关心社会、关心国家、关心世界,并在教育和学习中学会创新和积极实践。创建绿色学校活动不仅给学校德育带来新的生机和活力,而且也带动教师和学生的家庭,还通过家庭带动了社区,通过社区又带动公民更广泛地参与到环境保护中来。在国家环保局和教育部的关心和支持下,我国绿色学校的数量和规模在不断扩大,各级绿色学校的数量已经从 2000年的 3200 多所发展到 2005 年的 25000 多所,占到全国各类中小学总数量的4%。① 目前我国已经建立起了一套比较完善的绿色学校创建、管理和评估机制,建立了专门用于推广、交流和学习绿色学校办学经验的政府网站,这些对于促进学校环境道德教育起了巨大的推动作用。环境道德教育是一种包含知识、认知、情感、技能、态度、价值观、体验等多种内容要素的教育活动。"它是一种素质教育、人格教育;是一种社会教育、大众教育;是一种全面的、持续的

---

① 部分参考了中国绿色学校网站 http://www.cgsp.cn 上的相关背景内容。

终身教育。它拓展了现代教育的空域时序人种囿见,最有可能成为跨越各种差异的国际性教育。"①就我国目前环境德育的开展情况来看,环境德育依然还停留在初步发展的阶段,这与我国当前面临的各种生态、能源和人口危机是不相适应的。学校环境德育应该更加积极地影响青少年的世界观、人生观和价值观,要使学生深刻地意识到自己作为社会的公民、生产者和消费者所承担的责任和义务,让学生明白他们的观念、思想和行为中的每一个细节都会对周围的自然环境和生态系统产生影响。因此,环境道德教育并不是简单的一门课程,或者一些环保知识的学习,它应该成为当代学校教育的内在精神品质,成为人文教育和科技教育相互融合的催化剂。

（三）经济伦理教育

当代中国社会的发展是一个追求现代化的过程,同时也是一个物质化、制度化和精神化的过程。万俊人教授认为:"现代性"至少包括四个方面的要素,即市场经济、民主政治、科学理性和以现代进步主义为基本价值取向的历史目的论和文化价值观。在这里,市场经济所隐含的是强烈的价值目的论(效率观念)和普遍理性主义(经济理性观念);民主政治所表达的是所谓政治合理性或合法性,以及由此推出的社会政治制度的合理安排或社会普遍秩序;科学理性所代表的是技术理性基础上的普遍知识观念或普遍真理观;而由进步主义理想所支撑的历史目的论和文化价值观则刻意凸显着一种现在时(at present)的时代精神和价值目的论的精神气质(ethos)。然而,作为一个价值概念,"现代性"尤其标示着某种注重当代与未来、超越过去与传统的单向度取向。②改革开放以来,自由经济因素在经济发展中的比重不断增加,从计划经济到市场经济的转型,贯通着转型时期社会的整个发展历程。这一变革对人们的思想观念、道德意识、行为方式和伦理取向都产生了深刻的影响,同时它也赋予了学校德育以新的内涵和功能。

"伴随着物质现代化进程的并非是社会的全面进步,而是技术与精神的严重的冲突与背离。传统的价值观念在'技术至上'的思维模式的冲击下已显得摇摇欲坠,学校教育特别是学校德育面临着严峻的挑战。20世纪中期以来,中国的现代化仿佛陷入一个难以逾越的现代化与传统、中国化与西方

①　曾建平:《试论环境道德教育的本质特征》,《伦理学研究》2003年第5期,第71—75页。

②　万俊人:《经济全球化与文化多元论》,《中国社会科学》2001年第2期,第38—48页。

化的悖论怪圈之中,这一问题始终困扰着我们,并使学校德育时有顾此失彼、难以两全之感。"①市场经济从本质上说代表了近代西方的启蒙理性精神,它对于中国社会和学校德育的介入,实际上是西方科技文化与中国传统伦理文化在近代碰撞之后的进一步延续和深化。学校德育的文化境遇陷入了两难,"一方面,当我们正欲大力发展科学技术,并把它置于生产力的首位时,西方人却在对科学的价值与作用进行批判和反省;另一方面,当我们着力批判和超越传统文化的羁绊时,西方社会却兴起了东方古典文化'热'"②。学校德育要走出这种困境,除了自身要以开放的心态来应对各种挑战外,最为重要的就是要重新培育新时代的理性和伦理精神,塑造理性人。因为这本身既体现了中国社会文化发展中历史与逻辑的一致性,也表明了中西方文化在学校德育实践中融合的趋势和可能。"理性相信事情间的逻辑关系和直线性结果,在这种思维下,道德化约为两个可控的因素:知识和行为,而外在的行为很容易就被当作了最理想的道德发展水平指标。"③实际上理性文化有两个传统,一个是自然主义的客观实证传统,即科学传统;一个是主观主义的道德伦理传统,即人文传统。在东西方文化的发展过程中,都包含有这两种理性文化传统,只不过西方文化以科学传统为主,东方文化以伦理文化为主。中国文化自古强调家国一体,因此家庭伦理、私德受到高度关注;西方文化自古重视公共法权,强调公德。近代以来市场经济的勃兴,可以说是两种理性文化综合融通的体制化表达,也表明了实然世界和应然世界的相互统一。"所有的政府只是某种对缺少智慧和美德的不完美的补救。因此,尽管美因其效用而可能属于国民政府,但它必然在更大程度上属于智慧和美德。"④"作为手段的理性只有同作为目的的情感相配合才能产生价值或道德。"⑤市场经济在其发育和完善的过程中,始终处于工具性和目的性的二元对立与调和中。

中国特色社会主义市场经济的发展,一方面要求扬弃中国传统伦理文化的过度理想性;另一方面要求超越西方市场伦理的过度世俗性。因此,经

---

① 易连云:《重建学校精神家园》,教育科学出版社 2003 年版,第 59 页。
② 易连云:《重建学校精神家园》,教育科学出版社 2003 年版,第 73 页。
③ 孙彩平:《道德教育的伦理谱系》,人民出版社 2005 年版,第 203 页。
④ 亚当·斯密:《道德情操论》,蒋自强、钦北愚等译,商务印书馆 1997 年版,第 233 页。
⑤ 陈晓平:《面对道德冲突——关于素质教育的思考》,中央编译出版社 2002 年版,第55 页。

济伦理教育是当代学校德育发挥其独特社会功能的必然选择。市场经济的繁荣促使了中国民生社会的深入发展和社群结构的复杂化，与之相伴的是社会价值生态系统因为急剧变革而未能形成组织稳定的合理秩序。社会发展在短时期内的合理布局和良性治理在激发主体能动性的过程中，应该以理性精神为依托，辅之以非理性的情感纽带。学校的经济伦理教育意在培养和塑造学生的主体理性精神，丰富他们的主体人格，使他们从单纯的利益经济主体向自我伦理主体进行转化。传统的学校德育淡化个人主体意识，弘扬类主体意识。市场经济确立了个人和群体的实践主体地位，但是对于人的主体意识和主体能力也相应提出了更高的要求。学校德育也因此而面临着如何调整主体在价值意识和价值实践两个层面上的巨大落差。德育活动中的经济伦理教育有助于在纠正主体价值观念偏差的基础上来弥合主体心理和现实之间的隔阂，促进学生的成长和发展。市场经济的发展推动着中国社会出现了多元文化和多元价值观，相对主义的道德观也日渐为人们所理解和接受。在这种情况下，学校德育再也不能拘泥于灌输各种道德知识，在封闭的课堂上给学生讲授感人的道德故事，而应该在实践的基础上培养学生的道德敏感性、道德认知力、道德判断力和自觉的道德行为能力。很显然，经济伦理教育可以使学生在更加开放的情境中来锻炼他们的道德思维和道德实践能力。总之，市场经济带给学校德育许多新的命题，比如新的义利观、新的群己观等等，如何开启和利用好这些新的德育资源，将直接关系着学校德育活动的成败。

诚信危机已经成为转型时期社会生活当中普遍存在的一种时代弊病，它也侵蚀着当今的校园生活，对于学生的成长造成很大的危害。"作为一种个人美德，信用主要是指个人的诚实人格或可信赖的美德品质。而作为一种社会美德，信用则主要是指普遍信任和普遍的责任承诺。"[①]信用危机在我们的社会生产和生活交往中普遍存在，它是诚信危机最直观的表现。学生诚信缺失的主要表现有考试作弊、故意拖欠学费、伪造虚假证件和个人履历信息、交往动机不诚等。一些高等院校国家助学贷款中的恶意违约现象可以说是校园诚信缺失的典型表现。因此，诚信教育也就成为学校经济伦理教育的重要组成部分。校园诚信缺失既是一个社会问题、时代问题，也是一个教育问题、道德问题，造成诚信缺失的原因是多方面的。"当代中国社会生活中存在着的信任危机现象，从根本上说，首先是缘于现代性进程中对传

---

① 万俊人：《义利之间——现代经济伦理十一讲》，团结出版社 2003 年版，第 143 页。

统批判扬弃所带来的传统断裂的无根状态。"①班华教授认为,诚信是与社会主义市场经济相适应的道德规范的核心,是合格公民基本的道德规范;从个体来说,诚信是做人的基本品质。"中小学诚信教育的基本任务,应当是培养学生诚实守信的品质,形成诚信的道德人格。培养诚信品质与我们的人生目标是一致的。当然,这里说的是全社会的目标或全社会每个成员的人生目标。人生目标各有不同,但都追求快乐和幸福。诚信教育对人生快乐和幸福具有深远意义。"②因此,诚信教育是培育社会主义市场经济道德文化的重要渠道,它关乎着学生个体道德品质的高低和社会精神风貌的基本走向。市场经济的发展和成熟促进了社会利益主体的多元化,人与人之间的关系和交往也日益契约化,私人生活逐渐从传统的共性道德生活中开始分离出来,成为现实社会生活的重要基础和有机组成部分。在此背景下,诚信教育也是中国建设现代法治国家、构建和谐公民社会的重要推动力量。诚信教育应该作为转型时期学校德育的核心内容之一,在不同阶段的教育活动中,可以通过不同的方式将诚信教育渗透在各种学科教育和实践活动中,进而实现对于学生的品格培养和价值观教育。

二、德育内容的生活转向

杜威说"教育即生活","教育和社会生活的关系,正如营养、生殖、生理与生活的关系一样"。③ 陶行知先生讲"生活即教育","生活教育是早已普及了。自有人类以来,便是人人过生活,人人受教育。自然而然的,生活是普及在人间,即是教育普及在人间"。④ 从社会发展的历史来看,道德与生活、教育与生活、德育与生活都有着天然的联系。近代启蒙运动以来,在理性精神的推动下,客观上人的类主体性得到了确立和弘扬,但是其代价却是自我和生活的分离以及日常世界的客体化。现代意义上的学校是同现代的军队、监狱和工厂一起产生的,它们具有共同的国家主义的要求和功能,强调规训、控制和效率,工具主义的色彩浓烈。"规训化教育的扩张意味着社会在整体上缺乏教化或培育的精神和力量。教化的退隐使得教育在理念和制度两个层面上失去了对于人的精神的关注,使人在教育中缺乏一种圆满、惬

① 高兆明、李萍等:《现代化进程中的伦理秩序研究》,人民出版社 2007 年版,第116 页。

② 班华:《谈公民的诚信教育》,《中国德育》2008 年第 1 期,第 10—16 页。

③ 约翰·杜威:《民主主义与教育》,王承绪译,人民教育出版社 2001 年版,第 14 页。

④ 陶行知等:《生活教育文选》,四川教育出版社 1988 年版,第 137 页。

意的价值存在的生活体验,缺乏一种精神创造的知识和道德的意义源泉。"①当代学校教育的主体性检视和生活回归,实质上是对纯粹的现代类主体教育的扬弃和个体生命意义的重新发现,是基于交往理性的学校教育重建。自古以来教育就意味着在生活之中使人获得经验性的成长和发展,实现"人是目的"的最高理想。"可能生活具有理想性,它可以在现实生活之外被理解,但必定是能够通达的。"②学校德育的基础是现实生活,但是它的主要目的之一就是为了使人能够超越现实生活本身,获得解放和自由,过一种可能生活,实现自我的人生幸福和价值追求。

（一）当代学校德育的生活基础及其现状

从学校教育与生活的关系来看,学校教育是一种制度化的生活表达,教育实践是社会生活的一个有机组成部分。因此,学校德育的生活基础包括学校教育生活和日常社会生活。学校德育的内容、性质及其过程决定了德育的生活基础是和整个教育活动合而为一的,体现为德育的生活化要求和实践性的价值取向。"脱离生活,不仅仅是学校道德教育,也是目前整个学校教育存在的一个共同问题。从教育内部的各个方面以至各级各类教育都不同程度地存在与现实生活相脱离的现象。同时,脱离生活的现象也并非今天的教育所独有,在某种意义上,自学校教育诞生的那一天起,它就开始了和生活相分离的历程——学校教育至少使教育在制度上和形式上与完整统一的社会生活划清了界限,不再像以前那样和生活自恰地融为一体。只不过随着人类理性的发达和科学事业的进步,在科技至上、科学主义世界观支配一切的今天,学校教育脱离生活才显得尤为突出:从形式到内容、从外在的组织体制到内在的价值取向都愈来愈步入以科技理性编织起来的失去生命色彩的物理世界,从而渐渐迷失了自我,从根本上歪曲了教育的本性。在学校教育中,道德教育与生活的脱节又表现得最为突出,给道德教育带来的危害也最大,因为较之教育中的其他方面,道德和道德教育同生活之间的关系更为密切。""概括起来,科学化和理想化是目前道德教育脱离生活的两个最主要的表现。"③培养学生的个性和创造力,促进其全面发展,这是学校教育的根本目的;提高学生的社会适应能力,促使其成为社会需要的良好公民,这是学校教育的直接目的。当代学校德育在目的导向和目标定位上,过

---

①　金生鈜:《规训与教化》,教育科学出版社 2004 年版,第 3 页。

②　赵汀阳:《论可能生活》,中国人民大学出版社 2004 年版,第 148 页。

③　唐汉卫:《生活道德教育论》,教育科学出版社 2005 年版,第 9 页。

于重视社会的现实需要和教条化的道德灌输与价值认同,没有将德育同学生的成长需要和生活需要很好地结合起来。中国正在社会主义市场经济的推动下走向法治国家和公民社会,学校德育将承担起更多的理性重建和普及民主的任务。缩小德育与生活的距离,促进德育与生活的融合,这本身已成为我们的社会要实现跨越式发展对学校德育提出的新要求。转型时期学校教育在知识层面上追求的是社会化的成功标准和价值体认,在道德精神层面上的目标是依附或者从属于学校的知识教化,以知识教化所建构起来的价值理性表现的是转型时期经济实用主义的功利观念对于学校教育的殖民。当教育和生活割裂时,主导教育的知性价值仅仅体现了人的生存需求,而未能满足个体生活在精神和心理上的需要。因此,当代学校教育承载更多的是形而下的器具精神,而不是形而上的伦理超越精神;教育活动只是为了一种"此在"的目的,而不是为了"在"本身。"我们一方面继承并进一步推进了西方现代教育的功利化、工具化、技术化、程序化追求,同时又保存了中国传统的教育理念,比如经世致用,读书就是为了见用于社会,就是为了有用,强调教育的外在功用,忽视教育的内在育人的目的。"①

为了更加直观地展现当代德育的生活基础,下面我们选取两个生动的校园生活案例和一个研究表格来进行具体说明。从这些材料中我们可以深刻地体会到学校德育生活基础的时代基调及其所经历的变迁。

案例一是某校一节政治课的教学片段实录。②

时间:2003 年 9 月 19 日下午第二节

地点:学校分部教学大楼 315 房间,初一(3)班教室

教学内容:七年级《思想政治》"寄语青少年朋友——锻炼心理品质"第三课时"在社会生活中锻炼良好的心理品质"。

……(前面是两个人的时政演讲,加上点评用去 8 分钟。)

师:书上说的良好的心理品质是一个人自我培养的结果。那么,它主要表现在哪里呢?(叫起一名男生。)

生:就像吴运泽(应为铎,学生读错了)那样,百折不绕(应为挠,学生读错了),意志十分坚强。

师:对。大家想一下,这种品质是一生下来就有的吗?

----

① 刘铁芳:《走在教育的边缘》,华东师范大学出版社 2006 年版,第 127 页。

② 李醒东:《事件·场景·交往——学生社会生活研究》,2005 年华东师范大学博士学位论文,第 99—107 页。

生：不是。（声音稀落）

师：对，是在社会生活的大熔炉中锤炼出来的！这些生活表现在何处呢？就是吴运铎在各种艰苦的条件下不断地经历磨难，不断抗争、克服困难。在这个过程中，他的意志坚强了起来。然后呢？！对了！又动脑动手，然后呢？写作出书来了。吴运铎就是这样不断地负伤，然后再回到生活中去，逐渐地他的心理品质就培养起来了。（我当时没有看课本，后来看记录才知道老师在有选择地念教材。）

（此时有将近 20 个人趴在桌子上，估计有的已经睡着了。上课时间过去了 20 分钟。）

师：下面再看看张海迪是怎样锤炼的呢？对了，她 5 岁瘫痪，然后战胜困难学会了很多东西。那么我们自己的生活是什么样的呢？我们应该怎么样呢？（走到教室中间位置，看着一个学生问。学生对他点了点头。）对了，应该投入到生活中去，而不是回避！

（注释：这里说的吴运铎和张海迪的故事都是教材上的阅读材料。）

师：提高心理品质水平是我们的重要任务。那么，我们应该怎么学习和修养呢？请大家举手回答一下。（见没有人举手，就挑了学习委员。一个女生，班级学习成绩第一，兼政治课代表。）

生：我们要投入到社会公益活动中去，还要做家务，还有投入到社会实践中去。（学生拿着课本找了几条来念。）

师：好，你就来谈谈你是怎么做家务的。

生：（有些不好意思和为难）我星期天帮妈妈做家务。把家里的桌子擦了一遍。

师：做家务有什么感受？父母有什么表示？

生：觉得就连日常的小事做起来都是需要耐心的，父母真的不容易。

师：请坐。大家看看，就连平时做家务劳动都是需要克服很苦很累的困难。所以，同学们要投入到社区、小区的公益活动中去，提高自己的心理水平。这是个重要任务。另外，要在平时的家庭生活中，体会父母的辛苦，提高自己的心理品质。

师：下面拿出作业题做 1—4 题，实践题回去自己做。一会儿讲一下题。

（注释：作业题华东师大版的《一课一练》。）（这时过了接近 35 分钟的时间，有接近 10 位同学仍然趴在桌子上没有动，在打瞌睡。）

案例二是几位任课老师在学校生活中的遭遇。[①]

蒋昕捷，一位记者。2005 年 9 月，她的一篇文章发表在网络上。主题是"鲜花只献主科老师？升学让中学教师分档次"。文章中有下面长长的描述：

"今年的教师节，四年级的洋洋照例给语数外 3 科老师各送了一束鲜花。刚上一年级那会儿，看到同学们纷纷给老师献花，洋洋也想效仿。可任课教师有七八位，送谁好呢？最后家长给洋洋拿了主意：副科老师没啥用，主科老师要捧牢，因为今后升学时就这几门课重要。"

记者是这样分析的。近年来，"鲜花只献给主科老师"成了教师节里的普遍现象，而这只是中小学里主、副科教师不同境遇的一个小缩影。不少副科老师为自己受到的冷遇感到辛酸："各个学科在教育过程中、在中小学生的成长过程中都是非常重要的，为什么会因为升学考不考被分成三六九等呢？"

张丽在北京一所中学里教音乐，刚从音乐学院毕业时，她坚信音乐是陶冶性情的熔炉，总盼着自己成功的音乐教育能使学生终身受益。很快张丽发现自己是在唱"独角戏"。每次上课铃响后，很少有同学安静下来聆听她的演奏。总是有几位在那里高谈阔论，更多的同学埋头做功课，再三催促后才不情愿地把作业收起来。要练声就动动口敷衍一下，什么感情唱、听音、视唱、节奏等等，一概漠不关心。有的同学甚至直言不讳地说："音乐课就是给大家休息的，干吗那么较真儿呢？"

美术老师岑鸿原计划通过课堂鉴赏、课后绘画的方式培养学生的创造性和美感，却遭到一些家长和其他老师的抵制。家长们不愿出钱买颜料，认为是瞎耽误工夫。一些班主任则公开告诉学生："那些美术作业有空就画，要是没时间就别画，老师要问就说放在家里了。"其实，岑鸿有时连收作业的机会都没有，经常是走进教室就看见一位主科老师站在讲台上，笑容可掬地说："小岑，最近课时紧，借你一堂课，过两天还你。"有时候是两三位老师一块儿来"借"，"抢"到手之后谁也没有真"还"过。

无奈之下，岑鸿只能搞美术鉴赏，不过他仍然希望学生能够抛开课本上平面、静止的彩页，走近大自然，体验生活中的艺术。他这个想法

---

① 薛晓阳：《学校制度情境中的学生道德生活》，2006 年华东师范大学博士后出站报告，第 38—39 页。

遭到学校领导的坚决反对,不但组织学生去博物馆参观的申请被驳回,就连让学生站在屋檐下赏雪都遭到通报批评。至于扩建画室,增加画具更是一律不准,学校只拨款买了台 DVD 让美术课就播放风光片,从此岑鸿成了专职放映员。

表 4-9 向我们真实再现了中国农村的生活、道德和教育之间关系的变化。[①]

表 4-9　农村的生活、道德和教育关系之变化

时代	生活中心	生活手段	生活依赖对象	教育性质	教育条件	教育对象	教育与生活的关系	道德品质
新中国成立前	土地	个人耕作,土地出租、出卖劳力	个人	奢侈、高贵、高雅、高尚、教育严谨	家有余力,或可学文	极少数人	教育高于生活,二者脱钩	个人修养,温良恭俭让
新中国成立后到改革开放	粮食	参加集体耕作	集体	识字、脱盲、教育轻松	耕读相间	大多数人,教育半普及	教育不是生活的中心,只是生活的一部分	劳动、集体
改革开放后	金钱	个人耕作,其他小经营,出卖劳力	个人	平民化,教育紧张	皆可学文	绝大多数人,教育普及	教育被当作生活中心,又高于生活	个人对自己负责,经济

(二)学校德育需要什么样的生活

社会经济的高速发展改变着学校德育的时空序列和生活布局,德育和生活之间的关系似乎变得更加模棱两可。德育是应该遵循生活的现实和逻辑,为个人的利益和生存服务,还是应该着眼于学生的成长,为他们将来的生活做准备? 马克思主义认为人的本质是人的社会属性,是人的一切社会关系的总和,人的社会性以生产关系为基础,它表现的是人的生活性和实践性。不管是道德还是德育,它们都体现着人的社会属性,植根于现实的社会生活之中。因此,道德、德育和生活本身就是一体化的。这里可能产生的疑问是,德育活动需要什么样的生活? 学校德育的生活性由道德的生活性所

---

① 毕世响:《乡村生活的道德文化智慧》,2002 年南京师范大学博士学位论文,第160 页。

决定,德育应该首先面向学生个体的生活世界,再有就是德育本身是一种生活过程,意味着生活方式的选择。就德育理论和实践的价值取向来看,有的着重培养学生的道德思维和判断,有的着重培养学生的社会认同和集体价值观。因此,德育的生活化,实质上也就意味着德育过程中价值选择的生活基点在哪里。约翰·加德纳说:"我们不该给年轻人留下这样的印象:他们的任务是枯燥乏味地守候那些年代久远的价值。相反,我们应该使他们认识到这一无情而令人振奋的事实:他们的任务是在自己的生活中从不间断地重新创造那些价值。"①就中西方社会历史文化的差异来说,中国伦理文化引导的学校德育的生活价值基点往往是社会性的,西方理性文化指向的德育生活价值基点常常是个人性的。在学校德育的生活价值基点选择的问题上,我们认为既不应该是单纯的道德本位论,坚持道德至上;也不应该是单纯的生活本位论,坚持生活第一;而是应该寻求一种德育活动与生活实践之间的双向互动,在具体的情境中来选择德育的内容、方法和途径,因为德育过程本身就蕴含着许多生活智慧和道德暗示。

"公民社会的建构不仅依赖于外在的社会制度,依赖于社会的民主与法制的完善,更依赖于社会个体的内在品质,甚至可以说,公民社会首先存在于个体心灵世界中。惟有把公民社会植入个体内心,让个人从内心具备以公民姿态理性地参与社会生活的品格,公民社会的建构才真正有了内在的真实依据。正因为如此,公民意识的养成和公民人格的培育,就成了摆在我们面前的重要而紧迫的教育问题。"②"正因为公民人格实际上乃是一种生活方式的转变,惟有经由个体真实地参与社会生活的理性建构之中,实实在在建立个人与社会的联系,履行个人的权利,同时也承担个人的社会责任,权责意识才可能真实地生长出来。我们的教育不能寄希望于以简单的灌输、管制、强迫的方式塑造学生的权责意识,权责意识也不会在空洞的理论知识的教诲中自然地产生。"③在社会转型期,学校德育的生活基础既有公共性的,又有私人性的,德育的目标应该是在增强学生生活自主意识的基础上来培养他们的公共理性和公民人格,塑造其公私兼顾的道德心理。这就要求德育活动必须打破学校和社会之间的围墙,使校园内部的教育生活和道德管理与社会生活具有同质性。在自我生活和学习、班级生活和管理、校园生

---

①　路易斯·拉思斯:《价值与教学》,谭松贤译,浙江教育出版社 2003 年版,第 7 页。

②　刘铁芳:《走在教育的边缘》,华东师范大学出版社 2006 年版,第 30 页。

③　刘铁芳:《走在教育的边缘》,华东师范大学出版社 2006 年版,第 31 页。

活与服务的过程中强化学生的民主参与意识,鼓励学生之间、师生之间以及学校与社会之间的联系与交往,培育学生积极向上的生活情趣和自觉践行社会文明规约与道德规范的习惯。如何来提高学校德育的生活性和实效性,可以说是一个世界性的难题,也是所有教育者的共同理想,例如以柯尔伯格为代表的认知发展道德教育学派所倡导和实践的两难故事法和公正群体途径就很好地实现了道德认知与道德生活的有机结合。不管采用何种德育理论和方法,德育实践的程序指向和终点目标都应该围绕着学生的生活需要。在我们的学校德育中,功利目的论的生活德育经常成为主流,德育过程的生活建构性却没有得到足够的重视,德育的善的关切性和细致性不能得到呈现,这样德育对于学生的生活效果也就可想而知了。

德育的生活化其实就是要凸显教育的人文追求和生活底蕴,在和谐的生活氛围中来感染和熏陶学生的心灵。生活是一个体验、感悟和累积经验的过程,当德育真正面向生活时,它就会是开放包容的,而不是封闭自足的。如果德育实现了生活化,那么生活本身也就表现为某种道德和价值事态,具有更多的德育内涵和更大的德育功能。就现代学校教育来说,德育的生活化和生活的德育化表现了教育过程的一体两面性,从德育发展的内在逻辑出发,德育过程需要一种对于生活的适应和超越。"教育只有扎根于人的生活境遇,追寻人生的意义,对学生的生活进行意义的指导,使学生理解自身与世界的关系,理解精神的价值所在,才能使学生的生活摆脱物质利益的束缚,而在精神的层次进行创造的生活,使精神实现价值,使情感得到升华。"① 生活是教育的沃土,它在本质上规定了德育活动的价值属性。现代科技理性的兴起,使得德育的生活性被剥离,人文性得不到显现,科学性和程序性成为德育的主要特征。因此,德育需要什么样的生活,就变成了我们用什么标准来衡量和定义生活。工具理性促使我们的生活平面化和物质化,人的生活世界走向一种似乎"价值中立"的客体存在。当我们从人文化的视角来重新审视教育实践时,学校德育的生活失语就变得一目了然。生活将永恒地指向人的精神世界,它是关于人的存在现状的叙事和描述;教育是一项为了实现人的幸福生活的社会活动,它永远关乎人的心灵世界。因此,人文性的生活内容是德育现代化的重要基础,德育需要一种人本化的充满人情味的生活环境。赵汀阳先生认为,生产一种人文知识就是策划一种生活。由于人文知识总是表达着价值和生活的想象,因此像西方传统知识论那样的

---

① 金生鈜:《理解与教育》,教育科学出版社 1997 年版,第 76 页。

知识论就明显过于单薄和片面。以他者性原则和幸福问题为基础来重构人文知识,将能够发现一个新的问题体系,它远远不仅是知识论问题体系而且是实践论问题体系,新的人文知识关心的将不仅是"心智"(mind),而且更是"心事"(heart)。① 学校德育活动应该是在具体情境中的一种人文知识策略,它是引导学生捕捉自我心灵并超越自我生活的过程,它不仅要让学生认识和发现自己,更是要让学生理解和创造自己。德育不但是一个由知识通达真理的过程,它更是一个由心与心的沟通,追寻充满爱和幸福的生活过程。然而在我们的学校德育中,学生却常常遭遇到下面这样的生活事件。②

　　张××,是扬州某中学的一名初一的学生,在他的同伴中,他学习不算优秀,而且似乎总是拖班级的后腿。在班主任的眼里,他是全班的一块心病。一天下午,一位耐心的老师鼓励他去发现自己的优点,可是,面对和蔼的老师,他却不知所措,感到非常意外,直言自己没有任何优点。面对这种情景,这位老师转换话题,启发地问他有什么特长。张某似乎有所领悟,说自己喜欢漫画。但紧接着却说,这不是优点,在他的班主任眼里,这些都不是优点。

　　这位老师面对学生对自己班主任怀疑的目光说道:"你对漫画感兴趣这很好,你们的老师也认为这是你的特长,其实她是很欣赏你这方面的才能的,但你在课上看漫画书,老师担心这会影响你的学习,才会把书给收了。每个人都会有自己感兴趣的事物,但作为学生,我们的主要任务就是学习,如果能协调好这两者之间的关系那不是更好吗?"

我们该如何来认识和评价班主任的教育行为、这位耐心老师的教育话语以及学生的教育处境呢? 到底是谁的对,谁的错呢? 还是那句话,没有不合格的学生,只有不恰当的教育方式。既然不是学生的错,难道是老师错了吗? 很显然班主任的教育方法不当,对学生的心理造成了很大的负面影响。这位和蔼可亲的老师话语间虽然流露出关爱和理解,但是他的教育立场和观念却依然显得保守。在一个相信知识改变命运,学习创造未来的时代,学校教育实践及其主流观念存在着一种盲目的乐观和自信,加之学校教育制度本身所具有的权威性和垄断性,进而造成了当代教育生活中道德信仰和

---

　　① 赵汀阳:《没有世界观的世界》,中国人民大学出版社 2005 年版,第 156—158 页。

　　② 薛晓阳:《学校制度情境中的学生道德生活》,2006 年华东师范大学博士后出站报告,第 28—29 页。

伦理精神的缺失。但是我们因此就能彻底否认学校教育制度和老师对于学生道德发展的重要性吗？"制度是一种结构，因此它在价值上同样也具有结构性的特点，这种结构性的东西可能与学生的生活世界形成一定的矛盾和冲突。制度永远是制度，它不可能与学生的生活完全一致，它总是作为生活的另一面，甚至是对立的一面而出现的。制度具有结构性的价值是一个必然，制度的结构性与个人的自由性并不完全对立，制度具有结构性是一回事，而个人具有自由性又是另一回事。恰恰是制度的结构性才带来了个人的自由性。制度的结构性有时恰恰是刺激个人自主创造的源泉而不是阻力。因此，我们不仅要从制度的结构性角度去看待制度的暴力与制约力，而且要从制度本身的道德性上去看待这个问题，也就是说，不能简单地用否定的眼光去看待我们学校教育在道德观上的立场和信仰，而要换一个视野去看待它。"①任何事物都是一个矛盾体的存在，学校制度在其道德性上也是这样。当代中国的学校教育还处在一个体制化不断加强的过程中，我们除了要用辩证的眼光来认识和分析教育发展中存在的诸多问题外，还需要用批判的眼光来审视学校制度演化进程中的各种伦理和道德效应，促进教育制度不断改革和创新，使德育成为一项充满人性和智慧气息的生活的事业。

三、德育内容的生命转向

教育的目的或者说教育的追求就是人的生命发展，人的生命的延续和发展需要教育，教育成为生命存在的形式，成为生命的一种内在品质，成为生命自身的需要，教育即生命。② 在当代中国学校德育的发展过程中，德育中的生命意识还不强，相比于德育中的"主体性""生活""发展"等话语范畴，生命主题的内涵更为丰富和综合。马斯洛认为人的需要表现在两个层次上，一个是沿着生物谱系逐渐上升最后变弱的本能或冲动，即低级需要或者是生理需要；一个是沿生物进化而逐渐显现的潜在需要，称为高级需要。人的需要具体表现为生理上的需要、安全的需要、感情的需要、尊重的需要和自我实现的需要。人的生命既是一个自然时间过程，也是一个生发价值意义的过程；生命既是个体的，也是社会的。社会的发展使人对生命的感知和理解更加复杂和多样化，生命所呈现出来的样态也日益多元化。因此，人的所有的需要都在诠释着人的生命本质。传统学校德育过分注重学生的社会

---

① 薛晓阳：《学校制度情境中的学生道德生活》，2006 年华东师范大学博士后出站报告，第 174 页。

② 冯建军：《生命与教育》，教育科学出版社 2004 年版，第 163 页。

需要,并且人为地将这种需要拔高,将学生的需要成人化、简单化、规约化和意识形态化,没有从学生生命发展的个性需要上来考虑德育内容。在很大程度上可以这样说,我们的德育活动是"逆生命"态的,它造成的后果就是学校德育中缺少生命的活力因子,缺乏适合道德生命健康成长的环境和养分。"课堂教学蕴含着巨大的生命活力,只有师生的生命活力在课堂教学中得到有效发挥,才能真正有助于新人的培养和教师的成长,课堂上才有真正的生活。因此,要改变现有课堂教学中常见的见书不见人,人围着书转的局面,必须研究影响课堂教学师生状态的众多因素,研究课堂教学中师生活动的全部丰富性,研究如何开发课堂教学的生命潜力。"①学校德育要取得更大的成效,适应社会发展的要求,必须将注意力转向活生生的人和一个个鲜活的生命体,构建有生命色彩的校园生活。其实德育内容的生命转向不但对于未成年人非常重要,而且也与成年人的生活密切相关。布鲁贝克认为 20 世纪大学确立它的地位主要有两种哲学根据:一是政治论的;二是认识论的。②张楚廷教授认为当代高等教育还应有第三种哲学根据,即生命论的。③ 这三种哲学论断对于当代德育的发展过程也同样适用,我们的学校德育过于偏向政治论的社会服务和认识论的高深学问,对于生命论的学生发展重视不够。

(一)当代学校教育需要渗透和普及生命教育

20 世纪六七十年代,生命教育先后在美国和澳大利亚等国兴起,进入到 90 年代,生命教育开始在我国的台湾和香港两地的许多学校教育中开展起来,台湾将 2001 年定为"生命教育年",港台两地的生命教育课程和教学已日渐走向成熟。进入 21 世纪以来,生命教育也引起了我国教育界的广泛关注,例如辽宁省已从 2004 年 12 月开始在全省范围内启动了中小学生命教育工程,并把"生命教育"规定为中小学生必修的重要正式课程;上海市也在 2005 年 6 月颁布了《上海市中小学生命教育指导纲要(试行)》,开始在全市中小学中进行生命教育。教育与生命的联姻,极大地拓展了当代学校教育的内在寓意和社会功能。转型时期的学校教育中存在着大量无视生命的现象,教育实践中动辄体罚和打骂学生的事件时有发生。我们应该看到,由于

---

① 叶澜:《让课堂焕发出生命活力》,《教育研究》1997 年第 9 期,第 3—8 页。

② 约翰·S. 布鲁贝克:《高等教育哲学》,王承绪等译,浙江教育出版社 2002 年版,第 13 页。

③ 张楚廷:《高等教育哲学》,湖南教育出版社 2004 年版,第 23—28 页。

各种原因的影响,一方面,学校教育对于生命缺乏足够的认识,对其理解还比较肤浅;另一方面,校园暴力、轻生和自杀的事件日益增多。在学校教学和管理过程中,因为对于学业成绩的过分关注而导致学生的身心健康长期被忽视,由此引发了一系列的社会性问题。下面是一位学生2001年给教育部部长一封信的节选①,它很好地向我们展现了学校教育中的生命现状。

尊敬的陈至立部长:

您好! 我是北京101中学高二(一)班的一名学生。和其他同学一样,穿着我们并不喜欢的校服,背着沉重的书包上学。学习主科的时候认真听讲,而到某些副科就实在不能坚持了——我必须写作业。为了早睡觉,为了少背点儿书回家,为了能给自己挤出休息的时间,我必须写。于是课堂上(这个现象几乎出现在每个教室)出现了这类景观——老师在台上自我陶醉地讲课,而台下的学生,带着一丝紧张、一丝不安,像小偷似的埋头苦写。也有人看"闲书",也有人睡觉。

这是一种可怕的现象,应该得到您的重视。在这样的被迫似的学习中,我们第一学会的不是别的,而是对别人生命的漠视。因为我们的生命在很多时候被别人漠视。当有同学考不好的时候,当有同学犯了错误的时候,许多老师、同学首先想到的,不是如何帮助他改正错误,而是怎样发泄似的教训他一顿(用许多受教育者和教育者不该使用的词语),甚至还有体罚。一个国家,一个民族,无论其教育水平多高,如果其国民对整个社会都没有感情的话,对自身的生活和身边的人漠不关心的话,那这个国家也是无法进步的。……

我们被学习禁锢着。我们成了学习的奴隶。

为了学习,我们没时间到外面玩,我们没法拥有美丽的天空和阳光。我们这些祖国的花朵就快凋谢在书桌前了。一个根本不接触外界的人当然不会对外界产生感情。为什么学校就不能多组织一些出外春游的活动呢? 让我们接触大自然,接触社会。我们不需要口号,我们想要的是实践! 是尝试! 是触摸新生的事物! 我们也是求知的,也是会在学习中得到乐趣的。

可是我们学习的是什么? 是陈旧的课本,陈旧的知识。教育应该

---

① 张荣伟:《教育共同体及其生活世界改造》,2006年苏州大学博士学位论文,第120—121页。

永远走在时代的前列,而为什么我们的课本还是几年前的老版本呢?(譬如说劳技课,我真的很不明白为什么还要学焊接这些与我们以后的生活毫不相干的技术。如果换做学习安装电脑,我们一定会喜欢得多。)……

奴隶般的学习使学生变得浮躁。我们太脆弱,一触即发。我们学会的不是面对困难,而是逃避困难;在教育的恐惧下,我们麻木了,对周围的事物和人冷漠,不尊重别人甚至他们的生命。对于"真、善、美",我们甚至没有基本的认识!而如果基本的辨别善恶是非的能力都没有,我们上美术课、语文课乃至政治课,根本就是形式!所谓的素质教育,也成为纸上谈兵。……

我们的想象力,早在小学的时候就被扼杀了。那些属于花季的纯真快乐,在哪儿呢?难道牢牢地压在书本的下面了吗?我们拥有快乐的权利!

另外我想提一个小小的建议,现在很多学校的老师都不合格,他们错误的教学方式给学生的心理造成了极大的创伤。既然社会上有"下岗",也应该给教师加些压力:让不关心学生、专业知识不够精湛的老师下岗,给那些称职的、在学生中有很好声誉的老师鼓励。

我们想要新鲜空气!我们期待改革,期待得到重视!

希望得到您的回复。谢谢。

唐馨   2001 年 10 月

生命意识的缺失可以说是转型时期学校教育的顽疾之一,这既是一个历史问题,又是一个现实问题。教育需要生命的双重变奏,一张一弛,和谐有度。在失去天真烂漫的学校生活中,传统教育文化和巨大的社会竞争压力对于教育中生命意识和观念的改变构成了相当大的挑战。因此,生命教育首先体现的是教育观念的根本性变革,它使教育从现实走向理想,从历史走向未来。长期的应试教育传统使得学校教育中难以寻觅到关于生命的绿色和欢呼,学生整天面对的只有做不完的习题和考试,他们对于自我生命的感受和体验完全被压抑着。肖川教授认为,生命教育有三层含义:一是生命教育作为教育的价值追求应该是人道的教育,要为学生的幸福人生奠定基础;二是生命教育作为教育的存在形态,是为了生命主体的自由和幸福所进行的生命化的教育,引导人生走向美好和完善的教育;三是生命教育作为教育的实践领域,有着明确的价值追求而又蕴含多重主题,是地方课程与校本课程开发与建设的重要主题。① 因此可以说生命教育是一种践行关于生命的可能、价值、希望与幸福的教育。人的生命的意义和价值不仅体现为生理健康，而且也表现为心理和精神上的健康。现代学校教育很大程度上是一个同质化的过程，生命的自我属性和特征没有受到足够的重视和关切。转型时期学生对于生命和人生幸福的认知通常与知识标准挂钩，向他人心目中的成功看齐，未能形成自我独立的生命人格。对学生进行人生观教育，是我们学校教育中的优良传统。但是长期以来，这种人生观教育所指向的生命是一种类和群体意义上的抽象的生命意识，在教育实践过程中逐渐演变成了一种关于生命的宏大的叙事方式；生命的社会意义束缚和湮灭了生命的个体存在意义，生命对于个人来讲成为搁浅的存在物，它被客体化为对象，缺乏活力。在当代的人生观教育中，流行的是说服和灌输，缺少学生真挚的自我生命独白、表现和参与。那么，为什么会出现这种情况呢？"20 世纪 70 年代后期，在拨乱反正的中国社会根本性变革中，教育界曾对教育与政治关系上的'工具'论、'服务'论这类理念进行了深刻的反思，强调教育本身应该具备、应该着重体现培育人的知识、能力和素质的功能与属性。然而，在当时人们的认识中，教育为政治服务的狭隘虽然已被较为开阔的教育为社会服务所替代，但基本思路仍然是'服务'论。整个观念中隐藏着这样一种潜台词：受教育者是要在接受了良好、全面、富有科学精神（后来甚至也加上了人文精神）的教育之后，完成了自己的一种'升级'，然后去为某个更为宏大的目的或目标服务，教育是为了能让他们更好地这样来服务。对于教育者来说，他们在自己的教育活动中更为关心的，也是这样一个正在进行的教育过程之外的目标。教育的效率、教育成果的评价，都以这样一个外在的期待之物作为考核标准。在十来年的时间内，随着某种规范化、标准化的时尚普及，这种为某种外在之物'服务'的心态，更是演变为考试的成绩，典型体现为各级学校的升学率，甚至所谓重点校、优质校、示范校的建设和争创，在很大程度上也以此作为教育界本身和社会评价的唯一可见标准、可量化标准、可衡量和比较的标准。在这样的教育理解和社会因素的推波助澜之中，处于受教育阶段的生命本身显然就难以被真正放在第一位的位置之上，难以得到本体性的尊重和爱护，学生显然难有生命自由成长、生命快乐充分享受、生命智慧酣畅发挥的一段人生。""由工具理性的教育训练或者是强制出来的人，虽然颇显实用，但从人自身的素质到人际关系到天人关系，

---

① 肖川：《生命教育：为幸福人生奠基》，《人民教育》2007 年第 12 期，第 9—10 页。

恶果也随处可见,提起来人皆摇头。结合现代语境,以生命教育作为教育的本质,现代社会所大量需要的实用知识和技能,只会因此而获益,不会因此而受阻。但是,教育并不能以人之外的某种东西为终极目标,而应该以生命的教育为'本'、为'根'、为'源',应该如马克思所言,把促进人的全面自由发展作为最高目标、终极目的。"①从当代中国学校教育的整体进程来看,存在着用国家阶级意识来代替生命意识,用社会意识来代替生命意识,用知识意识来代替生命意识三种情况。改革开放以来学校教育的发展,蕴含着从政治论到知识论再到生命论这一内在的教育哲学理路。现今我们提倡学校教育要以人为本,真正实现教育的人文关怀、生活回归和生命转向,这一观念转变最为重要的一步就是我们不但要让学生学会尊重和关爱他人的生命、自然界中的生命,而且要让学生理解和明白自己生命的价值和意义,关心自己的健康,珍惜自己的生命。因此,生命教育也是一个从自我到他者的过程,如果一个人懂得关心和呵护自己的生命,那么他也会真正去关注他者的生命。

(二)学校德育的生命之维——生命教育与道德教育的融合

生命意识和情怀不但与整个学校教育相关,生命观念更应该渗透进教育活动的每一个环节,成为教育的理想和教育改革的催化剂。传统学校德育长期处在"无人"、"去生命化"和"人学"空场的状况下,德育中讲求权威和控制,无论是德育目标、内容还是过程,大都是以机械还原论为基础的,遵循的是一种古典的"师傅带徒弟"式的德育模式。改革开放以来,中国的社会经济构成和政治文化氛围都发生了很大的变化,自我主体意识的觉醒要求学校德育更多地尊重个人的生命需求。社会发展的动力来自于主体的能动性和创造性,这不但表现在物质文明方面,而且也表现在精神文明方面。只有当生命个体的所有生命元素在教育中被启发和激活之后,学校教育才可能显现出无限的创造潜能,成为推动社会前进的强大力量。"在多元社会中,人类的生命意识在凸显,道德教育观应从机械论转向生命论。学校道德教育必须从远离学生生命世界的格局中走出来,回归学生的真实生活,关注学生的生命世界。关注生命不仅要关注学生理想性的需要,更应关注其生命现实的需要。学生讲述自己的生命故事,寻找生命的感觉,是生命论学校

---

① 苗杰:《教育的原点与本质——关于"生命教育"的理解》,《教育发展研究》2006 年第 6B 期,第 44—46 页。

道德教育的主要存在方式。关注触发学生生命感动的活动,是生命论学校道德教育的有效途径。"①

　　我们通常将道德理解为是一定社会环境下处理个人与个人、个人与社会关系的行为规范和准则,是日常生活中人们应该遵循的处事原则和标准。这种认识强调的是道德的他律性和社会性,而不是个体德性在生命意义上的自律和自觉。本质上道德与个人的生命联系在一起,道德的发展与自我关于生命的思考紧密相关。在个体的生命道德经验之间达成了一种默契和共识的情况下,社会群体意义上的道德规范才得以产生。这里我们并不是要否认道德产生和发展的社会经济基础,只是在于强调道德的生命基础。在当代中国社会的发展过程中,道德实践经常被形式化、工具化和功利化,反映在学校德育中,就是道德经验得以生成和发展的生命基础被冷落和遗忘,这是德育的实效性长期不尽如人意的重要原因。"将生命概念纳入道德教育,可以为诸多教育、道德教育理论与实践探索提供一个更为基础的概念,同时也为道德教育何以可能和怎样可能及其相互关系提供了内在依据。"②在港台地区已经比较成熟的生命教育中,其重点就是对于学生个体生命观、道德意识、伦理关怀、价值行为和内在品质的培养,在操作过程中更加注意贴近学生的生活世界,符合学生身心发展的规律。考虑到当代学校德育的现实语境及其社会背景,生命教育应该被纳入到德育活动中,进行生命化德育。下面我们以香港地区的生命教育为例,看看生命教育是如何实现德育功能的。香港地区生命教育的主题划分为认识生命、爱惜生命、尊重生命及探索生命四个层次,具体的教学情况见表 4-10 和表 4-11。华人生命教育主张"后科学、非宗教、安生死",前两者是前提,后者是结论。"后科学"是站在科学技术的后面和外面对之加以反思批判,目的是防止人的生命受到科技的奴役。"非宗教"是因为任何宗教系统都对"死后生命"做出了许诺,华人生死学却彰显出"活在当下"的现世主义精神,对死后生命不做过多的思考,因此选择儒道一家思想为核心价值。③ 虽然不同文化传统下生命教育

---

　　①　刘慧、朱小蔓:《多元社会中学校道德教育:关注学生个人的生命世界》,《教育研究》2001 年第 9 期,第 8—12 页。

　　②　刘慧:《生命道德教育——基于新生物学范式的建构》,2002 年南京师范大学博士学位论文,第 7 页。

　　③　钮则诚:《从台湾生命教育到华人生命教育》,《江西师范大学学报》(哲学社会科学版)2006 年第 2 期,第 12—17 页。

的主题及其实施策略和重点内容有一定区别,但是生命的意义、价值和精神却是相通的,这也使得生命教育为转型时期的学校德育提供了新的视角和发展契机。例如在中国传统文化中,死亡话题是人们日常生活中所避讳和禁忌的,表现在学校教育,特别是德育中,基本上很少触及死亡问题,这就在一定程度上局限和束缚了德育本身的内在张力和教化作用。改革开放以来社会经济和文化的转型,为包括死亡教育在内的生命化德育拓展了更大的空间。

表 4-10　积极人生不同学习层次涵盖的价值信念①

积极人生学习层次	价值信念
1.认识生命:自我接纳,肯定生命的价值	1.生命是美好与有意义的 2.人非完美,但却生而独特
2.爱惜生命:接纳及欣赏自己生命的转折,不做伤害生命的事	3.生命必然有转折,困难是成长的一部分 4.没有不能克服的困难 5.错误可因小心抉择而避免
3.尊重生命:尊重他人,关怀、珍惜自己与他人	6.人人有生存权利,他人无权扼杀 7.美好的生活有赖与家人、朋友维持良好的关系 8.懂得尊重他人,关怀珍惜自己与他人 9.美好的生活有赖与社会及大自然维持良好的关系
4.探索生命:超越自我,追求生命理想,展现生命活力	10.生命中有意外与无常,积极接纳 11.热爱生命,追寻个人理想与信念 12.理想的人格是信念与行为合一 13.积极人生追求自我实现及自我超越

表 4-11　生命教育教案举隅②

积极人生学习层次	生活经历/处境	生活事件示例(教案名称)	学习目的(价值信念的掌握)	价值观/态度
认识生命	·我有时觉得自己很无用	·生"旧叉烧"好过生我?	·接纳自己的优缺点,建立自尊与自爱	·自尊、自爱 ·自我接纳

①　张永雄:《强化抗挫能力,培养积极人生——简述生命教育在香港的开展情况》,《中国德育》2007 年第 7 期,第 26—31 页。

②　张永雄:《强化抗挫能力,培养积极人生——简述生命教育在香港的开展情况》,《中国德育》2007 年第 7 期,第 26—31 页。

续表

积极人生 学习层次	生活经历/处境	生活事件示例 （教案名称）	学习目的 （价值信念的掌握）	价值观/态度
爱惜生命	• 我为考试成绩而担忧	• 今天我收到成绩表	• 勇敢、积极、乐观地面对问题 • 培养责任感和承担责任 • 理性分析、解决问题	• 责任感 • 承担精神 • 乐观 • 积极
	• 我的朋友一脚踏两船	• 我也得捱过？ ——失恋篇	• 积极面对困难、处理转折带来的情绪反应	• 坚毅 • 积极
尊重生命	• 同学常常取笑我	• 同学给我取花名（绰号）	• 尊重别人的价值 • 以平等态度待人 • 接纳个别差异	• 尊重他人 • 平等 • 接纳 • 同理心
	• 家人患上重病	• 面对疾病	• 培养坚毅积极的态度面对身体的缺陷和疾病 • 培养对他人的关怀和尊重	• 坚毅 • 积极 • 关怀 • 尊重他人 • 乐观
	• 报载有人滥食药物猝死	• 拒绝朋友叫我吸烟	• 面对朋辈的压力 • 加强学生珍惜自己健康的责任感	• 理性 • 坚毅 • 责任感 • 尊重生命
探索生命	• 突如其来的意外事件/灾难	• "南亚世纪海啸事件"的反思：捐献以外	• 感受生命的无常，反思生命的价值，学习珍惜生命 • 认识世纪海啸的灾难性和震撼力，引发对灾民的悲悯情怀及乐意伸出援手	• 珍惜生命 • 仁爱精神 • 谦卑 • 知足和感恩的心

第三节　本章小结

科技与人文的共同进步推动了当代中国社会的发展。就时代精神的走向来看，当我们将科技作为提高社会生产力的手段时，科技的经济效应也被放大和扩张到整个生活领域，对于科技的信赖也就成为人们追求幸福生活的主要依据,与之相适应的便是物质理性和科技价值对于精神世界的渗透、扩充和统治。德育活动作为个体成长和时代发展的重要助推器,其本身也是一项文化事业,是人文教育的重要组成部分。学校德育在接受和吸取科技文明的精神和价值效应的过程中,也注意拓展和增强自身的人文建构作用。这主要表现在德育课程观的人本化转型和德育内容对于科技理性的反思与重构。德育课程观的人本化转型大致经历了从知识导向到问题导向,再到发展导向这样一个过程。知识导向的德育课程观体现了教材中心,注重教化规训;问题导向的德育课程观侧重于社会服务,注重文化传承;发展导向的德育课程观强调学生中心,注重启发引导。德育内容对科技价值的反思与重构分别表现在它的实践伦理转向、生活转向和生命转向。伦理转向重点在于说明人、社会和自然的相互一体性;生活转向凸显了人与人、自我与他人之间的共生性;生命转向表征了个体生命系统的内在复杂性、统一性和超越性。转型时期坚守学校道德教育使命的三个命题为:学校教育必须培养完整的人;德育需要打好品德基拙;学校教育要为实现人的道德潜能提供支持性环境和条件。① 这些使命的完成有赖于德育理论和实践坚持以人为本和全面发展的教育理念,充分利用现有的教育教学资源,深入挖掘学校教育自身的潜力。贯穿这些工作的主线就是如何在学校德育中促成科技与人文的有机融合,提高德育的创新性、灵活性和实效性。为此,德育活动应该在课程改革的过程中不断更新观念,努力拓展德育的教学资源和内容,使德育面貌得到大的改观,德育效果达到质的飞跃。怀特海认为,科学教育、技术教育和人文教育是教育的三种主要形式,三者相辅相成,缺一不可;源于现代哲学之精神与躯体、思想与行动之二元对立的现代教育割裂了三者的内在联系,导致了狭隘的专门化教育。② 因此,德育内容的整合与革新最为重要,在学科内部以及学科与学科之间贯通科技与人文是德育课程改革的关键,见表4-12。

---

① 朱小蔓、其东:《面对挑战:学校道德教育的调整与革新》,《教育研究》2005 年第 3 期,第 3—12 页。

② 曲跃厚、王治河:《走向一种后现代教育哲学——怀特海的过程教育哲学》,《哲学研究》2004 年第 5 期,第 85—91 页。

表 4-12　可能的道德教育资源及其表达方式列举①

学科			素材形式		蕴含的道德价值	教与学的方式
分类	特征	科目	学科内容	学科方法		
人文学科	伦理正义关爱审美	语文	字词句章、人类文化、人物、情感、伦理	榜样示范、阅读、审美、情感、词语敏感	伦理、正义、同情、人际敏感、人道主义	生命叙事、讨论、交流、分享、案例分析、角色扮演
		历史	典籍、人物、事件、价值观	批判性、独立思考、叙事、历史感、辩证思维	正义、宽容、理解	
		外语	语言、文字、文化风俗	情境、交流、对话、语感	尊重、倾听、国际理解、宽容	
自然学科	理性秩序和谐有机性复杂性	数学	公理、公式、原理、计算、数学家、发现	推理、演绎、归纳、计算	严谨、理性、坚韧、审美	
		物理	定律、公式、计算、物理学家、发明	实验、观察、计算、设计	严谨、专注、理性、坚韧、求实	
		自然	物种多样性、环保组织、志愿者、发现	观察、分析、描述、感受	多样性、和谐、敬畏、感恩、审美	
综合实践课程	探索情境做中学创造性	研究性学习	现象、原理、方法、研究报告	探索、实验、动手操作、分析、论证、独立思考、辩证思维	严谨、独立性、合作、超越	参与、表达、交流、分享、案例分析
	伦理性参与体验	社区服务与社会实践	伦理义务、服务、技能、体验社会	参与、体验、责任承担	热情投入、责任、义务感、感受他人	

---

① 朱小蔓、其东:《面对挑战:学校道德教育的调整与革新》,《教育研究》2005 年第 3 期,第 3—12 页。

第五章　基于科技功能的德育环境变革

　　人类的教育活动要受到个体先天遗传和后天社会环境的影响和制约。学校德育是一项社会系统工程,它在很大程度上受制于社会教育环境。德育活动也是一个引领和促进学生不断社会化的过程,它首先要适应特定的时代精神和文化,然后才可能孕育出新的时代品质和风尚。"很多初等学校在发展反省态度方面表现得如此无能,原因之一是儿童进入学校生活时,突然在儿童的生活中形成了一个裂口,儿童的学校生活经验同那些渗透了社会价值和社会性质的经验间出现了一条裂缝。因为学校是孤立自存的,因而,学校教育也便具有专门的性质;因为学校生活同儿童的早期经验之间没有共同的因素,所以,儿童的思维便不能发挥作用。"[①]人的本质属性表现为存在的社会性和交往性,因此人的道德经验和道德思维不可能脱离具体的社会生活情境而得到发展。学校德育的目标是培养和塑造与社会发展相适应,并且具有自我个性特征的道德践行者。科技已经成为当今时代人类生产和生活最重要的载体和表征方式,它正在影响和改变着我们周围的一切。科技对人类生活世界的改造,不但表现在物质生产能力上,而且表现在精神气质上,它已经演变为注解我们时代生活和心理意识的代名词。"现代媒体的发展,为精神文化传播提供庞大、高效的运作系统。它一方面使精神文化彻底环境化,将文化对人的本质建构功能发挥到最大化。社会公众的道德、理性,将以前所未有的速度得到建构、解构和重构,人的本质的变化呈加速

---

　　① 　约翰·杜威:《我们怎样思维·经验与教育》,姜文闵译,人民教育出版社 2005 年版,第 64 页。

度之势,文化对于人的存在与发展的本体性充分体现。"①在一个科技发展不断功用化、商品化的时代,伴随着实用精神和效率思维的日益膨胀,人文精神和自由理想的逐渐式微,如何重建学校的精神家园和德育的生态环境,就成为一个迫切需要我们思考和解决的问题。

第一节　走向学习型系统的德育环境

在传统的农业社会和初期的工业社会里,德育实践基本上是在一种相对静态封闭的环境中由社会共同体来协同完成,德育活动本身秉承的是社会性的价值认同与道德伦理的外在熏陶和自我体悟。德育环境的时空序列和布局基本上是自组织性质的,这种环境是日常生活世界的一部分,它和道德主体的内在心理世界具有相似的元素构成。马克·波斯特(Mark Poster)认为,每个时代所采用的符号交换形式都包含着意义的内部结构和外部结构,以及意义的手段和关系。人类社会的信息方式经历了三个阶段:面对面的口头媒介的交换;印刷的书与媒介的交换;以及电子媒介的交换。第一阶段的特点是符号的互应,第二阶段的特点是意符的再现,第三阶段的特点是信息的模拟。在第一阶段,自我由于被包嵌在面对面关系的总体性之中,因而被构成为语言交流中的一个位置。在第二阶段,自我被构建成一个行为者,处于理性/想象的自律性的中心。在第三阶段,持续的不稳定性使自我去中心化、分散化和多元化。② 不同的信息方式实际上与不同的生产方式相适应,中国当代社会的发展也是一个信息交往方式变革的历程,前面三种信息方式贯穿在这一历程中,它们共同构成了转型时期学校德育的生态环境。每一种信息交往方式中都有其特定的学习和认知模式,衍生出形态各异的教育环境。"传统的组织形式将被新个人主义所取代,新的组织形式就是在这一自我重建感和道德的自我重塑感的基础上建立起来的。"③

一、大众传媒对德育环境的影响

对于学校教育来说,学生在校所获得的教育主要有两种形式:一是直接

---

① 魏则胜:《道德建设的文化机制研究》,广东人民出版社 2005 年版,第 174 页。

② 马克·波斯特:《信息方式》,范静哗译,商务印书馆 2000 年版,第 13 页。

③ 凯文·罗宾斯、弗兰克·韦伯斯特:《技术文化的时代》,何朝阳、王希华译,安徽科学技术出版社 2004 年版,第 207 页。

获得的显性教育,大部分来自课堂教学;二是间接获得的隐性教育,大部分来自课外活动和校园环境。学校德育是一项综合性的实践活动,学生的道德成长大都是基于环境和交往的熏染,学生德性的生成是一个逐渐启发深入的过程。由于受应试教育文化的长期影响,我们的学校德育相应地被知性化,虽然学校教育环境和整个社会的育人环境在硬件上不断得到改善,但是在德育环境的软件和观念层面上却未取得实质性的突破。在前现代社会,人类主要靠口语和书写来进行信息交流,现代社会经历了报纸、广播、电视和网络四种媒介,与之相伴随的信息传播方式分别是印刷传播、电子传播和互动传播。每一种信息传播方式都对人类的教育环境产生深刻的影响。当代大众传播媒介的德育功能主要表现在以下几个方面:一是通过提供、改组和重构"道德认知结构",影响青少年的人生态度、道德观念和行为方式;二是通过形成社会舆论,强化和改变青少年的思想品德;三是影响青少年的审美意识,触发他们的情感体验,使他们获得精神上的愉悦和满足。① 师生在不同的媒介环境下获得的道德体验和认知是不同的,媒介打破了校园和社会之间既有的围墙,使得德育活动的环境更加开放透明。

(一)媒介与德育环境关系的理论分析

媒介作为一种社会信息的交流工具和传播系统,它具有各种各样的作用和功能,例如宣传教育、道德引导、舆论监督等等。当今世界,媒介对于社会生活的渗透可以说是无孔不入,生活世界无时无刻不受到媒介的影响和操控。虽然媒介有助于增进人与人之间的了解,但是它在揭露丑恶和传递真善美的同时,也编造了许多虚假的信息。因此,媒介已经成为社会环境最为重要的载体,媒介环境不但是信息交流和行为取向的物质存在,而且是本体论意义上的情境化的意识存在。媒介环境相关于几乎所有的社会内容,它与教育活动的关系尤为密切。麦克卢汉认为"媒介即讯息",波斯曼认为"媒介即隐喻"。可以说一切媒介都有自己的某些价值偏向,它们隐含着认识、理解、宣泄和感染。当代中国学校德育环境的形成,在学校内部主要还是基于印刷媒介,在学校外部则基于电子媒介,这种德育媒介环境内在的二元化及其相互之间的冲突,对于德育活动的实效性和德育环境的建设构成了很大的挑战。"电子传播瞬间即达和非连续的性质意味着这样的后果:政治实体不再以集中化的官僚

---

① 郭娅玲:《试析大众传播媒介的德育功能》,《现代教育论丛》1998 年第 1 期,第 24—28 页。

体制运作,不再从中心向边缘投射权力。有了电力网络状的存在之后,任何边缘都可以自成中心,我们生活在一个没有边缘的世界里,其隐含的后果深深影响着印刷媒介养成的制度。"①转型时期学校德育的内涵及其环境构成,很大程度上依然延续着传统口语和书面传播环境下的习惯做法,电子媒介环境的兴起不断消解和侵蚀着印刷媒介环境下的德育基础。

　　我国社会经济发展的不平衡状态以及地区之间文化风俗上的差异,决定了媒介发展水平的参差不齐和媒介环境的多样化分布结构。许多中西部农村地区及经济比较落后的边远地区,仍然延续着传统农业社会的生产和生活方式,媒介环境相对简单,学校德育环境也比较单纯,成人的言传身教往往对于德育环境有很大影响,学生在较为主动的体悟过程中来养成各种道德习惯。在经济比较发达的东部地区和大中城市,各种电子媒介是影响德育环境的主要因素。在电子媒介环境下学生的道德心理虽然得到了一定程度的释放和拓展,但是却出现了对于媒介环境的过度依赖,这样不利于学生良好道德人格的形成。媒介是人体的延伸,它在传递信息的同时,也在传递着特定的价值观念。"美国社会学家大卫·李斯曼根据人们的行为是顺从传统、自我还是他人,划分了三种不同类型的性格:传统导向型、自我导向型和他人导向型,分别对应传统社会、现代工业社会和后现代社会,塑造出这三种性格类型的代理机构分别是:家庭及周围的氏族;家长、教师和书本;同龄群体和大众传媒。"②媒介对德育环境的影响,主要与两个因素有关:一是媒介环境本身的价值品性和精神状况;二是受众群体的身心发育特点。当代媒介环境普遍趋于商业化、娱乐化,它的工具理性日益膨胀,学生的内心世界产生异化、叛逆和单面性,这些都不利于在德育环境中营造积极向上的精神氛围。"从社会心理层面上看,经济改革的市场化走向的一个必然结果是大众消费热情的膨胀,欲望、快感、交流成为个人生活和心理的惟一价值坐标。在人和社会的行为准则失序、社会没有秩序重心的状态下,人们陷入一个普遍性的自恋循环。爱自己和寻求别人对自己的确认,是现代人心理的深层动机,这暴露出现代人的敏感性和脆弱性。""20世纪90年代以来,受众本身作为传播主体越来越多地介入传媒表述。从欣赏性转向参与性,从目的性转向过程性,成为当代视听媒介文化的特点。利用现代信息手段的远距离传播,助长和培育了一种非大众化的主体性的传播交换能力和文

---

① 　林文刚编:《媒介环境学》,何道宽译,北京大学出版社2007年版,第149页。

② 　樊葵:《媒介崇拜论》,中国传媒大学出版社2008年版,第26页。

化适应能力,因为受众以个体方式参与而产生的媒介走向个人化,带来了更多个体选择的可能,从而扩大了媒介的社会整合能力,个人有更多的机会来从社会性的角度认识自己,在媒介中寻找他的期待和欲望,甚至把自己变成明星。受众的参与是直接扮演自己所想象的社会角色,从大众媒介的仪式性形象表演中得到一种替代性满足。参与是塑造形象,自我的媒介形象成为人们探索自身、满足自恋的一种媒介化方式。"①在当代的媒介社会里,德育活动中老师、学生和家长的身份、地位和作用发生了深刻的变化,媒介环境的价值导向趋于多元化,具有了更大的复杂性和不稳定性,这对于德育环境造成了很大的冲击和挑战。媒介环境对现实生活世界并不是简单的复写和反映,媒介信息的快餐化、便捷化和简单化削弱了日常德育环境的育德功能。在当代学校德育中,人们所热烈讨论的"70后"、"80后"和"90后"学生之间在自我道德认知上的差异,与各自时代的媒介环境及其精神文化取向有着密切的联系。媒介社会的兴起和媒介环境的充分发展,使传统的校园环境、社会环境和家庭环境都出现了潜在的危机,但是其革命性的意义却在于德育环境开始从控制型和封闭型向引导型、服务型和学习型发生转变。

　　媒介对德育环境的影响还有一个特别值得关注的方面就是媒介伦理和文化。媒介伦理和文化直接决定着媒介环境的价值舆论导向,对于良好德育环境的形成具有重要的现实意义。客观、公正一直是现代媒介伦理所遵循的原则,但是在现实的社会生活中,由于受到经济、政治和文化等多种因素的影响,媒介环境中的商业气息、民族主义情绪、失实报道、恶意炒作等现象已经非常普遍。在各种利益的驱使下,现今的媒介为了追求宣传效果,吸引人们的眼球,提高收视率和点击率,越来越低俗化和媚俗化,充斥着大量对于少年儿童成长不利的暴力场面和色情信息。因此,媒介的社会责任感和道德意识有待于加强和提高。我们还处在社会转型期,媒介环境和媒体从业者的职业操守还处于一个初步发展的阶段,这也就意味着学校德育环境的建设将是一个长期持续的过程。媒介已经成为推动全球一体化的重要纽带,媒介伦理和文化对于我国德育环境的效应,不光局限于国内,它也与世界范围内的媒介环境有关。战争、自杀式恐怖袭击、校园枪击等场面经常出现在各国的媒体上,这些信息在媒体的推动下会立刻升温,跨越国境。2007年4月16日,美国弗吉尼亚理工大学发生了一起恶性校园枪击案,造

---

　　① 周灿华:《媒介环境对受众心理影响的解读》,《现代视听》2007年第9期,第28—30页。

成 33 人死亡,枪手本人饮弹自尽。在没弄清事实真相的前提下,有媒体仅凭警方初步公布的疑犯信息,即疑犯是一名亚裔青年,而武断地认为枪手是一名中国青年。然而 17 日,警方却透露枪击案疑犯为 23 岁的韩国学生赵承熙。当代的影视剧也都是跨越国界的,它们所携带和传播的各种异质文化信息和价值观念对于我们的德育环境也产生了很大的影响。好莱坞的电影、日本的动画片、韩国的青春偶像剧自改革开放以来陆续进入中国,受到我国青少年的青睐和狂热追捧。因此,全球性的媒介文化对于转型时期的德育环境也造成了相当大的冲击。"媒介更加全球化的趋向也使得我们介入原本跟我们居住的社区无关的道德和伦理问题。"①

（二）媒介与德育环境关系的实践探索

有一项调查研究表明:"当前中国媒介对个人观念现代化的作用,仅次于教育。"②媒介在推动当代中国现代化的过程中发挥着重要的作用。媒介技术体现了科技发展的许多新动向,媒介文化促进了社会文化从神圣精英叙事向大众通俗叙事的转型。媒介对社会事务的渗透和影响,其中很大一部分是与媒介对教育事业的介入紧密相连。现代媒介的飞速发展降低了教育活动的知识门槛,有利于教育事业的大众化、普及化和日常化,加速了教育内容和观念的更新。因此,在社会实践层面上,媒介与教育有着更为紧密的联系。对青少年德育来说,大众传媒主要有以下几个方面的作用:第一,构成学校德育的价值环境;第二,参与塑造学校德育对象;第三,直接影响学校德育的诸多环节。③ 就我国媒介发展与德育环境的总体关系来看,书刊、报纸、广播、电视、互联网和手机无疑是影响当代德育环境的主要媒介,它们各自都具有很强的时代性和社会性。下面我们就以电视和网络为例来探讨媒介对德育环境的现实影响。

1. 电视对德育环境的影响

改革开放以来,电视在我国的发展速度可谓惊人。从很小的黑白电视机到大彩电,再到等离子电视机,由卫星电视到有线电视,再到数字电视,短

① 尼克·史蒂文森:《媒介的转型——全球化、道德和伦理》,顾宜凡等译,北京大学出版社 2006 年版,第 5 页。

② 张国良、刘红、徐晖明:《当代中国大众媒介与社会发展》,《今传媒》2006 年第 10 期,第 7—9 页。

③ 檀传宝等:《大众传媒的价值影响与青少年德育》,福建教育出版社 2005 年版,第 155 页。

短 30 多年时间,电视已几乎进入了每一个寻常百姓的家里,看电视也成为数以亿计的普通人日常生活中的重要内容。因此可以这样说,当代中国的社会发展史就是一段电视社会发展史。电视对社会生活的全面影响使得它在德育环境的建设中具有举足轻重的作用。在家庭生活中,孩子们放学回家经常做的第一件事情就是打开电视,观看他们喜欢的节目,并从中接受教育、认识社会和感受人生,电视文化环境是他们建构自我心灵世界的重要依托。"课程是一种特别的信息系统,其目的是要影响、教育、训练或培养年轻人的思想和性格。电视正可以起到这样的作用,而且可以做到持之以恒。通过发挥这样的作用,电视成功地战胜了学校里的课程,甚至几乎消灭了学校里的课程。"①电视所具有的数字图像革命性地改变了传统学校教育的环境,它使教育实践中延续了千百年的通过口语和印刷文本所维系的教学活动受到很大的冲击,教育也从"读文时代"进入到"读图时代"。电视对教育及其环境影响的直接后果就是人类学习方式的改变。在口传文化和印刷文化时代,德育环境基本上封闭自足,训诫控制;在声像视图文化时代,德育环境的发展趋势更加开放透明。电视有各种各样的社会作用和功能,它对德育环境的变革既是直接性的,也是间接性的。有研究者将电视的社会用途分为结构用途和关系用途,两种用途又可以分为不同的性质和种类,具体情况参见表 5-1②。

表 5-1　电视的社会用途

结构	
环境性的	背景噪音;陪伴;娱乐
规定性的	守时和活动;谈话模式

关系	
交际辅助	经验例证;共同基础;交谈导入;焦虑减少;谈话安排;价值澄清
联系或回避	身体、文字接触或疏忽;家庭团结;家庭松散;冲突削减;关系维持
社会学习	做决定,规范行为;解决问题;价值传播;合法;消息传播;替代学校教育
能力或优势	角色扮演;角色强化;替代角色刻画;智力确认;权力行使,守门;辩论辅助

---

① 尼尔·波兹曼:《娱乐至死》,章艳译,广西师范大学出版社 2004 年版,第 190 页。
② 尼古拉斯·阿伯克龙比:《电视与社会》,张永喜等译,南京大学出版社 2002 年版,第 203 页。

电视通过大量的广告、娱乐节目来对受众进行视听觉方面的刺激。广大青少年在自己的世界观、人生观和价值观尚未完全形成的时候，电视在很大程度上充当了教育者的角色，少年儿童通过观看电视内容中的画面和故事情节，在被动的教育环境下来实现着自我的社会化。电视文化哺育了当代中国两三代人的成长，总体来说，它对德育环境的影响，既有积极性的一面，又有消极性的一面。在日常的生活情境中，我们见到最多的场景就是孩子们如痴如醉地收看电视节目。假期里他们可以足不出户，一天都待在家里看电视，平日里也会在学习、活动和看电视之间进行艰难的选择。长期暴露在电视环境下，不仅对青少年的视力和身体健康产生了许多不良的影响，而且对他们的心理健康造成了一些负面的影响。电视环境使学生与他人之间进行情感交流和互动的机会减少，他们获取知识和道德经验的生活基础日益荒芜，读写能力和良好身心素质的形成受到一定程度的阻碍。在大众传播理论研究中经常涉及三个"现实"之间的复杂关系，即客观存在的社会现实，媒介所反映的"符号现实"，以及传播受众主观理解和阐释的"观念现实"。涵化研究是美国宾州大学著名教授格伯纳（Gerbner）和他的合作者们自 1969 年开始实施的名为"文化指标"的大型研究项目的核心部分。涵化理论的中心内容可表述为：（1）电视观众有关社会现实的观念更接近于电视所表述的符号现实，而并非客观现实。电视反映了占主导地位的文化和社会价值观念；（2）这种倾向在收看电视时间多的人中间要比在收看电视时间较少的人中间更为明显。从以上看似公理的论述可以进一步具体推测：人们看电视的时间越多，他们对社会现实的观念就越能反映他们所看的电视内容。① 涵化理论在传播理论研究中具有重要的地位，它改变了以往人们对于电视社会影响研究中简单的"刺激—反映"心理取向模式，更加凸显了电视媒介环境的文化性、情境性、认知性、学习性和建构性等特征。涵化理论从深层意义上向我们揭示了电视文化环境与德育环境之间存在的紧密联系，这种联系是一种相对长时间取向上二者之间相关性的表现。在一项关于电视对青少年影响的问卷调查中，研究者分别设计了相关的问题（以电视从积极立场对暴力事件的报道和电视以中立立场对广告的播放为例），结果显示（见表 5-2），青少年在对问题的判断上不同程度地受到电视传媒的影响，并且电视传媒的

---

① 郭中实：《涵化理论：电视世界真的影响深远吗？》，《新闻与传播研究》1997 年第 2 期，第 58—64 页。

立场决定着电视环境对青少年影响的性质及程度。[①] 因此,电视文化自身所蕴含的态度、情感和价值取向对德育环境的形成产生着重要的影响,这种影响可以进一步作用于学生的道德认知、道德情感和道德体验。

表 5-2 　电视传媒立场的不同对青少年造成的不同影响(%)

内容 \ 人群 \ 影响	积极		消极	
	暴力(积极立场)	广告(中立立场)	暴力(积极立场)	广告(中立立场)
学生	74.4	＊	11.0	64.9
家长	75.7	＊	＊	5.7
教师	50.0	＊	29.5	10.1

注:＊表示在问卷中没涉猎相关问题。

前面我们是从时间和具体情境隐喻的角度分析了电视对德育环境的影响,这种分析主要涉及的是电视环境在过程意义上的教育价值。电视对德育环境影响的另外一个重要方面就是电视节目内容的价值特征,这点也是我们最容易在日常电视环境下能够感受到的。例如广告内容的不同表现方式对青少年的消费兴趣、心理认知和行为习惯有着不同的影响,电视动画片中和连续剧里不同的人物造型对青少年有不同的吸引力和感染力。美国心理学家格伯及其同事(Gerber,et al.,1969—1980)从 20 世纪 60 年代中期开始系统地收集、分析电视中的暴力问题。在研究中,他们设计了一种电视暴力指标:一项对电视暴力的标准化测量。这一指标包括三个方面的内容,即普遍性(Prevalence)、速率(Rate)和角色(Role)。普遍性是指暴力在节目中出现的程度;速率是指暴力情节出现的频率;角色则是施暴者、牺牲者或二者兼有的人数。这三方面的数据以一种累加的形式构成一个方程:$VI = (\%P) + (2R/P) + (2R/H) + (\%V) + (\%K)$。其中,VI 为暴力指标,%P 为含有暴力内容节目的百分数,R/P 为每个节目时间内暴力事件的出现频率,R/H 为每小时内暴力事件的出现频率,%V 为任何暴力行动中涉及的角色所占的百分数,%K 为被杀死的角色所占的百分数。使用这一指标就可以

---

① 檀传宝等:《大众传媒的价值影响与青少年德育》,福建教育出版社 2005 年版,第66—67 页。

行之有效地评价某一段时间内电视节目中的暴力量。① 血腥的暴力和打斗场面的呈现对于青少年造成的负面影响经常是电视环境遭受社会批评的重要原因。在通常情况下,电视内容构成了广大青少年模仿和学习的直接对象,这种模仿和学习具有一种准社会交往的性质,它们对孩子的心理发育和品格形成具有很大的导向作用。在以电视媒介为基础的德育环境中,同样的电视内容对于拥有不同成长背景的学生所产生的教育意义存在着一定的差别。著名学者费什(Fisch)提出的容量模式(Capacity Model)认为:每个人的大脑中都有专门进行记忆和理解的工作区。这是一个容量有限的区域,所能处理信息的数量和复杂程度都受到一定的限制。容量模式说明了"乐"与"教"之间的紧密联系。儿童在观看电视教育节目的过程中,要同时理解教育内容和故事情节,大脑处理的信息要多于观看纯娱乐性节目。此时,如果教育内容和故事情节有着紧密的内在联系,不需要占据儿童观众大脑"工作区"内过多的空间,故事就能起到帮助孩子理解教育内容的作用。但如果故事情节和教育内容没有必然联系,两者就会在儿童观众大脑"工作区"内"争地盘",占上风的往往是故事情节。因为比起教育内容,故事更容易被儿童理解。这样故事为教育内容服务的愿望就落空了。② 因此,电视内容在促进德育环境的发展过程中,要融知识性、娱乐性和教育性于一体,这样才可能适应孩子身心发展的需要。根据科尔伯格的道德发展的三水平六阶段理论,儿童基本上处于道德发展的前习俗水平,此时他们的个人行为遵从外在的规范,之所以遵守规范很大程度上是为了躲避惩罚。所以电视节目应该通过丰富的内容组合和多种喜闻乐见的形式为儿童树立正面积极的榜样形象,鼓励和引导他们养成良好的个人行为和生活习惯。要形成比较好的电视教育环境,成熟的做法就是要对儿童电视节目进行分类和专门化处理,并且对整个电视环境在播放时段上进行有效的管理和调控。美国著名儿童电视节目《芝麻街》在1969年开播之初就特别注意对于儿童在价值观和品德方面的教育,这一时期美国国内爆发了轰轰烈烈的反越战运动和民权运动,《芝麻街》却为孩子们的成长提供了一个避风的港湾,在《芝麻街》里,孩子们看到的是属于自己的蓝天白云,感受到的是五彩斑斓、幸福和谐的生活乐章。③

---

① 张令振:《电视对儿童侵犯性行为的影响》,《中国广播电视学刊》1994年第3期,第105—109页。

② 沈捷:《成长良师与贴心玩伴的角色融合》,《视听界》2007年第1期,第86—89页。

③ 梁盛:《快乐的〈芝麻街〉》,《视听界》2006年第1期,第78—79页。

电视使当代中国青少年的生活世界发生了很大的变化,电视文化改变了德育环境的时空布局,促使德育环境的构成从多向度的异质生活向单维度的同质生活发生转移。这种转移同当代中国社会发展的现代化精神脉络和价值基频相一致。从社会文化发展的角度来看,电视文化选择和塑造了崭新的德育环境,它造成了德育环境的成人化倾向,缩短了传统德育环境中隐含的成人与未成年人之间在道德认知上的差距。电视带给德育环境的变革,我们很难简单地用好或坏来给出一个定性的结论。"实际上,电视受到相当多的批评,有些批评并没有证实,有些甚至是荒唐的。"①当电视已经成为我们日常生活和教育实践的重要组成部分时,它带给德育环境的既是挑战,又是机遇。

2. 网络对德育环境的影响

互联网在世纪之交的迅速崛起使之成为继报纸、广播和电视之后的第四媒介,网络对于当今社会生活的影响无疑是革命性的,它带给我们的是信息社会和知识经济的到来。网络时代生产方式和交往方式的变革促使学校教育和德育环境发生着天翻地覆的变化,社会整体的知识观、教育观、人才观和价值观都不断得到更新。在当代中国社会的发展进程中,电视和网络一前一后出现,成为"科学技术是第一生产力"在神州大地的生动写照。这种"生产力",不但是经济的、物质的,而且是精神的、文化的。2008 年 7 月 24 日,中国互联网络信息中心(CNNIC)在北京发布《第 22 次中国互联网络发展状况统计报告》。报告显示,截至 2008 年 6 月底,中国网民数量达到了 2.53 亿,首次大幅度超过美国,跃居世界第一位。尽管如此,中国互联网普及率只有 19.1%,仍然低于全球平均水平(21.1%)。报告还显示,我国网民结构与人口结构日渐趋近,互联网主流媒体地位凸显,互联网深层次应用规模提速。② 另据中国互联网络信息中心 2008 年 3 月公布的《2007 年中国青少年上网行为研究报告》显示,截至 2007 年底,我国 25 岁以下的青少年网民数量已经达到 1.07 亿,网吧成为青少年的重要去处,玩网络游戏的青少年网民比例高达 73.7%,青少年网民中近三成有网瘾倾向,通过网络进行交友、聊天、娱乐、购物等已经成为青少年的普遍行为取向,青少年使用手机上

---

① 保罗·莱文森:《思想无羁——技术时代的认识论》,何道宽译,南京大学出版社 2003 年版,第 180 页。

② http://www.cnnic.net.cn/uploadfiles/pdf/2008/7/23/170516.pdf。

网的比例已经超过三成。① 与其他媒介相比,网络在信息传输和资源利用上具有超强的快捷性、参与性、交互性与整合性。网络实现了双向去中心化的交流,它更加贴近和符合个性化生活的需要,并且正在更深层次上影响和改变着青少年的生存状况和教育环境。在网络条件下,传统的德育环境被重新定义,学生借助于网络可以了解和获得更多的个人需要的知识和信息,在这一过程中,老师、父母和长辈的知识垄断和道德权威的地位受到极大的挑战。与此同时,整个学校教育在网络的影响下,也正在经历着一场前所未有的变革。网络社会的德育环境从实体走向虚拟,从封闭走向开放,从显性走向隐性。正是因为网络具有如此之强的渗透性和影响力,人们也才将其称之为新媒介,意味着它与传统媒介之间有些很大的区别。"人类之所以制造工具是为了模仿其自身的功能。人类对身体的机器复制过程已经到达这一时刻:人类正在以电脑和一般意义上的电子媒介交流系统对人脑进行一点一点的复制。"②

　　网络对于德育环境的影响首先表现在学习方式的转变,从注重学习内容到放眼学习过程,从强调学习效果到关注学习目的、动机和能力。网络在线学习具有很大的趣味性,它对学生具有很强的吸引力,使学生真正体验到学习和探索中的快乐。学生的学习不再是一种简单的课堂中心、教材中心和老师中心的行为,它随时随地都可能发生。学生借助于网络使各种信息不断地流向自己,这进而改变了知识的传播方式和路径选择。互联网可以促使学生更加积极主动地与他人进行交流,激发他们的自我能动性。网络环境下的道德学习与前述一般意义上的知识获取具有同样的发生学原理,二者都具有很强的自主性和建构性。因此,网络时代的德育环境在时空结构上更加分散化和微观化。网络世界信息的丰富性和多样性一方面刺激了学生的道德意识,满足了学生道德心理的需要,但由于网络信息自身的碎片性和混杂性,造成了网络德育环境下学生的道德学习很不充分,德育效果良莠不齐。网络德育环境开拓了学生的道德视野,减轻了学生背负的沉重道德包袱,有利于德育活动以灵活多变的方式来进行。网络使德育环境更加民主、开放和平等,很好地调动了学生的参与性,因而在一定程度上发展了他们的道德主体性。我们也要看到,网络德育环境在突出学生个性化道德学习的同时,更应该强调网络对于德育环境的整合作用,大力营造出德育环

---

　　① http://www.cnnic.net.cn/uploadfiles/pdf/2008/4/25/172050.pdf.

　　② 马克・波斯特:《第二媒介时代》,范静哗译,南京大学出版社 2005 年版,第 139 页。

境的人文特色、合作精神和育人氛围,尽量避免学生在网络环境下固步自封,沉迷于虚幻的网络世界。网络德育环境实质上是一个道德学习共同体,它依然反映的是人与人之间的社会伦理关系,而不是"人—机"之间的关系。以网络为基础的德育环境不单要实现自我主体意义上的道德知识建构,它同时也预示着群体性和社区性的道德协商和交流机制的可能。

　　网络传媒赋予了信息更快的流动性和价值不确定性,由于青少年自身的道德心理尚未成熟,这样他们很容易在网络环境中迷失自我,产生情绪上的波动,经常有彷徨、躁动的内心情感体验。1972 年,传播学者麦库姆斯和唐纳德·肖在《大众媒介的议程设定功能》一文中正式提出了媒介的议程设定功能。他们认为"大众传播媒介具有一种为公众设定'议事日程'的功能,传媒的新闻报道和信息传达活动以赋予各种'议题'不同程度的显著性的方式,影响着人们对周围世界中的'大事'及其重要性的判断"①。网络上流传着各种形形色色的信息和内容,往往为了吸引人们的眼球,制造舆论热点效应,一些事实信息和采访报道经常被人为地篡改和加工。

　　2007 年 9 月,疯狂英语创始人李阳受包头中学邀请,前往该校进行英语讲学。在 9 月 4 日当天,由于参加培训的学生人数较多,根据校方安排,所有学员在操场席地而坐。李阳当天做关于英语学习方法的报告,和以往的报告一样,李阳询问了学生们对英语学习的看法和现状。绝大多数的同学都表现出讨厌学习英语,认为单词难背,语法学不懂,作文不会写……李阳给学生们介绍了疯狂英语学习法,并告诉学生一定要大量阅读,疯狂背诵,善用零碎时间,带着父母的期望和使命感来学习英语。李阳告诉学生们:英语再难也没有父母把你们养大难! 紧接着,李阳就给学生们做了感恩教育,让学生们把父母的无私付出、老师的辛勤耕耘时刻放在心中,怀着感恩的心和责任感上好每一堂课。当时学生们对父母和老师都很感激,很多同学也都哭了。学生们的悟性和表现令李阳本人也非常感动。看到这个场面,李阳建议学生们向老师和父母表达深深的谢意。当时,大家都坐在地上,因为站起来鞠躬感谢感觉太乱,于是他就建议大家用最古老、最虔诚的方式表示感谢。令现场所有人感动的是,同学们都在急着找自己的老师,然后朝着老师的方向跪地表示感谢。② 李阳于当天在搜狐网站自己的博客里一篇题为

---

　　① 　郭庆光:《传播学教程》,中国人民大学出版社 1999 年版,第 124 页。
　　② 　李阳:《学生跪谢师恩的整个过程》,http://lyce2008. blog. sohu. com/63404893. html,2008-10-04。

《李阳疯狂英语包头基地成立》的文章中，贴出了三张照片，其中就包括那张后来给他招致很多非议的"全体学生跪下给老师们磕头"的照片。搜狐网编辑在博客首页发出了"几百名学生向老师下跪"的标题链接，之后此图片被转载至多个站点及平面媒体。随着多家媒体的转载报道，事情的真相也一再被修改和歪曲，不真实的报道给李阳本人及其广东李阳文化教育发展有限公司带来了极坏的社会影响。①

当网友们在论坛里为此事争吵不断时，李阳在沉默了几天之后，于9月8日在自己的博客里做了回应。在一篇题为《普通的、伟大的、珍贵的一跪》的文章中，李阳表示"没有想到，一张学生感恩老师的普通照片竟然引起了全国如此巨大的轰动"。他声明"是我提议学生给他们的老师跪下感恩的"，因为"追明星不如追名师"。下跪不但表达了学子"对知识和智慧的崇拜和追求，而且表达了对老师和父母辛勤付出的真诚感谢"。在博客里他驳斥了下跪和"奴性"有关的说法。他认为与其"父母跪下求孩子读书，不如孩子跪下自我反省"；与其"老师哀求学生学习，不如孩子感恩老师主动学习"。他强调，这张照片所展现的下跪其实是一种觉醒、一种自新、一种成长、一种真正的站立。因为他们懂得了感恩，懂得了珍惜。这就是我们通过教育给孩子最大的礼物。学生们身体是跪下了，但精神却站立起来了。李阳认为这次大争议也反映了一种现象：从不同的角度看问题，会得出完全不同的结论。他坚信"真理越辩越明"。那么多人参与讨论，这本身就说明了中国的进步。对网友的批评和争议，甚至谩骂，他表示深深的理解。同时他指出新浪修改了自己原文的标题，对这一"吸引眼球"的做法他"深表理解"。②

教师在网络环境中呈现出神圣化和妖魔化两种对立的道德形象，这与我国当前网络权力的重新分配，网络价值取向的商品化，网络影像的"超真实"呈现都有很大的关系。③ 在"李阳照片事件"的整个过程中，网络媒体的炒作是毋庸置疑的，这无疑起到了"议程设定"的作用，对网民造成了一定的"误导"。对事件本身的是非问题可以进行民主的讨论，但是如果网络媒介

---

① 李阳：《就"学生下跪事件"的声明》，http://news.163.com/07/0910/19/3O263ULQ 00011229.html，2008-10-04。

② 《李阳回应数百中学生跪下给疯狂英语老师磕头》，http://news.163.com/07/ 0909/23/3O03UL5100011229.html，2008-10-04。

③ 班建武：《教师媒体道德形象的影响及原因、对策分析》，《教师教育研究》2007年第6期，第28—32页。

不能对最基本的事实进行报道,随意地贴标签,吸引观众的注意力,这本身就是一种不负责任和不道德的行为。强大的舆论暴力不但对事件当事人是一种伤害,而且也不利于形成平等、民主和公正的社会舆论氛围。因此,客观性原则和包容性原则应该成为网络德育环境建设的基本道德底线。青少年由于涉世未深,社会经验少,容易在猎奇心理和本能意识与冲动的驱使下登录各种网站,浏览各种不良信息和图片,观看带有暴力和色情内容的影视剧,沉迷于虚幻的网络游戏和聊天室中。在网络世界里,青少年也经常是各种犯罪分子和不良网站捕捉的主要对象,他们防范心理差,容易轻信陌生人的鼓动和唆使,要么被骗,要么骗人,有的甚至走上违法犯罪的道路。面对五花八门的网络信息,很多孩子不懂得该如何来甄别、评判和选择,处于一种"群盲"和集体无意识的状态,他们经常被淹没在信息的海洋里。学生们有时候为了成名,引起别人的关注,或者为了追逐明星,寻求刺激,将大量的时间和精力花费在网络上,耽误了学业,淡忘了自己身边现实美好的幸福生活。因此,在网络环境中,媒体人其实充当的是某种道德表率者和道德评判者的角色,只有当他们真正地以身作则,树立起良好的道德榜样形象,那些处在隐匿中的观众才可能心悦诚服,也不会轻易偏激,走上人生成长的歧途。

二、现代教育技术对德育环境的影响

(一)当代教育技术定义的伦理道德转向

现代科技的发展,大体上从两个方面对德育环境产生了重要的影响,一个是学校德育的外部媒介环境,另一个是学校德育的内部教育技术环境。要了解现代教育技术对德育环境的影响,一个非常关键的前提就是对"教育技术是什么"这一问题有完整清晰的认识和了解。目前我国教育界还未能就教育技术的定义、构成、价值等许多问题达成一致。究其原因,除了社会变迁和科技发展等客观原因外,一个很重要的主观原因就是人们对于教育技术的本质理解仍然存在较大的分歧。"教育技术是一个外延很广的概念,从远古的口耳之术、近现代的粉笔黑板,直到当代的多媒体、互联网乃至未来的虚拟现实,都属教育技术。教育技术不仅包括硬件设备,也包括硬件的使用方法、技巧、教学经验等精神因素。"[①]"从技术哲学的角度来分析,教育技术的构成要素可由三大类组成,即经验形态的技术、实体形态的技术和知

---

①　甄嗳:《对电化教育概念和本质的新认识》,《电化教育研究》2003 年第 6 期,第 9—12 页。

识形态的技术。"①当前关于教育技术的本质问题,从技术哲学的视角可以归结为三种观点,即工具性的、人类学的和文化构成论的教育技术本质观。②当代技术哲学界对技术本质问题的探讨依然停留在初级阶段,这是造成人们对于教育技术本质进行阅读、理解和阐释而出现不同观点的重要原因之一。一般来讲,认识和看待教育技术可以有两个视角:媒体技术发展的视角和教育自身发展的视角。③教育技术从早期的幻灯、无声电影,到后来的电视、电子计算机,直到当今的互联网和多媒体系统,其发展脉络基本上延续了一种技术主义的主导传统,侧重点是科学技术对教育发展的现实应用和推动。但是最近十来年,由于当代技术发展对于教育活动的强大影响力,教育技术的发展趋向已经开始融入了更多的人文主义色彩,人们普遍期望教育技术表现出更多的"教育性",而不是单纯机械的"工具性",用"教育性"来规范和引领"工具性"。教育技术的这种时代转型,可以从美国教育传播与技术协会 AECT(Association for Educational Communications and Technology)关于教育技术分别在 1994 年和 2005 年所做的两次定义中得到深刻的反映。为了能够明确地区分这两种定义,下面我们将两种定义的英语原文和对应的翻译给出:④

1994 定义的英语原文是"Instructional technology is the theory and practice of design,development,utilization,management,and evaluation of processes and resources for learning"。汉语翻译为"教学技术是关于学习过程与学习资源的设计、开发、利用、管理和评价的理论与实践"。

2005 定义的英语原文是"Educational technology is the study and ethical practice of facilitating learning and improving performance by creating,using,and managing appropriate technological processes and resources"。汉语翻译为"教育技术是通过创造、使用和管理合适的技术性的过程和资源,以促进学习和提高绩效的研究与符合伦理道德的实践"。

从两种定义的比较中我们可以明显地看出,1994 定义强调的是"教学"

---

① 李芒:《关于教育技术的哲学思考》,《教育研究》1998 年第 7 期,第 69—72 页。

② 胡晓玲、万远新:《文化构成论:一种理解教育技术本质的新视角》,《现代远距离教育》2008 年第 1 期,第 16—19 页。

③ 李康:《认识现代教育技术的两种视角》,《电化教育研究》2002 年第 10 期,第 3—6 页。

④ 何克抗:《关于教育技术学逻辑起点的论证与思考》,《电化教育研究》2005 年第 11 期,第 3—19 页。

和"学习过程"中的"技术性策略",着重于技术对学习过程的引领;2005 定义凸显的是"学习过程"中的"技术规范性",偏向于学习过程对技术的要求。"新的定义对伦理道德的理解也不仅仅是知识产权、版权意识等,更重视社会责任感。定义一再强调,从批判性的视角而言,教育技术的专业人士必须质问自己的实践活动,对自身在恰当的、符合伦理道德应用方面要加以关注。"①教育技术横跨教育和技术两大领域,因此其自身就内含着科技与人文的交叉与融合。1994 定义和 2005 定义之间的区别表现的是不同社会发展时期人们在技术观、教育观和学习观上的差异。教育技术的伦理道德转型一方面展现了当代技术哲学领域中的技术建构论、技术实践论和技术价值论的最新发展动向;另一方面则反映了当代学校教育由认知主义向建构主义、由知识向能力素质、由教向学的转变。"围绕着后现代主义的若干理念,教育技术的新定义做出了多方面的调整与发展。这反映了当代教育技术正在经历着一场历史性的具有范式意味的转变,即从现代主义的理性主义,向后现代主义进行转换。在后现代主义观念中,教师的权威和中心不再存在,师生在技术支持下的环境中,共同生活、成长。"②

(二)现代教育技术支持下的道德学习共同体

在前文中我们已经知道,教育技术既包括有形的工具实体,也包括无形的知识和观念。不管是何种形态的教育技术,它都有直接或者间接的德育功能。某校园网在 2005 年 3 月的一次网上调查中,其中有一个题目是:"当你遇到学习上、生活上或感情上的问题(或烦恼)时,你喜欢用何种方式与别人交谈?"给出的四个答案选项分别是面对面、书信、网络和电话,在参与调查的总共 267 名学生中,最后的调查结果分别是 20.3%、6.6%、38.8%、34.3%。③ 我们可以看出选择网络进行交谈的学生比例是最高的。"我国习惯称呼的现代教育技术,是指以现代教育理论、学习理论为基础,基于现代信息技术环境下的教育技术。这里的现代信息技术主要是指计算机技术、多媒体技术、电子通信技术、网络技术、卫星广播电视技术、人工智能技术、

---

① 黎加厚:《2005AECT 教育技术定义:讨论与批判》,《现代远程教育研究》2005 年第 1 期,第 11—16 页。

② 黎加厚:《2005AECT 教育技术定义:讨论与批判》,《现代远程教育研究》2005 年第 1 期,第 11—16 页。

③ 邱文祥、李志坤:《校园网与学校德育整合的实践研究》,《电化教育研究》2006 年第 7 期,第 46—51 页。

虚拟现实仿真技术等。"①现代教育技术具有多种价值,教育价值应该是它的核心价值。教育技术在学校中的应用,实际上是一个创设新的教育环境的过程。学校是一个促进学生德、智、体、美、劳全面发展的地方,教育技术的引入,不是为了控制和监督学生,而是为了更好地实现人与人之间的相互交流和学习,帮助学生和老师共同进步。在教育技术环境中,人只有成为目的,技术才可能充分发挥它最大的育人功效。就教育技术环境的德育作用来看,与一般的技术实践一样,教育技术实践展现的是一种过程伦理实在。"提出'技术实在'就是力图探讨技术的存在论问题,其意义还会影响到我们对技术认识论和价值论的研究。"②由于现代教育长期受到主客二分思维的影响,所以也就形成了客观主义的教育环境论和主观主义的教育环境论。前者以工具理性为基础,强调"教师中心""课堂中心",后者以价值理性为基础,主张"学生中心""活动中心"。在当代,因为受到后现代主义、后结构主义和非理性主义思潮的影响,主观主义教育环境论在对传统客观主义教育环境论的批判过程中难免出现矫枉过正的倾向。但是我们也应该注意到,主观主义教育环境论吸取了客观主义教育环境论的历史经验教训,越来越走向一种基于主体间性的建构主义教育环境论和活动过程论。现代教育技术对于教育环境的意义就在于它能够在过程实在中将两种分裂的教育环境相统一,增进二者之间的融合,从而使学校教育环境成为一个真正的关于知识、道德和文化的学习共同体。现代教育技术不仅仅是一种教育的手段和获取学习资源的工具,它也是一个融入了教育智慧、道德体验、人文关怀和生命意识的环境系统。现代教育技术环境是为了更好地解放老师和学生,对于效率和知识的追求只是它的一部分,在自由、平等和快乐的气氛中让学生学会关爱、分享和尊重才是它的本质精神。

在哲学本体论上,一般技术实在分为三个层次,分别为实体实在、功能实在和技艺实在,并且在"实在性"的强度上是依次递减的。③虽然教育技术实在与一般技术实在具有共通性,但是因为教育技术实在有人的主体参与因素,所以二者还是有很大的不同。一般技术实在是一种"自在实在",它遵

①　佘武:《教育技术——信息时代教与学》,中国科学技术大学出版社 2002 年版,第 5 页。

②　肖峰:《论技术实在》,《哲学研究》2004 年第 3 期,第 72—79 页。

③　肖峰:《从三个层次看技术实在》,《东北大学学报》(社会科学版)2004 年第 3 期,第 157—160 页。

循"物性标准",教育技术实在是一种"自为实在",它依据"人性尺度"。在前文中我们提到,由于现代教育技术的教育价值属性,因此它表征的是一种过程伦理实在。教育技术在其发展历程中由于一直受到科学实证主义和技术决定论的影响,因此其发展历史的"实在形态"也大致经历了由实体实在到功能实在,再到技艺实在,最后转向当代的过程伦理实在。对于教育技术在本体论上的这种理解,也符合马克思主义的历史和逻辑相一致的认识论原则。"从电化教育(视听教育)走向信息化教育,隐含着一个前提的变化,即对媒体的看法和认识发生了改变,由电化教育(视听教育)阶段的单一媒体观走向了信息化教育阶段的环境资源观,这意味着人们在理论和实践上对媒体本质的认识、媒体的使用方式、媒体角色(或作用)、媒体对教学(学习)方式的支持、媒体对教学的影响都产生了改变。"[1]教育技术媒体观的变化,实际上反映的正是教育技术"实在形态"的更迭过程,表 5-3 和表 5-4[2] 向我们具体描述了教育技术媒体观的变化情况。

表 5-3　两种单一媒体观的比较

对媒体的认识 ＼ 两种单一媒体观	传统单一媒体观	现代单一媒体观
本质	教学工具	教师的教学工具,学生的认知工具、能效工具,通信工具
基础理论	传统教学理论	建构主义学习和教学理论
媒体的作用	拟人(导师)拟物(教具)	拟人(导师、学员、学伴、助手)、拟物(教具、学具、情境资源)
支撑的教学环境	以"教"为中心的教学环境	不仅支持以"教"为中心的环境,还支持以"学"为中心的学习环境
支持的教学模式	以"教"为中心的教学模式	"双主"教学模式

---

　　①　余树煜:《从单一媒体观到环境资源观:一个信息化教育隐含前提的变化》,《电化教育研究》2006 年第 4 期,第 7—11 页。

　　②　余树煜:《从单一媒体观到环境资源观:一个信息化教育隐含前提的变化》,《电化教育研究》2006 年第 4 期,第 7—11 页。

表 5-4　单一媒体观与环境资源观的比较

两种媒体观 对媒体的认识	单一媒体观	环境资源观
本质	工具（教学工具、学习工具）	教育教学发生的物质基础和平台
媒体使用方式	单位（组合）	系统、网络
角色/作用	拟人（导师）、拟物（教育）	拟人（导师、学员、学伴、助手）、拟物（教具、学具、情境资源）
对教学（学习）方式的支持	只支持有限的教学方式	不仅支持各种教学方式，更支持各种学习方式
对教育教学的影响	只影响到教学的局部（教学方法）	全方位地影响教育教学

当代科技的发展给传统学校教育带来了革命性的影响，教育技术使教学方式、学习方式、认知方式等正在发生着全面的转型。桑新民教授指出，当前我国教育技术发展过程中主要存在这样几种误区：一是重"电"轻"教"；二是重硬不重软，见物不见人；三是重机不重网；[1]四是重教不重学；五是偏科技轻人文，对现代教育技术发展的前景过于乐观，对可能出现的消极效果和负面影响缺乏较深刻的认识和研究[2]。校园中出现的"人—机"情境只是现实技术生活世界的一个缩影，如何认识、评价和应对这种"人—机"现象对学校教育带来的变革就成为教育研究中的一个重要问题。教育技术的发展和应用使人们日益认识到教育环境中的具体行为与微观语境在人类的学习与认知活动中扮演着核心角色，但是也应该注意防范技术可能导致认知上的蜻蜓点水、走马观花等弱点，以及由于缺乏设计和选择而可能出现的不良信息的泛滥及其潜在危害。[3] 教育技术在具体的教育教学活动中的应用也是一个建构实在的过程，这里的实在既是现实情境的实在，又是心理意识上的实在。传统学校教育的环境封闭、静止且单一，课堂教学基本上以知识灌输为主，这种从知识到能力的迁移具有很大的局限性，它不利于学生创造性

---

① 桑新民：《技术—教育—人的发展》（上），《电化教育研究》1999 年第 2 期，第 3—7 页。

② 桑新民：《技术—教育—人的发展》（下），《电化教育研究》1999 年第 3 期，第 30—32 页。

③ 张建伟、孙燕青编译：《教育技术的心理学研究》，北京师范大学出版社 2003 年版，第 8—18 页。

思维的培养和提高。对于具体的德育活动来说,单纯说教式的并伴随以抽象概念的德育观念,缺乏真实情境的感触和体验的德育教学方式已经很难适应信息时代学校德育发展的要求。现代教育技术为德育提供了更好的教学环境设施,便于学生和老师在互动中进行情感上的交流,在心灵深处产生共鸣。在学校德育活动中,无论是课堂教学、团队活动、主题班会、知识竞赛等都可以借助教育技术来布置和营造良好的德育环境,激发学生的兴趣、陶冶学生的情操。

"中国社会的转型,打破了以往精神共同体与地域共同体合一的传统格局,城市化和现代化进程促使原始共同体逐步解体,现代通信技术、大众传播、交通手段、标准化的公共教育的发展以及居民流动性的增大,市场的不断拓展与无孔不入的渗透,现代社会的一体化与全球化已经是不争的事实,人们的社会交往,社会联系受制于地域的程度越来越弱,人们寻求文化认同和身份归属的精神需要逐渐与地域边界相脱离。以互联网为载体的虚拟世界的迅速发展,追求'共同理解'和'共享观念'的个人不仅在真实世界里趋于分布化,而且也跨越了真实世界和虚拟世界的边界,共同体与其曾经依附的地域不再相关,成为'脱域的共同体'。"[1]学校教育承担着传递民族文化和传统美德的任务,德育活动更是如此。信息时代教育技术的作用和功能的发挥不是简单地借助于先进的技术设备来向学生教授具体的知识和技能,提高教育效能和学习成绩。社会转型时期教育技术应该成为重建学校精神和提升学生道德素质与社会责任感的重要支柱。教育技术支持着校园生活凝聚为一个学习共同体,这种技术环境不但是学习知识的共同体,而且是道德学习的文化共同体。教育技术环境的情景布置和架构不是硬件的机器设备的摆弄,它是我们生活世界和精神世界的双重反映。在教育技术环境中,具体教育内容的选取、呈现方式和传递过程对于学生的个性和品格都有着重要的影响。由教育技术连接起来的道德学习共同体是一个教育活动和生命意义共通的"群落",与传统班级授课情境中习惯于去除学习行为的社会性背景不同,这种教育技术支撑下的道德学习共同体力图恢复和重现德育活动的社会性和情境性,在具体的生活语境中来构筑学校教育的道德风貌,满足社会发展在新的阶段对学校教育的全新要求。

---

① 赵健:《学习共同体——关于学习的社会文化分析》,华东师范大学出版社 2006 年版,第 22 页。

三、以媒介教育为依托的德育环境改造

改革开放以来,中国学校教育的媒介基础正在经历着从印刷媒介向电子媒介的转型。总体来说,以现代印刷媒介为基础而形成的教育观念和理论体系依然主导着当代学校教育的变革路向。电子媒介的发展及其对教育活动的全面影响,要求我们转变传统的德育环境观,并对其进行积极的改造,只有这样学校德育才可能取得更大的进步。"信息市场将改变中小学和大学,以及教育社团的作用。比较明显的效应之一是,对于学校来说的学生市场和对于学生来说的学校市场将同时扩展。"①

（一）当代学校德育环境的虚拟化

校园环境的虚拟化和社会生活的信息化已经成为当代学校德育的主要现实背景,德育活动处在一个日常世俗情境和虚拟现实情境相互交叉的氛围中,德育实践在很大程度上也正在脱离物理时空的限制,迎来一个电子网络化的时代。各种技术在教育中的应用,逐渐改变了学校德育环境的实体存在形态,促使德育环境不断走向虚拟化和数字化,德育环境的这种变化可以在表5-5中得到说明。"虚拟环境是在媒介大众化后由媒介营造的,与现实环境相脱离的人工化的环境。它具有四个特点,即在形成上,是人为创设的环境;在机制上,是媒介重构的结果;在本质上,是一种意见环境;在内容上,与现实环境有距离。在我国当今时代,虚拟环境又具有一些新的特点,虚拟环境不是虚无的,也不完全是虚构的,而是虚幻的。作为环境,虚拟环境的形成机理是对现实环境情境化的过程,其对人的作用机制是二次情境化的过程。"②由网络、媒体和信息技术支撑的虚拟德育环境,使学生的成长和教育过程变得更加复杂多样,具有了更大的随机性和情境性。虚拟德育环境让学生拥有了更多不同于现实教育环境中的身心体验,极大地刺激了他们的各种兴趣,释放了他们的热情。在虚拟环境中,德育活动也成为一个虚拟实践的过程,网络德育正是基于虚拟德育环境而新兴的一种德育形式。随着信息技术和数字多媒体技术的不断发展,虚拟德育环境已经对传统德育环境构成了很大的挑战,它也必将成为学校德育环境的重要组成部分。

---

① 迈克尔·德图佐斯:《未来的社会——信息新世界展望》,周昌忠译,上海译文出版社1998年版,第228页。

② 刘绍庭:《论思想政治教育的虚拟环境》,《理论月刊》2006年第10期,第179—181页。

"互联网的崛起,使虚拟上升到了一个更高的层次,给中国人带来了实现内心自我的新契机。网络的虚拟环境,为人们提供了一个自由表达内心自我的生存平台,在这个平台上,社会禁忌某种程度上大大减少,过去受压抑的东西可以自由表现,这就使人们摆脱了现实社会的种种规定和限制,使本我的能量得到合理的释放。如果能够得到正确引导,这一渠道有可能减轻现实生活给人们带来的心理压力,进而减少自我焦虑和人格障碍的发生。"[①]因此,虚拟环境并非必然会对学校德育造成纯粹负面的影响,只要我们善于利用和充分挖掘各种技术手段潜在的德育功能,并且在德育过程中灵活应用,那么学校德育的实效性将会得到进一步的提高。

表 5-5　实体社会和网络社会的不同特点比较[②]

	实体社会	网络社会
存在形态	实体的	虚拟的
主要资源	物质	信息
人的主体性	单一	多极
交往范围	有限	普遍
主要交往形式	多为面对面的直接交往	数字化交往
交往的自由度	受时空及主体社会地位、社会身份、经济利益、性别、年龄、职业等制约,自由度小	几乎不受时空及主体社会地位、社会身份、经济利益、性别、年龄、职业等制约,自由度大
个性发展	压抑、有限	自由、充分

(二)发挥媒介教育在德育环境建设中的作用

20 世纪 30 年代,电影的普及给社会带来了许多与正统学校教育相冲突的价值观念,一些教师认为大众化的电影所传播的流行文化对青少年有很大的腐蚀作用,因此媒介教育的概念首先在英国出现。后来媒介教育一直沿着文化批判的路线发展,一直对大众媒介文化抱有贬斥的态度。但是到了 20 世纪 90 年代,研究者们认为媒介教育应该具有更为丰富的内容,即媒介教育应该重点培养受教育者理解和认识媒介的能力。经过几十年的发

---

① 徐琳琳、王前:《虚拟自我探悉》,《科学技术与辩证法》2007 年第 4 期,第 63—66 页。
② 刘守旗:《网络德育:21 世纪的德育革命》,《南京师大学报》(社会科学版)2003 年第6 期,第 69—75 页。

展，媒介教育的内涵不断丰富，目前学界对媒介教育还没有一个统一的定义。① 1994 年，卜卫等人的课题组通过实证研究，在《关于我国城市儿童媒介接触与道德发展的研究报告》中得出了四个重要结论：一是儿童的媒介接触与儿童的道德发展显著相关；二是儿童接触不同的媒介种类对其道德观念和行为有不同的影响，其中儿童经常接触印刷媒介对儿童道德发展有显著正影响，经常接触电子声像媒介有显著负影响；三是儿童接触不同的媒介内容对儿童的道德观念和行为有不同的影响，其中，儿童媒介知识性内容的偏好对儿童道德发展有显著正影响，刺激性娱乐内容偏好有显著负影响；四是儿童依赖不同的媒介组合，所受到的影响不同。儿童经常依赖印刷媒介和知识性内容的组合，对他们的道德发展有显著正影响；经常依赖电子声像媒介和刺激性娱乐内容的组合，对他们的道德发展有显著负影响。② 当今社会是一个高度符号化的媒介社会，媒介环境对我们生存和发展的意义越来越重要，人类的物质和文化生产方式也因此发生着剧烈的变化。"在现代社会，大众媒介是社会期待的重要来源。人们从中可学得各种不同组织的行为规范、角色行为、等级和制约。一些稳定的模式让人看到自己该如何与人相处，与同事交往等等，人们学会知道自己被期待做什么。"③ 不同的媒介环境对德育环境和学生的道德发展具有不同的影响。在一项有关大众媒介对青少年价值观的影响研究中，结果发现大众媒介对农村和城镇青少年价值观和品质的影响几乎没有差别。④ 因此，媒介对于德育环境的影响具有差异性、普遍性和同构性。如何促使各种媒介及其内容组合在学校教育和德育活动中发挥更为积极的作用，已经成为当代教育改革和发展过程中的一项紧迫任务。"媒介道德问题是一种特殊形态的道德问题，是媒介技术高度发展所带来的新问题。传媒媒介的主动传播性使它有能力将主流的、集体认同的道德内容和形态通过媒介传递给处于被动地位的受众，受众依赖于这种道德环境方能获取有效信息；而网络的交互主体性则为受众解除了这层

① 卜卫：《论媒介教育的意义、内容和方法》，《现代传播——北京广播学院学报》1997年第 1 期，第 29—33 页。

② 卜卫：《关于我国城市儿童媒介接触与道德发展的研究报告》，《新闻与传播研究》1994 年第 1 期，第 46—57 页。

③ 王政挺：《传播：文化与理解》，人民出版社 1998 年版，第 199 页。

④ 葛进平：《浙江农村青少年大众传媒接触及影响实证研究》，浙江大学出版社 2007年版，第 76 页。

'依赖',受众在网络世界的道德取向完全是自主自觉的。"①

　　从媒介文化对学校德育环境影响的空间分布来看,有校外和校内之分,所以媒介教育也有社会媒介教育和学校媒介教育之分。普通民众和媒体从业者是社会媒介教育的主要对象,学生和老师则是学校媒介教育的主要对象。"我国媒体教育中缺乏最关键的核心部分,就是媒体素质教育和服务于媒体素质教育的媒体研究。"②面对媒介信息及其所传递的各种文化价值观念,学校教育应该用一种批判的眼光和学习的态度,坚持实事求是的立场,通过在学校德育中积极地渗透媒介教育,不断提高师生对于媒体生活的认识和理解,增强他们对于媒体内容的阅读和辨别能力,进而实现德育环境的重建和转型。在利用媒介教育构建良好德育环境的过程中,一方面我们要积极借鉴和学习国外的成功经验;另一方面也应注意到媒介教育的民族性、文化性和时代性特征,努力促使媒介教育与我国当代社会发展和学校教育改革的总体趋势相适应。"与欧美一些国家不同,我们国家的教育体系中还没有正式地设立媒介教育的课程。这种教育的欠缺使得受众很难对媒介违反伦理道德的行为敏锐地发现并进行分析和思考,更无法对媒介内容的负面影响进行有效的抵制了。"③当前我国学校的媒介教育还处于起步阶段,这种态势已经很难应对媒介市场化和商业化过程中对于学校教育环境提出的新挑战和新要求。良好的媒介意识和素养不但是素质教育的重要内容,同时也是信息社会学生各种能力发展的基础和载体。媒介教育对德育环境的支持,主要体现在媒介教育的目标选择和实践过程的价值导向上。在多元文化流行的今天,媒介教育应该在价值取向上满足学校德育环境建设的多种需要,既不能太保守,也不能太庸俗、过分激进和过于前卫。媒介教育的实践方向和目标应该建立在一定的客观条件的基础上,遵循学生身心发展的基本规律,紧扣时代发展的主旋律。只有这样,媒介教育才可能对德育环境的创建起到积极的推动作用。

---

① 王永亮、常昕:《当代传媒面临的媒介素养教育》,《当代传播》2005 年第 1 期,第 73—75 页。

② 吕巧平:《媒介化生存——中国青年媒体素质研究》,中国传媒大学出版社 2007 年版,第 191 页。

③ 初广志、郎劲松、张殿元:《转型期大众传播媒介的伦理道德研究》,首都师范大学出版社 2007 年版,第 191 页。

第二节 迈向文化选择的德育环境

社会文化与教育之间有着密切的联系,教育活动本身就是一种复杂的文化现象,它传递着特定社会的文化观念。在通常情况下,社会文化构成了人类教育实践的某种客体化的背景式图谱。文化的这种"先在性"影响和制约着教育目的的选择,但教育行为也会对文化的发展产生很大的影响。因此,社会文化环境对教育的影响并非是一个单向的过程。"在学校德育与文化核心——价值观的互动过程中,存在一种非意识性关系。其构成包括两个主要的方面:文化对德育的非意识性制约和德育对文化的非意识性选择。前者源于文化无意识在人类心理中的客观存在,后者则是教育活动相对独立性的结果。这种关系的存在对德育与文化双方都具有积极与消极两种性质的影响,因此,德育与文化才能够在互动的平衡中求得不断的发展。"①在现实社会生活中,文化的教育功能和教育的文化功能是相互的,文化指导和调控着教育,教育选择和传播着文化。由于我们一直过于强调社会本位的教育目的和教育的社会服务功能,所以中国学校教育的发展始终受到强大社会文化的影响和牵制,教育活动自身的独立性、能动性和创造性没有得到应有的体现。学校教育的活力源自于通过不断的改革,促进教育的文化更新和知识创新,起到反哺社会文化的作用。"教育改革的目的,如果我们换一种方式来表达,那就是努力创建能够使我们藉着希望的指点而继续前进的系统环境。"②因此,在文化与教育的关系中,如果我们一味强调外部社会文化对于学校教育的决定性,忽略教育系统内部价值体系的建设和新陈代谢能力的提高,那么学校教育的环境氛围将会日益走向僵化和封闭,失去活力和缺乏生命力。"从历史的视野来看,由于文化和教育之间的亲密关系,人在成其为人的艰难历程中,教育对人的影响事实上也就是文化对人的影响。""文化的差异对教育的影响,主要表现在对人心智的孕育、开发和引导,表现在信仰确立、价值关怀和人格塑造方面,表现在人文社会科学的理念、

---

① 崔金赋:《论德育与文化的非意识性关系》,《云南师范大学学报》(哲学社会科学版)1994 年第 5 期,第 50—55 页。

② 迈克·富兰:《变革的力量——透视教育改革》,中央教育科学研究所、加拿大多伦多国际学院译,教育科学出版社 2000 年版,第 290 页。

尺度和方法的选择上。"①

一、作为社会文化存在的德育环境

古有"近朱者赤,近墨者黑"的格言,又有"孟母三迁"的典故,它们都生动地反映了社会文化环境对于个体成长和道德发展的重要性。"每个社会借着其社会组织和育儿风俗,提供了进行学习的环境。许多对于文化和个人的研究,都将注意力集中在怎样去学习这个世界,而不仅是学习哪些东西。这些或多或少标准化的经验就塑造着人格。"②社会文化环境对于个人和群体在教育上起着一种潜移默化的作用。在现实生活中,我们都有这样的感触,自己会在不经意间养成了某种习惯,拥有了某种兴趣,获得了某种刻骨铭心的体验,这些情况的发生通常是由于自己身处某种环境当中而发生的。当代学习理论和教育心理学的研究也普遍认为后天社会文化环境对于个人品格和价值观的形成具有重要的影响。文化环境为受教育者提供了广阔的社会化的现实背景,个体通过想象、移情、自我暗示等心理活动将外在的文化符号信息转换成自我的道德认知、情感体验和行动指南。"科尔伯格的发现证明的不是相对价值观,而是道德发展阶段的文化普遍性。"③科尔伯格认为,学校所教授的"美德袋",即经过事先选择的一系列价值观和性格特质,与文化有着密切的联系,美德词汇的选取遵循一定的文化标准。④ 文化供给着个体道德发展所需要的阳光和水分,它是德育环境所赖以生存的肥沃土壤。

"布迪厄相信,在主观期望和客观机会之间存在着高度相关性。一个孩子教育和职业上的野心和期望在结构上是由父母和其他相关群体的教育经历和文化生活决定的。"⑤这里出现的就是布迪厄所说的与学校教育密切相关的"文化资本"概念,它是指通过不同的社会渠道和部门所传递的知识、文化物件、文化能力和文化趣味等。文化资本代表着教育行动者和参与者的

① 吴松:《教育与文化》,《高等教育研究》2002 年第 6 期,第 16—20 页。

② R. M. 基辛:《文化·社会·个人》,甘华鸣等译,辽宁人民出版社 1988 年版,第 119 页。

③ 约翰·马丁·里奇、约瑟佛·L. 戴维提斯:《道德发展的理论》,姜飞月译,黑龙江人民出版社 2003 年版,第 95 页。

④ 约翰·马丁·里奇、约瑟佛·L. 戴维提斯:《道德发展的理论》,姜飞月译,黑龙江人民出版社 2003 年版,第 97—98 页。

⑤ 薛晓源、曹荣湘主编:《全球化与文化资本》,社会科学文献出版社 2005 年版,第 413 页。

社会地位与身份，它是一种无形的文化符号象征，具有深刻的政治经济学意味。布迪厄将文化资本分为三种存在形态：具体存在形态，指个体在后天环境中接受培养并且内化的修养和学识；客观存在形态，指个体所拥有的文化物品以及对这些物品进行解读编码的能力；体制存在形态，指个体通过教育所获得的文凭、证书、资历和经验。"文化资本并非可以量化的绝对价值，它仅仅在交换中拥有价值，而交换是一种社会较量，如同文化价值判断的较量一样。"①学生所拥有的文化资本直接影响、甚至决定着他们的学业成就、自我评价、性格特征、行为习惯和价值观念等。学校教育社会功能的发挥和教育公平的实现都与文化资本关系密切。"当代中国社会转型为德育型态转变提供了现实的社会根据，德育从政治型向文化型的嬗变是对这种现实诉求的理论理解。从政治型德育到文化型德育，在价值偏向上要从以社会为本向以人为本转变。文化型德育或德育文化视德育为一种文化存在，文化性是德育的本质属性。"②改革开放以来的社会变革，不但是一场物质经济意义上生产力的革命，而且是一个精神文化领域重新分化整合的过程，是一场深刻的社会文化转型，市场经济所鼓动的商品行为和意识无疑成为转型时期最强的社会音符。"市场经济既是一种经济体制，也是一种文化模式和实践活动方式，市场经济的发展过程就是一种新旧文化模式的转换和新旧实践方式的转型。"③学校教育也在很大程度上被抛向了市场，原有的精英化和政治化的德育文化环境被大众性和功利性的德育文化环境所代替。曾经有一段时间，"高等教育产业化""教育产业化"的提法得到了很多人的"共识"。但是在教育改革的实践中人们发现，如果教育成为一种纯粹的商品，走完全的市场化道路，那么其自身的目的追求就会丧失超越性，教育最终也将抛弃它的崇高理想，被现实的社会环境所同化，沦落为世俗文化的附庸。在信息社会里，社会利益和正义的聚焦点开始全面地与知识接轨和融合，教育已变为社会"知识剧目"的总导演。因此，教育的道德和伦理承诺成为不可回避的时代主题。

　　在30多年的社会发展中，我们时刻体会到文化危机的存在。这场危机

①　D. 罗宾斯：《布迪厄"文化资本"观念的本源、早期发展与现状》，李中泽摘译，《国外社会科学》2006年第3期，第36—42页。

②　郭凤志、胡海波：《从政治型到文化型：中国当代德育型态的嬗变路向》，《东北师范大学学报》（哲学社会科学版）2008年第4期，第41—45页。

③　李庆霞：《社会转型中的文化冲突》，黑龙江人民出版社2004年版，第220页。

表现在民族心理上是一种成熟社会价值谱系的缺失,表现在个人心理上是一种价值认同的缺失。文化危机本身并不可怕,它恰当而真实地再现了改革过程之中不同生产实践方式之间的冲突和对抗。这种冲突是"经验主义文化模式与理性主义文化模式的碰撞"①。但是当物质经济利益成为价值尺度的唯一标准时,德育活动就完全处在一片"物质文化"的环境中。在德育环境被"物化"的过程中,它遵从的是市场文化的资本精神,其外围到处弥漫的是"生产—消费—再生产"的文化追求和品味。改革过程中物质生产力的发展引起的社会结构变化造就了利益主体的法人化和多样化,各个阶层之间的分化日益明显,城乡之间、不同地区之间的差距还在扩大。在这种社会大背景下,德育环境无论在宏观、中观还是微观层面都受控于各种"生产资本",具体表现为经济资本、社会资本和文化资本。不同个人和群体所拥有的资本存量成为影响其价值观念的重要参数和指标。刘精明先生在《国家、社会阶层与教育》一书中的研究发现:从1949年到1978年,前述三种资本形式对于个体受教育机会的影响不大。改革开放以来,经济资本、社会资本和文化资本对于个人的受教育情况产生了全面的影响。② 当学校教育的大环境为政治文化所主导时,德育活动主要进行的是阶级意识再生产;当教育环境以市场文化为核心时,德育活动主要进行的是理性意识再生产。当我们从文化视角出发来解读德育环境时,不同社会发展时期的生产实践方式构成了文化环境的中心,学校德育首先是适应并服务于这一文化环境,与其共存,然后才在此基础上进行批判反思和适度改造。"从社会文化环境差异来分析不同社会阶层儿童的学业特征,主要有两种观点:文化剥夺论和文化差异论。前者认为,低社会阶层出身的儿童在学业上受挫的主要原因是文化被剥夺;后者认为,造成低社会阶层出身的儿童学业失败的主要原因是文化差异。"③学校教育被认为是传递社会文化的主要渠道之一,但是学校课程及其教学活动中所呈现的文化该如何选择和评价? 教育实践的文化价值标准又该由谁来掌控? 转型时期学校教育不断受到社会各方面的批评和指责,由于受到社会整体性的急功近利的文化氛围的影响,教育环境的文化建制和价值体系也正在遭遇一场旷日持久的危机。当代社会批判理论认为,学校是在复制和维护一种统治阶级的文化意识,这种文化意识表现在语言、

---

① 李庆霞:《社会转型中的文化冲突》,黑龙江人民出版社2004年版,第221页。

② 刘精明:《国家、社会阶层与教育》,中国人民大学出版社2005年版,第244页。

③ 刘精明等:《转型时期中国社会教育》,辽宁教育出版社2004年版,第180页。

行为、心理、风俗、信仰和价值观等各个方面；学校不但再造着社会主体的权力结构，而且也再造着主流的社会文化观念。在当代中国，阶层的分化、城乡二元制和户籍制度背后所掩盖的文化资源上的差异无疑成为影响个体教育生活特征和学校教育环境的重要社会文化根源。比如当代农民的教育观念和行为受其根深蒂固的社会文化心理的影响，"他们自发地把教育子女有方、子女能考上大学的家庭当作榜样，把文化当作道德的化身，把道德作为人格魅力的表现，把有科学技术者视为农村的骄傲"①。学校教育是促进社会群体的合理流动，实现社会公平和正义的重要推动力量。在教育改革中，社会文化环境的修复和改善是实现教育活动效果的前提条件。如果学校教育没有良好的文化环境的配合和支撑，那么教育实践的社会环境系统将不能获得有效的信息反馈，教育生活将会走向封闭、僵化和教条。

　　20 世纪 80 年代中国社会兴起了一股文化热，它首先发端于人们对于科学技术现代化的讨论，同时它也是对单一的唯政治论主流文化的否定，这场文化热对教育产生了很大的影响。当时文化教育界普遍认为，中国传统文化是以伦理观念和道德原则为中心，重义轻利，重整体轻个体，重和谐轻竞争，重经验直观轻理性论证。这种文化传统属于陆地型文化，具有封闭性和经验性的缺陷，它在一定程度上妨碍了人们接受新鲜事物和进行创新思维的主体能动性的发挥。传统文化的弊端反映在教育领域，就是重传授书本知识，轻创造和发现能力的培养；重共性思维的塑造，轻个性思维的启发。②中国近代以来社会文化发展的主基调基本上是对传统文化持一种消极批判的态度，改革开放初期的文化热实质上也延续了这种文化发展的信念。可以说这直接导致了传统文化在当代学校教育中几乎处于"空场"的情境，学校德育环境的民族文化根源被人为地阻隔，严重时甚至到了快要枯竭的地步。最近十来年，伴随着国学热的升温，新式的私塾有了，央视"百家讲坛"火了，孔子学院遍布世界各地。人们在开始反思我们的现代化不能是单一的物质化和科技化，它应该具有自己的民族性、文化性和精神性。我们的学生痴迷于动辄几十集、上百集的韩剧，迷恋于日本的卡通动漫，钟情于好莱坞的大片，对此人们不禁要问，我们自己的文化创新在哪里？当我们的影视剧整天只有靠古装戏、宫廷戏、武打戏来吸引孩子们那明亮的眼睛时，人们

---

①　刘精明等：《转型时期中国社会教育》，辽宁教育出版社 2004 年版，第 293 页。
②　黄书光、王伦信、袁文辉：《中国基础教育改革的文化使命》，教育科学出版社 2001年版，第 44—49 页。

不禁要问,这就是我们对于自己民族文化的理解、保留和发扬光大吗?这样的问题还可以提出好多,本书在这里无意愤青般地批判和控诉什么,其用意只是想说明在当代教育环境的建设中,我们对于民族传统文化的重视、保留、创新和利用还是远远不够的。因此,正如唐君毅先生所言:"所谓文化教育道德之进步,乃所以改进个人。吾人所谓文化与教育道德对言时,即指文学、艺术、哲学、科学、宗教、政治、经济、法律等。教育者所以传播文化。努力于创造文化之工作,于创造文化之工作中完成其人格,即道德。故广义之文化即包涵教育道德。依吾人之见,一切文化皆同一理性自我之表现,此即其所以为文化。自此而言,一切文化之本源均至善清净,皆可以养人之道德而完成其人格,皆应传递保存,以教育后人者。一切人类文化上之罪恶,皆源于其被人类之私欲所利用,亦即源于人之理性自我之未充量表现。文化之进步,即使理性自我有充量之表现,以去除所谓文化上之罪恶之谓。"①良好的文化环境是教育完成其育人使命最为坚实的社会基础。文化的优劣并不是以其是否促进物质生产力的发展来衡量,而是以它的教育性和道德性来度量的。只有建立在优质文化环境中的教育,才能从真正意义上推动生产实践的全面发展和社会的长久繁荣。所以在社会转型时期,恢复和重构民族传统文化的本来面貌,对于德育环境的建设和整个社会的健康发展至关重要。

二、科技文化是当代德育环境的"意识形态"载体

改革开放以来,依靠科技进步来发展社会生产力,已经成为全社会的广泛共识。在这种大背景下,科学技术对社会文化氛围的影响与日俱增,科技活动与社会文化和教育之间的关系更加密切,科技实践成为社会文教事业发展的重要基础。因此,改革开放的过程同时也是社会文化内涵不断得到丰富和提升的过程。从 20 世纪 70 年代末高考的恢复、"科学的春天"到 80 年代中期广播、电影、电视、印刷出版等行业的全面复兴,再到 1995 年"科教兴国"战略的提出,后至世纪之交信息社会和知识经济的初露端倪,这一系列的社会变迁,无不打上了科学技术的烙印。科学技术与社会生产和文教事业的全面结合,必然确立了科学技术在社会语意空间和精神文化领域中的主导性位置,使其变成了社会日常生活和话语实践过程中占据统治地位的文化价值符号和"意识形态"。"中国正在建设现代化国家,还需要大力发

---

① 　唐君毅:《文化意识与道德理性》,中国社会科学出版社 2005 年版,第 172—173 页。

展以技术理性为基础的现代科学技术,需要继续确立理性主义文化与思维方式。这种后发的现代化建设所造成的时间距离,对我们来说各有利弊。一方面,作为一个科学技术不够发达的国家,我们在世界发展的序列中显然处于'追赶型'国家之列,需要大量引进西方先进的科学技术和管理经验。另一方面,正因为有西方发达国家的前车之鉴,这要求我们在引进和发展西方科学技术时要吸取他们发展技术理性的经验教训,限制技术理性的'单向度'发展,使之与人的价值理性处于一种良性的互动和共存的过程中。应该警惕的是,当下中国的现代化进程中,存在着技术理性过度张扬,用科学技术衡量一切的现象,在科技发展尚未足够的情况下,其在西方社会产生的种种副作用,比如环境生态人口问题以及人文价值的堕落等问题,都逐步显露出来。"①当代科技文化所激发的技术理性与中国传统文化所具有的实用主义精神相叠加,使转型时期的学校德育环境被"形而下"的"器物"精神所主宰。培养学生的科技素养和人文素质是学校教育的重要目标,当代社会文化生活对于科技文化的过于推崇,无形中助长了学校教育对于以培养学生科技素养为主要任务的"智育"活动的畸形偏爱,造成了以培养学生人文素质为主要任务的"德育"活动经常流于形式,人文素质教育的地位也下滑到了谷底。面对科技文化的过度膨胀给学校德育环境带来的消极影响,教育改革必须通过"形而上"的"价值"理念来重塑德育环境。德育环境只有在科技文化与人文意识的共同观照下,才可能帮助学校德育走出现实的困境。

(一)作为一种"文化意识形态"的科学与技术

俞吾金教授认为:"现代科学技术的双重功能表明:一方面,现代科学技术的实践形态属于生产力,属于社会存在的范围;另一方面,现代科学技术的观念的或理论的形态又属于意识形态,属于社会意识的范围。显而易见,当代科学技术的双重功能解构了社会存在与社会意识之间的抽象的对立。"他进一步指出:"科学技术作为'背景意识形态'则构成意识形态整体结构中的隐性层面,并以潜移默化的方式在这一层面上发挥自己的作用。""在当代意识形态中,由于科学技术的实践形态所造成的人化自然和科学技术的观念的或理论的形态所造成的意识形态的合理化已经无孔不入地渗透进整个日常生活中,以至于当代意识形态的功能显得越来越强大,越来越难以抗衡了。事实上,没有一定的理论反思能力,人们就无法识别潜伏在当代意识形

---

① 舒扬:《当代文化的生成机制》,中央编译出版社 2007 年版,第 226—227 页。

态的合理性外衣下的某些负面的价值倾向。"①对于当代科学技术的意识形态特征和功能的开拓性研究是先后由马尔库赛和哈贝马斯来完成的,他们用"意识形态"这一概念细致入微地向我们描述了当代科学技术所具有的广泛的社会政治和文化影响力。哈贝马斯说:"社会的不断'合理化'是同科技进步的制度化联系在一起的。当技术和科学渗透到社会的各种制度从而使各种制度本身发生变化的时候,旧的合法性也就失去了它的效力。指明行为导向的世界观的世俗化和'非神化',即全部文化传统的世俗化和'非神化',是社会活动的'合理性'不断增长的反面。"②科学技术所塑造的理性秩序和文明观念与生活世界的文化传统实质上是相互矛盾的。现代科技的工具理性使其常常表现为各种生产、消费和控制行为,在学校教育中,这种技术理性的规训和监控特征也表现得异常突出。科学技术对于教育生活的介入,促成了学校教育环境的纪律化和管理化,导致了教育文化的同质性和单向性。人类的教育活动在其古典意义上来说是一种文化行为和道德实践,现代科技使教育走上了体制化的道路,人因此成为一个客体化的对象性存在物,变成了教育过程中的被发现者和被解释者。教育是在"人化"和"自然"情境中来"化人"的社会实践方式,就科技与当代学校教育环境的主要联系来看,科技意识的育人特征得到了充分的体现,科技活动在教育环境中发挥着重要的"文化意识形态"的作用和功能。

20世纪50年代,美国社会学家威廉·奥格本(William Ogburn)提出了"文化滞后"的重要概念。他认为,通常情况下社会采纳物质文化和技术新成果的速度是非常快的,这是因为人们可以很容易地指出新技术优于传统方法的方面。但是社会采纳为适应新技术而进行修正的非物质文化内容的过程,则经常要比其采纳新技术的速度慢得多。奥格本将这种现象称为文化滞后,具体来说,它是指新技术的采纳和与之相应的非物质文化的补偿性变迁之间的非协调期。与奥格本的观点相反的是,也有很多社会学家认为非物质文化的变迁要先于物质文化的变迁。马克斯·韦伯用新教伦理来解释近代资本主义的兴起过程,就是一个用文化价值观和意识形态作为社会

---

① 俞吾金:《从科学技术的双重功能看历史唯物主义叙述方式的改变》,《中国社会科学》2004年第1期,第132—143页。

② 哈贝马斯:《作为"意识形态"的技术与科学》,李黎、郭官义译,学林出版社1999年版,第38—39页。

变迁原因的经典分析。① 本书认为,在社会变迁过程中,物质文化与非物质文化之间是相互作用、相辅相成的,物质文化在根本上决定着非物质文化的发展。在转型时期的中国社会,科学技术首先是作为生产力意义上的物质文化而存在的,与此同时,它也兼具非物质文化的多种属性、特征和功能,是一种亚层次的非物质文化。科学技术与当代非物质文化的主要构成和中国传统文化之间既存在着一致性,又表现出一定的冲突性。在转型时期有限的时空范围内,科学技术是处理物质文化与非物质文化之间相互关系的主导性因素,科学技术在文化意识和社会功能上的二元性是其可以调节物质文化与非物质文化之间相互矛盾的根本原因。改革开放以来社会文化的主要表现内容和形式都是围绕着物质文化意义上的科学技术而确立的,这种社会文化观念将科技文化内在的自我统一性进行了某种人为的割裂,造成了物质文化意识的"独裁"和非物质文化意识的羸弱。

美国著名技术哲学家唐·伊德(Don Ihde)在综合前人的理论基础上,提出了"三个身体"理论。他认为身体一为物质身体,它是以胡塞尔等为代表的现象学派提出的作为肉身建构的身体;身体二为文化身体,它是以福柯等为主的批判现象学派作为文化建构的身体;身体三为技术身体,它是伊德考虑到技术的因素而作为技术建构的身体。② 在此基础上,伊德又详细分析了人与具体的技术产品之间的三种关系,即"中介关系""他者关系"和"背景的关系"。在人与技术的中介关系中,人并不是直接地感知世界,而是借助于技术产品来感知世界,例如戴眼镜和读温度计。在人与技术的他者关系中,人不是通过技术来知觉世界,而是单纯与技术发生关系。例如人在自动取款机里取钱,这时人只是在和机器打交道,机器成了一个像人的他者。在人与技术的背景关系中,技术在人与世界的关系中已经不处于主要的位置,而是退到了幕后,作为一种背景在起作用。电冰箱和空调是这种技术的典型例子。③ 伊德的技术哲学理论,是对科学技术的文化意识形态功能在哲学本体论和认识论上的进一步总结和发展,它对于我们认识信息时代科技带

---

① 戴维·波普诺:《社会学》(第十版),李强等译,中国人民大学出版社 1999 年版,第 622—623 页。

② 杨庆峰:《物质身体、文化身体与技术身体——唐·伊德的"三个身体"理论之简析》,《上海大学学报》(社会科学版)2007 年第 1 期,第 12—17 页。

③ 韩连庆:《技术与知觉——唐·伊德对海德格尔技术哲学的批判和超越》,《自然辩证法通讯》2004 年第 5 期,第 38—42 页。

给教育环境的影响具有重要的理论和现实意义。

　　"当基于技术的新颖教学模式出现并被人们尝试时,人们原有的教育文化——主体文化仍然在起作用,于是将那些由技术促生的教学模式作为教育中'技术文化'或'第二文化'。当随着条件成熟并且人们越来越多地采用新模式时,从不习惯到习惯,由习惯变自然,这种第二文化就变为人们主体文化的一部分了。"[①]通常情况下,教育文化主要包括价值观和认识论两个方面,个体主义与群体主义构成了价值观的两个极端,客观主义与建构主义构成认识论在教育领域的两个极端。相应地便会有四大类不同的教育文化:个体主义—客观主义、个体主义—建构主义、群体主义—客观主义、群体主义—建构主义。美国的教育系统是以个体主义价值取向为特征,日本的教育系统是以群体主义价值取向为特征。计算机辅助教学(CAI)在美国刚开始时是为个体主义的教育体系服务,主要属于"个体主义—客观主义"的教育文化。当有人设计了以学生为中心的 CAI 系统,它属于"个体主义—建构主义"的教育文化,在把这种系统用于教育实践的过程中曾遭遇过老师们的怀疑和抵制,但是当它被证明是行之有效时,人们便慢慢接受了这种新的教育文化。日本在大规模开展 CAI 时,进展并不是很顺利,这主要是因为日本的教育文化属于"群体主义—客观主义",这种教育文化与个体主义的 CAI 模式发生了严重的冲突。但是日本人将计算机用于支撑课堂集体化教学过程,成功研制了课堂信息系统,并创造了著名的学生群体反应数据的 S-P 分析方法。[②] 技术过程的实践性、物质性、认知性和文化性等特征在教育环境中是一体的,不同的技术条件和设备所创设的教育文化环境及其特有的意识形态功能对于各类教育人群能够产生多种多样的价值影响和情感体验。当我们用技术手段来塑造教育环境时,既要考虑技术本身所具有的潜在文化特性,又要考虑教育主体的文化需求,还要考虑教育环境的地域和民族特征以及历史文化传统。多样化的技术选择和技术配置对于当代中国的教育环境尤为重要,这是因为在强烈的实用主义技术文化传统的支配下,在现实的单一教育手段和观念的驱使下,很可能在教育活动中出现过分地依赖某种技术手段和策略来进行教书育人的趋势。这样的话,我们的教育大环境就会受到简单技术文化和思维的束缚,教育环境中长期欠缺的人文精神和价值关怀将得不到及时的弥补。因此,借助于技术文化环境与教育观念的

---

　　①　丁钢主编:《创新:新世纪的教育使命》,教育科学出版社 2000 年版,第 119 页。

　　②　丁钢主编:《创新:新世纪的教育使命》,教育科学出版社 2000 年版,第 119—121 页。

共同更新,才可能解决诸如教育发展中已经出现的集体价值观与个体价值观相互脱节,甚至发生冲突的众多教育问题。

（二）以科技文化为基础的当代德育环境的新发展

通过前面的分析我们已经知道,科学技术的双重功能决定了其具有双重文化特征,即物质文化特征和精神文化特征。在当代中国社会的生产实践和话语结构体系中,科技的物质文化特性被一味地放大,这无形中抑制和消解了科技活动的精神文化属性。在日常的社会文化生活中,建立在科技文化之上或者以科技文化为核心的一些社会亚文化对德育环境产生着重要的影响。

1.网络文化环境

改革开放以来,中国德育的外部社会文化环境先后经历了电视文化的冲击、电子游戏文化的洗礼和网络文化的熏染。当我们从教育的视角切入来谈论"80后"和"90后"两个不同学生群体之间的代际差异时,感触最深的就是他们成长背后的社会文化环境的不同。"80后"学生身处的社会文化环境与电视文化密切相关,"90后"学生面对的社会文化环境除了电视文化外,还有电子游戏文化的流行。最近十来年,网络文化日渐成为社会文化的主流,新世纪的一代便生活在这种全新的文化环境中。与电视文化和电子游戏文化相比,网络文化具有更大的革命性,它将电视文化与电子游戏文化整合和提高到新的水平,并且使现实的社会文化生活走向虚拟化,极大地拓展了德育环境的时空分布,丰富了德育环境的内涵,改变了德育环境的内容与形式。

在网络文化的助推下,当今的德育环境呈现出一种更加开放、民主和透明的文化氛围,这种德育文化环境与传统的强调说教、管制和权威的封闭式德育环境形成较大的反差。现在学校德育环境革新的主要矛盾就是不断发展的虚拟文化环境与传统文化环境之间的冲突。在整个转型时期,由于传统教育文化的影响,因此无论是学校、社会还是家庭在整体德育方式以及德育内容的呈现方面依然相对比较保守,没有及时地对已经发生了很大变化的德育环境做出适当的反应和调整。在这种情况下,受教育者在新的德育环境中生成的一些新的价值观念和道德认识就会很可能与各种在体制化的德育环境中被提倡和渲染的道德意识难以实现真正的沟通与融合,在某些情况下甚至会产生激烈的对抗。如果我们借用前文提到的奥格本的"文化滞后"理论来对这一现象进行解释,那就是网络技术的广泛应用及其所表征的文化价值趋势超越了社会既有的文化环境的适应性,现有的传统文化环境对于新的科技文化没有进行恰当的反馈,造成了彼此之间的生疏和隔膜。从道德心理的形成过程来看,不同文化环境下的道德信仰、道德体验和道德暗示对于个体的道德行为产生着重要的影响。"似乎很有理由去相信移情性道德是普遍存在的。移情性道德通过关爱和大多数公正原则有可能会在很多社会中促进亲社会行为的发展和阻止攻击行为。然而移情道德并不是脱离其他条件单独起作用的:它会被维护权力的育儿方法所破坏,或是被强调竞争高于助人的文化价值取信所消减,被存在于个体身上的利己主义动机所压倒,而这些足以将移情道德摧毁掉。"[①]因此,在网络文化环境下,变革和创新才是德育环境建设的最好应对策略,那种以静观其变或者因循守旧的心态来面对网络文化带给德育环境的挑战是不可取的。

　　网络时代的德育环境建设和德育实践中一个亟待解决的问题就是青少年的上网成瘾现象。网瘾已经成为影响当今青少年健康发展的"毒瘤",现在许多青少年的身心发展问题都与网络有着密切的联系。中国已经将极端性的网瘾列为精神疾病,并且成立了一些专门研究和治疗青少年网瘾的相关机构。当然了,这里提到的精神疾病意义上的网瘾有一系列指标体系和表现症状,它与经常性的上网行为或者轻度的网络依赖还是有较大区别的。对于学校德育来讲,如何建设一个良好的网络德育环境,帮助青少年更好地认识和利用网络,将是整个教育活动筹划的重要目标。"资讯时代的到来,为我们提供了建构与旧有文化所认可的社会生产、生活和交流关系与方式截然不同的新社会结构的可能性。这一新的社会结构的构建,不仅是对新技术所谓生产的经济利益的充分利用,更是人们对改造社会,建立更加公平合理的自由民主社会制度愿望的实现,审美从以传统的教化功能为中心向以交流功能为中心转移正是这一构建活动的重要组成部分。"[②]因此,健康的网络文化环境不但对人们现实的物质经济行为起到很大的推动作用,而且对社会文化环境和价值观念系统起到较大的建设性作用。以网络文化为基础的德育环境的建构和革新是网络实现其社会生产和文化功能的有机组成部分,也是网络助推社会发展的重要表现和中间环节。只有在网络文化环境下通过教育促进人的身心健康发展,我们才可能在更高的层次上和更大

---

　　①　马丁·L.霍夫曼:《移情与道德发展》,杨韶刚、万明译,黑龙江人民出版社 2003 年版,第 313—314 页。

　　②　张江南、王惠:《网络时代的美学》,上海三联书店 2006 年版,第 186—187 页。

的范围内完成社会文化的整体转型。

2. 休闲文化环境

当代中国社会文化生活的一个显著变化就是随着科学技术的发展以及生产力水平的提高，人们的闲暇时间日益增多，与之相适应的便是休闲文化的兴起和流行。我国自 1995 年 5 月起，开始实行每周 5 天工作制，1999 年又开始推行五一、国庆和春节三个长假，2008 年国家又对相关的节日假期进行了调整，目前我国法定假日已经全年累计有 110 多天。社会生活质量的整体提高和自我可自由支配时间的增加，促使休闲文化成为当今社会一道靓丽的风景线。置身于休闲文化环境中的教育活动，其改革和发展的过程也必然受到休闲文化环境的很大影响。美国学者杰弗瑞·戈比说："休闲是从文化环境和物质环境的外力下解脱出来的一种相对自由的生活，它使个体能够以自己喜欢的、本能地感到有价值的方式，在内心之爱的驱动下，为信仰提供一个基础。"[①]

在当代社会文化语境中，"闲暇"和"休闲"是两个既有区别又有紧密联系的概念。"闲暇，是一种以时间形态存在的社会资源，其价值重大。休闲，是使人'成为人'过程中的重要舞台，是人的本体论意义之所在，是一种生活实践和生命体验，是人生的一种智慧，是人类美丽的精神家园，也是促进文明与社会进步最有效的途径。"[②]因此，可以简单地说，闲暇是休闲的基础，休闲是闲暇的升华。改革开放以来，人们的物质生活和闲暇时间都相对比较充裕了，但是他们的精神和心理需要却难以得到满足。在教育实践中，学生在学习之外的闲暇时间里都做些什么呢？我们的教育除了要求学生要按时完成作业，在课余时间也应该认真预习、复习，多学知识，到底有没有教会学生过属于自己的闲暇生活呢？从词源学上来看，"休闲"的英文"Leisure"一词来源于法语，法语来源于希腊语和拉丁语。"休闲"，在希腊语中为"Skole"，拉丁语为"Scola"，意为休闲和教育，认为发展娱乐，从中得益，并与文化水平的提高相辅相成。[③] 休闲自古就是和教育、文化结合在一起，它是发展人的社会和文化适应性，提高人的精神境界和价值追求的重要渠道。

---

① 杰弗瑞·戈比：《21 世纪的休闲与休闲服务》，云南人民出版社 2000 年版，第 6 页。

② 于光远、马惠娣：《关于"闲暇"与"休闲"两个概念的对话录》，《自然辩证法研究》2006 年第 9 期，第 86—91 页。

③ 马惠娣：《人类文化思想史中的休闲》，《自然辩证法研究》2003 年第 1 期，第 55—65 页。

转型时期,低层次和低品位的各种闲暇活动还比较多,这对于良好德育环境的形成是不利的。如何将闲暇意义上的世俗生活转化为一种具有教育意蕴的精神和文化生活,这是德育环境建设的重要任务和契机。"休闲作为一种现实存在,首先通过人的外在行为表现出来,并由特定历史时期的人们对其所面临的生活历程和所抱有的生活理想而确立起来的文化样式和生活方式、价值取向所决定的。因而,休闲本身是一种文化,一种人类文明程度的标尺,一种价值观。"①"休闲文化是将休闲上升到文化的范畴,指人在闲暇时间内,为不断满足人的多方面需要而处于文化创造、文化欣赏、文化建构的一种生命状态和行为方式。它通过人的个体或群体的行为、思维、感情、活动等方式,创造文化氛围、传递文化信息、构筑文化意境,从而达到个体身心全面、完整的发展。"②休闲及其文化构成本质上体现的是人对于理想精神境界的寻觅和实现自我内在价值的过程,休闲活动与人的生命体验和生活情趣紧密相连。当然了,休闲活动的实践内容分为不同的层次,休闲文化的超越性并不排斥和否定休闲文化所具有的世俗性,但就总体性的文化价值取向来看,休闲意味着人对于存在可能性的美好向往与追求,预示着人的身心处于健康和谐的状态,蕴含着人的自由和全面发展的潜能。在休闲活动中,个体对行为目的和价值取向可以进行自主的判断和选择,这就对个体的道德思维力和道德自律性提出了很高的要求,使休闲活动本身表现出强烈的道德内涵和文化属性。因此,休闲本质上也是一种教育活动,休闲文化的形成过程是德育实践的重要一环,休闲文化环境是德育环境的有机组成部分。

当我们放眼当代中国教育发展的历程时,应试主义的教育文化传统和体制化、专业化、能力化、效率化的现代教育理念使休闲长期被排除在教育生活之外,学生的闲暇和休闲活动经常被认为是不务正业、不思进取和不学无术。"教育对休闲的排斥是双重的:既不让学校场域中的人休闲,又不进行休闲教育。"这种双重排斥,"导致教育与儿童的双重异化"③。由于我们的教育对休闲一贯持有"漠视"和"歧视"的态度,这在一定程度上导致了学校

---

① 马惠娣:《休闲——文化哲学层面的透视》,《自然辩证法研究》2000年第1期,第59—64页。

② 马惠娣:《文化精神之域的休闲理论初探》,《齐鲁学刊》1998年第3期,第99—107页。

③ 高德胜:《生命休闲教育——兼论教育对休闲的排斥》,《高等教育研究》2006年第5期,第24—28页。

生活只重视考试成绩和各种排名,而缺少了乐趣、兴趣和情趣。在繁重的课业和升学压力下,孩子们成长的童真老早就开始减少,明亮的双眸逐渐被各色眼镜所遮挡,幼小的心灵很早就开始趋向于成人。从人类教育活动的起源和发展来看,教育和闲暇、休闲本该有着天然的联系,现代学校教育制度的兴起使休闲逐渐淡出教育的视野,徘徊在教育活动的边缘地带。"目前,就我国教育状况看,学生占有的闲暇时间已接近世界发达国家水平,但我们真正意义上的闲暇教育却微不足道,甚至根本没有引起重视,这个矛盾严重阻碍了素质教育的深化。"①闲暇和休闲活动中所蕴含的自然的教育资源和创造潜力对于儿童的成长和发展具有重要作用。就成人来讲,休闲活动中内涵的情境旨趣和获得的心理满足是其实现自我教育和自我认知的重要途径。因此,闲暇意识和休闲观念应该成为学校教育的重要内容,休闲文化及其环境构成对于学校教育实现既定的德育目标起着积极的推动作用。

3. 偶像文化环境

每个时代都会有自己的偶像诞生,偶像本身具有强烈的社会号召力和感染力。因此,偶像也就成为学校德育的重要资源,由偶像所代表和引领的社会文化潮流对德育环境的形成产生着直接的影响。20 世纪 60 年代,那时的偶像有雷锋、保尔·柯察金、王进喜等等;70 年代的偶像有陈景润、邓丽君等等;80 年代的偶像有张海迪、中国女排、朦胧诗人、港台明星等等。从这些昔日社会偶像谱系的变化中,我们能够深刻地感受到偶像文化的日趋多元化。到了 90 年代,随着影视传媒技术和电子信息技术的快速发展,偶像文化也相应地开始从"英雄—精英"型向"娱乐—大众"型转化。在新世纪初期,商业性、娱乐化的媒体造星热潮更是一浪高过一浪,一个全民参与的偶像娱乐文化氛围和社会环境正在形成。"技术的进步必然促进大众传媒的进步,与其说文化借助传媒而大批量生产、大面积高速度传播,倒不如说文化对传媒的依赖必然会日渐改变文化产品的性质。平民偶像崇拜作为现代的一种社会文化现象就是在这样的背景下崭露头角。平民偶像作为崇拜对象的新类型对于大部分青少年来说,更是扮演着情感释放的对象。由此看来,平民偶像崇拜作为青少年亚文化的新时代特征,实际上是娱乐性的大众文化制作偶像的惯性使然。"②

在整个转型时期,社会偶像文化环境的发展基本上表现为这样两种类

---

①　冯建军、万亚平:《闲暇及闲暇教育》,《教育研究》2000 年第 9 期,第 37—40 页。

②　郑欣等:《平民偶像崇拜》,中国传媒大学出版社 2008 年版,第 333 页。

型：一种是官方的、意识形态属性的偶像文化环境，一种是民间的、社会生活意义的偶像文化环境。偶像通常是广大青少年欣赏、崇拜、学习和模仿的直接对象，青少年的社会化、自我认知和身心发展都会受到偶像文化环境的显著影响。因此，偶像文化环境中受教育者的偶像意识、偶像识别和偶像心理的培育就成为学校德育的重要内容。"在当代文化环境中，将偶像崇拜纳入教育视野，目的在于使偶像崇拜成为一种有效的教育资源，充分发挥其积极的育人作用，同时避免其消极影响。"①偶像崇拜对于青少年常常所起到的双重社会影响和心理效应决定了偶像文化环境作为德育环境的有机组成部分也具有其双重性。那么如何才能尽量发挥偶像文化环境对于受教育者的正面引导作用呢？答案的关键点就是要在新的多元文化环境下将偶像文化和榜样力量相结合，促进德育文化环境的有效整合。偶像对于学生的影响经常是表层性的，学生注意到的多为偶像人物的形象性和直观性等特征；榜样对于学生的影响一般是深层性的，学生侧重于关注榜样人物的个性和品格特征。因此，从偶像文化到榜样文化的转变对于德育环境的建构具有十分重要的作用。现如今，个人主义的价值观和底线道德观日益流行，已经逐渐为很多人所认可和接受。在这种趋势下，传统的过于理想性和纯粹性的德育观念面临着越来越大的社会"道德"压力。"榜样教育适应于社会相对封闭、文化相对单一的教育环境，那时榜样与人们认同的偶像高度一致，而偶像教育是信息渠道相当广泛的多元文化和大众文化的产物。"②全民性的娱乐偶像文化环境很多时候实际上所渲染和传播的是个体本位的价值观，它对政治性的偶像文化环境所提倡的社会本位和集体本位的价值观构成了巨大的挑战。传统榜样教育由于受到政治性偶像文化环境的影响，经常出现的情形是喊口号、走过场，榜样教育普遍存在着脱离学生的生活实际，忽略学生的道德发展水平等弊病。新的偶像文化环境为榜样教育提供了更多的资源储备和更大的发展空间，它可以促进榜样教育目标多样化，使其更加贴近学生的道德心理，符合学生的道德需要。偶像文化环境的内涵和隐喻是由一定历史时期社会整体的政治、经济和文化现实决定的，因此，偶像文化环境具有特定的历史性和时代感。偶像文化环境的这种特性是造成转型时期德育理论和实践面临一些困惑的重要原因，比如"学雷锋""学赖宁"在当代学校德育中所遭遇到的"尴尬"。扭转这种不利局面的一个关键措施就是

---

① 何小忠：《偶像亚文化与青少年榜样教育》，江西人民出版社 2007 年版，第 217 页。
② 何小忠：《偶像亚文化与青少年榜样教育》，江西人民出版社 2007 年版，第 245 页。

要向偶像文化环境中不断注入新的更多积极向上的时代精神和文化元素，使偶像文化环境在德育环境的建设过程中能够起到价值先导的示范效应。

三、用制度文化来充实当代德育环境

有这么一个小故事，①讲的是春秋时代，鲁国有这样一条法规：凡是鲁国人到其他国家去旅行，看到有鲁国人沦为奴隶时，可以自己先垫钱把人赎回来，等回鲁国后再到官府去报销。官府用国库的钱支付赎金，并给予这个人一定的奖励。有一次，孔子的一个弟子到国外去，刚好碰到有一个鲁国人在那里做奴隶，就主动掏钱赎出了他。回国之后，这个弟子既没到处张扬，也没有到官府去报销所垫付的赎金和领取奖励。可是，那个被孔子的弟子赎回的人，却把这个情况讲给别人听，人们都称赞孔子的这个弟子仗义，人格高尚。一时间，街头巷尾都把这件事当作美谈。谁知，孔子知道后，不但没有表扬这个弟子，反而对他进行了严厉批评，责怪他犯了一个有违社会大道的错误，即为了小义而不顾大道。

孔子认为，报销赎金和领取奖励是国家制定的法规，每个人都必须自觉遵守。而他的这个弟子没有到官府去报销赎金被人们称赞为品格高尚，那么，其他的人在国外看到鲁国人沦为奴隶时，就要对是否先垫钱把他赎出来产生犹豫。因为先垫钱把他赎出来再到官府报销领奖，人们就会说自己不仗义、不高尚；如果不去官府报销赎金，自己的损失谁来补？久而久之，又有谁会主动去做这样的事呢？孔子的弟子给这种行为设定了一个大多数人达不到的道德标杆，其他人若赎回了鲁国人将面临一个两难选择。从客观上讲，孔子的这个弟子的行为妨碍了更多的在国外做奴隶的鲁国人被赎回来。由此可见，孔子的批评是对的。

"做好事不留名"一直被当作中华民族的传统美德，可两千多年前的孔子却把"做好事不留名"和违背社会法规和大道联系起来，其精辟之处不能不令今人为之折服。改革开放以来，中国社会道德环境的最大变化之一就是人们义利观的变化，反映在学校教育中则是教育目的的崇善性和教育实践的功利性之间存在的深刻矛盾。学校德育不能回避现实的经济和功利问题，也不宜在封闭的环境下来灌输道德教条。因此，德育活动要面向现实，要在一种良好的制度文化环境中来育人育德。比如对于好人好事、见义勇为、慈善捐赠、社会义工、支边支教等我们不但要适度地宣传，更要从人性化

---

① 西峰：《孔子的批评》，《思维与智慧》2006 年第 3 期，第 37 页。

的角度出发和考虑，制定出相应的鼓励性和长效性的制度措施与政策法规，该报销就报销，该奖励就奖励，使义与利的结合有一种制度上的保障，这样才可能有更多的人愿意投入到社会道德实践中，进而促进德育环境的整体改善。

2001 年 11 月，湖南省长沙市岳麓区望月湖社区在全国率先成立了第一家"道德银行"，它是作为社区志愿者协会下属的一个特殊载体，参照银行的理念进行运作，以协会制度形式规范和保障志愿服务者可以获得社会志愿服务回报。在此之后，"道德银行"迅速在全国许多地方的社区、街道和学校得到蓬勃发展。一时间，"道德银行"引起了很多人的广泛关注：有的人认为做好事不能图回报，"道德银行"是对道德的亵渎，它会使本来已经陷入低谷的社会道德风气更加雪上加霜；也有的人认为在社会主义市场经济条件下，"道德银行"的出现是推进公民道德建设的一种有益尝试，它符合平等互换、互惠互利的市场伦理原则，也符合"我为人人，人人为我"的社会道德风尚。总的来说，"道德银行"在学校之外的社会生活中所引起的反响和获得的评价通常是一分为二、毁誉参半的，其在学校之内的实践和影响，一些相关人士表示的担忧经常多于肯定。

最近几年，"道德银行"在学校教育中依然时常被效仿和实践，下面我们选取了一篇有代表性的评论文章，即李向平先生的《"道德银行"可以休矣！》[①]一文，来具体说明"道德银行"对于学校德育大环境的影响。其全文如下：

> 上海《文汇报》2005 年 5 月 9 日第九版报道，近几年来，当代中国山东、河南、湖南、浙江、江苏、吉林、江西等省市的大中小学，为思政工作之创新煞费苦心，创建"道德银行"，以此作为学校思政德育工作的一个新抓手。时至当下，"道德银行"已是遍地开花，红火一时，越来越多的学校接受、采用这个方法。其功能之丰富，大大地超越了普通人的想象力，而令正常人的思维逻辑自惭形秽。
>
> 在此"道德银行"，道德能存储、记录个人的道德成长，抵冲以往的过失，成为先进、三好、十佳等等评选的依据，可为道德之优劣提供一个技术化、计量化、科学化的测评方法云云。
>
> 乍看起来，把意味着无私奉献、不计报酬的道德与金钱、利益等概

---

① 李向平：《文化正当性的冲突》，百家出版社 2006 年版，第 604—607 页。

念、现象捆绑在一起，对道德概念降格以求，甚至是将道德测评的方法予以量化处理，实在是难以理解。道德怎么又进入了银行，成为银行的一份事业？而"银行"也会反过来讲讲道德了，可以进行道德事业的操作了。

然稍加琢磨，却发现其中的问题，不仅仅是一个道德水准的测评方法，深深包裹在其中的，可能是一个道德信念的危机，人们对道德失去了信念甚至是社会的依托，无法再为急速变迁的当代社会，为道德本身去寻求一个实实在在的落脚之地。道德给架空了，认同失去了方向，而要为孜孜以求的道德约束找出一个依靠，实在也是一个问题。

从生活常识上讲，道德就是一种社会互动关系，必然要起源并作用于人际的交往和关系，必然是在两个或者两个人以上的社会空间里，道德才能被称为道德。它不会排斥利益，也不是单纯的无私，而是将其追求界定在一个合理合法的框架之中，使利益公正，使私人合法。如今的道德教育和道德讲评，不是建立在人际的互动关系之中，而依托在一个所谓的可以计量化的测评平台，这个道德还能够被称为道德吗？

如同人们在银行储蓄一样，道德成为财富，变成了储蓄，其道德存款还能够抵冲过错。一个参加义务献血者可以从中获得两分，一个参加青年志愿者的活动，每小时可以获得一分，每分可以折算为一万元"道德币"。在此道德财富的积累基础上，一旦这份道德储蓄卡的拥有者出现了违反道德的行为，则可被处以两万元至十万元不等的扣款处罚，扣完为止。而道德储户如果出现困难，还可以向组织申请补助，走共同富裕的道路。在道德要求层面上也吃上了曾经有过的大锅饭。

与此相关的问题是，如此的道德量化管理，以百分制衡量一个人的道德水准，发卡打分，会有公正吗？制定这个道德百分制、积分卡的人，谁给他的道德水准打分？难道一百分者，肯定就是道德优秀，就是十佳、三好、先进、模范？

道德不等于测评分数的积累，而是一种养成，一种公民素质，一种挂靠于社会的共识。也许，人们在所谓的市场经济、无事不讲效益的今天，喜欢使用近乎经济的话语来表达本不属于经济领域内的事情，将好人好事的积累和效仿等同于道德财富的登记和积累，在道德储蓄卡上记录在案。然而，如果真有那么一天，道德财富也同社会一样，出现了分配不公或者是贫富不均、两极分化的话，如何再来一次打土豪、分田地，以呈现道德的公正与正义呢？到了那个时候，"道德银行"也将完全破产，全是坏账，买空卖空。当然，事情折腾到了这步田地的时候，这个"道德银行"若不"破产"，就将是道德信念的最后死灭，二者之中必居其一。

且不说道德是否能够存储和支取的技术，就是在道德水准的测评方面，一个道德储蓄卡上的纪录大户，一定是一个道德优秀的人吗？真实的银行还有坏账、死账，还会倒闭。人们可以不在乎道德与银行这个几乎不搭界的概念发生种种的瓜葛，将道德折合成货币来计算和测量。因为量化管理，也是近年来行政管理的一个创新点。学术、教育、文化……都可以实行量化管理，道德教育所以也能够实现创新般的、与时俱进般的量化管理。道德银行透露出来的，不过是这个创新时代的若干信息而已。

那么，"道德银行"的始作俑者究竟是谁？凡事要创新的机械主义，再加上对于道德缺乏信念的深度危机。它已经严重说明了当代社会的伦理道德，究竟能够挂搭在何处的问题！挂靠在国家，国家权力本身在面临改革；挂靠在社会，社会在变迁；挂靠在个人，个人之间的信任根据又在何处？挂靠在 NGO 或者 NPO① 等社会团体，它们本身还在培育之中；那么，人人必需且不可须臾或缺的道德将挂搭于何处？道德的落脚出现了问题。仅仅是道德口号的喊叫，早已无济于事。于是就有了"道德银行"的问世。

道德的创新，谈何容易。这绝不是一件简单的事情，不是一两个创新的思路或计量方法的创造就能够圆满解决。道德是一种良心自律，既依靠教育，亦无法完全依靠教育，拟物化、计量化的方法更是缘木求鱼，荒唐之至。倘若社会之间缺乏了认同和信任，社会本身就将瓦解。道德与信念，仅仅是复杂社会中进行社会交往的个人，对于价值规则的依靠和共识而已。这些规则靠不住了，道德及其信念的危机就沛然而生。

……

"道德银行"对于学校德育的影响，必须分情况来具体讨论。"道德银行"在德育活动中还是一个相对比较新鲜的事物，如果能够适时调整，它还

---

①　NGO 是英文"non-government organization"的缩写，直译为"非政府组织"；NPO 是英文"non-profit organization"的缩写，直译为"非营利组织"。

有一定的发展余地。在社会整体道德环境不佳和学校德育低效乏力的背景下，可以说"道德银行"不失为一种积极的德育方式，其在制度文化上的开拓和探索之处值得肯定，毕竟在社会转型期，制度建设的缺失是导致德育大环境出现滑坡的重要原因。与此同时，在理性文化尚未充分发育的社会道德环境中，道德教育在制度上的尝试比单纯地只靠榜样示范和说教式的道德灌输更为可贵，好的精神文化传统和优秀道德品质也都需要良好的制度安排和制度文化来保障。但是我们又要看到，"道德银行"只是在很大程度上借用了市场伦理原则，对于当代科技文化支撑下的功利主义道德观并未进行实质性的超越和批判。从社会和个人的长远发展来看，道德教育应该有既立足于现实，又超越现实的价值理想和道德目标。以"道德银行"在学校德育活动中的实际影响和效果为依据，结合德育实践的特征和规律，我们认为在小学和初中阶段的道德教育中应该谨慎使用，最好不要使用"道德银行"，在高中和大学阶段的德育生活中可以有条件地使用。在改善德育环境的过程中，"道德银行"可以试验性地来组织和开展。

第三节　本章小结

对于学校德育环境，我们可以从各种角度做出不同的分类，一般情况下德育环境有宏观、中观和微观之分。在本章中，我们主要分析了社会宏观背景下的德育文化环境，而对中观层面的校园文化环境和微观意义上的班级文化环境没有进行过多的讨论。"教育是文化的一个组成部分，是文化大系统中的一个因素。但教育也有自己的文化体系，它包括作为理念形态的教育意识形态，作为制度性文化的教育社会规范文化和学生文化。教育的意识形态和制度性文化是社会主导文化的代表，一切教育影响、方式、手段的基本方向都来源于社会主导文化。"[1]如果单从德育环境的文化属性和特征来看，当代校园文化和社会文化之间的共性不断增加，社会的多元主义文化趋势也必然会对学校传统的文化氛围造成进一步的冲击，使得校园文化可能被同质化。与此同时，转型时期家庭文化的封闭性受到社会文化的挑战，其发展动向也逐渐向社会文化靠拢。因此，多元文化已经成为当代中国社会文化发展的总体趋势，这种整体性的多元文化环境构成了学校德育的外

---

① 　鲁洁主编:《教育社会学》，人民教育出版社1990年版，第204页。

部环境。师生群体自身所独有的精神特质、思想观念和价值心理组成了与学校外部环境相呼应的内部文化环境。"当代科学对整个当代文化变迁、发展的方向与性质,具有规定的作用,现代科学与古代科学大不相同,它不是为少数人所拥有,仅是少数人的一种自我消遣形式,而是对整个社会文化生活领域,对于人们的生活方式、行为方式、思想、感情、心理等诸种因素都产生着积极的影响。当代文化中的哲学、道德、艺术等等的变迁与发展,无不刻上了科学发展的烙印。""当代科学的发展有赖于教育,教育又是科学得以成为整个文化启动力的重要机制。"①因此,在当代德育环境的发展过程中,正是因为科技文化在社会文化中发挥着基础性、动力性、主导性和全局性的作用,所以校园德育环境和社会德育环境之间才有了内在的统一性和协调性,各种不同文化子系统之间才有了真正实现沟通、互补和平衡的希望,健康、和谐的德育环境才有可能终将形成。"科学技术知识的高速积累和加速传播不仅造成了现时代的密集的文化知识背景,而且构成了人们生活的不断变化着的文化情境。……所谓生活节奏加快了,乃是当代技术体系缩短了时间、空间而加快了文化运动速度所造成的。外部环境的日新月异,必然造成人们内心世界价值心态的迅速变化和价值观念的不断更新!"②

---

① 鲁洁主编:《教育社会学》,人民教育出版社1990年版,第177页。
② 司马云杰:《文化价值论》,陕西人民出版社2003年版,第243页。

第六章　结　　语

　　在中国当代社会的发展进程中,科技与教育就像是一对相互咬合的齿轮,彼此构成了对方的前提和基础,共同推动着社会的进步。科技与教育的联姻,不但发生在知识层面,而且也渗透于道德、品格和价值观层面。"诚实是一种令人满意的思维习惯,它并不是从事科学、数学和技术的人所特有的。在科学界,诚实受到高度赞扬,它是科学思维方法和科学工作的基础。每个成人都要向孩子们灌输诚实的重要性,大部分孩子都能够讲述有关诚实的一般道理。然而,诚实在实践中的意义可能来自于孩子们亲眼看见的诚实在不同的场合的应用。在学校的科学、数学和技术课程中有许多机会可以展示诚实的意义及其价值。"①在现实生活中,由于各种各样的原因,人们往往将科学知识权威化和实用化,将技术意识和技术行为工具化、功利化。这样导致的后果是科技与教育之间的联系过于僵硬,缺少张力,二者的共同出发点和最终目标聚焦在"人力资源"的深度开发,没有过多地顾及和考量人的发展和心理需要。科技与教育的合作普遍发生在生存、生产和物质实践领域,而在人的生命、生活和精神领域的沟通尚未得到充分的显现。"科学精神教育方面的差距可以说是我们科学教育方面差距最大的领域,按现行中学科学学科的教学大纲,少有科学精神的内容或科学精神的内容不够完备。"②现代科学技术极大地促进了我国社会生产力的发展,人们也因此

---

　　①　美国科学促进协会:《科学素养的基准》,中国科学技术协会译,科学普及出版社2001年版,第212页。

　　②　孙宏安:《中国近现代科学教育史》,辽宁教育出版社2006年版,第693页。

在教育实践中对科技知识推崇备至。这样固然有其积极性的一面,但与此同时,实证性、计量性和数字化的知识标准和信念的过度膨胀和张扬,在教育生活中却造成了新的危机,教育的文化传承、价值导向功能不断被削弱。就社会与个人的发展而言,科技与教育不但在物质生产方面的意义是相通的,它们在精神文化方面的功能也是相似的。"要对教育作文化的理解,而不仅仅是科学的理解,就必须找到内在的根据,只有情感才能充当人的内在尺度,才是教育走向创造、实现价值理性的根据。""教育事业是具有技术性的操作过程,但是,不能把教育仅仅视为技术性的活动,只注意教育事实的描述、解释与预测,而忽视对教育主体的把握,只关心达到教育目的的手段,而不对教育目的本身的合理性提出批评。"①

第一节　科学技术是推动当代中国德育发展的动力和源泉

科技是人类认识世界和改造世界的实践方式,不同历史时期的科技活动具有不同的特点、功能和属性,当代科技活动既是一种生产性的实践活动,又是一种精神性的创造活动,也是一种制度性的组织活动。"由于科学变成物质文明的自觉的指导力量,它应该越来越渗透到一切其他文化领域中去。"②教育是一个文化过程,更是一项关涉人类心灵的事业。因此,科技对于教育的诱导和吸引,不应该只表现在物质文明上,还应该偏重于精神文明和制度文明。坚持物质文明和精神文明"两手抓,两手都要硬"的原则,是当代中国社会发展的重要指导思想,科学技术是贯彻和落实这一指导思想的最为重要的"武器"。科学技术这种强大的社会作用和功能从外围对教育活动产生着重要的影响,在学习过程中,科技活动对于人们心灵世界的影响更加深刻而持久。"科学世界的教育是一种技术化的教育。这种教育从生活世界的教育中分化出来的一个基本前提就是:人类的知识和技术已经积累到这样一种程度,它要求有一部分人来专门从事这些知识和技术的传授,并且不断改进教育技艺以提高传授效率。"③科学世界的教育主导着我们这个时代的教育观念、教育行为和教育政策,科学世界对于生活世界的统治和

---

① 朱小蔓:《情感教育论纲》,人民出版社 2007 年版,第 69 页。

② J. D. 贝尔纳:《科学的社会功能》,陈体芳译,商务印书馆 1982 年版,第 546 页。

③ 项贤明:《泛教育论》,山西教育出版社 2000 年版,第 249 页。

剥夺,直接导致了教育活动的精神萎缩和道德性的缺失。因此,科技对于教育、德育的推动机制可以从这样两个方面来理解:一是正向显性的,这主要体现在科技的认知和创造能力,通过这种能力,人类在教育活动中获得的是控制和改造外部世界与自我内在意识世界的信心与勇气;二是逆向隐性的,当教育实践在科技的引领下以规模化和集约化的方式发展时,教育的许多原初特征和经典品质是逐渐退化的,这是造成当代学校教育、德育潜在风险和危机的深刻根源。

莫兰指出,当代超级专业化的深奥的技术科学和公民之间的加深的鸿沟,造成了认识者和公民之间的二元性和彼此的分裂。"在这种条件下,把政治还原为技术和经济,把经济还原为增长,失去了方位标和视野。所有这些导致公民的爱国心和责任感的削弱,逃避到私人生活中,交替处于麻木状态和激烈反叛中。这样,民主的制度尽管被保持着,民主生活在衰败。"①在知识经济时代,以科技知识为中心的知识学习、知识生产和知识消费成为教育实践的主要内容,社会地位的确立、等级的划分和个体的生活状况都直接与知识挂钩,成为知识精英、通过知识获得自由发展和生存的能力成为人们的共识。"知识转型推动着教育改革,构成教育改革的一个深刻动力和社会背景。"②科技知识对于教育的参与,一方面是其精确性、客观性和工具性的特点变成了教育的内在属性和追求;另一方面科技知识在"价值中立"和"价值无涉"的假设下成为德育发展的无形桎梏。教育活动的天然特性是为了增强个体之间的理解、尊重和包容,当单一的知识标准代替了价值承诺和情感关怀时,教育行为的性质已经发生了变化。"科学学科将自然作为人类认识和研究的客观对象,自然只是无生命的存在,自身没有价值,其价值就在于满足人类的需要。社会学科到处充斥着人类战胜自然的各种或明或暗的叙事,强化着人类不属于自然,是自然之主人的世界观。在这种世界观的指导下,学校教育将绝大多数精力放在帮助受教育者认识、把握客观世界,即帮助人们增强从客观世界中获取更多利益的本领。学校教育几乎已经忘记自己的另外一项本然的使命——认识人自己,结果是'每一个人都产生出对世界的掌握,但却不是对自我的掌握'。"③当教育所传递的知识不能转化为

---

①　埃德加·莫兰:《复杂性理论与教育问题》,陈一壮译,北京大学出版社2004年版,第90页。

②　石中英:《知识转型与教育改革》,教育科学出版社2001年版,第36页。

③　高德胜:《道德教育的时代遭遇》,教育科学出版社2008年版,第125—126页。

现实的智慧、灵感和人生前行的指南时，那么此时的教育便是僵化的，缺乏创新力和生命力，那些知识只是在完成工具理性的职责，对于教育主体的道德品质补益甚少。包括科技知识在内的所有教育内容首先是指向受教育者的思想境界的，即教育的出发点和最终目的是给我们提供人之所以为人的解释和信念，有了这些观念的支撑，人类文明的演进方向才可能更加通达，社会生活和秩序的内在道德和精神底蕴才能更为厚实。一个国家的教育发展水平和其经济发展水平很大程度上表现出一种正相关性，这里教育为经济发展除了提供看得见的"人力资本"要素外，许多不可触摸和量化的精神价值与文化因素同样重要，教育在传承和开发这些不可替代的非物质文化和传统美德方面发挥着独一无二的作用。

如前所述，当代科技的生产性的物化工具特征通过知识中介直接影响着教育事业的发展趋势，促使德育活动日益走向教育的边缘。在由科技实践维护的不断高涨的物欲和消费主义心理的刺激下，教育生活距离高尚德性的诉求也越来越远，它更多关注的是个体私欲和外在现实的满足和愉悦。加德纳说："直到现在，我使用的几乎完全是最简单的技术形式——书本、铅笔、纸张、几件艺术品、一个简单的生物实验室。这样做是应该的，教育目的和手段的讨论，不应该仅仅依靠最新技术的优势。但是技术对教育方法的发展进步，能发挥巨大作用。"[1]因此，科技为教育发展提供了重要的物质支持，但是这种支持不能成为改变教育目的、品性和追求的决定性理由。科技实践可以改变教育的系统结构、组织形式、教学风格和策略等，但是教育活动的价值理想和道德目标却只能由人类自己来选择和确定。对德育来讲，科技所昭示和表征的更应该是人性的光辉、批判的勇气和探索的精神。当科技以累积性的生产方式将教育推向社会生活的中心时，我们在观览教育辉煌成就的过程中，也应该保持一个清醒的认识：机遇与挑战、成功与失败必然是并存的，当代科技带给教育、德育的可圈可点之处，有目共睹，自不必多言；居安思危，在不足中来思考和审视科技对于德育发展的变革意义，这是提升科技对德育助推作用的一个关键环节。"迄今为止，学生道德学习的中介有了三个级次，先是学生自身的学习器官，后是作为学生学习器官的延

---

① 霍华德·加德纳：《重构多元智能》，沈致隆译，中国人民大学出版社2008年版，第148页。

伸的教师,再是作为教师教学器官延伸的多媒体。"①"在学校道德学习中,学生要'善假于师',教师要'善假于科技工具',教师和多媒体的中介水平反映了教育的时代水平。通过解决道德问题的反复实践,学生把中介的力量内化为自身的素质。"②在道德教育中,科技的物化性作用表现在它能够为道德学习提供各种服务和可能的帮助,提高德育效果,而不是表现为它对于德育主体的控制和管理。在一般的德育实践中,因为过于重视德育评价,往往忽略了德育过程的重要性,这就使得科技对于德育活动的影响始终停留在表层和外围,很难进入到德育活动的内核,因此科技对德育的作用经常是手段性和监督性的,而不是目的性和发展性的。

前面我们主要是在社会物质生产实践的意义上阐述了科技对于德育的影响,如果从社会精神实践和制度实践的角度来看,科技对德育的影响更为明显和直接,这里不再赘述。在现实的德育生活中,科技精神及其制度化的社会效应和规范往往容易为人们所理解和接受,这种心理意识的形成建立在科技作为直接的经济动因和教育的内在生产性变量的基础之上。"科技化了的客观技艺,它要求劳动者甚至在真正从事劳动之前,就把专门的时间花在学习客观科技上。包括大学、技校中的职业教育,以及岗位上的终身教育、职工培训等等。"③科技是推动德育发展的动力和源泉,主要是指科技从物质、精神和制度三个层次上对德育施加的影响。从物质第一性的角度出发,科技在社会生产实践中对德育的影响也是第一性的,这种影响决定和引领着科技在精神和制度实践中对德育的作用方式,与此同时,科技在精神和制度实践中对德育的影响也反作用于科技在社会生产实践中对德育的影响。"几十年来,人们(首先是科学家自己)普遍认为对科学知识的追求体现了西方文明的以真、善、美三种主要价值为基点的古典价值。"④"实际上,今天的每一个学生都希望能在高中毕业之前至少学习有关相对论或量子力学的初步知识。""除了造成科学自身的改变以外,由于其物理学思想已融入到

---

①　刘次林:《以学定教——道德教育的另一种思路》,教育科学出版社 2008 年版,第41 页。

②　刘次林:《以学定教——道德教育的另一种思路》,教育科学出版社 2008 年版,第43 页。

③　刘大椿、段伟文:《转型驱动力——现代科技革命与社会变革》,江西高校出版社2002 年版,第 66 页。

④　杰拉尔德·霍尔顿:《爱因斯坦、历史与其他激情——20 世纪末对科学的反叛》,刘鹏、杜严勇译,南京大学出版社 2006 年版,第 3 页。

了大量的技术设备和过程之中,因此爱因斯坦也以直接或间接的方式进入了每个人实际的日常生活。"①科技是推动当代社会政治、经济、文化和教育事业发展的第一力量,人们经常用"双刃剑"来描述科技给我们这个时代带来的现实社会效应和影响。就像许多人认同的那样,科技本身并没有错,错误只是出现在那些对于科技不当使用而产生严重后果的人身上。因此,科技在双重意义上影响着德育的发展,一方面科技为德育发展提供了直接的物质和文化资源,另一方面科技的发展和应用给德育提出许多新的时代课题,这是激励转型时期德育不断前进和创新的重要原因。

第二节　科技与人文的分裂是当代中国德育　发展过程中面临的主要矛盾

朱小蔓教授认为:"科学理智活动之所以具有积极的情感教育价值,除了科学知识本身以外,主要原因还是科学职业活动的特点,科学活动对情操的影响具有某种特殊机制。遗憾的是,科学理智活动并没有在近代以来的教育中作为情感教育的重要形式。直到 19 世纪、20 世纪之交,西方教育仍然存在着两种文化的断裂:一方面,认为只有传统的文科教育才能达到培养人的精神的目的,将教育集中于文法、修辞和逻辑学习,对数学和科学的学习主要是逻辑—理智思维的训练;另一方面,认为科学知识本身永远具有积极的文化含义,科学可以直接作用于道德,结果,走向了唯科学主义。"②科技与人文的分裂一直延续到现在,在当代中国社会,科技文化和人文文化之间的隔阂与纷争已经成为影响德育健康发展的主要原因。

德育活动实际上是一个理智因素和非理智因素相互共生、彼此合作孕育道德智慧,培养良好道德心理,进而形成道德思维、判断和行为的过程。所以说以科技文化为代表的理智因素和以人文文化为代表的非理智因素是影响德育实践效果的两大重要因素。建立在逻辑—理智思维基础上的德育方式的典型代表就是知性德育,建立在情感—体验认知基础上的德育方式的典型代表就是生活德育。知性德育和生活德育直接构成了当代中国德育

---

① 杰拉尔德·霍尔顿:《爱因斯坦、历史与其他激情——20 世纪末对科学的反叛》,刘鹏、杜严勇译,南京大学出版社 2006 年版,第 118 页。

② 朱小蔓:《情感教育论纲》,人民出版社 2007 年版,第 95 页。

实践的两极,前者强调道德知识、规范的灌输和学习,道德意识、思维的培养和锤炼,后者着重在日常化的情境生活、交往、叙事和游戏中来逐渐让学生领悟和体会到各种道德的真意,进而形成合乎学生身心发展需要的价值观念和人格品性。在这二者之间,我们到底该如何评判孰优孰劣,还有就是如何根据社会现实和教育实践的要求,来促进它们彼此之间的沟通和协调?"我们不必将面向知识社会的教学与超越知识社会的教学视为一对不可调和的矛盾。我们很容易倾向于选择坚持站在其中的某一边,即我们可能会选择教育年轻人成为适应知识经济的人,或者选择教育年轻人成为具有公民责任和世界认同意识的人,做到这一点并非难事。不过,这两种极端观点中的任何一种都难以赢得年轻人的支持。纯粹面向知识社会的教学只可能为学生和社会提供经济繁荣的保障,但却会把人与人之间的关系局限在工具层面和经济层面上,把人与人之间的互相交往活动局限在短期协作的'十字转门世界'(turnstile world)中,还会把人们的激情和愿望引向购物、娱乐等活动的消费发泄中,进而导致人们疏离相互之间的交往。""纯粹超越知识社会的教学只可能培养人的关爱之心,发展人的品性,以及构建人的世界认同观。在这种情况下,教学很难为受教育者走向知识经济做好充分准备,他们将来很可能被这个知识社会所排斥——因为他们将缺乏解决生存问题并走向成功的基本素质。""历史发展证明,虽然人们很想为未来的工作和美好的生活打下坚实的基础,但却很难协调教育的经济目标与社会目标之间的关系,它只能导致政策上永不停息的钟摆现象的产生。"[①]依靠知识,特别是利用科技知识来发展生产力,实现国家的繁荣富强是当代中国社会生产实践的主要特征,科技、经济与教育三位一体的结构模式成为社会生活组织架构的基本形态。经济中心的发展氛围和舆论环境必然使教育成为推动科技腾飞,进而实现经济快速增长的最为有效的工具。社会发展的这种短期行为是以牺牲教育系统的目标和价值独立性为代价的,即科技知识的学习和智能型的人才产出成为学校教育的核心目标和成就尺度,教育的社会经济期望远远要高于它的内在价值、道德和自由的理想。由于转型时期德育更多的是面向知识社会的教学,而不是真正意义上的超越知识社会的教学,因而德育的总体情况不能令人满意。

"一般说来,科学具有两个最重要的传统:一个是重功利的技术传统;另

---

① 安迪·哈格里夫斯:《知识社会中的教学》,熊建辉、陈德云等译,华东师范大学出版社 2007 年版,第 65 页。

一个是重理想的精神传统。这两个传统和科学一样源远流长，一直可以追溯到'科学的黎明'。"①因此，从社会历史和文化传统来看，科技文化与人文精神具有内在统一性，这种统一性不但有历史基础，而且在现实层面上也是可能的。"如果将人文价值中的'人文'理解成'人'和'文化'，那么，我们便不难看到，科学技术的发展不仅同'人'和'文化'密切相关，而且是'人'和'文化'能否得以充分发展的决定性因素。因为科学技术的发展是社会生产力和经济发展的决定性因素，而社会生产力和经济的发展又是'人'和'文化'发展的最坚实的基础。因此，从这种意义上讲，科学的技术价值、经济价值也具有十分重要的人文意义和人文价值。"②既然科技精神与人文价值理应是相辅相成，合而为一的，那么，在当代中国社会，又是什么原因造成了科技与人文的相互分裂呢？"'不计利害'对于一个崇尚实用理性的民族来说是很难理解和接受的，这正是我们缺乏科学精神的根本原因。'不计利害'包含着独立思考、怀疑批判的精神，包含着不畏强权、为真理而献身的精神，包含着为科学而科学的精神，所有这一切，实际上都是自由的精神。弘扬科学精神，首先是弘扬自由的精神。因为在这个科技昌明的时代，自由的精神反而面临着威胁和危险。'算计利害'而非'不计利害'成了压倒性的时代精神，令自由的心灵感到窒息，这是90年代的有识之士发起人文精神大讨论的真正动机。"③因此，当代中国遭遇科技与人文的分裂，既有其深刻的民族历史文化原因，又有其复杂的社会现实原因。在面向未来的发展之路上，教育能否在科技与人文之间架起一座沟通的桥梁，促进二者的融合和比翼齐飞呢？我们认为，这将取决于教育的理想和教育功能的定位，同时也取决于道德教育的深度和广度。从宏观的社会背景和环境来看，科技文化的主导性优势对于整个教育活动的影响依然明显，人文价值和人文精神在教育体系中的参与力度不够，渗透程度不高。从微观的课程设置和教学策略来看，强调知识、技能的认知主义和技术理性还处在教育的中心位置。令人欣慰的是，随着外部社会文化环境的改观和教育改革（特别是课程改革）的日渐深入，人们已经越来越意识到不但要从教育内部来真正实现科技与人文的协调与统一，沟通与合作，而且要在广泛的社会实践中来嫁接科技与人文。"科学课程作为学校课程体系的有机组成部分，其在道德教化、社会价值规

---

① 孟建伟：《论科学的人文价值》，中国社会科学出版社 2000 年版，第 103 页。

② 孟建伟：《论科学的人文价值》，中国社会科学出版社 2000 年版，第 130—131 页。

③ 吴国盛：《科学与人文》，《中国社会科学》2001 年第 4 期，第 4—15 页。

范的渗透、维护社会秩序和社会和谐方面具有重要的、特有的社会化功能。对科学课程的社会功能的分析大概可以从两个层面展开：一是在宏观结构上，科学课程的纵向层级结构和横向的属性分类，承担着社会选择的功能。比如，接受高等理科教育的学生在社会上处于高位是没有异议的，接受职业技术教育和普通教育的学生在就业中的差别也是被人理解的。二是在微观上，科学课程具有意识形态的功能，在宣扬一种普遍主义、实证主义、个人主义、价值中立主义的价值观。这种对普遍主义的信任恰恰是实现社会控制的知识基础。"①

第三节 走向交往理性的当代中国德育

从中国社会历史发展的大致趋向来看，传统文化在社会生产领域里的表现以实用精神见长，在教育活动中以道德体认为主。当传统文化在近代遭遇西方理性文化，特别是以科技文化为代表的工具理性文化时，传统文化中的实用精神得到了新的释放、助长和勃发，但是传统文化中的道德体认旨趣却式微，走向了没落，甚至被人遗忘。这种趋势一直延续到当代，并且深刻地影响着我们这个时代的教育精神。当代中国社会的德育，尤其是学校德育中长期流行着单向度、控制性、管理化的灌输方式，除去政治和社会意识形态的影响，一个非常重要的原因就是实用主义的科技理性对于德育实践的支配。"灌输德育存在于现时教育中有着深层的理性根源。随着科学技术在认识和改造自然方面取得的巨大成功，理性开始与科学技术相结合，并沦为狭隘的自然科学理性，人们也逐渐习惯于把理性视为一种纯粹工具性的东西，或等同于'科学理性'。科技理性变成了'理性'的同义词，'理性'不再具备探寻人存在的意义和道德价值上的规范的精神，而仅具有冷静和准确计算的能力。科技理性的无限延伸，使一切价值上的问题被还原至科技层次上的问题，而本应属于人文世界的德育也被自然科学化。然而，道德不仅仅是知识，它是一种人们践行道德的'识见'和'体验'，仅通过说教和学习是不可能获取的，它需要道德主体通过'无知的觉解'才能彻底领悟而有

---

① 赵长林：《科学课程知识观的重建——在人文与科学之间》，中国社会科学出版社2008年版，第143页。

所'得'。"①灌输德育践行的是一种完全"主—客"二分的世界观和价值论,它将受教育者当成是被支配和指导的对象,德育过程中知识代替了价值,权威代替了关爱。灌输德育与工业时代的工具理性精神是相得益彰的,但它缺乏内在的创造性和自我扬弃的能力,与后工业文明的时代精神是相冲突的,因此必须在哲学认识论上用交往理性对科技化的工具理性进行改革和置换,进而使德育在当代社会实践中实现适应性和超越性的双重转型。

哈贝马斯将现代社会结构划分为"生活世界"和"系统"两个层面:"生活世界"由社会、文化和个体三个要素组成,它为人们的交往行为提供许多信念性和知识性的东西;"系统"概念则与"生活世界"相对应,它是指某些目的合理的、物质性的、生产性的事物,例如社会的经济和政治系统等等,可以说它是工具理性制度化的产物。哈贝马斯还指出,"生活世界"和"系统"在当代社会中是严重脱节的,日常世界的交往行为被不断发展的科技理性所俘获、排挤和同化,这是造成二者日渐失去关联的最为主要的原因之一。一方面,受工具理性的影响,人们的物质化的工具行为和欲望不断增加,进而被很多人接受,变得合理,而人们双向性的惯常的交往行为在相形之下却显得不那么合理了;另一方面,作为日常交往行为中介的语言符号和代码也在制度化和工具理性的双重"压迫"下产生扭曲和异化,失去了其独特的表情达意的情境交流功能,遗留下来的多是些迫于外在社会力量而形成的形式化的虚假语言上的认同和默契。虽然哈贝马斯交往理论的着力点是对于资本主义社会现代性的批判和反思,但是它却对我们认识和理解当代中国社会的发展现实和教育基本现状有着重要的借鉴和参考意义。以哈贝马斯的理论为依据,我们可以发现,当代中国社会也处在一个"生活世界"面临殖民和"系统"力量不断被强化的境地。学校是兼有"生活世界"和"系统"双重结构特征的社会组织和机构,在前述大背景下,当代学校教育肩负着如何整合"生活世界"和社会"系统",拉近二者的距离和促进彼此融合的重任。与此同时,学校教育还有一个自我革新的任务,即在新的历史条件下,重构学校的精神使命和文化目标。道德教育涉及现实教育活动中方方面面的因素,它以广泛的"生活世界"和社会"系统"为基础,同时又为实现学校教育的整体价值追求提供有力的保障。

"哈贝马斯反复强调,交往行为是在理解的基础上达到共识的或合作性

---

① 郭劲松:《交往理性与德育理念的重建》,《伦理学研究》2005 年第 3 期,第 74—77 页。

的交往活动。"①"交往行为通过理解所达到的合作化的力量,在哈贝马斯看来也是一种言语力量,即通过对观点进行论证而动员的力量。"②"哈贝马斯的'理解'或'相互理解'概念,又体现了交互主体的相互承认这一伦理内涵。理解是交互主体间的理解。哈贝马斯明确地把权力话语排除在交往活动之外,这是因为,权力话语的说者与听者之间并没有一种可以共享的平等性交互主体性条件。"③道德教育在很大程度上可以被看作是一种话语实践的社会事务,它的展开方式和内容表现了特定历史时期教育者和受教育者之间的话语地位和话语关系,因此可以说道德教育践行着话语伦理的深刻时代语意和内涵。当代中国德育的话语中心正在经历着从道德灌输向道德发展的转型,转型的动力之源则来自于两个方面:一是外在时代背景和精神现状正在从"生产—生存"走向"生命—生活";二是德育实践的方式从传统的自上而下的政治主导型向自下而上的教育主导型的转变。"交往德育,置德育于文化领域,视道德为主体自由意志之创造,道德生成于主体间的对话与理解中,即生成于自由交往中,而自由交往又是由文化力推动的,所以说,交往德育乃是文化力德育。"④因此,以交往德育为代表的建立在交往理性基础上的德育理论和实践的新取向,将会成为德育发展的重要趋势,也定会为德育活动带来新的契机和希望。

第四节　科技时代召唤终身德育

　　传统的学校德育,从其目标、过程、方法、内容和评价来看,大体都具有封闭性和知性化的特征,这种特征主要是由学校教育的性质决定的。现代学校教育为了适应社会发展对人才的需求,在其改革过程中不断追求教育质量的量化产出,日益表现为学科化和专业化的发展趋向。道德教育在这种情况下逐渐地被压缩和边缘化,地位明显下降,最为严重的是道德教育在

---

　　①　龚群:《道德乌托邦的重构——哈贝马斯交往伦理思想研究》,商务印书馆 2003 年版,第 116 页。

　　②　龚群:《道德乌托邦的重构——哈贝马斯交往伦理思想研究》,商务印书馆 2003 年版,第 143 页。

　　③　龚群:《道德乌托邦的重构——哈贝马斯交往伦理思想研究》,商务印书馆 2003 年版,第 145 页。

　　④　彭未名:《交往德育论》,2003 年华中科技大学博士学位论文,第 66 页。

教育活动中的统合性被打破和割裂,变得支离破碎。这就背离了学校教育的根本目的和主旨,德育在一味适应外部社会要求的同时,却使自己供给社会道德需要的能力弱化,教育因此而不能满足社会对于具有良好道德素养和综合创新能力的人才要求。当今时代科学技术发展迅速,知识总量突飞猛进,现代教育观的瓶颈效应已经显现。因此,如何将科技文化与道德教育进行有机融合,这是现阶段和今后很长一段时期内教育改革面临的紧迫任务之一。

"在一般情况下,正规教育仅仅是或主要是针对学会认知,较少针对学会做事。而学会共同生活和学会生存这两种学习在学校教育中往往带有很大的随意性,同时它们也被看作是学会认知和学会做事这两种学习的一种自然而然的延伸。"①科技的发展及其在学校教育中的运用,使教育活动的理念更趋多元化,单纯强调灌输和通过知识学习来提高德育水平和效果的信念被打破。在科技文化高涨的今天,学校教育应该首先着眼于学生完整人格的培养和塑造,借助于科技手段,通过多种形式和渠道,不断提升学生的人文素养和道德品质。如火如荼的科技文化对传统学校德育构成了全面的挑战和威胁,同时它也意味着某种新契机的出现。现代学校教育的线性发展模式根深蒂固,科技文化的引入使得学校德育的内容和组织形式日益丰富,德育过程的建构性和生成性开始凸显,更加追求以人为本,德育实践方式的自组织特征加强。

人类社会今天的科技发展水平和知识规模是历史上的任何时期都不能比拟的。在知识增长比较缓慢的农业社会,道德教育和人文知识的传授在学校教育中居于主导地位。这个阶段的学校教育对于个人来讲可以说是一次性和终身受用的,因为此时知识更新的速度极为缓慢,受教育者也只是社会上的极少数人。近代工业革命以来,科技飞速发展,并且成为推动人类社会前进最为重要的力量。今天,学校教育已不可能向学生传授所有的知识,教育活动主要着眼于学生的道德水平、学习能力和各方面综合素质的提高,学校生活已经成为学生走向社会的"加油站"。当今社会的分工更加精细,人与人之间、各个行业之间的联系也日益密切,任何人都不可能脱离他人和社会而求得生存,这种情况的出现在很大程度上是由科技的发展造成的。因此,终身教育、学习化社会和学习型组织的观念已经渗入到日常生活的方

---

① 国际 21 世纪教育委员会向联合国教科文组织提交的报告:《教育——财富蕴藏其中》,联合国教科文组织总部中文科译,教育科学出版社 1996 年版,第 76 页。

方面面。终身教育思想的出现不光是知识传承和创新本身的需要,它同时也是教育发展规律的要求。"生活世界的电脑黑客文化和日常文化适应于、服从于电脑的现象,是一种文化病态,有其病理特征。而危险在于,如果教育和文化意识不能抗拒意识的技术化,抗拒由信息技术—媒介而来的表达和理解能力的狭隘化,那么,这种病态文化因素就会普遍化,并塑造我们的总体文化与日常生活。尤其在学校,必须避免过度电脑化,因为电脑迎合了孩子们对于权力和明确性的幻想,并助长这些幻想。"①科技文化的发展使得功利主义的思想日渐深入人心,社会的道德伦理重建必须依托终身性的道德教育来构建和完成。因此,在一定意义上讲,科技文化的发展促使终身德育成为终身教育的重要组成部分,"终身教育是不断塑造人,不断扩展其知识和才能以及不断培养其判断能力和行为能力的过程"②。

传统学校德育的主要任务一般是将社会基本的道德伦理规范和制度法则传授给学生,培养学生适应社会与面向未来生活的道德素养和良好行为习惯。在社会经济和文化发展水平比较低的前现代社会,可以说学校教育的内容是以受教育者的德性之知为中心的。科技理性主导下的现代文明使得以人文教育为主的古典教育活动转向以智育为主的现代学校教育。从培根的"知识就是力量",到19世纪末期斯宾塞的"科学知识最有价值",再到当代的"科学技术是第一生产力",由此我们能够充分体会到科技知识和科技文化在社会生活中的突出作用。目前,科技理性对于社会精神文明的深刻影响已经成为不争的事实。科技理性所负载的伦理道德风险,科技发展所开掘出来的伦理道德鸿沟,科技文化所带来的伦理道德危机不断地提醒着我们要关注学校德育的局限性及其所面临的挑战,不停地呼唤着全社会范围内的成人德育、终身德育以及全世界在伦理道德议题上的广泛共识和通力合作。因此,科技实践推动学校德育走出校园生活,并与成人德育接轨,积极参与社会整体的道德建设。在今天的社会生活中,诸如医学伦理、基因伦理、环境伦理等这些与科技发展密切相关的现实问题,已经引起了人们的广泛参与和讨论,成为组织和实施社会整体德育的重要内容。"用工业文明的最本质的精神即技术理性和人本精神来重新塑造中国民众的生存模

---

① 彼得·科斯洛夫斯基:《后现代文化——技术发展的社会文化后果》,毛怡红译,中央编译出版社2006年版,第49页。

② 国际21世纪教育委员会向联合国教科文组织提交的报告:《教育——财富蕴藏其中》,联合国教科文组织总部中文科译,教育科学出版社1996年版,第92页。

式和生存方式,实现人自身的现代化。这既是价值与文化转变的主导价值目标,也是确立中国社会新文化的框架内涵的基点,有关道德规范、价值观点、文化精神的一切调整或改变,均应以此为核心。"①我们可以看到,技术理性在当代社会的发展已经远远超越了人本精神,道德教育是缩短它们二者的差距,调节和平衡双方实力的重要力量。若要真正实现技术理性与人本精神在促进社会和个人发展过程中的和谐共生,我们还有一段较长的路要走,这就要求我们在德育活动中必须坚持终身德育的理念。

---

①　衣俊卿:《回归生活世界的文化哲学》,黑龙江人民出版社 2000 年版,第 451 页。

参考文献

一、中文著作类

[1] B. A. 苏霍姆林斯基. 怎样培养真正的人[M]. 蔡汀,译. 北京:教育科学出版社,1992.

[2] C. P. 斯诺. 两种文化[M]. 陈克艰,秦小虎,译. 上海:上海科学技术出版社,2003.

[3] F. W. 克罗恩. 教学论基础[M]. 李其龙,李家丽,等,译. 北京:教育科学出版社,2005.

[4] F. 拉普. 技术哲学导论[M]. 刘武,等,译. 沈阳:辽宁科学技术出版社,1986.

[5] F. 贝尔,D. 布尔格,等. 技术帝国[M]. 刘莉,译. 北京:生活·读书·新知三联书店,1999.

[6] Howard A Ozmon,Samuel M Craver. 教育的哲学基础[M]. 石中英,邓敏娜,译. 北京:中国轻工业出版社,2006.

[7] J. D. 贝尔纳. 科学的社会功能[M]. 陈体芳,译. 北京:商务印书馆,1982.

[8] Leo H. Bradley,等. 课程领导——超越统一的课程标准[M]. 吕立杰,等,译. 北京:中国轻工业出版社,2007.

[9] P. 布尔迪约,J. C. 帕斯隆. 再生产——一种教育系统理论的要点[M]. 邢克超,译. 北京:商务印书馆,2002.

[10] R. K. 默顿. 科学社会学[M]. 鲁旭东,林聚任,译. 北京:商务印书馆,2003.

[11] R. M. 基辛. 文化・社会・个人[M]. 甘华鸣,等,译. 沈阳:辽宁人民出版社,1988.

[12] R. 赫斯利普. 美国人的道德教育[M]. 王邦虎,译. 北京:人民教育出版社,2003.

[13] S. E. 佛罗斯特. 西方教育的历史和哲学基础[M]. 吴元训,等,译. 北京:华夏出版社,1987.

[14] Sandra Hollingsworth 主编. 国际视野中的行动研究——不同的教育变革实例[C]. 黄宇,刘丽丽,等,译. 北京:中国轻工业出版社,2002.

[15] W. C. 丹皮尔. 科学史及其与哲学和宗教的关系[M]. 李珩,译. 北京:商务印书馆,1975.

[16] 阿伦・布洛克. 西方人文主义传统[M]. 董乐山,译. 北京:生活・读书・新知三联书店,1997.

[17] 阿诺德・盖伦. 技术时代的人类心灵[M]. 何兆武,何冰,译. 上海:上海科技教育出版社,2003.

[18] 埃德加・莫兰. 复杂性理论与教育问题[M]. 陈一壮,译. 北京:北京大学出版社,2004.

[19] 埃德蒙德・胡塞尔. 欧洲科学危机和超验现象学[M]. 张庆熊,译. 上海:上海译文出版社,1988.

[20] 埃・弗洛姆编. 马克思论人[M]. 陈世夫,张世广,译编. 西安:陕西人民出版社,1991.

[21] 埃里克・阿什比. 科技发达时代的大学教育[M]. 腾大春,腾大生,译. 北京:人民教育出版社,1983.

[22] 爱弥尔・涂尔干. 道德教育[M]. 陈光金,等,译. 上海:上海人民出版社,2006.

[23] 爱因斯坦文集(第三卷)[M]. 许良英、赵中立、张宣三,编译. 北京:商务印书馆,1979.

[24] 安德鲁・芬伯格. 技术批判理论[M]. 韩连庆,曹观法,译. 北京:北京大学出版社,2005.

[25] 安迪・哈格里夫斯. 知识社会中的教学[M]. 熊建辉,陈德云,等,译. 上海:华东师范大学出版社,2007.

[26] 安东尼・吉登斯. 现代性的后果[M]. 田禾,译. 南京:译林出版社,2000.

[27] 安桂清. 整体课程论[M]. 上海:华东师范大学出版社,2007.

[28] 奥雷里欧・佩西. 世界的未来——关于未来问题一百页[M]. 王肖萍,

蔡荣生,译.北京:中国对外翻译出版公司,1985.

[29] 奥特弗利德·赫费.作为现代化之代价的道德[M].邓安庆,朱更生, 译.上海:上海译文出版社,2005.

[30] 保罗·莱文森.思想无羁——技术时代的认识论[M].何道宽,译.南 京:南京大学出版社,2003.

[31] 贝尔纳·斯蒂格勒.技术与时间[C].裴程,译.南京:译林出版社,2000.

[32] 彼得·科斯洛夫斯基.后现代文化——技术发展的社会文化后果[M]. 毛怡红,译.北京:中央编译出版社,2006.

[33] 别尔嘉耶夫.论人的使命[M].张百春,译.上海:学林出版社,2000.

[34] 曹荣湘选编.解读数字鸿沟——技术殖民与社会分化[C].上海:上海 三联书店,2003.

[35] 陈凡,张明国.解析技术[M].福州:福建人民出版社,2002.

[36] 陈桂生.中国德育问题[M].福州:福建教育出版社,2007.

[37] 陈晓平.面对道德冲突——关于素质教育的思考[M].北京:中央编译 出版社,2002.

[38] 陈清州主编.邓小平教育思想初探[M].北京:教育科学出版社,1990.

[39] 成伯清.走出现代性——当代西方社会学理论的重新定向[M].北京: 社会科学文献出版社,2006.

[40] 程建平,谢廷平,等.主体性人格培育论[M].北京:北京大学出版 社,2004.

[41] 初广志,郎劲松,张殿元.转型期大众传播媒介的伦理道德研究[M].北 京:首都师范大学出版社,2007.

[42] 丛立新.课程论问题[M].北京:教育科学出版社,2000.

[43] 大卫·雷·格里芬.后现代科学——科学魅力的再现[M].马季方,译. 北京:中央编译出版社,1998.

[44] 戴本博主编.外国教育史(上)[M].北京:人民教育出版社,1989.

[45] 戴维·波普诺.社会学(第十版)[M].李强,等,译.北京:中国人民大学 出版社,1999.

[46] 单中惠,杜成宪主编.中外教育简史[M].北京:北京师范大学出版 社,2002.

[47] 单中惠主编.外国教育思想史[M].北京:高等教育出版社,2000.

[48] 邓小平.邓小平论教育[M].北京:人民教育出版社,1995.

[49] 邓小平.邓小平文选(第二卷)[M].北京:人民出版社,1994.

[50] 邓小平.邓小平文选(第三卷)[M].北京:人民出版社,1993.

[51] 丁钢主编.创新:新世纪的教育使命[C].北京:教育科学出版社,2000.

[52] 杜普伊斯,高尔顿.历史视野中的西方教育哲学[M].彭正梅,朱承,译.北京:北京师范大学出版社,2006.

[53] 杜时忠.德育十论[M].哈尔滨:黑龙江教育出版社,2003.

[54] 杜时忠.科学教育与人文教育[M].武汉:华中师范大学出版社,1998.

[55] 杜威.道德教育原理[M].王承绪,等,译.杭州:浙江教育出版社,2003.

[56] 恩格斯.反杜林论[M].北京:人民出版社,1993.

[57] 恩斯特·卡西尔.人论[M].甘阳,译.上海:上海译文出版社,1985.

[58] 樊葵.媒介崇拜论[M].北京:中国传媒大学出版社,2008.

[59] 菲力浦·孔布斯.世界教育危机——八十年代的观点[M].赵宝恒,李环,等,译.北京:人民教育出版社,1990.

[60] 冯建军.当代主体教育论——走向类主体的教育[M].南京:江苏教育出版社,2004.

[61] 冯建军.生命与教育[M].北京:教育科学出版社,2004.

[62] 弗里德里希·A.哈耶克.科学的反革命——理性滥用之研究[M].冯克利,译.南京:译林出版社,2003.

[63] 福柯.词与物[M].莫伟民,译.上海:上海三联书店,1996.

[64] 富田彻男.技术转移与社会文化[M].张明国,译.北京:商务印书馆,2003.

[65] 高德胜.道德教育的时代遭遇[M].北京:教育科学出版社,2008.

[66] 高德胜.知性德育及其超越——现代德育困境研究[M].北京:教育科学出版社,2003.

[67] 高伟.生存论教育哲学[M].北京:教育科学出版社,2006.

[68] 高兆明,李萍,等.现代化进程中的伦理秩序研究[M].北京:人民出版社,2007.

[69] 格莱夫斯.中世教育史[M].吴康,译.上海:华东师范大学出版社,2005.

[70] 葛进平.浙江农村青少年大众传媒接触及影响实证研究[M].杭州:浙江大学出版社,2007.

[71] 葛兆光.中国思想史(第一卷)[M].上海:复旦大学出版社,2001.

[72] 龚海泉,万美容,梅萍.当代公民道德教育[M].北京:中央文献出版社,2000.

［73］龚群.道德乌托邦的重构——哈贝马斯交往伦理思想研究［M］.北京：商务印书馆,2003.

［74］辜胜阻.教育发展与改革热点问题探索［M］.武汉：湖北教育出版社,2007.

［75］顾红亮.现代中国平民化人格话语［M］.上海：华东师范大学出版社,2005.

［76］顾明远.教育：传统与变革［M］.北京：人民教育出版社,2004.

［77］顾明远主编.教育大辞典（第6卷）［M］.上海：上海教育出版社,1992.

［78］郭庆光.传播学教程［M］.北京：中国人民大学出版社,1999.

［79］国际21世纪教育委员会向联合国教科文组织提交的报告.教育——财富蕴藏其中［M］.联合国教科文组织总部中文科,译.北京：教育科学出版社,1996.

［80］哈贝马斯.认识与兴趣［M］.郭官义,李黎,译.上海：学林出版社,1999.

［81］哈贝马斯.作为“意识形态”的技术与科学［M］.李黎,郭官义,译.上海：学林出版社,1999.

［82］海德格尔.人,诗意的安居［M］.郜元宝,译.上海：上海远东出版社,2004.

［83］何小忠.偶像亚文化与青少年榜样教育［M］.南昌：江西人民出版社,2007.

［84］赫尔穆特·施密特.全球化与道德重建［M］.柴方国,译.北京：社会科学文献出版社,2001.

［85］赫胥黎.科学与教育［M］.单中惠,平波,译.北京：人民教育出版社,1990.

［86］洪万生.格物与成器［C］.台北：联经出版事业公司,1981.

［87］扈中平,刘朝晖.挑战与应答——20世纪的教育目的观［M］.济南：山东教育出版社,1995.

［88］黄济,郭齐家主编.中国教育传统与教育现代化基本问题研究［M］.北京：北京师范大学出版社,2003.

［89］黄济.教育哲学通论［M］.太原：山西教育出版社,2006.

［90］黄书光,王伦信,袁文辉.中国基础教育改革的文化使命［M］.北京：教育科学出版社,2001.

［91］黄向阳.德育原理［M］.上海：华东师范大学出版社,2000.

［92］黄学规.审美与人生［M］.杭州：浙江大学出版社,2003.

[93] 霍尔,戴维斯.道德教育的理论与实践[M].陆有铨,魏贤超,译.杭州:浙江教育出版社,2003.

[94] 霍华德·加德纳.重构多元智能[M].沈致襄,译.北京:中国人民大学出版社,2008.

[95] 吉尔·德拉诺瓦.民族与民族主义[M].郑文彬,洪晖,译.北京:生活·读书·新知三联书店,2005.

[96] 纪大海.教育漫语——现代教育生活的领悟[M].南京:南京师范大学出版社,2005.

[97] 蒋家琼.大学科学教育中实施美育的研究[M].长沙:湖南大学出版社,2007.

[98] 杰弗瑞·戈比.21世纪的休闲与休闲服务[M].昆明:云南人民出版社,2000.

[99] 杰拉尔德·霍尔顿.爱因斯坦、历史与其他激情——20世纪末对科学的反叛[M].刘鹏,杜严勇,译.南京:南京大学出版社,2006.

[100] 金生鈜.规训与教化[M].北京:教育科学出版社,2004.

[101] 金生鈜.理解与教育[M].北京:教育科学出版社,1997.

[102] 景志明,宋春宏主编.中外学校德育综合比较[M].重庆:西南师范大学出版社,2001.

[103] 凯文·罗宾斯,弗兰克·韦伯斯特.技术文化的时代[M].何朝阳,王希华,译.合肥:安徽科学技术出版社,2004.

[104] 克里夫·贝克.优化学校教育——一种价值的观点[M].戚万学,等,译.上海:华东师范大学出版社,2003.

[105] 乐爱国.儒家文化与中国古代科技[M].北京:中华书局,2002.

[106] 李凯尔特.文化科学和自然科学[M].涂纪亮,译.北京:商务印书馆,1986.

[107] 李康平.德育发展论[M].北京:中国社会科学出版社,2004.

[108] 李伦.鼠标下的德性[M].南昌:江西人民出版社,2002.

[109] 李庆霞.社会转型中的文化冲突[M].哈尔滨:黑龙江人民出版社,2004.

[110] 李申.中国古代哲学和自然科学[M].上海:上海人民出版社,2002.

[111] 李太平.全球问题与德育[M].武汉:华中科技大学出版社,2002.

[112] 李文阁.生活价值论[M].昆明:云南人民出版社,2005.

[113] 李向平.文化正当性的冲突[M].上海:百家出版社,2006.

[114] 李约瑟. 中国科学技术史(第二卷)[M]. 何兆武,等,译. 北京:科学出版社,1990.

[115] 励雪琴. 教育学是什么[M]. 北京:北京大学出版社,2006.

[116] 联合国教科文组织国际教育发展委员会编. 学会生存——教育世界的今天和明天[M]. 华东师范大学比较教育研究所,译. 北京:教育科学出版社,1996.

[117] 列维-布留尔. 原始思维[M]. 丁由,译. 北京:商务印书馆,1985.

[118] 林文刚编. 媒介环境学[M]. 何道宽,译. 北京:北京大学出版社,2007.

[119] 刘朝谦. 技术与诗[M]. 北京:中国社会科学出版社,2004.

[120] 刘次林. 以学定教——道德教育的另一种思路[M]. 北京:教育科学出版社,2008.

[121] 刘大椿,段伟文. 转型驱动力——现代科技革命与社会变革[M]. 南昌:江西高校出版社,2002.

[122] 刘大椿. 科学技术哲学导论[M]. 北京:中国人民大学出版社,2000.

[123] 刘德华. 科学教育的人文价值[M]. 成都:四川教育出版社,2003.

[124] 刘德华. "点击"学校课程——走在十字路口的科学教育[M]. 福州:福建教育出版社,2001.

[125] 刘慧. 生命德育论[M]. 北京:人民教育出版社,2005.

[126] 刘惊铎. 道德体验论[M]. 北京:人民教育出版社,2003.

[127] 刘精明. 国家、社会阶层与教育[M]. 北京:中国人民大学出版社,2005.

[128] 刘精明,等. 转型时期中国社会教育[M]. 沈阳:辽宁教育出版社,2004.

[129] 刘铁芳. 生命与教化[M]. 长沙:湖南大学出版社,2004.

[130] 刘铁芳. 走在教育的边缘[M]. 上海:华东师范大学出版社,2006.

[131] 鲁洁,王逢贤主编. 德育新论[M]. 南京:江苏教育出版社,2000.

[132] 鲁洁. 道德教育的当代论域[M]. 北京:人民出版社,2005.

[133] 鲁洁主编. 德育现代化实践研究[M]. 南京:江苏教育出版社,2003.

[134] 鲁洁主编. 教育社会学[M]. 北京:人民教育出版社,1990.

[135] 路易斯·拉思斯. 价值与教学[M]. 谭松贤,译. 杭州:浙江教育出版社,2003.

[136] 陆有铨. 躁动的百年——20 世纪的教育历程[M]. 济南:山东教育出版社,1997.

[137] 吕乃基. 科技革命与中国社会转型[M]. 北京:中国社会科学出版社,2004.

[138] 吕巧平. 媒介化生存——中国青年媒体素质研究[M]. 北京：中国传媒大学出版社,2007.

[139] 罗伯特·默顿. 十七世纪英格兰的科学、技术与社会[M]. 范岱年,等,译. 北京：商务印书馆,2000.

[140] 罗素. 西方哲学史(上卷)[M]. 何兆武,李约瑟,译. 北京：商务印书馆,1963.

[141] 马丁·L.霍夫曼. 移情与道德发展[M]. 杨韶刚,万明,译. 哈尔滨：黑龙江人民出版社,2003.

[142] 马丁·海德格尔. 海德格尔选集[M]. 孙周兴选编. 上海：上海三联书店,1996.

[143] 马丁·海德格尔. 人,诗意地安居[M]. 郜元宝,译. 上海：上海远东出版社,2004.

[144] 马克·波斯特. 第二媒介时代[M]. 范静哗,译. 南京：南京大学出版社,2005.

[145] 马克·波斯特. 信息方式[M]. 范静哗,译. 北京：商务印书馆,2000.

[146] 马克思恩格斯全集(第 23 卷)[M]. 北京：人民出版社,1975.

[147] 马克思恩格斯全集(第 42 卷)[M]. 北京：人民出版社,1982.

[148] 马克思恩格斯选集(第 2 卷)[M]. 北京：人民出版社,1972.

[149] 马克斯·韦伯. 儒教与道教[M]. 王容芬,译. 北京：商务印书馆,1995.

[150] 迈克·富兰. 变革的力量——透视教育改革[M]. 中央教育科学研究所,加拿大多伦多国际学院,译. 北京：教育科学出版社,2000.

[151] 迈克尔·阿普尔. 意识形态与课程[M]. 黄忠敬,译. 上海：华东师范大学出版社,2001.

[152] 迈克尔·德图佐斯. 未来的社会——信息新世界展望[M]. 周昌忠,译. 上海：上海译文出版社,1998.

[153] 迈克尔·富兰. 教育变革新意义[M]. 赵中建,陈霞,等,译. 北京：教育科学出版社,2005.

[154] 梅尔茨. 十九世纪欧洲思想史(第一卷)[M]. 周昌忠,译. 北京：商务印书馆,1999.

[155] 梅汝莉,李生荣. 中国科技教育史[M]. 长沙：湖南教育出版社,1992.

[156] 美国科学促进协会. 科学素养的基准[M]. 中国科学技术协会,译. 北京：科学普及出版社,2001.

[157] 门里牟. 当代中国道德教育研究[M]. 呼和浩特：内蒙古人民出版

社,2005.

[158] 孟建伟.论科学的人文价值[M].北京:中国社会科学出版社,2000.

[159] 莫忌华.反思中国教育[M].上海:上海三联书店,2006.

[160] 内尔·诺丁斯.学会关心——教育的另一种模式[M].于天龙,译.北京:教育科学出版社,2003.

[161] 尼尔·波兹曼.娱乐至死[M].章艳,译.桂林:广西师范大学出版社,2004.

[162] 尼古拉斯·阿伯克龙比.电视与社会[M].张永喜,等,译.南京:南京大学出版社,2002.

[163] 尼科·斯特尔.知识社会[M].殷晓蓉,译.上海:上海译文出版社,1998.

[164] 尼克·史蒂文森.媒介的转型——全球化、道德和伦理[M].顾宜凡,等,译.北京:北京大学出版社,2006.

[165] 尼克·史蒂文森.认识媒介文化[M].王文斌,译.北京:商务印书馆,2001.

[166] 诺曼·朗沃斯.终身学习在行动——21世纪的教育变革[M].沈若慧,汤杰琴,等,译.北京:中国人民大学出版社,2006.

[167] 帕梅拉·博洛廷·约瑟夫,等.课程文化[M].余强,译.杭州:浙江教育出版社,2008.

[168] 齐格蒙特·鲍曼.后现代伦理学[M].张成岗,译.南京:江苏人民出版社,2003.

[169] 乔瑞金主编.技术哲学教程[M].北京:科学出版社,2006.

[170] 热罗姆·班德主编.价值的未来[C].周云帆,译.北京:社会科学文献出版社,2006.

[171] 桑新民.呼唤新世纪的教育哲学——人类自身生产探秘[M].北京:教育科学出版社,1993.

[172] 上官子木.创造力危机——中国教育现状反思[M].上海:华东师范大学出版社,2004.

[173] 尚凤祥.现代教学价值体系论[M].北京:教育科学出版社,1996.

[174] 佘双好.现代德育课程论[M].北京:中国社会科学出版社,2003.

[175] 申仲英,萧子健主编.自然辩证法新论(修订版)[M].西安:陕西人民出版社,2000.

[176] 石鸥.教学病理学[M].长沙:湖南教育出版社,1999.

[177] 石中英.知识转型与教育改革[M].北京:教育科学出版社,2001.

[178] 舒红跃.技术与生活世界[M].北京:中国社会科学出版社,2006.

[179] 舒扬.当代文化的生成机制[M].北京:中央编译出版社,2007.

[180] 司马云杰.文化价值论[M].西安:陕西人民出版社,2003.

[181] 斯塔夫里阿诺斯.全球通史——1500 年以前的世界[M].吴象婴,梁赤民,译.上海:上海社会科学院出版社,1999.

[182] 孙彩平.道德教育的伦理谱系[M].北京:人民出版社,2005.

[183] 孙彩平.教育的伦理精神[M].太原:山西教育出版社,2004.

[184] 孙宏安.中国近现代科学教育史[M].沈阳:辽宁教育出版社,2006.

[185] 孙可平.STS 教育论[M].上海:上海教育出版社,2001.

[186] 孙培青,李国钧主编.中国教育思想史(第一卷)[M].上海:华东师范大学出版社,1995.

[187] 孙少平编.新中国德育 50 年[M].福州:福建教育出版社,2002.

[188] 谈新敏主编.公民科学文化素质研究[M].郑州:郑州大学出版社,2005.

[189] 檀传宝.信仰教育与道德教育[M].北京:教育科学出版社,1999.

[190] 檀传宝.德育原理[M].北京:北京师范大学出版社,2006.

[191] 檀传宝.学校道德教育原理[M].北京:教育科学出版社,2000.

[192] 檀传宝,等.大众传媒的价值影响与青少年德育[M].福州:福建教育出版社,2005.

[193] 唐汉卫.生活道德教育论[M].北京:教育科学出版社,2005.

[194] 唐君毅.文化意识与道德理性[M].北京:中国社会科学出版社,2005.

[195] 陶行知,等.生活教育文选[M].成都:四川教育出版社,1988.

[196] 田鹏颖.社会技术哲学[M].北京:人民出版社,2005.

[197] 涂尔干.教育思想的演进[M].李康,译.上海:上海人民出版社,2003.

[198] 涂艳国.科学教育与自由教育[M].合肥:安徽教育出版社,2007.

[199] 涂艳国主编.教育评价[M].北京:高等教育出版社,2007.

[200] 托·亨·赫胥黎.科学与教育[M].单中惠,平波,译.北京:人民教育出版社,1990.

[201] 托宾·哈特.从信息到转化:为了意识进展的教育[M].彭正梅,译.上海:华东师范大学出版社,2007.

[202] 托马斯·库恩.科学革命的结构[M].金吾伦,胡新和,译.北京:北京大学出版社,2003.

［203］瓦尔·西蒙诺维兹,彼得·皮尔斯.人格的发展［M.］.唐蕴玉,译.上海:上海社会科学院出版社,2006.

［204］万光侠,等.思想政治教育的人学基础［M］.北京:人民出版社,2006.

［205］万俊人.义利之间——现代经济伦理十一讲［M］.北京:团结出版社,2003.

［206］王本陆.教育崇善论［M］.广州:广东教育出版社,2001.

［207］王炳照,阎国华主编.中国教育思想通史(第六卷)［M］.长沙:湖南教育出版社,1994.

［208］王炳照,阎国华主编.中国教育思想通史(第一卷)［M］.长沙:湖南教育出版社,1994.

［209］王东莉.德育人文关怀论［M］.北京:中国社会科学出版社,2005.

［210］王前.中国科技伦理史纲［M］.北京:人民出版社,2006.

［211］王前.理科教育中的德育［M］.郑州:河南教育出版社,1991.

［212］王仕民.德育文化论［M］.广州:中山大学出版社,2007.

［213］王树林,戴木材主编.当代中国道德教育［M］.南昌:江西教育出版社,1999.

［214］王天一,夏之莲,等编.外国教育史(修订本)(上册)［M］.北京:北京师范大学出版社,2005.

［215］王玄武,等.比较德育学［M］.武汉:武汉大学出版社,2000.

［216］王学风.多元文化社会的学校德育研究［M］.广州:广东人民出版社,2005.

［217］王有升.理念的力量:基于教育社会学的思考［M］.北京:教育科学出版社,2007.

［218］王政挺.传播:文化与理解［M］.北京:人民出版社,1998.

［219］威廉·V.斯潘诺斯.教育的终结［M］.王成兵,亓校盛,等,译.南京:江苏人民出版社,2006.

［220］魏贤超.德育课程论［M］.哈尔滨:黑龙江教育出版社,2004.

［221］魏贤超.现代德育原理［M］.杭州:浙江大学出版社,1993.

［222］魏则胜.道德建设的文化机制研究［M］.广州:广东人民出版社,2005.

［223］吴安春.回归道德智慧——转型期的道德教育与教师［M］.北京:教育科学出版社,2004.

［224］吴铎,罗国振主编.道德教育展望［M］.上海:华东师范大学出版社,2002.

[225] 吴国盛.科学的历程[M].北京:北京大学出版社,2002.

[226] 吴式颖主编.外国教育史教程[M].北京:人民教育出版社,1999.

[227] 吴永军.课程社会学[M].南京:南京师范大学出版社,1999.

[228] 项贤明.泛教育论[M].太原:山西教育出版社,2000.

[229] 小威廉姆·E.多尔.后现代课程观[M].王红宇,译.北京:教育科学出版社,2000.

[230] 辛继湘.体验教学研究[M].长沙:湖南大学出版社,2005.

[231] 薛晓源,曹荣湘主编.全球化与文化资本[C].北京:社会科学文献出版社,2005.

[232] 雅克·勒戈夫.中世纪的知识分子[M].张弘,译.北京:商务印书馆,1996.

[233] 雅斯贝尔斯.什么是教育[M].邹进,译.北京:生活·读书·新知三联书店,1991.

[234] 亚当·斯密.道德情操论[M].蒋自强,钦北愚,等,译.北京:商务印书馆,1997.

[235] 亚里士多德.形而上学[M].吴寿彭,译.北京:商务印书馆,1959.

[236] 杨德广,晏开利编.中国当代大学生价值观研究[M].上海:上海教育出版社,1997.

[237] 杨小微主编.现代教学论[M].太原:山西教育出版社,2004.

[238] 叶澜.教育概论[M].北京:人民教育出版社,2006.

[239] 叶澜."新基础教育"论——关于当代中国学校变革的探究与认识[M].北京:教育科学出版社,2006.

[240] 伊曼努尔·康德.论教育学[M].赵鹏,何兆武,译.上海:上海世纪出版集团,2005.

[241] 衣俊卿.回归生活世界的文化哲学[M].哈尔滨:黑龙江人民出版社,2000.

[242] 易连云.重建学校精神家园[M].北京:教育科学出版社,2003.

[243] 于伟.现代性与教育[M].北京:北京师范大学出版社,2006.

[244] 于海波.科学课程发展的文化学研究[M].长春:东北师范大学出版社,2007.

[245] 余武.教育技术——信息时代教与学[M].合肥:中国科学技术大学出版社,2002.

[246] 余英时.文化传统与文化重建[M].北京:生活·读书·新知三联书

店,2004.

[247] 余自强.科学课程论[M].北京:教育科学出版社,2002.

[248] 袁锐锷,张季娟编.外国教育史纲[M].广州:广东高等教育出版社,2000.

[249] 袁振国.教育新理念[M].北京:教育科学出版社,2002.

[250] 袁振国主编.当代教育学[M].北京:教育科学出版社,1999.

[251] 约翰·S.布鲁贝克.高等教育哲学[M].王承绪,等,译.杭州:浙江教育出版社,2002.

[252] 约翰·杜威.民主主义与教育[M].王承绪,译.北京:人民教育出版社,2001.

[253] 约翰·杜威.我们怎样思维·经验与教育[M].姜文闵,译.北京:人民教育出版社,2005.

[254] 约翰·杜威.新旧个人主义——杜威文选[M].孙有中,等,译.上海:上海社会科学院出版社,1997.

[255] 约翰·杜威.学校与社会·明日之学校[M].赵祥麟,任钟印,等,译.北京:人民教育出版社,2005.

[256] 约翰·杜威.自由与文化[M].傅统先,译.北京:商务印书馆,1964.

[257] 约翰·怀特.再论教育目的[M].李永红,等,译.北京:教育科学出版社,1997.

[258] 约翰·马丁·里奇,约瑟佛·L.戴维提斯.道德发展的理论[M].姜飞月,译.哈尔滨:黑龙江人民出版社,2003.

[259] 赞科夫.教学论与生活[M].俞翔辉,杜殿坤,译.北京:教育科学出版社,2001.

[260] 曾国屏,李正风,等.赛博空间的哲学探索[M].北京:清华大学出版社,2002.

[261] 张楚廷.高等教育哲学[M].长沙:湖南教育出版社,2004.

[262] 张建伟,孙燕青编译.教育技术的心理学研究[C].北京:北京师范大学出版社,2003.

[263] 张金福.大学人文教育与科学教育结合研究[M].杭州:浙江大学出版社,2006.

[264] 张江南,王惠.网络时代的美学[M].上海:上海三联书店,2006.

[265] 张君劢,丁文江,等.科学与人生观[M].济南:山东人民出版社,1997.

[266] 张力主编.21 世纪教育展望:中国与世界[C].南宁:广西教育出版

社,1996.

[267] 张相轮,佘士生.艺术、科学与人生[M].南京:东南大学出版社,2006.

[268] 张胤.数字化之"道"与当代课程建构——从"实体主义"到"道"的追问[M].南京:东南大学出版社,2004.

[269] 章海山.当代道德的转型和建构[M].广州:中山大学出版社,1999.

[270] 赵长林.科学课程知识观的重建——在人文与科学之间[M].北京:中国社会科学出版社,2008.

[271] 赵健.学习共同体——关于学习的社会文化分析[M].上海:华东师范大学出版社,2006.

[272] 赵汀阳.论可能生活[M].北京:中国人民大学出版社,2004.

[273] 赵汀阳.没有世界观的世界[M].北京:中国人民大学出版社,2005.

[274] 郑金洲.教育文化学[M].北京:人民教育出版社,2000.

[275] 郑欣,等.平民偶像崇拜[M].北京:中国传媒大学出版社,2008.

[276] 中华人民共和国教育部,中共中央文献研究室编.毛泽东、邓小平、江泽民论教育[M].北京:中央文献出版社,人民教育出版社,北京师范大学出版社,2002.

[277] 周建平.追寻教学道德——当代中国教学道德价值问题研究[M].北京:教育科学出版社,2006.

[278] 朱汉民.儒家人文教育的审思[M].武汉:湖北教育出版社,2000.

[279] 朱小蔓.教育的问题与挑战——思想的回应[M].南京:南京师范大学出版社,2000.

[280] 朱小蔓.情感教育论纲[M].北京:人民出版社,2007.

[281] 朱贻庭,秦裕,等.当代中国道德价值导向[M].上海:华东师范大学出版社,1994.

[282] 朱永新.困境与超越——教育问题分析[M].北京:人民教育出版社,2004.

[283] 祝亚平.道家文化与科学[M].合肥:中国科学技术大学出版社,1995.

[284] 邹珊刚主编.技术与技术哲学[M].北京:知识出版社,1987.

[285] 老子·二章.

[286] 老子·十八章.

[287] 论语·述而篇.

[288] 墨子·经上.

[289] 墨子·尚贤上.

[290] 庄子・盗跖.

[291] 庄子・天地.

二、中文期刊类

[1] D.罗宾斯.布迪厄"文化资本"观念的本源、早期发展与现状[J].李中泽摘译.国外社会科学,2006(3):36—42.

[2] M.邦格.科学技术的价值判断与道德判断[J].世界哲学,1993(3):35—41.

[3] 班华,薛晓阳.新时期我国德育模式研究的理论特征[J].北京大学教育评论,2004(1):71—76.

[4] 班华.近十年来德育思想现代化的进展[J].教育研究,1999(2):18—22.

[5] 班华.让教学成为道德事业[J].教育研究,2007(2):12—16.

[6] 班华.世纪之交论德育现代化建设[J].现代教育论丛,1997(1):1—6.

[7] 班华.谈公民的诚信教育[J].中国德育,2008(1):10—16.

[8] 班建武.教师媒体道德形象的影响及原因、对策分析[J].教师教育研究,2007(6):28—32.

[9] 卜卫.关于我国城市儿童媒介接触与道德发展的研究报告[J].新闻与传播研究,1994(1):46—57.

[10] 卜卫.论媒介教育的意义、内容和方法[J].现代传播——北京广播学院学报,1997(1):29—33.

[11] 陈桂生.广义"德育"与狭义"德育"[J].上海教育科研,2003(2):17—20.

[12] 陈桂生.聚焦"德育目标"[J].教育发展研究,2008(Z4):1—6.

[13] 陈桂生.库姆斯《模棱两可的德育问题》解读[J].杭州师范学院学报(社会科学版),2006(4):52—55.

[14] 陈卫平."李约瑟难题"与内圣开出科学[J].浙江社会科学,2006(4):140—147.

[15] 程晋宽.20世纪中国文化变迁和教育变革的历史分析[J].河北师范大学学报(教育科学版),2001(1):34—43.

[16] 崔金赋.论德育与文化的非意识性关系[J].云南师范大学学报(哲学社会科学版),1994(5):50—55.

[17] 段新明.科学技术与道德的同一性关系探悉[J].自然辩证法研究 2008(2):91—95.

［18］段新明.工程哲学视野下的工程教育［J］.高等工程教育研究,2007(1):
　　28—31.

［19］段新明.技术对大学生道德认知的影响及其对策研究［J］.高等农业教
　　育,2006(10):32—34.

［20］樊浩.教育的伦理本性与伦理精神前提［J］.教育研究,2001(1):
　　20—25.

［21］樊浩.中国式道德教育的价值结构与运行原理［J］.社会科学战线,1994
　　(2):100—107.

［22］冯建军,万亚平.闲暇及闲暇教育［J］.教育研究,2000(9):37—40.

［23］冯增俊.科尔伯格道德认知发展建构观的探讨［J］.外国教育研究,1994
　　(2):1—5.

［24］冯增俊.论教育创新与民族创新精神［J］.教育研究,2001(11):24—29.

［25］冯增俊.美国小学德育课程模式历史转型及启示［J］.教育研究,2003
　　(12):51—56.

［26］冯增俊.中国德育改革的策略及其现代化进程［J］.教育导刊,1998(5):
　　6—8.

［27］冯增俊.论教育的现代演进［J］.教育研究,2002(12):22—27.

［28］傅松涛.人的现代化:科技人格和科技本位教育［J］.现代教育论丛,
　　1994(4):5—12.

［29］高德胜.论现代教师应树立的德育观［J］.北京青年政治学院学报,2000
　　(2):5—8.

［30］高德胜.生命休闲教育——兼论教育对休闲的排斥［J］.高等教育研究,
　　2006(5):24—28.

［31］高力克.哈耶克的道德进化论与中国当代道德转型问题［J］.学术月刊,
　　2004(4):40—47.

［32］高岩.关于德育概念的规范性认识［J］.扬州大学学报(高教研究版),
　　2006(2):40—43.

［33］桂质亮.李约瑟难题究竟问什么?［J］.自然辩证法通讯,1997(6):
　　55—64.

［34］郭凤志,胡海波.从政治型到文化型:中国当代德育型态的嬗变路向
　　［J］.东北师范大学学报(哲学社会科学版),2008(4):41—45.

［35］郭劲松.交往理性与德育理念的重建［J］.伦理学研究,2005(3):
　　74—77.

［36］郭娅玲.试析大众传播媒介的德育功能［J］.现代教育论丛,1998(1):24—28.

［37］郭中实.涵化理论:电视世界真的影响深远吗?［J］.新闻与传播研究,1997(2):58—64.

［38］韩连庆.技术与知觉——唐·伊德对海德格尔技术哲学的批判和超越［J］.自然辩证法通讯,2004(5):38—42.

［39］韩升.伦理与道德之辨证［J］.伦理学研究,2006(1):90—92.

［40］郝永平.社会变革与情感转型［J］.理论与现代化,1994(9):25—28.

［41］何克抗.关于教育技术学逻辑起点的论证与思考［J］.电化教育研究,2005(11):3—19.

［42］胡东原.沟通自然科学与道德之间关系的探索——论杜威的科技伦理思想［J］.南京大学学报(哲学·人文·社会科学版),1996(3):33—38.

［43］胡晓玲,万远新.文化构成论:一种理解教育技术本质的新视角［J］.现代远距离教育,2008(1):16—19.

［44］黄世瑞.儒家文化与科学技术［J］.孔子研究,2000(6):17—26.

［45］霍华德·加德纳.未来的教育:教育的科学基础和价值基础［J］.刘沛,译.教育研究,2005(2):12—19.

［46］贾高建.社会转型问题研究:一种立体的逻辑框架［J］.新视野,2007(1):54—56.

［47］贾江华.德育技术:转向?还是超越?［J］.华北电力大学学报(社会科学版),2001(3):83—86.

［48］江苏省南通市教委课题组.中小学德育工艺研究［J］.教育研究,1997(6):35—40.

［49］金生鈜.教育学的合法性与价值关涉［J］.华东师范大学学报(教育科学版),1996(4):8—16.

［50］金生鈜.科学教育与人文教育的整合［J］.教育研究,1995(8):15—18.

［51］金生鈜.课程知识的合法性基础的解构［J］.现代教育论丛,2001(3):15—19.

［52］荆学民.论信仰价值的发生［J］.哲学研究,1994(5):22—27.

［53］课题组.改革开放条件下培养社会主义建设者和接班人德育若干问题研究［J］.教育研究,1998(6):7—14.

［54］乐爱国.《管子》的科技思想及其现代意义［J］.管子学刊,1995(3):21—24.

［55］黎加厚.2005AECT 教育技术定义:讨论与批判［J］.现代远程教育研究,2005(1):11—16.

［56］李康.认识现代教育技术的两种视角［J］.电化教育研究,2002(10):3—6.

［57］李芒.关于教育技术的哲学思考［J］.教育研究,1998(7):69—72.

［58］李世新.对几种工程伦理观的评析［J］.哲学动态,2004(3):35—39.

［59］李太平.全球问题和德育内容的更新［J］.高等教育研究,2002(6):80—83.

［60］梁盛.快乐的《芝麻街》［J］.视听界,2006(1):78—79.

［61］林振武.人文哲学视野中的李约瑟难题与连续性问题［J］.哲学研究,2005(10):81—84.

［62］刘奔.当代科技革命和交往手段的变革［J］.中共宁波市委党校学报,2001(4):5—11.

［63］刘朝晖.教育的希望:科学人文主义教育［J］.教育理论与实践,2001(5):10—13.

［64］刘慧,朱小蔓.多元社会中学校道德教育:关注学生个人的生命世界［J］.教育研究,2001(9):8—12.

［65］刘绍庭.论思想政治教育的虚拟环境［J］.理论月刊,2006(10):179—181.

［66］刘守旗.网络德育:21 世纪的德育革命［J］.南京师大学报(社会科学版),2003(6):69—75.

［67］刘铁芳.面向生活,引导生活——回归生活的德育内涵与策略［J］.教育科学研究,2004(8):48—51.

［68］刘振天.加强整体的教育,克服科技负效应［J］.教育研究,1995(8):23—27.

［69］卢少求.改革开放以来大学生读书思潮的回眸与展望［J］.中国青年研究,2006(1):80—83.

［70］卢周来,曹树枚.解开"李约瑟难题"的一种努力——牟宗三论儒家文化与科学精神［J］.南昌大学学报(社会科学版),1996(4):41—44.

［71］鲁洁.关系中的人:当代道德教育的一种人学探索［J］.教育研究,2002(1):3—9.

［72］鲁洁.实然与应然两重性:教育学的一种人性假设［J］.华东师范大学学报(教育科学版),1998(4):1—8.

[73] 陆有铨.20世纪教育的透视[J].教育研究,1997(12):14—19.

[74] 马会端.论我国STS教育及其模式建构[J].东北大学学报(社会科学版),2002(1):4—7.

[75] 马惠娣.人类文化思想史中的休闲[J].自然辩证法研究,2003(1):55—65.

[76] 马惠娣.文化精神之域的休闲理论初探[J].齐鲁学刊,1998(3):99—107.

[77] 马惠娣.休闲——文化哲学层面的透视[J].自然辩证法研究,2000(1):59—64.

[78] 马来平.默顿命题的理论贡献[J].自然辩证研究,2004(11):105—108.

[79] 马忠庚.佛教科技观初探[J].山东社会科学,2005(12):152—154.

[80] 苗杰.教育的原点与本质——关于"生命教育"的理解[J].教育发展研究,2006(6B):44—46.

[81] 钮则诚.从台湾生命教育到华人生命教育[J].江西师范大学学报(哲学社会科学版),2006(2):12—17.

[82] 潘洪建.什么是知识:教育学的界说[J].江苏大学学报(高教研究版),2005(1):18—24.

[83] 潘建红.科技时代道德教育的遮蔽与回归[J].自然辩证法通讯,2007(1):102—104.

[84] 潘建红.科技伦理教育:道德教育新视点[J].中国高等教育,2008(11):43—44.

[85] 潘建红.科技文化:内涵、层次与特质[J].理论月刊,2007(3):93—95.

[86] 潘建红.论科技与道德协调发展的原则[J].自然辩证法研究,2005(7):86—89.

[87] 彭未名.科技时代的自我物化与德育的理性转移[J].现代大学教育,2007(1):88—91.

[88] 戚万学.20世纪西方道德教育主题的嬗变[J].教育研究,2003(5):28—34.

[89] 戚万学.关于建构中国现代道德教育理论的几点设想[J].教育研究,1997(12):27—31.

[90] 齐学红.我国学校德育模式的社会学研究[J].教育理论与实践,2005(4):60—63.

[91] 邱文祥,李志坤.校园网与学校德育整合的实践研究[J].电化教育研

究,2006(7):46—51.

[92] 曲跃厚,王治河.走向一种后现代教育哲学——怀特海的过程教育哲学[J].哲学研究,2004(5):85—91.

[93] 任长松.20年来课程观的三次变革[J].天津市教科院学报,1999(6):8—9.

[94] 任红娟.面向知识经济时代的德育内容[J].教育理论与实践,2000(1):36—40.

[95] 桑新民.技术—教育—人的发展(上)[J].电化教育研究,1999(2):3—7.

[96] 桑新民.技术—教育—人的发展(下)[J].电化教育研究,1999(3):30—32.

[97] 沙英.精神文明与科学文化[J].社会科学,1982(11):5—7.

[98] 沈贵鹏.社会转型期青少年亚道德试探——兼谈德育转型[J].当代青年研究,1999(3):1—5.

[99] 沈捷.成长良师与贴心玩伴的角色融合[J].视听界,2007(1):86—89.

[100] 盛晓明,王华平.我们需要什么样的工程哲学[J].浙江大学学报(人文社会科学版),2005(5):27—33.

[101] 石鸥,赵长林.科学教科书的意识形态[J].教育研究,2004(6):72—76.

[102] 石中英,梁卿.20世纪中国科学教育的文化批评[J].教育学报,2005(1):51—57.

[103] 石中英.波兰尼的知识理论及其教育意义[J].华东师范大学学报(教育科学版),2001(2):36—45.

[104] 石中英.当代知识的状况与教师教色的转换[J].高等师范教育研究,1998(6):52—57.

[105] 石中英.知识性质的转变与教育改革[J].清华大学教育研究,2001(2):29—36.

[106] 石中英.缄默知识与教学改革[J].北京师范大学学报(人文社会科学版),2001(3):101—108.

[107] 檀传宝.1979—1994:功利主义德育观美学超越的历程[J].高等师范教育研究,1996(4):21—27.

[108] 檀传宝.功利主义:中国德育的症候群之一[J].教育理论与实践,1996(3):24—28.

[109] 唐斌,尹艳秋.科学教育与人文精神——兼论科学的人文教育价值[J].教育研究,1997(11):21—24.

[110] 唐劭廉,吕锡琛."处无为之事,行不言之教"[J].西北师范大学报(社会科学版),2005(2):26—31.

[111] 田小飞,王娜,等.建国以来我国公民科学素质建设的基本特征[J].华南师范大学学报(社会科学版),2006(6):15—21.

[112] 万俊人.经济全球化与文化多元论[J].中国社会科学,2001(2):38—48.

[113] 王鸿生.李约瑟难题的意义和解答[J].自然辩证法研究,2004(6):44—47.

[114] 王前."由技入道"——中国传统的技术哲学理念[J].哲学研究,2005(12):84—89.

[115] 王卫东,石中英.关于建国后教育价值取向问题的思考[J].江西教育科研,1996(4):1—4.

[116] 王啸,鲁洁.德育理论:走向科学化和人性化的整合[J].中国教育学刊,1996(3):16—20.

[117] 王雅林.中国社会转型研究的理论维度[J].社会科学研究,2003(1):87—93.

[118] 王永亮,常昕.当代传媒面临的媒介素养教育[J].当代传播,2005(1):73—75.

[119] 威廉姆·多尔.构建一种新的课程观(上)[J].王红宇,译.外国教育资料,1996(6):24—29.

[120] 魏贤超.整体大德育课程体系初探[J].教育研究,1995(10):48—54.

[121] 魏屹东.李约瑟难题与社会文化语境[J].自然辩证法通讯,2002(3):15—20.

[122] 邬晓燕.科技与道德走向合理的张力[J].北京青年政治学院学报,2003(4):64—70.

[123] 吴国盛.科学与人文[J].中国社会科学,2001(4):4—15.

[124] 吴海江."科技"一词的创用及其对中国科学与技术发展的影响[J].科学技术与辩证法,2006(10):88—93.

[125] 吴松.教育与文化[J].高等教育研究,2002(6):16—20.

[126] 席泽宗.关于"科学"一词的来历[J].历史教学,2005(11):60.

[127] 项贤明.回归生活世界的道德教育[J].高等师范教育研究,2001(1):

47—51.

[128] 肖川.生命教育:为幸福人生奠基[J].人民教育,2007(12):9—10.

[129] 肖峰.从三个层次看技术实在[J].东北大学学报(社会科学版),2004
      (3):157—160.

[130] 肖峰.技术认识过程的社会建构[J].自然辩证法研究,2003(2):
      90—92.

[131] 肖峰.论技术实在[J].哲学研究,2004(3):72—79.

[132] 邢怀滨.社会建构论的技术界定与政策含义[J].科学技术与辩证法,
      2004(4):46—49.

[133] 徐琳琳,王前.虚拟自我探悉[J].科学技术与辩证法,2007(4):
      63—66.

[134] 徐少锦.中国传统工匠伦理初探[J].审计与经济研究,2001(4):
      14—17.

[135] 薛晓阳,班华.模式研究与教育的实践哲学[J].清华大学教育研究,
      2002(3):24—31.

[136] 薛晓阳.知识社会的知识观——关于教育如何应对知识的讨论[J].教
      育研究,2001(10):25—30.

[137] 杨怀中.科技文化的历史地位及当代价值[J].自然辩证法研究,2007
      (5):93—96.

[138] 杨庆峰.物质身体、文化身体与技术身体——唐·伊德的"三个身体"
      理论之简析[J].上海大学学报(社会科学版),2007(1):12—17.

[139] 杨贤君,李明汉.市场经济与学校德育[J].教育研究,1994(5):
      31—36.

[140] 叶澜.时代精神与新教育理想的构建——关于我国基础教育改革的跨
      世纪思考[J].教育研究,1994(10):3—8.

[141] 叶澜.试析中国当代道德教育内容的基础性构成[J].教育研究,2001
      (9):3—7.

[142] 叶澜.让课堂焕发出生命活力[J].教育研究,1997(9):3—8.

[143] 易晓明.新德育课程观的建构[J].上海教育科研,2002(2):32—34.

[144] 殷登祥.论 STS 及其历史发展(上)[J].哲学动态,1994(8):27—31.

[145] 于光远,马惠娣.关于"闲暇"与"休闲"两个概念的对话录[J].自然辩
      证法研究,2006(9):86—91.

[146] 于述胜.道家教育智慧的现代启示[J].陕西师范大学学报(哲学社会

科学版),2004(1):122—125.

[147] 喻学林.当代中国德育:多元利益主体教育博弈的"牺牲品"[J].教育理论与实践,2007(1):50—53.

[148] 余树煜.从单一媒体观到环境资源观:一个信息化教育隐含前提的变化[J].电化教育研究,2006(4):7—11.

[149] 俞吾金.从科学技术的双重功能看历史唯物主义叙述方式的改变[J].中国社会科学,2004(1):132—143.

[150] 禹智潭,陈文化.技术:实践性的知识体系[J].科学技术与辩证法,1998(6):33—35.

[151] 魏贤超.欧美应用伦理学课程述评[J].比较教育研究,1995(5):7—9.

[152] 曾建平.试论环境道德教育的本质特征[J].伦理学研究,2003(5):71—75.

[153] 曾建平.试论环境道德教育的重要地位[J].道德与文明,2003(3):60—63.

[154] 詹万生.21世纪中国德育课程体系之建构[J].教育研究,2000(12):15—19.

[155] 詹万生.中小学德育课程改革与创新[J].教育研究,2003(1):48—52.

[156] 张国良,刘红,徐晖明.当代中国大众媒介与社会发展[J].今传媒,2006(10):7—9.

[157] 张令振.电视对儿童侵犯性行为的影响[J].中国广播电视学刊,1994(3):105—109.

[158] 张敏杰.改革开放与人及交往方式的嬗变[J].浙江社会科学,1994(1):54—58.

[159] 张贤根.教育思想的技术化及其危害[J].自然辩证法通讯,2007(2):106—107.

[160] 张永雄.强化抗挫能力,培养积极人生——简述生命教育在香港的开展情况[J].中国德育,2007(7):26—31.

[161] 赵宏义."规范约束"与"意义引领"——当代德育应予重视的一种整合[J].中国德育,2006(1):14—19.

[162] 赵晓.市场经济的局限与信仰的价值[J].中国新时代,2005(3):84—86.

[163] 甄暾.对电化教育概念和本质的新认识[J].电化教育研究,2003(6):9—12.

[164] 周灿华. 媒介环境对受众心理影响的解读[J]. 现代视听,2007(9)：28—30.

[165] 周茜蓉. 论知识价值观的三种类型[J]. 江西社会科学,2001(4)：20—22.

[166] 周勇. 现代社会中的知识与教育冲突[J]. 教育研究,2003(3):21—25.

[167] 朱小蔓,梅仲苏. 道德情感教育初论[J]. 思想·理论·教育,2001(10):28—32.

[168] 朱小蔓,其东. 面对挑战:学校道德教育的调整与革新[J]. 教育研究,2005(3):3—12.

[169] 朱小蔓. 科学与技术教育中的情感培养[J]. 中国德育,2007(4)：16—18.

[170] 朱小蔓. 理论德育学的建构[J]. 上海教育科研,1995(4):21—24.

三、硕博论文类

[1] 毕世响. 乡村生活的道德文化智慧[D]. 南京师范大学,2002.

[2] 蔡丽华. 网络德育研究[D]. 吉林大学,2006.

[3] 甘剑梅. 德育现代性的哲学论辩[D]. 南京师范大学,2004.

[4] 郭凤志. 德育文化论[D]. 东北师范大学,2005.

[5] 郝凤霞. 技术的社会选择[D]. 复旦大学,2003.

[6] 胡钦太. 网络教育中道德自主学习体系研究[D]. 华南师范大学,2005.

[7] 李彬. 走出道德困境——社会转型下的道德建设研究[D]. 湖南师范大学,2006.

[8] 李太平. 科技教育和道德教育[D]. 南京师范大学,1998.

[9] 李晓雯. 改革开放以来我国小学学生评价发展的回顾与思考[D]. 南京师范大学,2004.

[10] 李醒东. 事件·场景·交往——学生社会生活研究[D]. 华东师范大学,2005.

[11] 李正风. 科学知识生产方式及其演变[D]. 清华大学,2005.

[12] 刘超良. 制度德育论[D]. 华中师范大学,2006.

[13] 刘丹鹤. 赛博空间与网际互动——从网络技术到人的生活世界[D]. 复旦大学,2004.

[14] 刘国永. 德性涌现与道德教育[D]. 南京师范大学,2002.

[15] 刘慧. 生命道德教育——基于新生物学范式的建构[D]. 南京师范大

学,2002.

[16] 刘济良.论我国青少年的价值观教育[D].华东师范大学,2001.

[17] 刘英杰.科技意识形态研究[D].吉林大学,2006.

[18] 潘建红.现代科技发展与道德教育重建[D].华中科技大学,2006.

[19] 彭未名.交往德育论[D].华中科技大学,2003.

[20] 钱振华.科学:人性、信念与价值[D].复旦大学,2005.

[21] 秦元海.论科学精神[D].复旦大学,2006.

[22] 孙秀云.论科技时代人的发展困境[D].吉林大学,2007.

[23] 唐汉卫.生活:道德教育的基础[D].山东师范大学,2003.

[24] 唐智松.网络文化中学生主体性的迷失与重塑[D].西南师范大学,2004.

[25] 王桂山.技术理性的认识论研究[D].东北大学,2006.

[26] 王向华.对话教育[D].浙江大学,2004.

[27] 王小飞.道德教育文本研究[D].浙江大学,2006.

[28] 许敏.道德教育的人文本性[D].东南大学,2005.

[29] 薛晓阳.学校制度情境中的学生道德生活[D].华东师范大学,2006.

[30] 薛勇民.环境伦理的后现代诠释[D].山西大学,2004.

[31] 闫宏秀.技术进步与价值选择[D].复旦大学,2003.

[32] 颜士刚.技术的教育价值的实现与创造研究[D].南京师范大学,2007.

[33] 杨庆丰.技术作为目的[D].复旦大学,2003.

[34] 杨炎轩.中国当代德育理论发展研究[D].华中师范大学,2006.

[35] 袁建新.科学理性与价值理性的结构关系研究[D].复旦大学,2004.

[36] 张慧敏.技术的民主控制[D].东北大学,2005.

[37] 张俐蓉.信息技术与学校教育关系的反思与重建[D].华东师范大学,2004.

[38] 张敏.科学教育:人性迷失与理性遍寻[D].东北师范大学,2004.

[39] 张荣伟.教育共同体及其生活世界改造[D].苏州大学,2006.

[40] 张琰焱.网络影响下的高校德育变革[D].华东师范大学,2002.

[41] 郑晓松.技术与合理化[D].复旦大学,2005.

[42] 朱炜.文化视域中的高校德育研究[D].华东师范大学,2006.

四、英文文献

[1] Cam P,Tamthai M(eds.).Science and Human Values in Asia Today

[C]. Seoul：The Korean National Commission for UNESCO，2001.

[2] Davies，I. Science and Citizenship Education[J]. International Journal of Science Education，2004，26(14)：1751-1763.

[3] Luckhurst R，Mcdonagh J(eds.). Transactions and Encounters[C]. Manchester and New York：Manchester University Press，2002.

[4] McCulloch G，Jenkins E，Layton D. Technological Revolution? ——The Politics of School Science and Technology in England and Wales Since 1945[M]. London and Philadelphia：The Falmer Press，1985.

[5] Montgomery L S. Minds for the Making[M]. New York & London：The Guilford Press，1994.

[6] Rogers P L. Designing Instruction for Technology-Enhanced Learning [M]. Hershey：Idea Group Publishing，2002.

[7] Sadler T D. Moral sensitivity and its contribution to the resolution of socio-scientific[J]. Journal of Moral Education，2004，33(3)：339-358.

[8] 查斯·克里彻. 道德恐慌与媒介[M](英文影印本). 北京：北京大学出版社，2006.

[9] 尼克·史蒂文森. 传媒的变革——全球化、道德和伦理[M](英文影印本). 北京：北京大学出版社，2005.

[10] 谢拉·布朗. 媒介文化中的罪与法[M](英文影印本). 北京：北京大学出版社，2007.

五、网站及相关资料

[1] 中国绿色学校网站，http：//www. cgsp. cn.

[2] http：//www. cnnic. net. cn/uploadfiles/pdf/2008/7/23/170516. pdf.

[3] http：//www. cnnic. net. cn/uploadfiles/pdf/2008/4/25/172050. pdf.

[4] 李阳. 学生跪谢师恩的整个过程[EB/OL]. http：//lyce2008. blog. sohu. com/63404893. html，2008-10-04.

[5] 李阳. 就"学生下跪事件"的声明[EB/OL]. http：//news. 163. com/07/0910/19/3O263ULQ00011229. html，2008-10-04.

[6] 李阳回应数百中学生跪下给疯狂英语老师磕头[EB/OL]. http：//news. 163. com/07/0909/23/3O03UL5100011229. html，2008-10-04.

索　引

D

当代中国，16，87，114，143，207，273

德育　3，22，150，193，226

德育环境　23，229，249，274

德育内容　12，130，159，193，263

德育主体　22，90，121，158，279

G

改革开放　9，33，74，118，170，257

J

技术　8，40，107，146，242，276

价值　13，49，114，195，252，283

教育　9，60，86，113，143，204

教育技术　9，18，242，248

K

科技　10，36，71，124，173，226

科技功能　22，228

科学　14，51，127，176，238，280

L

理性　25,54,91,132,164,206

R

人文　29,65,102,145,183,226

S

社会转型　90,93,114,155,232,273
生活世界　20,76,124,238,284,288

W

文化　11,29,74,127,204,255,283

X

学校　62,105,142,203,252,287

后　记

本书是在我的博士论文的基础上修改而成的。在书稿即将出版之际，虽已毕业六年，但读博期间点点滴滴的往事又清晰地浮现在我的脑海里，从中体味更多的是感谢、感动和感恩。

首先，我要衷心地感谢导师魏贤超教授。魏老师在学业上的悉心指导和生活上的殷切关怀让我永生难忘，他的学识、人品和智慧更令我敬佩，值得自己一生来学习。每次定期讨论、每次答辩安排、每次喝茶聚会都使我受益匪浅。有次魏老师请我们几个同学吃饭，事先他点好了菜，等我们就座后吃一盘肉时，发现多了一小份，刚开始还以为是魏老师多点了一份，席间偶然问起魏老师才知道那份是给同学的孩子点的，那天同学刚好没带孩子过来。和魏老师相处，这种生活和学习中的"小事"还有许多。这样一位低调、谦虚和平易近人的恩师，将是我终生学习的榜样。

在求学过程中我还得到了很多老师的指导和帮助，这里要特别感谢的有：王承绪先生、徐小洲教授、周谷平教授、方展画教授、陆有铨教授、单中惠教授、肖朗教授、吴华教授、杨明教授、阎亚军副教授、祝怀新教授、吴雪萍教授、汪利兵教授。从老师们身上，我学到了很多很多。

感谢与我一起共同学习和进步，曾经帮助和提携我的同学们：唐琼一、李丽丽、梅伟惠、甘永涛、曹汉斌、王小飞、王霞、韩瑞莲、陈卓、高飞、李栋、倪小敏、于滨、付淑琼、黄艳霞、李江霞、洪港、高艳辉、高云、杨涛等。

感谢我勤劳年迈的父母、善解人意的姐姐、细心周到的爱人和活泼可爱的孩子。正是因为他们的关心，生活才显得如此美好和幸福。

温州大学教师教育学院为拙作的出版提供了经费支持，朱伟老师帮我联系了出版事宜，浙江大学出版社的吴伟伟编辑费心颇多，在此也一并表示感谢。

段新明

2015 年 3 月 25 日于温州博园

图书在版编目(CIP)数据

科技与人文耦合背景下的当代德育转型研究/段新
明著. —杭州:浙江大学出版社,2015.11
ISBN 978-7-308-14912-9

Ⅰ.①科… Ⅱ.①段… Ⅲ.①德育－研究－中国
Ⅳ.①G41

中国版本图书馆 CIP 数据核字(2015)第 168347 号

科技与人文耦合背景下的当代德育转型研究

段新明　著

丛书策划	
责任编辑	吴伟伟 weiweiwu@zju.edu.cn
责任校对	杨利军　陈　园
封面设计	续设计
出版发行	浙江大学出版社
	(杭州市天目山路 148 号　邮政编码 310007)
	(网址:http://www.zjupress.com)
排　　版	浙江时代出版服务有限公司
印　　刷	杭州日报报业集团盛元印务有限公司
开　　本	710mm×1000mm　1/16
印　　张	20.25
字　　数	353 千
版 印 次	2015 年 11 月第 1 版　2015 年 11 月第 1 次印刷
书　　号	ISBN 978-7-308-14912-9
定　　价	58.00 元